관광학원론

Principles of Tourism

2020년 코로나 팬데믹(pandemic)을 선언한 지 3년 4개월여만에 올봄 엔데믹(endemic)으로 전환되었다. COVID-19는 전 세계에 미증유(未曾有)의 파문을 불러왔다. 우리나라 또한 경제, 문화, 체육, 사회 전반에 걸쳐 전대미문(前代未聞)의 경험을 하였고 이는 엄청난 변화와 충격을 주었다.

교육분야에서는 익숙하지 않은 원격수업이 일상화되었고 모든 자료나 정보 교환이 디지털화 되었다. 이와 아울러 제4차 산업혁명이라는 혁신적인 변화가 우리를 맞이하고 있었다. 뿐만 아니라 학령인구의 급속한 저하는 우리 사회를 좀 더 어둡게 만들고 있다.

교육자나 학습자 모두 이러한 급변하는 변화의 소용돌이 속에서 살아남기 위해 새로운 도전과 모험이 우리를 기다리고 있다. 이러한 시대적 변화에 즈음하여 교재를 어떻게 개정하여야 학습자에게 도움이 될까? 무엇을 어떻게 학습자에게 제공해야 하는가?라는 질문에 답을 찾기가 무척 힘들었다. 교육자로서 이러한 고민을 진즉에 했어야 했는데…

이 질문에 대한 답을 최근에야 찾았다. 그 답은 교과서(教科書)라는 개념에 있었다. '교과서란 학교에서 학생들의 교육을 위하여 사용되는 학생용의 서책·음반·영상 및 전자 저작물 등을 말한다'. 하지만 이러한 내용을 충실히 반영한다 하더라도 대학교육 현장에서는 기존 양장본 형태의 교과서에 관한 관심이 급속히 식어가고 있다. IT기술을 활용한 교수법, 정보의 접근성에 대한 용이성 그리고 휴대의 불편함 등 다양한 요인에 기인한다.

그런데도 저자는 용기를 내어 양장본 형태를 고수하려 한다. 대신 개정판에서는 내용의 충실성으로 이러한 단점을 극복하고자 최선을 다하였다. 이번 개정판의 특성은 크게 네 가지로 요약할 수 있다.

첫째, 내용의 평이성(平易性) 강화이다. 요즘 엄지족 MZ세대들은 난해하고 복잡한

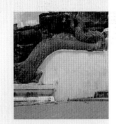

이론이나 개념을 이해하려 하지 않고 오히려 귀찮아한다. 이에 저자는 우리 생활주변에서 보고 듣고 할 수 있는 용어를 주로 사용하였다. 또한, 동일개념을 다양하게 사용되어 온 것들을 간결하게 정리하여 제시하여 내용 이해에 대한 피로감을 줄이도록 노력하였다.

둘째, 사례의 적정성(適正性)이다. 기존에도 최대한 해당 내용과 최대한 관련 있는 사례를 찾아 본문에 실으려고 노력하였다. 하지만 시대가 급격하게 변함에 따라 시의성이 부족했던 사례들이 꽤 있었다. 현재 대중들에게 가장 이슈가 되고 있는 콘텐츠가 있다면 학습자들에게 빠르게 제공해서 이해 및 대처능력을 길러주는 것이 중요하다.

셋째, '구더기 무서워서 장 못 담근다'라는 우리 속담이 있다. 취업 관련성이 낮고 관심이 낮은 영역의 보완이다. 기존 판(版)에서는 집필자의 판단에 의존해 학습자가 좋아하는 내용만을 담으려고 노력하였다. 이에 따라 관광산업은 물론 관광학 학문을 종합사회과학으로 이해하는 데 꼭 필요한 학문의 영역을 소홀히 한 경향이 있었다. 이번 개정판(改訂版)에서는 관광정책, 관광법규, 관광개발 등의 내용을 포함·개정하여 이러한 문제점을 적극 해소하고자 하였다.

마지막으로, 자료의 정확성(正確性) 보완이다. 자료의 인용이나 출처가 불분명해 표나 그림 등에 기재되어 있는 수치나 용어가 잘못 표기된 것들이 있었다. 인용이나 출처의 불명확성은 교재의 신뢰성을 떨어뜨리게 된다. 이를 보완하기 위해 원저자의 교재나 연구논문을 확보하여 이를 보완하였다.

이 책이 나오기까지 도움을 아끼지 않은 한올출판사 임순재 사장님, 최혜숙 실장님, 그리고 임직원 여러분께 깊은 감사의 뜻을 표한다.

2023. 11. 와우리 동산에서

CONTENTS

CONTENTS

CHAPTER 07 　관광사업 ……………………………………………………… 206

CONTENTS

CHAPTER 10   관광인적자원관리 —————————————————— 326

CONTENTS

CONTENTS

CHAPTER 01

관광의 개념

학습목표

· 동양과 서양에서의 관광유래를 설명할 수 있다.

· 관광의 의미와 중요성을 설명할 수 있다.

· 관광의 정의가 내포하는 특징들을 나열할 수 있다.

· 관광구조의 전통적 접근과 현대적 접근의 차이점을 비교할 수 있다.

· 관광의 분류기준과 분류별 특징을 설명할 수 있다.

· 관광과 관련한 유사개념들의 차이점을 설명할 수 있다.

Principles Of Tourism

관광은 인간의 이동과 함께 시작되었다. 기본적 의·식·주 욕구충족을 위해 이동이 불가피하였고 이러한 이동을 통해 새로운 환경에 적응하는 능력을 향상시켰다. 정착생활이 안정되면서 인간은 다른 장소를 방문하고 싶어 하고 그 지역의 자연환경과 풍습을 경험하고 싶어 하는 욕구를 가지게 되었다. 관광은 이러한 인간의 일탈적 욕구충족은 물론 삶의 풍요로움을 추구하는 욕구를 충족시키는 활동도 포함한다. 관광의 중요한 역할을 이해하기 위해서는 관광이 어떠한 시대적 배경에서 유래했는지 그리고 그 의미는 어떻게 변천되어 왔는지를 살펴 볼 필요가 있다. 뿐만 아니라 다양한 의미를 내포하고 있는 관광의 형태나 유사개념이 무엇인지를 살펴보는 것이 이 장(章)의 목적이다.

제1절 _ 관광의 어원

관광(觀光)이란 용어는 고대 중국에 그 기원을 두고 있다. 기원전(B.C) 8세기경 주나라 시대에 편찬된 『역경』의 한 구절에서 유래된 것으로 전해지고 있다. 한편 관광의 어휘가 우리나라에서 공식적으로 사용된 것은 고려시대로 알려져 있다. 오늘날 관광이라는 의미의 투어리즘(Tourism)은 서기 1811년에 최초로 등장하였다. 본 절에서는 관광의 용어에 대한 동·서양의 다양한 기록과 그 의미를 살펴본다.

1 동양에서의 어원

관광에 대한 어원은 일반적으로 周나라(B.C 12~13세기)의 『역경(易經)』 또는 『주역(周易)』에서 "관국지광(觀國之光) 이용빈우왕(利用賓于王)"이라는 구절에 그 유래를 두고 있다. 이 구절에서 '관국지광(觀國之光)'의 첫 자와 끝 자를 접속하여 현재 우리가 사용하고 있는 '관광(觀光)'의 어원이 유래되었다고 본다. 한연수(1977)는 "한 나라의 사절이 외국을 방문하여 그 나라의 왕을 알현하고 자기 나라의 우수한 문물, 제도, 풍습을 소개하고 동시에 그 나라의 문물을 관찰(觀)한다는 것은 빈객으로서 접대받기에 적합하다."라는 의미로서 해석하였다(

표 1-1 참조). 즉, 관광은 다른 나라의 문물을 살펴보러 오는 손님을 한 나라의 임금을 모시는 것과 같이 환대했다는 의미이다. 손대현(1991)은 "나라의 광(光)을 보고 교양을 높인다는 학습과 순례"의 의미로 해석하였다. 여기서 광(光)은 한 지역 혹은 국가의 문물, 제도, 풍습, 자연경관 등을 의미한다. 여러 학자들의 일반적 견해를 종합해 보면, 관광이란 여러 지역 혹은 나라를 방문하면서 그 지역의 문물, 제도, 풍습 등을 두루 관찰한다는 의미로 요약된다.

관광이라는 어휘가 우리나라에서 최초로 사용된 공식기록은 고려시대로 거슬러 올라간다. 고려 예종 11년(1115) 국역 『고려사절요(高麗史節要)』 제8권에 송나라를 방문한 사신의 조서(詔書: 칙서(勅書)) 부문에 "관광상국(觀光上國) 진손숙습(盡損宿習)"이라는 기록이 나온다. 이는 상국(송나라)을 관광하고 숙박하면서 문물을 배우고 시찰한다는 의미를 담고 있다.

조선시대에도 관광에 대한 기록은 다양한 문헌에서 발견된다. 『조선왕조실록』 태조 9권과 세종 권148편에는 태조(1396)가 한성의 북부에 행정구역으로 10개의 방(坊)을 설치하면서 그 중의 하나를 '관광방(觀光坊)'으로 하였다는 기록이 있다. 성현(成俔: 1439~1504)은 중국 명나라(1473, 1475, 1485)를 다녀와서 『관광록(觀光錄)』이라는 기행시집를 지었는데 이는 오늘날과 같은 관광의 의미로 사용된 것으로 보여진다. 정조 4년(1780)에는 연암 박지원(1737~1805)의 『열하일기(熱河日記)』에 "위관광지상국래(爲觀光之上國來)"라는 내용이 수록되어 있는데, 이는 중국의 문물과 제도를 관광하러 왔다는 의미를 내포하고 있다. 유길준은 1910년 4월

💡 표 1-1   관국지광 이용빈우왕(觀國之光 利用賓于王)의 의미 해석

학 자	의미 해석
한연수(1977)	한 나라의 사절이 타국을 방문하여 자기 나라의 우수한 문물(文物)을 소개하고 그 나라의 우수한 문물을 관찰(觀)하는 것은 빈객으로서 접대받기에 적합하다.
이종문(1989)	타국을 방문하여 우수한 문물을 관찰하는 것이다.
한경수(1989)	국가의 禮樂刑政을 보는 것으로 이렇게 함으로써 왕의 신하되기가 유리하다.
손대현(1991)	나라의 光을 보고 교양을 높이는 학습과 순례의 의미이다.
손대현(1995)	나라의 빛을 보니 왕에게 손님되는 것이 이롭다.

자료: 김재석(2007). 관광행위 개념인식에 대한 탐색: 관광학연구誌 논문의 내용분석을 중심으로. 관광학연구, 31(1). p.70

일본 나고야(名古屋) 박람회의 견문기인 『관광약기(觀光略記)』를 집필하여 관광의 주최, 목적, 관광일지(觀光日誌), 그리고 관광단원들의 시찰소감을 수록하였다(박호표, 2004).

2 서양에서의 어원

오늘날 관광이란 단어 'tourism'은 라틴어의 '돌다', '순회하다'라는 의미를 지닌 라틴어 'tornus'에서 파생되었다. 1740년대 이르러 'tornus'는 'turn(1746)'과 'tour(1760)'로 바뀌었고, 이들이 'tourism'으로 바뀐 것으로 알려져 있다(Leiper, 1993). Tourism이란 단어가 처음으로 소개된 것은 1811년 영국의 스포츠 일간지 'The Sporting Magazine'이다. 당시의 'tourism' 의미는 '각지를 여행하고 돌아오다'라는 'tour'의 의미를 내포하고 있었다. 오늘날 모든 국제기구에서 관광의 영어 표현은 'tourism'으로 통일하고 있다.

일반적으로 tour와 tourism은 의미상 차이가 있다. Tour는 tourism보다 그 의미를 좁게 보는 것이다. 협의(狹義)의 관광을 나타내는 tour는 사람들이 일상 생활권을 떠나서, 다시 돌아올 목적으로 이동하여, 영리를 목적으로 하지 않고, 문화나 문물을 관람한다는 의미로 사용되고 있다. 광의(廣義)의 관광을 나타내는 tourism은 그와 같은 행위에 의해서 발생하는 모든 사회현상의 총체로서 사용된다(鈴木忠義, 1974).

관광 혹은 여행을 의미하는 단어는 tour 외에도 travel, trip, journey 등이 다양하게 사용되고 있으나 그 의미에 있어서는 약간의 차이가 있다. Travel은 포괄적 의미의 여행(이동을 강조)을 뜻하고, Trip은 1박 정도의 단기여행을 주로 의미한다. 그리고 journey는 한 지역에서 다른 지역으로 이동해 가면서 하는 여행을, sightseeing은 단순히 보는 여행을, 그리고 voyage는 항해여행을 의미한다.

1930년대 미국 및 캐나다에서는 관광(tourism)의 의미가 'non-immigrant', 즉 이민자가

아니라는 의미로 사용되었다. 독일에서는 관광을 뜻하는 용어로 'Fremden(외국의, 외국인)'
과 'Verkehr(왕래, 교통)'라는 뜻의 합성어인 'Fremdenverkehr'를 사용하였는데, 이는 외국
관광자가 왕래하다 라는 의미를 지니고 있다.

제2절 _ 관광의 정의

관광의 정의는 나라 그리고 학자에 따라 상이하다. 그 이유는 관광현상이 복잡하고 다
양한 요소들이 복합적으로 상호작용하고 있기 때문이다. 하지만 내용에 있어서는 상호
간에 유사하면서도 상이한 면을 나타내고 있다. 따라서 관광은 다양한 관점에서 이해되
어야 할 필요가 있다. 본 절에서는 동·서양, 국제기구 등에 의한 관광의 정의를 바탕으로
경제적 관점, 사회문화적 관점, 여가활동적 관점 그리고 시스템적 관점으로 나누어 설명
하고자 한다.

❶ 경제적 관점

경제적 관점에서의 관광은 관광객 수, 관광객 지출액, 체류기간 등과 같이 경제현상에
초점을 맞추고 있다. 이 관점에서의 정의는 관광통계를 작성하기 위한 목적에서 비롯되
었다고 할 수 있다. 대표적 학자들로서 Schülern과 Ogilvie가 있다.

관광의 정의 중에서 독일의 Schülern(1911)에 의한 정의가 가장 오래된 것으로 알려져
있다. 그는 관광을 일정한 지역, 주 또는 타국을 여행하면서 체재하고 다시 돌아오는 외
래객의 유입·체재 및 유출이라고 하는 형태를 취하는 모든 현상, 그 가운데에서도 특히
경제적인 모든 현상이라고 정의하였다. 이는 관광을 투입과 산출의 관계를 중심으로 하
는 경제적 관점에서 바라본 시각이다.

영국의 Ogilvie는『관광객이동론』에서 관광객이 귀환할 의사를 가지고 일시적으로 거
주지를 떠나 1년 이상을 초과하지 않고 여행 중 소비하는 금액은 거주지에서 취득한 것으

로 규정하였다. Hunzilker와 Krapf(1942)는 『일반관광론개요』에서 외래 관광객이 체재기간에 계속적이든 혹은 일시적이든 영리활동을 할 목적으로 정주하지 않는 한 관광지에서 체재로 인하여 발생하는 모든 관계 또는 모든 현상의 총체로 정의하였다.

2 사회문화적 관점

사회문화적 관점에서의 관광의 정의는 관광지 지역주민과 관광객 간의 상호작용에 초점을 두고 있다. 이 관점은 관광을 통해 지역주민의 문화에 대한 자긍심을 고취하고 새로운 외부 문화나 제도의 접촉 기회를 증대시키는 긍정적 측면과 지역주민의 유대감 상실이나 환경오염 및 전통문화 붕괴와 같은 부정적인 측면을 동시에 강조한다. 대표적 학자로 Glücksmann(1935)을 들 수 있다. Glücksmann은 그의 저서 『일반관광론』에서 지역주민과 외래 방문객 간의 상호작용과 교류에 중점을 둔 사회학적 관점에서 관광을 이해하고 있다. 그는 관광을 체재지에서 일시적으로 체재하고 있는 사람과 그 지역주민 사이의 제 관계의 총체로 보았다.

〈사례 1-1〉은 관광수용력 초과로 인해 관광지 지역주민의 삶과 환경에 부정적인 영향을 미치는 오버투어리즘(Overtourism)의 국내외 사례이다. 관광활성화 이면에 나타나고 있는 오버투어리즘은 환경파괴(필리핀 보라카이 섬, 아이슬란드), 지역민 경제적 소외(스페인 바르셀로나, 이탈리아 베니스-물가상승, 거주지 임대료 상승), 지역문화 악영향(두바이, 크로아티아) 등의 형태로 세계 곳곳에서 갈등을 유발하고 있다.

"관광객 때문에 살 수가 없다"
북촌 주민들 주말 시위 시작
동네 떠나는 사람들도 늘어

유럽 도시들도 관광객 몸살
관광세 징수, 숙박업소 제한 등

'오버투어리즘'에 정책적 대응
방문 제한, 동선 분산 등 모색
"주민 참여한 대응책 찾고
관광의 '공공성' 고민할 때"

부처님 대신 관광객 오신 날

한옥이 몰려 있는 서울 북촌에서 매일같이 벌어지는 풍경이다. 주말이나 공휴일엔 더 많은 사람들이 몰려왔다 몰려간다. 방음시설도 없고 담

부처님오신날인 지난 22일 서울 종로구 북촌로11길 '가회동 골목길'에 중국인 단체 관광객이 들어차 있다. 골목길과 대문 곳곳에 '주민들이 거주하는 곳이니 조용히 해달라'는 안내판이 붙어 있다.

장도 낮은 단층짜리 한옥에 살며 매일같이 이런 상황에 맞닥뜨리는 삶은 어떨까? 서울 한복판 북촌 주민들이 결국 "사람답게 살고 싶다"며 거리로 나섰다.

'북촌 한옥마을 운영회'는 지난달 28일부터 주말마다 마을 입구에서 집회를 열고 있다. 몰려드는 관광객들로 인해 사생활을 침해받고 있다며 서울시와 종로구에 대책 마련을 요구했다. 마을 곳곳에는 '서울시는 주인, 북촌 주민은 노예' '새벽부

터 오는 관광객, 주민은 쉬고 싶다'고 적힌 펼침막이 걸렸다. 관광객들이 가장 많이 찾는 북촌로11길을 걷다 보면 이들 펼침막과 함께 '거주지역이라 조용히 해달라'는 안내판과 계속 마주치게 된다. 〈중략〉.

'투어리스티피케이션'(주거지가 관광지화해 거주민이 떠나는 현상), '오버투어리즘'(수용 범위를 초과한 관광객이 몰려 주민들의 삶을 침범하는 현상) 등으로 지칭되는 이런 현상은 서울 북촌만의 얘기가 아니다. 서울 종로구 이화동의 벽화마을이나 서울 종로구 서촌, 서울 영등포구 문래동 예술촌 등이 조금씩 차이는 있지만 북촌과 비슷한 과정을 겪었거나 겪는 중이다. 원희룡 제주도지사 후보가 폭행을 당하는 등 최근 제2공항 건설과 관련해 갈등이 고조된 제주의 사정도 크게 다르지 않다. 관광객 증가로 주거환경이 나빠지고 지역의 정체성 상실, 지나친 상업화, 임대료 상승 현상 등이 발생하면서 주민이 밀려나거나 떠나는 일들이 반복되고 있다. 국가통계포털에 따르면 국내로 들어오는 외국인 관광객은 2006년 436만 명에서 2016년 1,393만 명으로 세배 넘게 증가했다. 지난해 '사드 사태' 여파로 주춤했지만 올해 들어 다시 회복세를 보이고 있다.

암스테르담도 바르셀로나도

연간 2,000만 명이 방문하는 이탈리아 베네치아 (베니스)에선 2010년대 초반부터 대형 크루즈의 정박을 반대하는 시위가 벌어지고 있다. 지난해 7월 스페인 바르셀로나에선 복면을 쓴 남성 4명이 정차한 2층 관광버스에 들이닥쳐 타이어에 구멍을 내고 유리창에 '관광업이 이웃을 죽인다'고 쓴 뒤 도망쳤다. 관광객들이 자주 이용하는 공공자전거 타이어를 터뜨리는 영상이 공개되기도 했다.

지자체에서 세금으로 구입한 공공자전거를 관광객이 선점해 타고 다니면서 주민들 입장에서는

가우디 성당이 보이는 스페인 바르셀로나 구엘공원 돌담에 '관광객: 당신의 호화로운 여행은 곧 내 일상의 고통'이라는 그라피티가 적혀 있다. EPA 연합뉴스

도로도 복잡해지고 자전거 주차공간도 빼앗겼기 때문이다. 연간 3,000만 명 이상의 관광객으로 고심하던 스페인 바르셀로나 역시 2015년부터 공무원, 학계, 지역주민 등으로 구성된 관광위원회를 꾸려 문제를 풀어가고 있다. 바르셀로나시는 관

광버스의 도심지 진입 제한, 신규 숙박업소의 지역별 차별 허가, 숙박업소를 통한 관광세 징수 등의 정책을 펼치고 있다.

"관광지로 개발되면 주민들은 행복할까"

북촌 주민들의 불편을 파악한 서울시와 종로구도 대안을 마련하는 중이다. 관광객의 방문(통행) 시간을 제한하는 방법이 우선 검토되고 있다. 예를 들어, 야간 시간대인 저녁 8시부터 다음날 아침 8시까지 방문 자제를 권고하는 방식이다. 강제 제한은 법적인 근거가 있어야 하기 때문에 시행하기 어렵지만 여행사의 협조를 구하거나 캠페인을 통한 방식은 당장 시행이 가능하다. 종로구 관계자는 "실태조사를 통해 자료를 수집하는 중이다. 방문객을 조절하는 여러 방법을 검토 중"이라고 말했다.

북촌을 여행하는 관광객들의 동선을 분산시키는 방법도 대안이 될 수 있다. 나효우 착한여행 대표는 "북촌로11길에 집중된 관광객들을 다른 루트로 돌리는 방법을 찾아야 한다. 바르셀로나는

베네치아'(Venice)와 '탈출'(Exodus)을 합성한 단어 'VENEXODUS'가 적힌 펼침막이 2016년 11월 이탈리아 베네치아의 리알토 다리에 걸려 있다. EPA 연합뉴스

'이곳보다 더 좋은 곳이 있다'는 개념으로 새로운 여행지를 소개해 관광객의 쏠림 현상을 막고 있다"고 말했다. 나 대표는 "현재 중국인 단체 관광객 대부분은 한국 현지인 가이드 없이 버스가 관광객들을 풀어놓고 '몇 시까지 어디로 모여라'는

식이다. 현지인 가이드가 안내하면 동선이 더 다양해지고 특정 지역으로 관광객이 쏠리는 현상을 막을 수 있다"고 제안했다. 관광객들을 대상으로 관광세를 받는 방안에 대해서는 "지역 환원을 전제로 검토해볼 만하다"는 의견과 "아직 우리나라의 관광수지 적자가 심한 만큼 시기상조"라는 의견이 엇갈린다. 〈중략〉.

주민들이 배제된 관광 정책을 되돌아봐야 한다는 목소리가 자연스럽게 뒤따른다. 공정여행 네트워크 이매진피스 임영신 대표는 "제주 2공항 반대 집회에 나온 할머니들이 묻는다. '관광지로 개발되면 주민들이 행복해지냐'고. 시민들을 '민원인'으로만 보지 말고 관광을 통해 시민들의 삶이 어떻게 나아질 수 있을지를 고민해야 한다"고 말했다. 임 대표는 "관광수지, 성장률 등 숫자로만 관광정책을 결정하지 말고 공공성의 관점에서도 바라봐야 할 때"라고 강조했다.

자료: 한겨레(2018.5.26.). 일부 내용 발췌

3 여가활동적 관점

여가활동 관점에서 관광의 정의는 관광객의 유쾌하고 다양한 여가활동에 초점을 맞추고 있다. 대표적 학자로 Bormann, Medecin, 그리고 세계관광기구(UNWTO)가 있다.

Bormann(1931)은 그의 저서 『관광론』에서 휴양의 목적이나 기분전환, 유람·상용 또는 특수한 행사에 참여, 기타 사정 등에 의하여 거주지에서 일시적으로 떠나는 여행으로 정의하였다. Medecin(1966)은 기분전환을 위한 휴식, 미지의 자연풍경에 대한 경험, 교양함양을 위한 여행 등 거주지를 떠나 행하는 여가활동으로 정의하였다. 그리고 세계관광기구(UNWTO, 2008)는 관광을 즐거움, 위락, 휴가, 스포츠, 사업, 친구, 친척방문, 업무, 회합, 회의, 건강, 연구, 종교 등을 목적으로 방문국을 적어도 24시간 이상 1년 이내 체류하는 행위로, 그리고 관광객을 방문국가에서 최소 24시간 이상 체재하는 일시적 방문객으로 여가, 업무, 친구방문, 선교의 목적을 지닌 자로 정의하였다.

일본 및 국내학자들의 정의는 대부분 여가활동 관점에서 이루어졌다고 볼 수 있다. 예를 들면, 타나까니이찌(田中喜一, 1950)는 관광을 자유로운 동기에 의하여 일시적으로 거주지를 떠나 여행을 하는 일 또는 체재지에서 위락적 소비생활로 정의하였다. 한편, 대표적 국내 학자들로서는 안종윤과 김진섭을 들 수 있다. 안종윤(1972)은 일상생활을 떠나 다시 돌아올 예정으로 이동하여 즐거움을 맛보는 것으로 그리고 김진섭(1978)은 인간의 기본적

욕구를 충족하기 위한 행위 중 일상생활로부터 떠나 다른 자연, 문화 등의 환경 아래서 행하는 일련의 행동으로 정의하였다.

　일본학자들과 국내 학자들에 의한 관광의 정의는 서구학자들에 의한 정의와 뚜렷한 차이점을 보이지는 못하고 있다. 하지만, 관광의 목적이 세분화되면서 이를 반영하려는 노력은 곳곳에서 발견되고 있다. 학자 및 국제기구에 의한 관광의 정의를 요약하면 〈표 1-2〉와 같다.

💡 표 1-2　**학자 및 국제기구에 의한 관광의 정의**

구 분	학자명	정 의
서양	Schülern(1911)	일정한 지역, 주, 또는 타국을 여행하면서 체재하고, 다시 되돌아오는 외래객의 유입·체재 및 유출이라고 하는 형태를 취하는 모든 현상
	Ogilvie(1933)	1년을 넘지 않는 기간 동안 집을 떠나 여행지에서 돈을 소비하는 행위
	Glücksmann(1935)	어떤 지역에의 일시적인 체재와 그 지역 주민들과의 모든 관계
	Hunzilker & Krapf (1942)	외래관광객이 관광목적지 체재로 인하여 발생하는 모든 관계 또는 모든 현상의 총체적 개념
	Bernecker(1962)	일시적 또는 개인의 자유의사에 의해서 다른 곳으로 이동한다는 사실과 결부된 모든 관계 또는 모든 결과
일본	타나까니이찌 (田中喜一, 1950)	자유로운 동기에 의하여 일시 주거지를 떠나서 여행을 하는 일, 또는 체재지에서 위락적 소비생활을 하는 것
	이노우에만주소 (井上萬壽藏, 1961)	인간이 일상생활에서 떠나 다시 돌아올 예정으로 이동하여 정신적 위안을 얻는 것
	쓰다노보루 (律田昇, 1969)	일상생활권을 떠나서 다시 돌아올 예정으로 타지 혹은 타국의 문화·제도 등을 시찰하거나 풍경을 관상·유람할 목적으로 여행하는 것
국제 기구	UNWTO (2008)	즐거움, 위락, 휴가, 스포츠, 사업, 친구, 친척방문, 업무, 회합, 회의, 건강, 연구, 종교 등을 목적으로 방문국을 24시간 이상 1년 이내 체류하는 행위
	UN (국제연합)	모든 사람들 그리고 모든 나라의 정부가 찬양하고 권장할 가치가 있는 기본적이면서도 가장 바람직한 인간활동
국내	안종윤(1972)	일상생활에서 떠나 다시 돌아올 예정으로 이동하여 즐거움을 맛보는 것
	김진섭(1987)	일상의 생활권을 떠나 다시 돌아올 예정으로 타국이나 타지역의 풍속, 제도, 문물 등을 관찰하여 견문을 넓히고 자연풍경 등을 감상·유람할 목적으로 여행하는 것
	윤대순(1992)	인간이 일상생활을 벗어나 생활개선, 충성, 효도, 견문확대, 인격도야, 건강, 친교, 즐거움 등을 목적으로 여행하여 眞, 善, 美를 추구하는 체험

자료: 김광근 외. 최신관광학. 백산출판사, 2007. 필자 재정리

4 시스템적 관점

시스템적 관점은 관광현상을 이루는 요소의 집합이나 요소와 요소 간의 관계를 유기적으로 살펴보는 데 초점을 두고 있다. McIntosh 등은 관광을 "관광객들과 기타 방문객들을 유치하고 접대하는 과정에서 관광객, 관광기업, 관광목적지 정부, 지역사회와의 상호작용 과정에서 발생하는 현상과 관계들의 총체"로 정의하였다(1990, p.2). 이러한 정의는 관광을 교통체계나 서비스 공급자, 레크리에이션 시설, 숙박업체, 제품 그리고 서비스를 포함하는 복합 기업적 성격을 내포하고 있다.

Leiper(1979, 1990)는 관광의 체계(시스템)를 관광객, 관광배출지(송출지), 관광목적지, 관광목적지와 관광객 배출지 사이의 경유와 루트, 여행과 관광산업(예 숙박, 교통, 서비스 제공기업, 조직)등 다섯 가지 요소로 구성되어 있다고 보았다. 이들 요소들은 공간적으로 그리고 기능적으로 연결되어 있다. 〈그림 1-1〉은 관광객 배출지역과 관광목적지를 연결시켜 주는 관광시스템의 통합을 이동체계의 형태로 묘사한 것이다. 관광시스템은 서비스 공급자와 서비스 구매자 관점에서 관광의 전 과정을 통합적으로 이해하는 데 도움을 준다. 이러한 시스템적 관점은 관광학을 지리적 영역을 중심으로 접근하였다는 점에서도 의의가 있다.

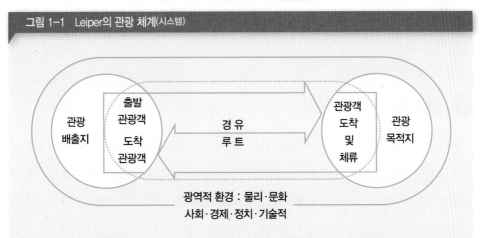

그림 1-1 Leiper의 관광 체계(시스템)

주: ( )는 관광산업의 주요 영역을 의미함. 루트(Route)는 관광객이 관광지를 찾아갈 수 있는 교통로를 의미함.
자료: Leiper. N.(1979). The frame of tourism: Towards a definiton of tourism, tourist, and the tourist industry. Annals of Tourism Research, 6(4), p.404

관광현상은 복잡한 사회현상이기 때문에 간단명료하게 정의한다는 것은 쉬운 일이 아니다. 여러 학자들에 의해 논의된 관광의 정의를 종합해 보면, 관광은 변화를 추구하려는 인간의 욕구로 인하여 자기의 일상생활권을 벗어나 새로운 환경속으로 이동하는 행위로서 심신의 변화를 추구하고 다시 일상생활로 돌아올 때까지 자신의 욕구충족을 위해 관련된 인간활동의 일체를 가리킨다고 볼 수 있다.

제3절 _ 관광구조

관광구조에 대한 논의는 관광현상에 대한 체계론적 접근을 통하여 설명하려는 노력에 기인하고 있다. 초기에는 관광을 관광주체인 관광자와 관광객체인 관광자원(관광대상)의 상호작용에 초점을 맞춘 관광구조의 2체계론으로 시작되었으나 관광현상이 점점 다양화되고 복잡해짐에 따라 3체계론 등으로 세분화되었다. 하지만, 관광구조가 2구조 혹은 3구조이든 관광을 구성하고 있는 요소들은 하나의 전체를 구성하는 부분들이기 때문에 서로 독립적이면서도 상호작용적 특성을 지니고 있다.

1 관광구조의 2체계론

관광구조 2체계론은 관광을 하도록 하는 요인 가운데 관광주체와 관련된 배출요인과 관광객체인 관광자원과 관련된 흡입요인과의 상호작용을 강조하고 있다. 배출요인은 관광주체인 관광객으로 하여금 관광을 하도록 하는 요인을 말하는데 성별, 소득, 교육수준 등과 같은 개인적, 사회적, 심리적 동기를 포함한다. 흡입요인은 관광객을 유인할 수 있는 관광자원의 매력을 의미한다. 관광주체, 관광객체, 배출요인, 그리고 흡입요인의 상호관계성을 표현하면 〈그림 1-2〉와 같다. 그리고 학자들이 주장하는 관광에 대한 배출요인과 흡인요인을 요약하면 〈표 1-3〉과 같다.

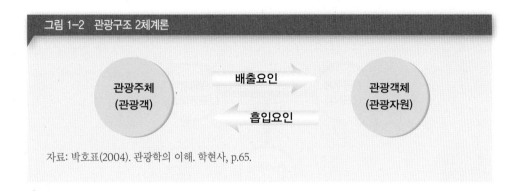

그림 1-2 관광구조 2체계론

관광주체
(관광객)

배출요인

흡입요인

관광객체
(관광자원)

자료: 박호표(2004). 관광학의 이해. 학현사, p.65.

표 1-3 **관광배출 및 흡입요인**

학자명	배출요인	흡입요인
Crompton(1979)	사회 및 심리적 동기	문화적 동기
Wahab(1975)	내적요인	외적요인
Hudman(1980)	건강, 호기심, 스포츠, 오락, 사업 등	문화유적, 기후, 야생동물, 오락시설

자료: 박호표(2004). 신관광학의 이해. 학현사, p.671.

❷ 관광구조의 3체계론

2체계론적 관광구조는 관광주체와 관광객체를 연결하는 관광사업(혹은 기업)의 역할과 중요성을 간과하고 있다. 관광매체로서 관광기업의 영역이 확대되고 중요해짐에 따라서 관광주체 - 관광매체 - 관광객체로 이어지는 관광구조의 3체계론이 등장하여 관광구조의 기본체계를 형성하게 되었다(Bernecker, 1962). 관광구조의 3체계론은 관광주체(관광객)와 관광객체(관광매력물 혹은 관광대상/자원)의 상호작용 속에서 매개체 역할을 수행하는 관광사업자의 필요와 그 역할이 강조됨에 따라 관광객체 부문에서 관광매체를 독립시켜 관광구조 체계를 명확히 한 것이다(그림 1-3 참조).

관광주체는 관광을 하는 사람 또는 관광을 행하는 주체를 말한다. 관광객은 관광현상을 설명하는 데 있어서 중심적 위치에 있으면서 관광의 경험을 원하는 수요자이다. 관광객은 관광객체와 관광매체가 제공하는 환경적 배경(에 관광매력물)과 관광객의 내적 요인(욕구, 동기, 성격)과 외적 요인(가족, 문화, 생활양식) 등에 따라 관광행동이 유발되는 관광수요자이다.

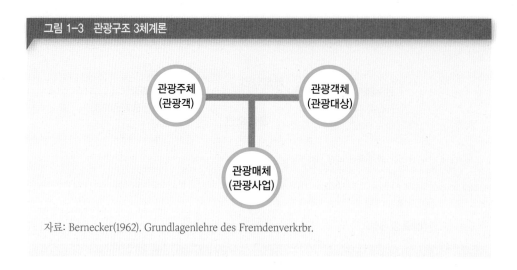

자료: Bernecker(1962). Grundlagenlehre des Fremdenverkrbr.

관광객체는 관광객을 유인하는 관광대상(혹은 관광매력물)인 동시에 관광객의 욕구를 충족시켜 주는 역할을 한다. 관광대상은 보고, 듣고, 맛보고, 배우고, 행하고, 생각하는 모든 것을 포함한다. 예를 들면, 관광자원이나 관광시설(공항, 통신시설, 숙박시설, 레크리에이션 시설 등) 등을 포함한다. 관광객체는 관광객에게 만족을 제공해 주는 관광자원 및 관광시설을 포함한다는 점에서 관광매체와 더불어 관광공급시장을 형성하게 된다.

관광매체는 관광주체와 관광객체를 연결시켜주면서 관광주체가 요구하는 관광서비스를 제공하고, 관광객체인 관광매력물에게는 관광개발과 진흥을 촉진시키는 역할을 수행한다. 관광객은 관광대상의 매력을 감상하고 체험하려는 욕구를 관광매체(예 편의시설, 수송수단)를 통해 충족시킬 수 있다. 관광매체는 시간적, 공간적, 그리고 기능적 매체로 분류된다. 시간적 매체는 숙박시설, 관광객이용시설 그리고 관광편의시설을, 공간적 매체는 교통기관, 도로, 운송시설을, 그리고 기능적 매체는 관광알선, 관광안내, 통역안내, 관광정보와 선전물 등을 포함한다. 시간적 매체는 관광객이 즐거운 시간을 소비하도록, 공간적 매체는 관광객의 공간적 이동이 편리하도록 그리고 기능적 매체는 관광객이 편리한 관광활동을 하도록 소개나 정보제공을 하는 역할을 한다.

❸ 기타 관광구조 체계론

관광현상의 복잡성으로 인하여 관광구조의 체계가 점점 세분화되고 있다. 여러 학자들의 이론 중에서도 Gunn(1974)의 기능적 관광시스템 이론이 현대사회 구조체계를 적절히 반영한 것으로 인식되고 있다. Gunn은 관광현상을 기능적 체계로 인식하고 구성요소로서 관광객, 교통기관, 매력물, 서비스 및 시설, 정보 및 지도 등 5가지를 제시하고 있다. 이는 관광체계의 구성요소와 그 인자 간의 기능이 원활하게 이루어지도록 관광개발계획을 어떻게 수립할 것인가에 초점을 맞추고 있다.

제4절 _ 관광의 분류

관광은 국적과 국경, 관광목적, 지역구분, 관광활동 유형, 그리고 여행기간에 따라 분류될 수 있다. 국적과 국경에 의한 국내관광과 국제관광, 관광목적에 의한 순수목적 관광과 겸목적 관광, 지역구분에 의한 역내관광과 역외관광, 관광활동 유형에 의한 유동형, 체재형, 목적형, 그리고 여행기간에 의한 당일관광과 숙박관광으로 나눌 수 있다. 각 유형에 대한 설명을 살펴보면 다음과 같다.

① 국적과 국경에 의한 분류

관광은 국적과 국경을 기준으로 국내관광(Domestic tourism)과 국제관광(International tourism)으로 분류된다. 국내관광이 관광객의 이동공간이 자국의 영토 내에서 이루어지는 관광행위를 말한다면, 국제관광은 관광객의 이동공간이 자국 또는 특정국가의 국경을 넘어 이루어지는 관광행위를 말한다. 예를 들면, 국내관광은 한국인의 국내여행을 지칭하며, 국제관광은 한국인이 외국을 방문하는 국외관광(Outbound tourism), 외국인이 또 다른 외국을 방문하는 외국인의 국외관광(Overseas tourism), 그리고 외국인이 한국을 방문하는 외국인 국내관광(Inbound tourism)을 모두 포함한다(표 1-4 참조).

세계관광기구(UNWTO, 1994)는 국민 국내관광(Domestic tourism), 내국인 국외관광(Outbound tourism), 외국인 국내관광(Inbound tourism)을 조합하여 3가지 관광형태를 제시하였다(그림 1-4 참조). 첫째, 국민 국내관광과 외국인 국내관광을 결합한 국내관광(Internal tourism)이다. 즉, 국내관광은 특정 국가 거주자 유무에 상관없이 특정 국가 내에서 이루어지는 관광활동을 의미한다(예 한국인 한국관광 + 외국인 한국관광). 둘째, 국민 국내관광과 내국인 국외관광을 결합한 국민관광(National Tourism)이다. 이는 특정 국가 거주자가 지역에 상관없이 행하는 관광활동(한국인 국내관광 + 한국인 국외관광)을 의미한다. 마지막으로, 외국인 국내관광과 내국인 국외관광을 결합한 국제관광(International tourism)이다. 국제관광은 특정 국가를 중심으로 비거주자의 국내관광과 거주자의 국외관광(예 외국인 한국관광 + 한국인 국외관광)을 포함한다.

표 1-4 **국적과 국경에 의한 관광분류**

국적 \ 국경	국 내	국 외
내국인 국적	내국인 국내관광 (Domestic tourism)	내국인 국외관광 (Outbound tourism)
외국인 국적	외국인 국내관광 (Inbound tourism)	외국인 국외관광 (Overseas tourism)

그림 1-4 **세계관광기구(UNWTO, 1994)의 분류**

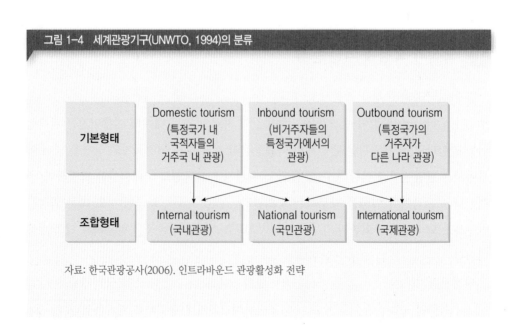

자료: 한국관광공사(2006). 인트라바운드 관광활성화 전략

2 관광목적에 의한 분류

관광행위는 순수한 관광을 목적으로 하는 경우와 두 가지 이상의 목적으로 관광을 하는 겸목적 관광으로 나눌 수 있다. 순수목적 관광은 개인의 오락, 휴양, 레크리에이션, 견문확대 등의 목적으로 관광을 하는 것을 말한다. 유적지 답사, 수학여행, 유람여행, 휴양여행·보건여행·요양여행 등이 여기에 포함된다. 겸목적 관광은 두 가지 이상의 목적을 가지고 관광활동을 하는 것을 의미한다. 예를 들면, 사업(출장)과 관광, 회의와 관광, 종교관광, 쇼핑관광, 의료관광 등과 같이 다양한 목적을 가지고 여행하는 것을 말한다.

3 지역구분에 의한 분류

지역구분에 의한 관광의 분류는 일정한 지역 내에서 이루어지는 역내관광(Intra-regional tourism)과 지역 간을 이동하여 관광을 하는 역외관광(Inter-regional tourism)으로 구분된다. 세계관광기구에 의하면, 역내관광은 특정지역에 속해 있는 관광객이 그 지역 내의 다른 국가로 이동하는 여행형태이다. 예를 들면, 한국인이 아시아 지역(동일 대륙) 내의 일본이나 중국을 여행하는 행위를 말한다. 이를 국내의 지역을 기준으로 한다면 충청도 지역주민이 충청도 지역내를 여행하는 형태를 말한다.

역외관광은 특정지역 내 속해 있는 한 국가의 관광객이 다른 지역 내 국가로 이동하는 여행형태를 말한다. 예를 들면, 아시아의 한국인이 유럽(타 대륙)의 국가(예 프랑스)나 북미의 국가(예 캐나다)를 여행하는 행위를 말한다. 국내를 기준으로 한다면 경상북도 주민이 강원도나 경기도의 관광지를 여행하는 형태를 말한다.

4 관광활동 유형에 의한 분류

관광활동 유형에 따라 유동형(혹은 주유형) 관광, 체재형 관광, 목적형 관광으로 구분된다. 유동형 관광은 여러 관광지(관광대상)를 보며 돌아다니는 관광형태를 의미하는데, 협의의 관광은 바로 이 유형을 일컫는다(長谷政弘, 2000). 유동형 관광은 주로 자연탐방, 드라이브 등과 같이 자연 관찰지역이나 역사·문화자원을 대상으로 하는 관광활동이다. 체재형 관광

은 한 관광지에서 일정기간 체류하는 유형의 관광형태이다. 따라서 휴양·보양·수련캠프 등 숙박시설이 완비된 종합휴양지를 대상으로 한 숙박관광 형태의 관광활동이 이에 해당된다. 마지막으로, 목적형 관광은 온천욕, 피크닉, 골프, 등산 등 구체적인 목적을 가지고 관광하는 활동유형을 말한다.

5 여행기간에 의한 분류

관광기간을 기준으로 구분할 경우 당일관광과 숙박관광으로 구분된다. 한국관광공사(2002)는 당일관광을 여흥, 구경, 휴식, 친목, 기분전환을 목적으로 당일로 다녀오는 여행으로서 일상생활권을 떠나 행하는 옥외 여가활동으로 정의하였다. 숙박관광은 관광지에서 최소한 1박 이상을 체류하는 형태로 단기 숙박관광과 장기 숙박관광으로도 분류할 수 있다. 장기 숙박관광은 일주일 이상의 숙박관광을 말한다.

 제5절 _ 관광과 유사개념

관광이란 용어가 학자나 기관에 따라 다르게 정의되고 있어 명확히 개념을 정립하는 데 많은 어려움이 따른다. 그 이유는 관광 관련 많은 유사개념이 존재하고 유사개념 간 일부분 혹은 상당부분 그 내용 혹은 의미가 중복되기 때문이다. 본 절에서는 관광과 유사한 개념으로 사용되고 있는 여가, 레크리에이션, 놀이, 그리고 여행 등에 대해 살펴본다.

1 여가(Leisure)

1. 여가의 정의

여가의 어원은 '허락되다(To be permitted)'라는 의미를 가진 라틴어 오티움(Otium)과 불어

'리께레(Licere)'에서 유래되었다(Kraus, 1971). 사전적 의미로는 구속된 일에서 '자유롭게 되다 (Freedom from occupation)'라는 뜻이나 일반적으로 남는 시간 혹은 자유시간 등으로 정의되고 있다. 즉, 어떤 의무로부터 해방되어 아무런 구속이 없는 상태를 의미한다.

여가에 대한 정의는 크게 세 가지 관점으로 나뉜다. 첫째, 시간적 관점에서 여가의 정의이다. 하루 24시간 가운데 노동, 수면, 식사, 그리고 기타 생리적으로 필요한 시간 등을 제외한 나머지 시간을 의미하는 경우이다. Brightbill(1960)은 여가를 자유재량적 시간 (Discretionary time)으로 정의하였으며, Parker(1976)는 일이 없는 상태(Non-work) 그리고 책임에서 벗어난 상태(Non-obligated)로 정의하였다. Murphy(1974)는 자유시간 내에서 행해지되 업무와 관련 없는 활동으로 정의하였다. 하지만, 여가를 시간적 개념으로 정의하는 데 있어서 여가시간으로 포함하기에는 모호한 영역이 존재한다. 예를 들면, 일하러 가는 시간, 일을 준비하는 시간, 가정에서의 허드렛일을 하는 시간 등이다.

둘째, 활동적 관점에서 여가의 정의이다. 이는 여가를 시간적 토대 위에서 이해함은 물론 개인적 삶의 만족을 추구하기 위해 행하는 자발적 활동을 강조한다. 대표적 학자로서 Dumazedier(1967)를 들 수 있는데, 그는 여가를 개인이 노동, 가족, 사회적 의무로부터 벗어나 휴식, 기분전환, 지식 및 견문확대 등을 위해 행하는 활동의 총체로 정의하였다. 이러한 여가의 정의는 시간과 활동이라는 요소를 강조한 것이다.

마지막으로, 상태적 개념으로서의 여가의 정의이다. 이는 여가를 물질적인 것으로부터 마음을 비운 심리적 상태로서 정의하는 경우이다. 다시 말해, 여가가 단순히 외재적인 요인들의 결과라든지 혹은 남는 시간, 휴일, 주말, 휴가의 결과가 아닌 마음의 태도이며 영적인 상태로 간주된다. 예를 들면, 가톨릭 종교계에서는 여가를 정신적이고 영적인 태도로 받아들인다.

2. 여가의 기능

가장 널리 알려진 여가의 기능은 Dumazedier(1967)에 의한 세 가지 기능을 들 수 있다. 여가의 첫 번째 기능은 휴식기능이다. 즉, 근로생활로부터 해방되는 기회를 제공함으로써 육체적, 정신적 피로를 풀어주는 기능을 의미한다. 두 번째는 기분전환 기능이다. 여가는 일상생활로부터 벗어나 정신적 스트레스나 권태로부터 기분전환을 도모하는 데 중

요한 역할을 한다. 마지막으로, 자기개발의 기능이다. 여가시간을 활용한 건강관리, 취미 배우기, 스포츠 등의 활동은 새로운 지식과 기술을 배우며 전문적인 역량을 갖추는데 큰 도움이 된다. 요즘 MZ 세대들은 루틴을 지키면서 자신의 일상을 가꾸는 여가생활을 추구하고 있다(사례 1-2 참조).

사례 1-2 MZ세대, 일상이 챌린지…루틴·자기개발·멘탈 관리 "건강하고 규칙적인 생활 위해"

대학내일20대연구소, MZ세대의 여가생활과 자기개발 트렌드 보고서 발표

지난 1년간 MZ세대의 생활 패턴이 급격하게 변했다. 몇 년 전 유행했던 '욜로(YOLO)'와 '플렉스(Flex)'는 없고, 미라클모닝 챌린지를 하거나 온라인 강의를 들으며 자기개발을 하는 것에 신경을 쏟고 있다. 자기개발과 일상 케어를 열심히 하는 MZ세대의 여가 생활을 확인하기 위해 대학내일20대 연구소가 보고서를 발표했다.

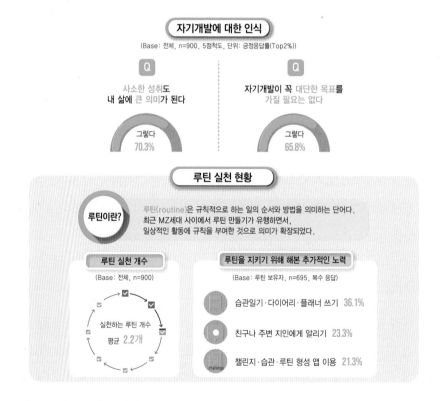

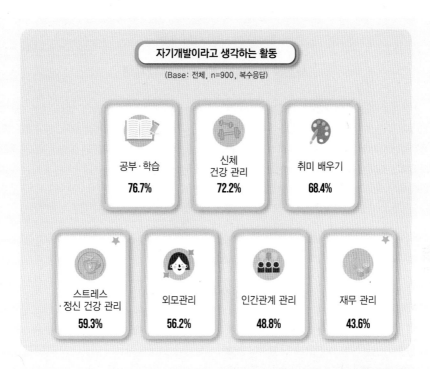

자기개발이라고 생각하는 활동

(Base: 전체, n=900, 복수응답)

공부·학습	신체 건강 관리	취미 배우기
76.7%	72.2%	68.4%

스트레스·정신 건강 관리	외모관리	인간관계 관리	재무 관리
59.3%	56.2%	48.8%	43.6%

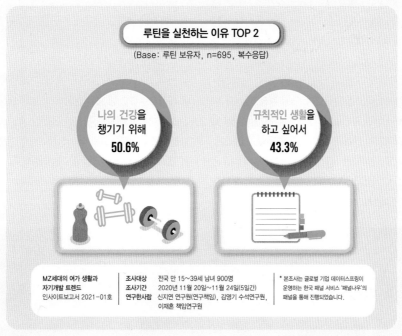

루틴을 실천하는 이유 TOP 2

(Base: 루틴 보유자, n=695, 복수응답)

나의 건강을 챙기기 위해
50.6%

규칙적인 생활을 하고 싶어서
43.3%

MZ세대의 여가 생활과 자기개발 트렌드
인사이트보고서 2021-01호

조사대상 전국 만 15~39세 남녀 900명
조사기간 2020년 11월 20일~11월 24일(5일간)
연구한사람 신지연 연구원(연구책임), 김영기 수석연구원, 이재흔 책임연구원

* 본조사는 글로벌 기업 데이터스프링이 운영하는 한국 패널 서비스 '패널나우'의 패널을 통해 진행되었습니다.

사진: 대학내일20대연구소

"멘탈 관리도 자기개발"

사소한 성취에도 의미 두는 MZ세대

스펙 무한 경쟁 시대가 가고, 자기개발은 이전보다 폭넓은 의미로 사용되고 있다. MZ세대가 생각하는 자기개발은 단순 공부나 지식의 향상만 의미하는 것이 아니다. '신체 건강 관리(72.2%)', '취미 배우기(68.4%)'뿐 아니라 '스트레스·정신 건강 관리(59.3%)'도 자기개발이라고 생각했다. 또

최근 재테크 열풍이 불면서, MZ세대의 43.6%가 '재무 관리' 또한 자기개발이라고 응답했다. 자기개발이 가지는 의미도 가벼워졌다. MZ세대의 65.8%가 '자기개발이 꼭 대단한 목표를 가질 필요는 없다'고 응답했다. 또 '사소한 성취도 내 삶에 큰 의미가 된다(70.3%)'는 인식도 있었다.

"건강하고 규칙적인 생활"

루틴 만드는 '일상력 챌린저' MZ세대

지난해부터 SNS에 본인의 '루틴'을 소개하거나 인증하는 글이 올라오면서, 루틴 열풍이 불었다. 루틴이란 매일 아침 7시에 일어나 10분간 명상하기, 매일 2L의 물 마시기, 아침 공복에 유산균 챙겨 먹기 등 일상적인 활동에 시간과 순서를 부여하고 매일 꾸준히 반복하는 것을 의미한다. MZ세대의 77.2%가 매일 실천하려고 노력하는 루틴이 있다고 응답했으며, 인당 평균 2.2개의 루틴을 실천하고 있었다. 루틴을 실천하는 이유로 '건강해지기 위해(50.6%)'가 가장 응답이 많았고, 이어서 '규칙적인 생활을 하고 싶어서(43.3%)' 순으로 나타났다. 대학내일20대연구소가 선정한 트렌드 키워드인 '일상력 챌린저'는 작은 습관으

로 일상을 가꾸고 성취감을 얻어 외부 환경에 대응할 수 있는 '일상력'을 기르는 MZ세대를 이르는 말이다. 정신 건강을 관리하고, 사소한 성취감이라도 의미 있다고 여기며, 루틴을 지키면서 나의 일상을 가꾸는 MZ세대의 여가 생활 트렌드는 앞으로도 지속될 것으로 내다본다. 이번 조사는 전국 만 15세 이상 39세 이하 남녀 900명 표본을 대상으로 2020년 11월 20일부터 24일까지 5일간 구조화된 설문지를 활용한 온라인 패널 조사 방법으로 실시하였으며 데이터스프링이 운영하는 한국 패널 서비스 '패널나우'를 이용했다.

자료: 데일리팝(2021.3.20)

3. 여가와 관광

여가는 구속적이고 제약적인 시간에서 벗어나 행해지는 개인의 임의적인 활동의 총칭이다. 관광, 레크리에이션, 놀이 등은 여가시간(혹은 자유재량시간) 내에서 행해지는 여가활동들이다. 여기서 여가는 자유시간과 동일 개념이 아니다. 그 이유는 여가활동은 자유시간에 행해지지만, 여가는 비자유시간에도 행해질 수 있기 때문이다. 〈그림 1-5〉처럼 여가와 관광은 시간적·활동적 측면에서 관련이 있다. 관광은 여가시간내에서 관광객 자신의 욕구충족을 위해 일상생활권을 떠나는 공간적 이동을 전제로 하지만 여가는 그러한 요소를 규정하지 않고 있다(김홍운, 1988). 여가와 관광의 기능을 비교해 보면 〈표 1-5〉와 같다.

그림 1-5 여가와 관광의 관계

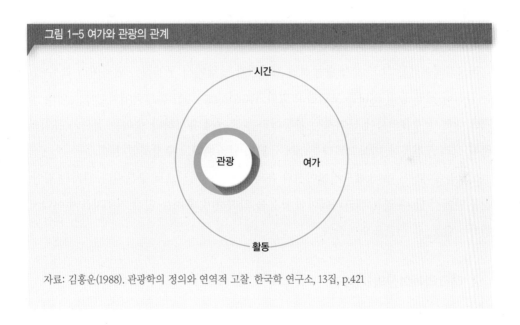

자료: 김홍운(1988). 관광학의 정의와 연역적 고찰. 한국학 연구소, 13집, p.421

표 1-5 여가기능과 관광기능

여가기능	관광기능
• 휴식(공간적 이동이 일어나지 않는 경우도 있음) • 기분전환 • 자기계발(혹은 자기개발)	• 공간적 이동을 수반한 휴식과 휴양 • 비일상적인 환경에서 해방감과 기분전환 • 지식과 견문확대 • 자기계발

자료: 김광근 외(2007). 최신관광학. 백산출판사, p.41

2 레크리에이션(Recreation)

1. 레크리에이션 정의

위락을 의미하는 레크리에이션은 새로운 것을 '창조하는(To create anew)' 또는 '회복과 재생(To refresh after toil)'을 뜻하는 라틴어 '레크레아(Recreare)'에서 유래되었다. De Greazia(1962)는 레크리에이션을 일에서 벗어나 기분전환을 할 수 있고 일을 위해 재충전하는 모든 활동으로 정의하였다. Butler(1980)는 개인 만족과 기쁨을 위하여 자유로운 모든 경험과 활동의 형식으로 정의하면서 구체적인 행위를 강조하였다. 하지만, 여가시간에 행해지는, 자발적으로 선택된, 그리고 기쁨을 추구하는 형태의 활동 모두가 레크리에이션은 아니다. 즉, 개인적으로 유익해야 될 뿐만 아니라 사회적으로 바람직한 결과(예 사회적 편익 도모)를 초래하는 활동만이 레크리에이션이라 할 수 있다.

레크리에이션은 그 자체가 활동적인 개념이라는 점에서 구체적인 활동이라 할 수 있는 놀이나 게임 등의 의미를 포함하고 있다. Huizinga(1955)는 레크리에이션과 놀이의 성격에 대해서 자유의사에 근거하는 활동이라는 점에서 유사하나 놀이는 질서와 규칙의 존재, 그리고 전통화, 반복화된다는 점에서 맥을 달리한다고 주장하였다.

레크리에이션은 옥내 레크리에이션과 옥외 레크리에이션으로 구분된다. 전자는 집안, 건물 안에서 할 수 있는 레크리에이션 활동을 의미하며, 후자는 일상 거주지를 벗어나서 행하는 활동, 즉 관광을 의미한다.

2. 레크리에이션의 기능

레크리에이션은 개인적으로 심신의 단련과 회복, 성취감, 가족의 화합촉진, 사회성 함양, 사교기회 제공, 자연환경에 대한 관심고취 등에 긍정적인 영향을 준다. 사회적으로는 국민 체력증진, 재충전에 의한 생산성 증대, 생활의 질 향상에 기여하고, 경제적으로는 관광유발과 관련 용품의 판매증진에 의한 세수증대에 기여한다.

3. 여가와 레크리에이션

여가와 레크리에이션은 자유시간에 즐거움을 추구하는 자발적 활동이라는 공통점을 가지고 있다. 하지만 다음 몇 가지 측면에서 차이점을 찾을 수 있다. 〈표 1-6〉에서처럼 여가는 포괄적이고 덜 조직적이며 개인적인 동시에 내적만족을 추구하지만, 레크리에이션은 범위상 한정적이고 비교적 조직적이며 동시에 사회적 편익을 강조하고 있다. 또한, 여가는 보통 시간의 기간(자유재량 시간)이나 마음의 상태(휴식 혹은 쉼)를 강조하지만, 레크리에이션은 공간에서의 행하는 활동을 강조한다. 보다 구체적인 여가활동으로서 재발견, 재창조, 재생, 회복, 새로운 창조 등의 뜻을 담고 있는 레크리에이션은 피로를 풀고 원기를 회복하기 위한 육체적, 창조적 활동이라 할 수 있다.

💡 표 1-6 **여가와 레크리에이션의 차이점**

여 가	레크리에이션
포괄적 활동범위	한정적 활동범위
비조직적	조직적
개인적 목적 강조	사회적 목적 강조
자유시간	자유시간 내의 어떤 활동
자유/내적 만족 강조	재생/사회편익 강조

자료: 박호표(2004). 신관광학의 이해. 현학사, p.14

4. 레크리에이션과 관광

관광과 레크리에이션은 공간·활동적 측면에서 관련이 있다. 레크리에이션 중에서 옥외 레크리에이션은 여가시간 내 야외에서 행해지기 때문에 공간과 시설을 필요로하는 여가행위로써 관광과 동일한 개념으로 사용된다. 레크리에이션은 일상생활권에서 주로 이루어지는 활동인 데 반해, 관광은 주로 비일상생활권에서 이루어진다(표 1-7 참조). 또한, 레크리에이션은 활동을 하는 데 있어 거주지로부터 시간적, 공간적 범위의 제약을 많이 받지만 관광활동은 공간적 이용대상의 범위가 광범위하다는 특징이 있다. 여가, 레크리에이션, 그리고 관광의 차이점을 비교하면 〈그림 1-6〉과 같다.

💡 표 1-7 레크리에이션과 관광의 차이점

구 분	레크리에이션	관 광
대상선택	거주지로부터 이용대상의 시·공간적 범위 제약	공간적 이용대상의 선택범위가 광역적
시간	비교적 단기적	중·장기적
시설의 질	저급수준	비교적 고급수준
성격	후생적 대상(건강), 사회적 편익 우선	경제적 행위의 대상(소비·지출), 개인의 목적 강조
시장범위	일상생활권내	일상생활권밖

자료: 김광득(1997). 여가와 현대사회. 백산출판사, p.107.

그림 1-6 여가, 레크리에이션, 관광의 관계

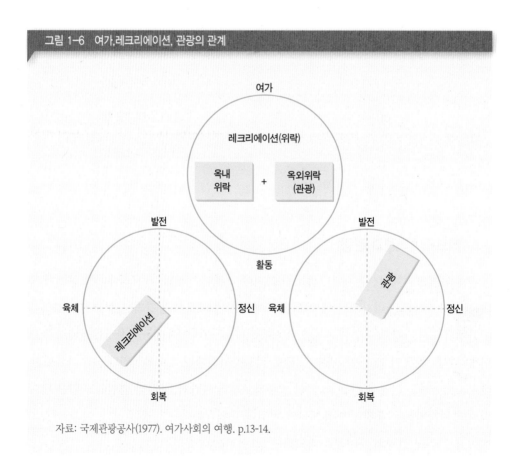

자료: 국제관광공사(1977). 여가사회의 여행. p.13-14.

3 놀이(Play)

1. 놀이의 정의

놀이는 라틴어 'Plaga'와 독일어 'Spiel'에서 유래되었다. 라틴어 'Plaga'는 충돌, 싸움, 전투를 의미하며, 독일어 'Spiel'은 게임이나 스포츠를 한다거나 악기를 연주한다는 의미를 내포하고 있다. 놀이는 어린이들이 놀 때처럼 자유롭고 가상된 행동으로 정의된다 (Kaplan, 1975). 네덜란드 문화사학자 Huizinga(1955)는 하고 싶은 것을 외부의 압력 없이 자발적으로 하는 활동이며 일상과 벗어난 시간과 공간 속에서 일정한 규칙에 따라 행해지는 활동으로 정의하였다. 일반적으로 어린이들의 행동을 놀이라고 표현하고 성인들의 행동을 여가활동으로 표현한다.

놀이에는 다양한 유형이 있다. 예를 들면, 민속놀이(예 윷놀이, 연날리기, 제기차기, 비석치기 등)를 비롯한 소꿉놀이, 바둑, 장기, 카드놀이, 단풍놀이, 벚꽃놀이, 여행 등을 들 수 있다. 일반적으로 단풍놀이 가자고 하는 경우 놀이 속에 여행과 관광의 의미가 포함되어 있다.

2. 놀이의 특징

놀이는 인간의 특징을 잘 설명해 주는 단어 중의 하나이다. Huizinga(1955)는 놀이가 인간의 중요한 활동이고 문화를 이루는 핵심 역할을 한다고 주장하였다. 놀이하면 가장 먼저 떠오르는 것이 자발성과 재미다. 놀이에 있어 자발적 참여는 자유를 만끽하게 하고 재미는 더 많은 재미를 위한 창의적 활동을 낳는다. 그리고 놀이의 비일상적 경험은 우리에게 자극과 영감을 준다. 놀이의 특징을 요약해 보면 〈표 1-8〉과 같다.

표 1-8 **Huizinga와 Caillois의 놀이의 특징**

Huizinga(1955)	Caillois(1958)
· 자유로움 그 자체이다. · 일상생활권에서 벗어난 비일시적 행위이다. · 특정의 시간과 공간내에서 일어난다. · 놀이의 장(場)에서는 절대적인 질서가 지배한다. · 긴장(불확실성과 우연성)을 해소하기 위해서 행해진다.	· 자유로운 활동이다(Free). · 주어진 시간과 공간에서 행해지며 일상생활과 분리된 활동이다(Separate). · 불확실성을 지닌 활동이다(Uncertain). · 비생산적인 활동이다(Unproductive). · 규칙이 있는 활동이다(Governed by rule). · 허구적인 활동이다(Make-believe).

3. 놀이와 관광

놀이와 관광은 행동 내용적 측면에서 관련성을 지니고 있다. 놀이는 인간의 자기표현의 심정이며 기분전환과 에너지의 재창조를 하기 위함이므로 관광의 내용적 본질 또한 놀이의 본질에서 찾아야 한다(김홍운, 1988). 관광은 또한 놀이의 한 가지 현상으로 그 행동 내면에는 자유성을 지니고 있다고 할 수 있다(그림 1-7 참조).

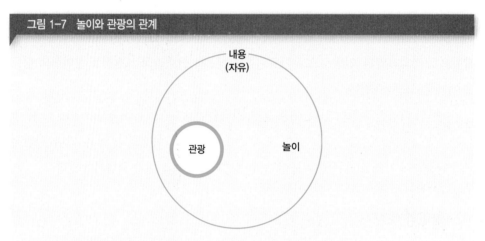

그림 1-7 놀이와 관광의 관계

자료: 김홍운(1988). 관광학의 정의와 연역적 고찰. 한국학 연구소, 13집, p.421.

4. 여가, 레크리에이션, 놀이의 유사점과 차이점

여가, 레크리에이션, 그리고 놀이는 개념, 주연령층, 목적, 동기, 활동의 초점을 기준으로 유사점과 차이점을 살펴보면 〈표 1-9〉와 같다.

첫째, 개념적 유사점과 차이점이다. 세 가지 개념 모두 수면, 노동, 학습시간 등을 제외한 자유재량 시간내에서 이루어지는 활동이다. 다만, 놀이는 시간의 제약없이 하고 싶을 때 할 수 있다는 차이점이 있다(임번장, 1998).

둘째, 연령대별 유사성과 차이점이다. 여가의 대상은 주로 성인이고, 레크리에이션은 청소년과 성인이며, 놀이는 주로 아동과 유아이다(이상철, 2003). 연령대의 차이는 있지만 인간을 대상으로 한다는 점에서는 유사하다. 하지만, 연령대별 추구하는 행동의 유형은 차이가 존재할 수 있다.

셋째, 목적의 유사점과 차이점이다. 여가와 놀이는 그 의도성에서 사회보다는 개인적 의미추구에 목적이 있으므로 사회적으로 유익한가에 대해 설명하기에는 무리가 있다. 여가는 자유시간 활용, 기분전환, 자기개발(자기계발)과 같은 개인의 욕구충족과 자신의 표현이 주된 목적이다. 놀이 또한 경험이나 활동을 통해 개인적 만족(재미, 흥미로움) 추구한다. 레크리에이션은 개인의 육체적 회복과 정서의 재창조 그리고 사회적 융합이 포함된 개인적이고 사회적인 이익의 달성이라는 목적을 위한 비노동행위이다(이상철, 2003). 일반적으로 레크리에이션은 사회적 편익을 우선시하는 경향이 강하다.

넷째, 동기에서의 유사점과 차이점이다. 여가, 레크리에이션, 놀이 모두 개인의 자발적 참여가 주된 동기이다. 자발적인 참여라는 것에 더욱더 즐거움을 느끼고 만족감을 느낄 수 있다. 하지만, 참가자의 능동성과 수동성 면에서 차이점이 존재한다. 여가와 놀이는 행하는 인간이 주체가 된다. 놀이 지도자는 놀이방법을 가르쳐 줄 뿐이지 놀이를 이끄는

표 1-9 **여가, 레크리에이션, 놀이의 유사점과 차이점**

구 분	여 가	레크리에이션	놀 이
개념	개인이 노동, 가족, 사회적 의무로부터 벗어나 휴식, 기분전환, 지식 및 견문확대 등을 위해 행하는 활동의 총체(Dumazedier)	일에서 벗어나 기분전환을 할 수 있고 일을 위해 재충전하는 모든 활동(De Greazia)	자발적으로 하는 활동이며 일상과 벗어난 시간과 공간 속에서 일정한 규칙에 따라 행해지는 활동(Huizinga)
참여대상의 연령대	아동과 유아	청소년과 성인	성인
목적	개인 욕구충족과 자신의 표현(자유시간 활용, 기분전환, 자기개발)	사회적 편익과 개인의 신체적 건강(피로회복, 재충전, 재생산)	개인적 만족(재미, 흥겨움, 공감대 형성)
동기	자발적 참여(개인의 능동적 참여)	자발적 참여(능동적 참여도 많지만 지도자의 지시에 따라 참가자들이 수동적으로 활동하는 성향도 강함)	자발적 참여(개인의 능동적 참여)
활동의 초점	신체적, 정신적 활동에 초점	주로 신체적 활동에 초점	신체적 활동에 초점을 맞추어 시간제한 없이 행해지는 경우가 많음

자료: 이상철(2003). 스포츠사회학개론(개정판). 형설출판사. 임번장(1988). 스포츠사회학. 보경문화사. 내용 바탕으로 저자정리

책임자는 아니다. 하지만 레크리에이션에서는 지도자의 역할이 중요하다. 레크리에이션 지도자는 레크리에이션의 전체 활동을 진행하며 참가자들로 하여금 수동적으로 따르게 하는 성향이 강하다(이상철, 2003; 임번장, 1998).

마지막으로, 활동에 있어서의 유사점과 차이점이다. 세 개념 모두 인간이 참여하는 활동을 강조한다. 여가는 신체적, 정신적 활동 모두에 초점을 두지만 레크리에이션과 놀이는 주로 육체적 활동을 강조한다.

4 여행(Travel)

여행을 뜻하는 'Travel'은 고난(Hardship), 고생(Trouble), 위험(Danger)을 뜻하는 라틴어 'Travail'에서 파생되어 "고통과 위험에 가득 찬 여행에서 무사히 돌아오다"라는 의미를 지니고 있다(Curran, 1978). 실제 여행은 인간이 지구상에 출현한 이후부터 지금까지 모험을 수반하는 것으로 인식되어 왔다.

여행이란 여행자가 출발의 원점으로 되돌아오거나 그렇지 않아도 되며, 어떤 목적을 가지고 여하한 교통수단에 의존하여 한 장소에서 다른 장소로 이동하는 행위이다. 따라서 일상생활권으로 반드시 다시 되돌아와야 한다는 전제를 가지고 있는 관광의 의미와는 차이가 있다. 뿐만 아니라 관광은 목적이 명확히 존재한다는 점에서 목적 없이 여행을 하는 여행의 개념과 차이가 있다. 따라서 관광은 여행의 한 부분이라 할 수 있다. 여가, 레크리에이션, 놀이, 여행, 관광의 관계를 도식화해보면 〈그림1-8〉과 같다.

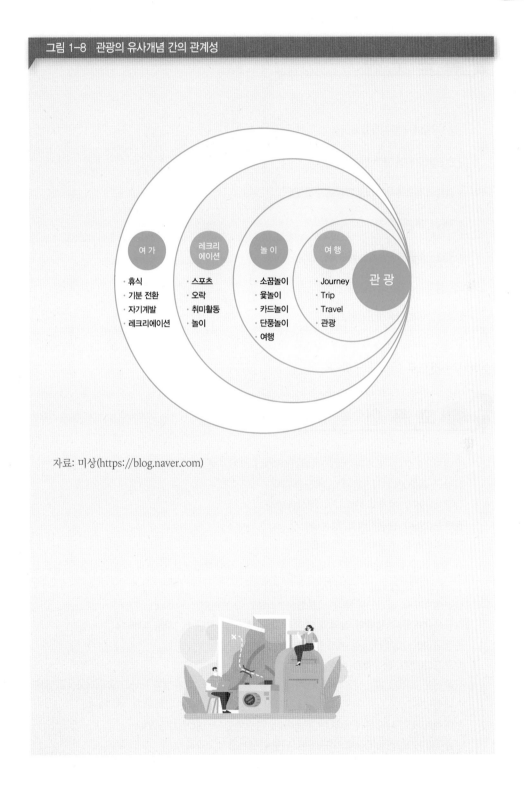

그림 1-8 관광의 유사개념 간의 관계성

여가
· 휴식
· 기분 전환
· 자기계발
· 레크리에이션

레크리에이션
· 스포츠
· 오락
· 취미활동
· 놀이

놀이
· 소꿉놀이
· 윷놀이
· 카드놀이
· 단풍놀이
· 여행

여행
· Journey
· Trip
· Travel
· 관광

관광

자료: 미상(https://blog.naver.com)

토론주제

1. 동·서양에서 본 관광의 차이점

2. 관광의 어원에 대한 연구의 필요성

3. 관광의 정의에서 나타난 관광의 구성요소

4. 관광정의 분류 관점

5. 관광구조를 변화시키는 영향요인

6. 관광과 유사개념과의 공통점과 차이점

7. 현대인의 특이한 여가생활 사례

참고문헌

권태영·오수록·최우규(2005). (최신)여가와 레저문화. 기문사.

김광근 외(2007). 최신관광학. 백산출판사.

김광득(1997). 여가와 현대사회. 백산출판사.

김병문(1984). 관광지리학. 형설출판사.

김성혁(1994). 관광학원론. 형설출판사.

김재석(2007). 관광행위 개념인식에 대한 탐색: 관광학연구誌 논문의 내용분석을 중심으로, 관광학연구, 31(1), 159-177.

김진섭(1978). 국민관광학, 본국문화사.

김홍운(1988). 관광학의 정의와 연역적 고찰. 한국학 연구소, 13집, 409-441.

문정옥(2000). 밀레니엄 여가의 이해. 인하대학교 출판부.

박호표(2004). 관광학의 이해. 학현사.

서울신문(2010.1.27). 싱글라이트: 자신감 충전기, 나만의 여가생활 http://www.seoul.co.kr

손대현(1991). 포스트모던 사회에서 관광산업은 무엇인가? 관광학연구, 15, 79-94.

손대현(1995). 사람은 관광하는 동물이다. 관광학연구, 18(2), 187-206.

안종윤(1992). 관광기본법의 구체화. 관광연구논총 4, 5-24.

윤대순(1992). 관광경영학원론. 백산출판사.

웇판. http://blog.daum.net/licjacw/2725174

이상철(2003). 스포츠사회학개론(개정판). 형설출판사

이종문(1989). 대학관광교육의 교과과정과 교수개발에 관한 연구. 관광학연구, 13, 179-205.

임번장(1988). 스포츠사회학. 보경문화사

조명환(2009). 관광의 기초개념. 관광학 총론, 한국관광학회, 백산출판사.

한경수(1989). 관광의 어원 및 용례에 관한 역사적 고찰. 관광학 연구, 13, 261-279.

한국관광공사(2002, 8). 주5일 근무제 도입에 따른 국내관광활성화 방안 토론회 자료.

한국관광공사(2006). 인트라바운드 활성화 전략.

한연수(1977). 관광의 현대적 개념. 관광학연구, 창간호, 5-16.

데일리팝(2021.3.20.). MZ세대, 일상이 챌린지..루틴·자기개발·멘탈 관리 "건강하고 규칙적인 생활 위해". https://www.dailypop.kr/news/articleView.html?idxno=49816

한겨레(2018.5.26.). 오버투어리즘' 시대… 관광객이 무섭다.
https://www.hani.co.kr/arti/society/society_general/846336.html

監田正(1975). 觀光學硏究. 東京: 學術選書.

鈴木忠義 編(1974). 現代觀光論. 日本: 有裴閣雙書.

律田昇(1969). 國際觀光論. 東京: 東洋經濟新聞社.

長谷政弘 편저(2000). 한국국제관광개발연구원 역. 관광학사전, 백산출판사.

田中喜一(1950). 觀光事業論. 觀光事業硏究所.

Bernecker, P. (1962). Grundlagenlehre des Fremdenverkrbr.

Bormann, A. (1931). Der Deustche im Fremdenverkehr des Europaischen Auslands. Citado en 5, Sociologia del Turismo (Hans Joachin knebel) Hispano Europea·Barcelona.

Brightbill, C. (1960). The challenge of leisure. N.J: Englewood Cliffs: Prentice Hall.

Butler, R. W. (1980). The concept of a tourist area cycle of evolution: Implication for management of resources. Canadian Geographer, 24.

Caillios, R. (1958). Man, play and games. Les Jeux et Les Hommes.

Crompton, J.L. (1979). Motivations for pleasure vacation. Annals of Tourism Research, 6, 408-24.

Curran, P. J. T(1978). Principles and procedures of tour management. CBI Publishing Company, INC. PP. Xi-Xiii.

De Greazia, S. (1962). Of time, work, and leisure. New York: The Twentieth Century Fund.

Dumazedier, J. (1967). Toward a society leisure. New York: The Free Press. Glcksmann, R. (1930). Die Leher von Fremdenverkehr Belin.

Glücksma Glcksmann, R. (1935). Allgemeine Fremdenverkehrskunde.

Gunn. C. A. (1979). Tourism planning. New York: Crane Russak.

Henziker, W. L. (1972). Tourisme: caracteristques principales, Bern.

Hudman, L. (1980). Tourism: A shrinking world. Columbus, Ohio: Grid Publishing.

Huizinga, J. (1955). Homo ludens. Boston, MA: Beacon Press.

Hunziker, W., & Kraft, K. (1942). Grundriss der Allgemeinen Fremdenvekebrslebere, Zurich: Polygraphischer Verlag A. G.

Kaplan, M. (1975). Theory and policy. New York: John Wiley& Sons, Inc.

Kraus, R. (1971). Recreation and leisure in modern society. New York: Harper Collins.

Kraus, R. (1990). Recreation and leisure in modern society(4th ed.). New York: Harper Collins.

Leiper, N. (1979). The frame of tourism: Towards a definition of tourism, tourist, and the tourist industry. Annals of Tourism Research, 6(4), 390-407.

Leiper, N. (1990). Tourism systems: An interdisciplinary perspective. New Zealand: Massey University.

Leiper, N.(1993). Defining tourism and related concepts: tourist, market, industry and tourism system. dans VNR's Encyclopedia of hospitality and Tourism, Khan, M.A., Olsen, M. D. et Var, T., Van Nostrand Rheinhold, New York, p. 539-558.

Mcintosh, R. W., Goeldner, C. R., & Brent, R. J. R.(1990). Tourism: Principles, practices, philosophies. New York, NY: John Wiley & Sons, Inc.

Murphy, J. F. (1974). Concepts of leisure: Philosophical implications. Englewood Cliffs, NJ, Prentice-Hall.

Oglivie, F. W. (1933). Tourist movement.

Parker, S. R. (1976). The sociology of leisure. London, Allen & Unwin.

UNWTO(2008). Understanding tourism: basic glossary, available at: http://cf.cdn. unwto.org/sites/all/files/docpdf/glossaryenrev.pdf (accessed August 8, 2019).

Wahab, S.(1975). Tourism management. Tourism International Press, London.

World Tourism Organization (1994). Recommendations on tourim statistics. Madrid: WTO.

WTO(1994). Recommendations on Tourism Statistics, p.5.

관 광 학 원 론

CHAPTER 02

우리나라의
관광발전 역사

학습목표

· 관광역사의 연구 필요성을 설명할 수 있다.

· 관광역사 연구의 부족한 원인을 설명할 수 있다.

· 관광발전 단계별 특징을 설명할 수 있다.

· 우리나라의 시대별 관광현상의 영향요인을 설명할 수 있다.

Principles Of Tourism

우리나라의 관광발전 역사와 서양의 발전역사를 직접 비교하기는 무리가 따른다. 사회적, 경제적, 문화적 배경이 다르므로 관광현상에 대한 인식도 다를 수 밖에 없다. 세계의 관광역사와 달리 우리나라의 관광역사에 대한 이해는 주로 왕조(삼국시대, 고려시대, 조선시대 등)를 중심으로 이루어져 왔다. 서양의 관광발전 역사는 관광현상의 변화를 토대로 하고 있다. 우리나라 관광발전의 역사를 이해하는데 가장 큰 장애 요인은 관련 자료가 풍부하지 못하다는 점을 들 수 있다. 이 장(章)에서는 관광역사 연구의 필요성과 접근방법, 우리나라 관광발전 역사에 관한 연구현황과 연구부족 원인, 그리고 시대별 관광발전 역사를 살펴본다.

제1절 _ 관광역사의 연구

역사에 대한 인식과 이해는 우리 모두에게 중요하다. 로마시대 철학자 키케로(Cicero)는 역사지식은 인성발달에 필수적인 요소이며 역사를 통하여 인류가 축적해온 경험을 우리 자신의 지식과 지혜로 삼아 인성을 발달시킬 수 있다고 주장하였다. 따라서 역사는 과거와 현재의 끊임없는 대화 통로이다. 본 절에서는 관광역사의 연구에 대한 필요성, 접근방법, 그리고 우리나라 관광역사의 연구현황에 대해 살펴본다.

1 관광역사 연구의 필요성

인간이 살아간다는 것은 경험을 쌓고 있다는 것과 같다. 역사(歷史)는 인간이 살아온 흔적들이다. 그러한 경험 혹은 역사를 통해서 인간은 삶의 지혜를 배우게 된다. 관광현상은 시대에 따라 변해왔고 인류의 역사와 함께 해 왔다. 과거부터 지금까지의 관광현상이라는 정체를 밝히기 위해서는 관광에 대한 역사적 접근이 필요하다. 관광사 연구는 관광현상의 본질을 이해하기 위한 시도이며 관광학의 학문적 발전에 기여함을 의미한다. 여기서는 관광역사 연구의 필요성을 네 가지로 요약해 설명하고자 한다.

첫째, 관광현상에 대한 역사적 지식을 통해 교훈을 얻는 것이다. 인간은 과거의 경험을 기반으로 미래의 행동을 결정한다(Garnham, 2000). 인간은 관광이라는 활동을 하면서 관광현상에 대해 복잡하고 다양한 문제를 경험하게 된다. 올바른 의사결정을 내리기 위해서는 과거의 비슷한 상황에서 어떻게 행동했는지를 알 필요가 있다. 따라서 관광역사를 연구하고 학습하는 것은 과거의 사례를 통해서 교훈을 얻고 합리적인 의사결정을 하는 데도움을 준다.

둘째, 관광이라는 유산의 전승(傳承)이다(최상훈, 2017). 관광은 긴 세월 동안 지속되어 온 인간의 생활양식의 하나이다. 인간이 형성한 사회는 생활양식이란 유산을 후손에게 전수해 왔다. 하나의 사회를 유지하고 발전시키기 위해서는 구성원의 동질감과 정체성이 필요한데, 이를 위해서는 자라나는 세대들에게 조상들의 유산, 즉 가치 있는 생활양식을 전수해야 한다.

셋째, 관광현상에 대한 역사적 사실의 이해는 현재와 미래의 관광 모습을 이해하는 데도움이 된다. 역사는 우리 자신에게 우리가 누구인지, 어디에 있는지, 어디로 가고 있으며, 어디로 가기를 원하는지 등을 알 수 있는 근거가 된다(조항제, 2006). 역사는 현재 우리의 삶과 직·간접으로 연결된 과거의 사실을 대상으로 한다. 그러므로 역사는 인류가 지닌 지식과 지혜의 보고(寶庫)이며 원천인 셈이다.

마지막으로, 관광역사에 대한 이해는 개인의 교양을 함양하는 데 중요하다(최상훈, 2017). 오늘날 인문학적 소양교육이 매우 중요시되고 있는데, 역사교육은 소양교육의 중요한 영역 중의 하나이다. 역사적 사실에 대한 이해도가 높을수록 사물과 현상을 비판적으로 파악하는 판단력이 높아지게 되고 바람직한 인성을 함양하는 데도 도움이 된다.

2 우리나라의 관광역사 연구현황

우리나라 관광사 발전단계의 구분은 학자마다 견해가 다르다. 예를 들면, 김상훈(1980)은 한국 관광사를 태동기(1888-1945), 요람기(1945-1971), 발전기(1972-1981), 성숙기(1982-1991)로 구분하였다. 손대현(2007)은 한국 관광산업 50년 연구에서 1954년을 관광산업 원년으로 하고, 발아(1950-60년대), 유치(70년대), 이륙(80년대), 발전(90년대), 성장(2000년대)의 5단계로 구분하였다. 관광현상을 근대의 산물로 본다는 점에서는 두 연구는 일치된 견해를 보이나 연구의 출발선

인 관광산업의 원년에 대해서는 의견을 달리하고 있다(안희자·김남조, 2012). 여기서는 우리나라의 관광사 연구를 1980년대, 1990년대, 2000년대로 나누어 살펴보고자 하며, 1980년대를 도입기 그리고 1990년대와 2000년대를 성장기로 볼 수 있다(한경수·고계성, 2017).

1980년대에 들어서면서 관광사에 대한 연구가 이루어지기 시작하였고 관광관련 전문 학회지에도 발표되기 시작하였다. 〈표 2-1〉에서처럼 관광분야 대표 학술지인『관광학연구』에 게재된 관광사 연구는 1977년부터 2011년까지 27편에 불과하였다(안희자·김남조, 2012). 김상훈(1980)은 처음으로(현재까지 발견된 자료 기준) 관광사업사를 연구하였고, 우락기는 1982년 『한국관광도의 組 탐라순력도』(제주지역 관광 관련 그림 및 지도에 관한 연구)를 연구하였다. 이외에도 1980년대에 이루어진 관광사 연구들로는 이광진(1987)의 석사학위 논문인『한국 관광사에 관한 연구』, 오정환(1987)의『호텔 산업사에 관한 비교 연구』, 박호표(1988)의『삼국시대의 관광유형에 관한 사적고찰』을 들 수 있다. 1980년대 관광사 관련 연구를 활발히 한 학

표 2-1 『관광학연구』誌에 게재된 관광사 연구현황

시 기	편 수	연구주제	연구사례
1980년대	2	관광사업 발전사	김상훈(1980)
		관광의 어원	한경수(1989)
1990년대	2	놀이문화 변천사	이중구(1998)
		유원지 발전사	김상원(1998)
2000년대	14	전통축제, 놀이문화 등의 재해석	오순환(2001, 2003), 성기만(2009), 장은영(2004)
		시대별 관광현상	한경수(2001a, 2002, 2005), 손대현(2007), 육재용(2008, 2009)
		관광의 개념과 의미	도미경(2003), 한경수(2001b)
		관광자원개발 과정	최석호(2004)
2010년대	9	관광산업별 역사	한경수(2011), 정규엽(2011), 정유경(2011), 변우희(2011), 고동완·권인택(2011), 이충기(2011), 이훈·김미정(2011), 김경숙(2011), 김철원·허준(2011)

자료: 안희자·김남조(2012). 신(新)문화사 관점에서 바라본 한국관광사(韓國觀光史) 연구의 동향과 과제. 관광학연구, 36(10), p.69. 내용 수정 보완

자로는 한경수를 들 수 있는데, 1988년 『조선시대 관유여행(觀遊旅行)에 관한 연구』, 『조선시대 공무여행에 관한 연구』, 그리고 1989년 『관광의 어원 및 용례에 관한 역사적 고찰』를 들 수 있다.

관광사에 대한 인식이 개선되기 시작한 1990년대에도 관광사에 대한 연구는 여전히 부족하였다. 1990년대 대표적 관광사 연구를 살펴보면 오정환(1991)의 박사학위 논문인 『호텔경영의 변천과정에 대한 국제비교 연구』를 들 수 있다. 이 연구는 서양과 한국의 숙박시설(호텔)의 변천사와 근현대의 호텔경영사를 분리하여 정리 비교하였다. 한경수(1992, 1993, 1998, 1999)는 삼국시대, 고려시대, 그리고 조선시대의 관광사 혹은 관광사상에 대한 연구결과를 연이어 발표하였다.

2000년대에도 관광사에 대한 연구는 여전히 미흡하였다. 2000년대의 관광사는 일제강점기의 한국의 관광에 대한 것이 대표적이다. 『한국 관광사 연구의 현황과 접근방법』, 『한국에 있어서 관광의 역사적 의미 및 용례』, 『개화기 서구인의 조선여행』, 『한국 근대 전환기 관광(18880-1940)』 등이다(한경수, 2001, 2002, 2005). 한편, 2000년대 후반 육재용(2008)은 선인들의 와유관광(臥遊觀光: 누워서 유람한다는 뜻으로 집에서 명승이나 고적을 그린 그림을 보며 즐김을 비유적으로 나타낸 말)을 다룬 『선인들의 여가문화에 나타난 관광현상 일고찰: 臥遊觀光을 중심으로』를 발표하였다.

3 관광역사 연구의 부족 원인

관광산업은 전 세계적으로 가장 크고 역동적인 산업이며 다양한 사회과학 분야에 기여를 해 왔다. 하지만 관광현상은 역사연구에서 많은 관심을 받지 못했다(Hanpachern & Chatkaewnapanon, 2013). 관광을 연구하는 역사학자들이 비교적 늦게 관심을 가진 이유도 존재한다. 역사가들이 관광현상에 많은 관심을 가지지 못한 이유는 시간(Time), 장소(Place), 주제(Theme) 등의 세 가지 측면에서 살펴볼 수 있다(Carr, 2001).

첫째, 시간 때문이다. 시간은 역사의 한 시기에 관한 것이다. 역사의 중요 관심은 시대변화의 문서화 혹은 기록화이기 때문에 역사 글쓰기에서 시간의 범위는 매우 중요하다(Hanpachern & Chatkaewnapanon, 2013). 비록 연구의 주제와 역사가의 관심사에 따라 기간이 다르

지만, 역사학자들은 고유의 가치와 표준기간을 가진 사건을 선호한다(Carr, 2001; Evans, 2002). 관광에 대한 연구는 역사가들의 관점에서 볼 때 때때로 끝이 없는 것으로 여겨질 수 있는데, 그 이유는 관광은 일반적으로 정해진 특정 기간보다는 계속되고 있는 현재의 프로세스와 관련 있기 때문이다.

둘째, 관광 혹은 관광현상이 발생하고 있는 장소 때문이다. 역사가들은 소규모의 단위보다(예 단체여행, 특정 지역 관광) 국가적 차원(예 한 시대의 국가 역사)에 초점을 맞추는 경향이 크다. 역사학자들은 오랫동안 민족학적(Ethnographic) 방식보다는 아카이브(Archive) 방식으로 연구를 수행하도록 훈련되어 왔기 때문에 관광은 역사학자들보다는 인류학자들에게 더 적합한 주제로 받아들여져 왔다(Jordanova, 2000).

셋째, 주제 때문이다. 역사의 주제는 사회의 가치와 경험을 포함하는 중요한 사건을 다룬다. 역사학자들은 국가적 태도와 국가 정체성을 구축하는 데 초점을 맞추기 때문에 역사의 주제는 대부분 정치적 사건과 엘리트 집단과 관련이 있다. 관광은 원주민이나 소규모 사회의 연구에 관한 것으로 생각되어졌기 때문에 관광현상을 '역사적 사건(Historical even)'으로 보지 않았다(Tucker, 2003).

한편, 서구나 북미에 비해 우리나라 관광역사(관광사) 연구는 매우 부족한데 관광사 연구에 대한 관심이 부족했기 때문이다. 연구자 및 연구물의 절대 부족, 관광사에 대한 인식 부족, 한문이나 영어와 같은 언어장벽, 정부지원 등도 주요 요인으로 꼽힌다(한경수, 2009). 또한, 지금까지 여행관련 기록들이 기행문학 등과 같이 타 분야에서 다루어져 관광학의 연구대상임을 인식 못하였다는 점도 들 수 있다(최강현, 1982).

제2절 _ 우리나라의 관광발전 역사

우리나라에서는 관광발전의 초석이 되는 교통수단과 대중 숙박시설의 발달과 국민의 시간적·경제적 여유가 1970년대까지는 뒤따르지 못하였다. 우리나라에서 대중관광시대의 개막은 1989년 1월 1일부로 실시된 국민 해외여행 연령제한의 폐지가 그 기점이 된다고 할 수 있다. 우리나라의 관광발전 역사는 관광현상의 특징에 따른 분류를 한 서양의 것과 달리 연대별로 구분해 보는 것이 우리나라 관광현상의 발전을 이해하는 데 유익할 것이다.

❶ 해방 이전(~1945년)

1. 삼국시대(BC 58~AD675)

삼국시대에는 정치제도가 정비되어 국가형태를 띠게 되고 고구려, 신라, 백제 삼국 상호 간 그리고 중국과 일본 등과 경제, 정치, 문화의 교류가 활발히 이루어졌다. 이 시대 관광의 참여계층은 경제적으로 여유가 있고 신분적으로 지위가 높은 왕, 귀족, 승려 등과 같은 상류지배층과 그들의 자녀들이었다.

불교가 전래되었던 삼국시대에는 사찰이 많이 건축되어 신도들이 각종 불교 봉축행사에 참가하는 종교적 목적의 여행이 주종을 이루었다. 삼국시대에 시작되어 고려시대 국가행사로 치러진 팔관회(八關: 무속신앙의 제천행사의 성격이 강함)나 연등회(燃燈會: 순수 불교행사)가 그 좋은 예이다. 이

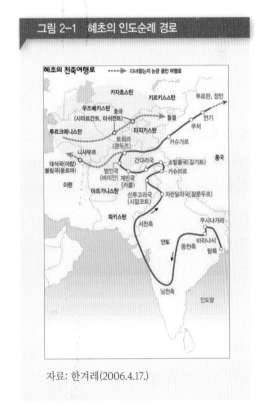

그림 2-1 혜초의 인도순례 경로

자료: 한겨레(2006.4.17.)

는 고대 유럽에서의 신전과 성지순례와 흡사하다. 또한, 정치, 외교, 군사목적의 신년하례, 왕위책봉, 조공 등의 정기적이고 공식적인 형태의 교류와 함께 왕족, 귀족 등 특권계층을 중심으로 한 자연경관이나 요양 등의 관광활동이 비정기적이고 비공식적으로 이루어졌다.

신라시대의 관광현상은 화랑에서 기원을 찾을 수 있다. 화랑은 신체단련, 활쏘기, 수렵, 말타기, 자연경관 감상 등의 목적으로 중국 본토에서 서페르시아에 이르기까지 여행하였다. 일부 특권계층은 중국, 인도, 일본 등 해외로의 왕래가 빈번하였다. 예를 들어, 원효와 의상은 해로(海路)를 통해 당나라 유학을 하였으며, 혜초는 당나라를 거쳐 인도까지 다녀온 여행기록을 담은『왕오천축국전(往五天竺國傳)』을 지었다(그림 2-1 참조). 백제는 중국의 남북조와의 문화교류는 물론 일본으로 불교를 전하는 과정에서 일본과의 빈번한 교류를 하였다.

삼국시대의 관광현황은 고려시대 김부식이 편찬한 삼국의 역사서 삼국사기(三國史記)를 통해 파악해 볼 수 있다. 삼국시대에 불교를 배우러 중국으로 유학을 떠난 유학승 수는 24명이나 되었으며, 신라 21명, 고구려 2명, 백제 1명이었다(고태규, 2017). 여행 목적별 현황을 살펴보면, 중국 왕조를 방문하는 사절들의 해외여행이 644회로 가장 많았고, 왕이나 귀족 자제들의 중국 유학이 138회, 왕이나 관리들의 공무여행이 51회, 종교인의 선교여행이 24회, 왕이나 귀족들의 여가여행이 22회 순으로 기록되어 있다. 사절을 포함한 외국인이 삼국을 여행한 경우도 107회나 되었다(고태규, 2007).

한편, 외국인들의 삼국여행에 대한 기록도 있는데, 신라에 56차례, 고구려에 29차례, 백제에 13차례 외국 사신들이 방문하였다. 하지만 삼국의 여행객이 이용했던 숙박시설이나 즐겨먹었던 음식들(쌀 이외에 대한 언급은 없음)에 대한 내용과 외국인들이 삼국 여행시 이용했던 교통수단, 숙박유형, 음식유형, 여행기간, 여행경비 등에 관한 기록은 존재하지 않는다(고태규, 2017).

통일신라시대(675~917년)에도 관광현상이 여러 곳에서 발견된다. 청해진(淸海鎭)은 신라, 당나라, 일본의 중계무역항으로 그리고 해로(海路)의 중심지로서 관광의 요충지였다. 청해진에 설치된 청해관은 무역관 기능은 물론 3국의 무역선 상인들이 숙박하는 숙박시설로서의 기능도 하였다. 산동반도와 양자강 하류 일대에는 신라인들의 거주지인 신라방(新羅坊)이 설치되었고, 산동반도에는 신라소(新羅所)라는 행정기구를 설치하여 당과 교역하는 상인에게 편의를 제공하였다. 그리고 당나라를 관광하는 신라인들은 산동반도에 세워진 신라관(新羅館)과 신라원(新羅院)과 같은 국제적 숙박시설을 이용하기도 하였다. 통일신라의 왕족과 귀족들은 사절유택(四節遊宅: 별장)을 두고 봄에는 금성(지금의 경주)에서 부여를 왕래하였고, 여름에는 서경(서울)으로, 그리고 겨울에는 탐라(제주)로 피서와 피한(避寒)여행을 하였다.

2. 고려시대(918~1391년)

고려시대에는 엄격한 신분제도 때문에 이동의 자유가 매우 제한적이었으며 여행은 특권층을 제외하고는 거의 이루어지지 않았다. 귀족자녀들은 명산, 사찰 등의 국내여행은 물론 국외에까지 여행을 하였다. 이 시대에 나타난 관광형태는 전국 명산대천(名山大川)을 찾아 낭만을 즐기던 시인·묵객들의 풍류여행, 부산에서 신의주까지의 국도를 따라 설치·운영되었던 역참(驛站: 국가의 명령과 공문서 및 군사정보 전달 등을 위한 교통통신기관)을 이용한 관민의 여행, 그리고 매년 정기적으로 개최되는 지방 고유의 민속행사(씨름대회, 줄다리기 등) 참가, 뱃놀이 등에서 찾아볼 수 있다.

고려시대의 여행기록은 다양하게 존재하는데, 순수여행 기록은 물론 관직 수행상 움직이면서 남긴 기록도 있다(강은경, 2022). 이규보의 『남행월일기』, 임춘의 『동행기』, 이제현의 『서정록』, 안축의 『관동와주(關東瓦注)』, 이곡의 『동유기(東遊記)』 등이 대표적이다(민족문화추진회, 1989, 서정화 외, 2013, 이상현, 2007, 진성규, 2015). 고려시대에는 여행을 '유(遊)' 또는 '유람(遊覽)'이라고 하였는데, 여행기록을 통상 '유기(遊記)'라 하였다(김태준, 2006; 이상균, 2014). 유기는 본래 산문형식이지만 시도 포함되어 있다. 가령, 이제현의 『서정록』은 중국 사천성 아미산 여행기록 중 시를 묶은 것이다.

당시 유기를 남겼던 문인들은 주로 말을 타고 이동하였고 이동시에는 말이 최우선 조건이었다. 말의 상태에 따라서 여행의 속도가 조절되고 언제나 말이 쉴 수 있는 역을 따라 움직였다. 그에 따라 여행기록에는 많은 역명(예 금강산~관동지방 유람시 경유한 역: 청간역, 상간역, 동선역)과 역마을이 나오고 있다(안축, 2013; 이곡, 2007). 역로는 공적인 업무를 수행하는 역마가 우선인 곳인데, 일반 유람객들의 이용에는 엄격한 제한이 있었다(강은경, 2022).

유기에는 경관지 마을에 사람들이 몰려든다는 표현이 자주 등장하는데 불교신앙(예 연등회)의 요인이 크게 작용했던 것으로 보인다. 왕실이나 원나라 사신, 재상들은 불교행사 참석 이외에도 자연경관을 만끽하기 경관지를 즐겨 찾았다. 유명한 경관지를 찾은 문인들은 그 여정을 유기로 남겼고 유기 덕분에 경관지가 더욱 유명해졌는데, 고려시대 안동의 영호루, 조선시대 밀양의 영남루, 진주의 촉석루, 남원의 광한루가 대표적이다(강은경, 2022)

3. 조선시대(1392~1876년)

조선시대의 양반인 사대부들은 낙천적인 성품으로 시와 풍류를 즐기면서 학문적 교양의 확대를 위한 단체관광에 참여하였다. 관광에 있어 특이한 현상으로는 평민계층의 관광과 여가활동이 부분적으로 나타나기 시작하였다는 점이다.

나랏일이나 외국 사신들의 숙식을 해결하기 위하여 태평관, 북평관, 왜관 등을 세웠으며, 관리들을 위하여 교통의 요지에 숙박시설 원(院)을 세웠는데 사리원이나 조치원이 그 예이다. 그리고 조선시대 왕의 능행(陵幸)과 왕족들의 능행관광은 왕의 권위를 드높이고 왕위계승을 공표하는 행사인데, 화려하고 요란한 왕의 행차는 백성들에게는 흥미로운 구경거리를 제공하였다(이왕무, 2012).

조선 후기에는 쇄국정책, 일본 및 구미 열강들의 침략, 그리고 일본의 통치로 말미암아 관광의 발달은 거의 없었다. 특히, 쇄국정책으로 인해 국제교류가 활발하지 못하였으며 유럽처럼 인접국과의 자유스러운 관광도 이루어지지 못했다. 조선 후기 홍석모(년도 미상)가 우리나라 연중행사와 풍속 등을 정리한 『동국세시기(東國歲時記)』에 의하면, 평민계층은 4월의 초파일 연등행사, 5월 단오, 6월 유두일 등 특정일에 풍년을 기원하고 자신과 가족의 재앙을 방지하려는 목적으로 일시적인 여행을 하였다는 기록이 있다. 특히, 조선 후기의 실학사상가들(박지원, 박제가 등)은 선진문물을 배우기 위해 중국을 다녀왔는데, 이는 관광의 기본사상, 즉 선진문물을 보고 배우는 관국지광(觀國之光)의 모습을 보여주는 것이다.

조선시대 사람들이 외국을 여행할 기회는 외교사절로서 중국이나 일본에 파견된 경우가 대부분이었다. 조선시대 북경으로 가는 연행 사절단(청나라에 보낸 사신 및 사절단)은 정사, 부사, 서장관 등 삼사를 비롯하여 역관(통역가), 군관(삼사호위), 사자관(문서담당), 화원, 그리고 이들의 말을 관리하거나 짐 등을 수발하는 사람들, 그리고 사절단(무역목적)을 따라 중국을 왕래하는 상인 등 수백 명이 대규모로 이동하였다(정은주, 2017). 사절단 중 삼사를 지근거리에서 호위하던 자제군관은 공식적 행사로부터 비교적 자유로워 관소 밖 북경의 명소와 유적을 찾아 구경하였다. 조선사절단이 북경에서 가장 많이 찾았던 곳은 공자묘와 그 옆에 세워진 국자감 같은 유학의 성지였고, 주요 사원에서 열리는 시장인 묘시를 찾아 오래된 기물과 희귀한 서책 및 서화 등을 구입하기도 하였다(정은주, 2017).

외국인이 조선을 방문하기 시작한 것은 1880년대부터였다. 당시 조선을 방문한 20여

명의 외국인이 조선 방문기를 집필하여 유산으로 남겼다(한경수·고계성, 2017). 대표적으로 알렌(1858~1932)의 『조선견문록』, 헐버트(1864~1949)의 『대한제국 멸망사』, 언더우드(1851~1921)의 『상투의 나라』, 오페르트(1832~1903)의 『금단의 나라 조선』, 칼스(1848~1929)의 『조선풍물지』 등이 있다. 외국인의 조선 여행기에 의하면, 외국인들은 주로 왕의 행차, 과거시험, 소풍 및 나들이, 궁도, 격투 등에 많은 관심을 보였다고 기술하고 있다.

1888년에 일본인 호리 리기타오로가 인천에 우리나라 최초의 호텔인 대불호텔을 오픈하였다(서울신문, 2013). 벽돌로 지어진 3층짜리 양옥 건물로 서양식 침실과 식당을 갖췄으며 다다미(일본식 돗자리 방)방이 240개, 침대가 있는 방이 11개였으며, 숙박료는 상급 2원 50전, 중급 2원, 하급 1원 50전이었다.

우리나라의 철도시대가 열린 것은 1899년 9월 18일 경인선 노선 중 노량진과 제물포(인천의 옛 이름)를 잇는 약 33km 노선이 부분 개통되어 운행을 시작하면서부터다(역사공감, 2019). 이후 1900년 한강철교가 준공되고 7월 남대문역(현 서울역)까지 42km 전 구간이 개통되었다. 이어서 1905년 경부선, 1906년 경의선이 차례로 건설되어 인적·물적자원의 흐름이 크게 증가하였다.

2 일제 강점기(~1959)

일제강점기인 20세기 초에는 우리나라 관광현상에 큰 변화가 있었다. 일본이 만주대륙 진출을 위해 병참(兵站)지원 목적으로 한반도에 부설한 철도는 철도여행의 발전을 가져왔으며 철도여객을 수용하기 위해 주요 철도역에 철도호텔이 건립되었다.

1912년 부산과 신의주에 철도호텔, 1914년 서울 조선호텔, 1915년 금강산 호텔과 장안사 호텔, 1925년 평양 철도호텔이 건립되었다. 자료에 따르면 1935년 조선을 방문한 관광단체는 총 885단체(385,000명)였으며, 이 중 일본 330단체(15,500명), 만주 80단체(3,200명)였다(동아일보, 1935. 11. 28). 한편, 이 기간 동안 조선에서 만주로 여행한 단체는 140개 6,300명이었다.

일제강점기에서는 일본인을 위한 관광이었을 뿐 우리 민족의 관광으로서는 암흑기였다. 일본 식민통치가 종식되고 대한민국 정부가 수립되던 시기에도 관광이 국가의 주요

한 정책으로 인식되지 못했다. 미국을 비롯한 구미제국과 외교관계를 맺으면서 구미인(歐美人)들만이 한국여행을 하였다.

1950년 6·25전쟁으로 온양, 대구, 해운대, 설악산 등지에 교통부 직영으로 운영되던 관광호텔들도 문을 닫게 되었다. 1950년대는 정치·경제적 악순환으로 인하여 관광부문의 수용태세가 갖추어지지 않아 관광객 유치를 할 수 있는 수준에 이르지 못하였다. 1953년에는 근로자의 기본적 생활을 보장하고 균형 있는 국민경제의 발전을 도모하기 위해 노동자들에게 연간 12일의 유급휴가를 실시하도록 하는 근로기준법이 제정·공포되었다. 〈표 2-2〉는 1945년부터 1959년까지의 주요 관광사를 요약한 것이다.

표 2-2 **1945~1959년까지 주요 관광사**

연 도	주요 내용
1945	• 미군정청에 육운국(局) 발족 • 우리나라 최초의 조선여행사 설립(1949년 대한여행사로 변경) • 서울 종로에 고려당이 들어선 이후 전통음식점 중심의 요식업 형성
1947	• 해방 이후 최초의 단체 외국인 관광단(RAS: Royal Asiatic Society. 70명)이 2박 3일간의 일정으로 경주를 비롯하여 국내 주요 관광지 여행 • 서울 - 온양 간 관광전세버스 운행면허가 처음 발급되어 국내여행업 시작
1948	• 대한민국정부 수립 • 우리나라 최초 대한민국 항공사(KNA: Korean National Airlines) 설립 • 한국행정조직의 근간이 되는 정부조직법 제정·공포
1949	• 최초의 외국항공사인 미국 팬암항공사가 시애틀 - 도쿄 - 서울 노선 취항
1950	• 6·25전쟁
1952	• 최초의 민영호텔 대원호텔 개관 • 교통부에 관광계가 신설되어 처음으로 관광행정업무 담당
1953	• PATA 설립
1954	• 교통부 육운국에 관광과 설치, 국가차원에서 관광에 관한 행정업무 시작
1955	• 국내 최초 제작차량 '시발택시' 등장, 자동차운송업 발전 계기
1956	• 온양, 해운대 등에 철도호텔 개관
1957	• 한국 주둔 UN군을 위한 코리아 하우스(Korea House) 설립 • 교통부 국제관설 관광기구(IUOTO: 현 UNWTO) 가입
1958	• 교통부장관 자문기관(중앙관광위원회), 도지사 자문기관(지방관광위원회) 설치: 관광행정에 있어서 각계의 의견 집약 노력

자료: 한경수·고계성(2017). 제2장 관광의 역사. (사)한국관광학회(eds.), 관광학원론, 백산출판사, p.54. 내용수정

3 1960년대(1960~1969)

관광사업의 기반조성과 국제관광객 유치 그리고 관광진흥과 관광자원의 개발에 의미를 부여하기 시작한 시기는 1960년대이다. 정부의 체계적인 정책기반 조성과 민간 관광기업의 등장으로 외화획득 산업으로서 발전의 토대를 구축하기 시작한 시기이다(이정학, 2014).

💡 표 2-3 1960~1969년까지 주요 관광사

연 도	주요 내용
1960	• UN군의 휴가장병이 일본이나 홍콩 등지에서 지내는 휴가를 한국에서 지낼 수 있는 R/R(Rest & Recuperation)지구로 지정
1961	• 관광사업진흥법 제정공포
1962	• 관광사업진흥법 시행령(1962.7.9. 공포)과 시행규칙 제정(1962.12.23.) • 정부가 출자한 국제관광공사와 대한항공사 설립 • 통역안내사 자격시험제도 도입 • 문화재보호법 제정
1993	• 교통부 관광과 관광국으로 승격 • 서울 Walkerhill호텔 개관 • 특수법인 대한관광협회중앙회(현, 한국관광협회중앙회) 설립 • 뉴욕과 동경에 최초로 해외 선전사무소 개설
1964	• 최초로 경기대학교에 4년제 정규 학사과정으로 관광 관련 학과 개설
1965	• 한일 국교 정상화로 일본 관광객 대량 유입 • 관광호텔종사원 자격시험제도 시행 • 제14차 PATA(태평양지역관광협회) 총회 개최 • 지방문화사업조성법 제정으로 지역축제 지원 기반 마련
1967	• 자연공원법 제정 • 우리나라 최초의 국립공원으로 지리산 지정 • 국내 최초의 외국인 전용 올림포스호텔 카지노 개장
1968	• 한려해상 국립공원 지정 • 서울 Walkerhill호텔 카지노 개장
1969	• 부산 태종대 공원 등 12개 관광지 지정 • 숙박업 제정

자료: 한경수·고계성(2017). 제2장 관광의 역사. (사)한국관광학회(eds.), 관광학원론, 백산출판사, p.55~56. 내용 수정

1961년 우리나라의 외래관광객은 11,108명, 외화는 135만 달러, 관광호텔은 18개소(580 여 실)에 불과했다. 1962년에는 국제관광공사(현, 한국관광공사)가 발족되어 한국관광의 해외선전, 관광객 편의제공, 관광객 유치업무 등 해외진흥사업을 본격적으로 개시하였다. 1964 년에는 일본의 해외여행 자유화 조치로 우리나라의 주요 외래관광객은 미국인에서 일본인으로 바뀌게 되었다.

1965년에는 관광호텔종사원 자격시험제도를 실시하였고 제14차 태평양지역관광협회(PATA: Pacific Asia Travel Association) 총회유치를 통해 각국 관광업계 대표들에게 한국관광을 이해시키는 계기가 되었다. 1967년 3월에는 지리산이 국내 최초로 국립공원으로 지정되었다. 〈표 2-3〉은 1960~1969년까지의 주요 관광사를 요약한 것이다.

④ 1970년대(1970~1979)

1970년대 들어서면서 국제관광공사(한국관광공사)는 국제관광기구에 가입하여 협력기반 및 관광발전의 발판을 마련하였다. 1970년대는 인바운드 중심의 여행업이 발전하였다.

1971년 경부고속도로의 개통은 전국적으로 관광지 개발을 촉진시켰음은 물론 외래관광객의 체재기간 연장에도 크게 기여하였다. 1975년에 제정된 「관광기본법」에 의거 관광진흥에 관한 기본적이고 종합적인 계획을 수립하였으며, 외국인 전용의 관광시설지구를 조성하는 대규모 국제관광단지(예) 경주 보문단지와 제주 중문단지)의 개발에 착

수하였다. 1978년에는 처음으로 외래관광객 100만 명을 넘어섰고 관광수입 4억 달러를 획득함으로써 관광입국의 기틀을 다졌다. 하지만 1974년 오일파동에 따른 세계경제 불황으로 외래관광객이 크게 감소하는 시련도 겪었다. 〈표 2-4〉는 1970년대의 관광사를 정리한 것이다.

💡 표 2-4 **1970~1979년까지 주요 관광사**

연 도	주요 내용
1970	• 최초의 도립공원 금오산 지정(경북 구미시)
1971	• 경부고속도로 개통 • 한국관광학회 발족
1972	• 관광진흥개발기금법 제정으로 관광사업체에 대한 금융지원 시작
1974	• 경주 보문단지 개발 착수(1974-1979)
1975	• 용평리조트 탄생과 리조트의 역사 시작
1976	• 한국관광공사 정기 간행물 발간(전국민 여행행동조사, 관광동향에 관한 연차보고서, 외래객여론조사)
1977	• 우리나라 최초의 치킨 프랜차이즈 사업 시작(림스치킨 1호점)
1978	• 제주 중문단지 개발 착수(1978-1986)
1979	• 제28차 PATA 총회 개최 • 우리나라 최초의 컨벤션 전담기구인 국제공사의 국제회의부 발족

자료: 한경수·고계성(2017). 제2장 관광의 역사. (사)한국관광학회(eds.), 관광학원론, 백산출판사, p.56. 저자 내용 수정

5 1980년대(1980~1989)

1980년대는 국제관광과 국민관광의 조화 있는 발전을 이룬 시기였다. 1980년대 초반 제2차 석유파동과 국내정치의 불안 등으로 잠시 관광활동이 위축되기도 하였지만 교양과 문화적 욕구의 증가, 가족단위의 여행, 레크리에이션의 보급, 법정 공휴일의 증가, 휴가제도, 개인소득의 증대, 관광여건의 개선 등으로 비약적 관광발전을 이루었다. 아시안 게임(1986)과 서울올림픽(1988), 국제개발부흥은행(IBRD)과 국제통화기금(IMF) 세계총회, 미주 여행업자협회(ASTA) 총회, 아시아 관광협회총회 등 큰 국제행사를 유치하면서 관광한국의 이미지를 향상시켜 1988년에는 외국인 관광객 200만 명을 유치하게 되었다.

제2의 민항인 아시아나항공의 출현과 1989년 해외여행 완전자유화 조치로 우리 국민의 해외여행자 수가 100만 명을 돌파하였다. 자유화 이전인 1988년 국민 해외여행자는 72만 명 정도였으나 1989년에는 121만 명으로 67% 늘어났다. 또한, 1980년대 초 250 여 개에 불과하던 전국의 여행사 수가 1980년대 말에는 1,000여 개로 증가하였으며 대

형 여행사들이 전국 여행시장을 겨냥한 본격적인 패키지상품을 출시하였다. 〈표 2-5〉는
1980년대의 관광사를 정리한 것이다.

표 2-5 **1980~1989년까지 주요 관광사**

연 도	주요 내용
1980	• 김포국제공항 국제선 신청사 개관 • 제주도 입국사증(VISA) 면제지역으로 지정
1981	• 관광관련 업무의 소관부처는 교통부로, 2국 6과에서 1국(관광국) 5과(관광기획과, 국제관광과, 국민 관광과, 관광시설과, 관광지도과)로 축소 개편, 해외과 폐지 • 한국 최초의 전북 순창군 강천산 군립공원 지정
1982	• 경제기획원 산하 88올림픽 대비 관광종합계획단 신설 • 야간통행금지 해제조치 • 국제관광공사를 한국관광공사로 명칭 변경
1983	• 제주공항 신청사 준공 • 50세 이상 관광목적 해외여행 자유화 • 대우그룹에서 힐튼호텔 건립 • 문예진흥법 개정 • ASTA 제53차 세계총회 서울 개최
1986	• 관광사업법을 폐지하고 관광진흥법을 제정·공포 • 86 아시안게임 개최
1987	• 45세 이상 관광목적 해외여행 자유화 • 국립공원관리공단 설립 • 미주여행자협회(ASTA)총회 서울 개최 • 한국관광공사에서 최초로 국내관광안내정보를 개발하여 제공
1988	• 88 서울올림픽 개최 • 롯데호텔과 롯데호텔월드 개관 • (주)서울항공 설립(현재 아시아나항공)
1989	• 국민해외여행 전면자유화

자료: 한경수·고계성(2017). 제2장 관광의 역사. (사)한국관광학회(eds.), 관광학원론, 백산출판사, p.57-58.

6 1990년대(1990~1999)

1990년대는 21세기 관광선진국을 대비한 재도약의 시기였다. 국민경제의 급속한 성장과 국민소득수준의 향상, 여가시간의 증대, 가치관의 변화 등에 따라 국내외 관광수요가 크게 증가하였다. 1991년 제9차 세계관광기구총회, 1993년 대전엑스포, 1994년 서

표 2-6   **1990~1999년까지 주요 관광사**

연 도	주요 내용
1990	• 전국 관광지를 5대 관광권 24개소권으로 확정 • 관광정보 자동응답 안내서비스 개시
1991	• 관광호텔 외회획득 금액에 대한 부가가치 영세율 폐지 • 관광여권과 친지 방문 여권을 통일해 5년 복수여권으로 발급 • WTO 집행이사국으로 피선
1992	• 중국과 수교 • 제1차 관광개발기본계획 수립(1992-2001)
1993	• 대전엑스포 개최
1994	• 제43차 PATA 총회 개최 • 한국 방문의 해 지정 운영 • 5개 관광특구 지정(제주시, 경주시, 설악산, 유성, 해운대) • 경찰청에서 관리해 오던 카지노업을 관광사업으로 전환 • 관광지 지정 및 조성계획 승인권한 시도지사에게 위임
1995	• 문화관광축제 제도 시행 • 폐광지역 개발지원에 관한 특별법 제정
1996	• 한일 월드컵 공동개최 결정 • 국제회의산업 육성에 관한 법률 제정
1997	• 한국 IMF 관리체제 • 관광숙박시설 지원에 관한 특별법 제정
1998	• 금강산 관광 시행
1999	• 관광비전 21 확정 • 7대 문화관광권 개발사업 추진

자료: 한경수·고계성(2017). 제2장 관광의 역사. (사)한국관광학회(eds.), 관광학원론, 백산출판사, p.58-59. 저자 내용 수정

울 정도 6백 주년을 기념한 한국 방문의 해(Visit Korea) 사업, 그리고 아시아태평양관광협회(PATA) 연차총회 등의 행사를 성공적으로 개최함으로써 외래관광객 4백만 명(1999년 기준, 4,659,785명) 이상을 유치하게 되었다. 1997년 경제협력개발기구(OECD: Organization for Economic Corporation and Development)에 가입하여 관광산업 발전을 위해 선진국의 관광정책기구들과 협력할 수 있는 계기를 마련하였다.

하지만, 1997년 IMF 외환위기로 전반적인 경제침체가 국민의 소비심리 위축으로 이어지면서 관광산업의 경영환경이 크게 악화되어 관광기업들이 큰 위기를 맞이하기도 하였다. 1998년에는 중국인 단체 관광자에 대한 제주도 무비자 입국과 러시아 관광자에 대한 무비자 입국허용 등으로 외래객 입국자수가 425만 명을 기록하였다. 〈표 2-6〉은 1990년대의 주요 관광사를 요약해 놓은 것이다.

⑦ 2000년대(2000~2009)

2000년대는 21세기 아시아 관광중심국으로 도약하는 시기였다. New tourism의 시대에 대응하기 위해서 장기적인 비전을 바탕으로 전략적 마케팅, 대규모 관광자원 개발, 관광수용태세 개선, 국민관광 활성화를 통한 생산적 복지확대 등 다양한 관광산업 육성정책을 마련하였다. 2000년 6·15 남북공동선언은 남북관광 교류의 확대를 위한 중요한 토대가 되었고, 2002년 한일 월드컵의 성공적 개최는 관광한국의 토대를 이루는 데 크게 기여하였다. 2000년 이후 한국문화와 드라마 및 영화의 해외진출 확산으로 인해 한류의 열풍을 낳았으며 이로 인해 외래관광객이 크게 증가하였다. 최근에는 아시아와 남미를 넘어 유럽으로 한류가 전파되고 있다(사례 2-1 참조).

한편, 9·11사태, 사스(SARS: Severe Acute Respiratory Syndrome: 중증 급성 호흡기 증후군), 조류독감 등으로 전 세계 관광시장이 크게 위축되었다. 하지만, 대형 여행사들을 중심으로 적극적인 홍보매체 활용과 다양한 상품제공, 인터넷을 통한 실용적인 여행정보의 제공 등으로 이를 극복하였다. 또한, 2004년 고속철도의 개통, 개별여행객의 증가, 주 5일제 확대시행, 여행구매 연령층 확대, 생활수준 향상 등으로 여행시장은 계속 확대되어 왔다. 〈표 2-7〉은 2000년대의 주요 관광사를 요약해 놓은 것이다.

표 2-7 **2000~2009년까지 주요 관광사**

연 도	주요 내용
2000	• 국제회의 개최(APEC, ASEAN 회의, 관광장관) • 경주문화엑스포 개최 • 내국인 전용 강원랜드 카지노 개장 • 국내 최초 대규모 컨벤션센터 COEX 개관
2001	• 인천국제공항 개항 • 한국방문의 해 선포 • 대구 EXCO, 부산 BEXCO 개관
2002	• UN '세계생태계의 해'로 지정 • FIFA 한일 월드컵 개최 • 부산 아시안게임 개최 • 제2차 관광개발기본계획 수립
2003	• 급성호흡기증후군(SARS) 출현 • 금강산 육로관광 개시 • 대구 유니버시아드 개최 • 제주 ICC 개관
2004	• 한류관광의 해로 지정 및 한류관광 추진기획단 발족 • 경부고속철도 개통 • 제53차 PATA 총회 및 ADB총회 개최
2005	• 여행바우처제도 추진 • 청계천 복원 • 일산 KINTEX, 광주 김대중 컨벤션센터, 경남창원 CECO 개관
2006	• 주 40시간 근무제 실시 • 내나라 여행 함께 가꾸기 사업 추진 • 관광산업 경쟁력 강화대책으로 조세부담 완화
2007	• 한국 고유 관광브랜드 Korea Sparkling 선포 • 우수 숙박시설(중저가) 브랜드 Goodstay 사업시행 • 숙박시설 체인화 모델인 'BENIKEA' 체인화 사업시행 • 제주 화산섬과 용암동굴 한국 최초 세계 자연유산으로 지정
2008	• 서비스 산업 경쟁력 강화 종합대책 마련 • 13개 시도 26곳을 관광특구로 지정
2009	• 고속버스 환승 시범 시행 • 제3차 관광산업 경쟁력 강화대책 발표(2009.11)

자료: 한경수·고계성(2017). 제2장 관광의 역사. (사)한국관광학회(편집), 관광학원론, 백산출판사, p.60-62. 저자 내용 수정

사례 2-1   신한류는 어떻게 세계를 매혹시켰나

K-콘텐츠 신르네상스 열었다

넷플릭스 〈오징어 게임〉

소비재 수출 촉진과 국가 브랜드 제고

　미국 잡지 〈블룸버그 비즈니스 위크〉는 2021년 12월 글로벌 트렌드를 이끈 50인을 선정했는데 방탄소년단 소속사 하이브의 방시혁 의장과 〈오징어 게임〉을 연출한 황동혁 감독을 뽑았더라고.

　한국국제문화교류진흥원이 발간한 보고서 '2021 글로벌 한류 트렌드'(18개국 8,500명의 해외 한류 이용자 조사, 2020년 10월)에서 우리나라를 연상하는 이미지 1위에 오른 건 K-팝(16.8%)이었어. 한식(12.0%), 한류스타(6.6%), 드라마(6.4%)가 뒤를 이었고.

　아마 2021년 조사에선 〈오징어 게임〉 여파로 K-드라마가 1위에 오르지 않을까? 그럼 가장 좋아하는 우리나라 가수는? 빙고! 방탄소년단이 22%로 가장 많았고 블랙핑크(13.5%), 싸이(2.9%)

순이었어. 방탄소년단은 2018년 10.3%에서 2년 사이 두 배 가까이 선호도가 높아졌지.

2010년 중반 이후 한류 세계화 시작

　다들 '한류', '한류' 하는데 도대체 한류는 언제부터 시작된 걸까? 우선 태동기인 '한류1.0'은 1990년대 후반부터 2000년대 중반이야. 드라마 중심이고 아시아 위주로 소수 마니아가 열광했지. 1990년대 후반 드라마 〈별은 내 가슴에〉가 중국에서 히트를 했지. 주인공 안재욱은 중국 최고 스타로 부상했고.

　대만에선 〈가을동화〉가 시청률 1위를 기록해서 주인공 송승헌이 말 그대로 대박 났고. 일본에선 2000년대 초반 〈겨울연가〉의 대성공으로 배용준이 '욘사마'로 불리며 엄청난 인기를 끌었어. 당

최근 5년 반기별 지식재산권 무역수지 추이

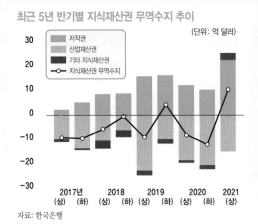

자료: 한국은행

출하지. 일종의 공장 형태로 스타 배출과 한류 콘텐츠 생산이 이뤄지면서 규격화된 상품을 대량으로 빠르게 시장에 공급해 경쟁력이 높아져. 2010년대 중반으로 넘어가면서는 한류의 세계화가 시작돼서 2019년까지 이어지는데 바로 '한류 3.0'이라고 할 수 있지. 팬덤도 전 세계로 확대되고.

시 욘사마 경제효과가 무려 3조 원으로 추정됐을 정도야.

그러다가 2000년대 중반에서 2010년대 초반까지 K-팝을 내세운 아이돌 스타 중심으로 '한류 2.0'이 형성돼. 아시아와 중남미, 중동에서 10~20대가 팬덤을 형성하지. 당시 동남아에선 우리나라 아이돌 가수 인기가 워낙 높아서 이들 그룹을 모방하는 팀까지 생겨나.

특히 이때부터 기획사가 전략적으로 키운 스타들이 상품화해 등장하고 대중문화 전반으로 진

2022년 신한류 진흥 예산 1조 178억 원

1997년부터 드라마를 위주로 시작된 '한류 1.0', 아이돌 스타 중심의 '한류 2.0', 한류 세계화가 본격화한 '한류 3.0'을 지나서 이제 연관 산업으로 확장하는 신한류 시대를 개척한다는 구상이지.

정부는 2022년 신한류 진흥과 문화산업 육성 예산을 총 1조 178억 원으로 책정했어. 전년 대비 21.3% 늘어난 규모야. 구체적으로는 번역 인력과 수출 전문 인력 양성에 각각 20억 원, 한류 문화 축

한류의 시기적 흐름

자료: 문화체육관광부

한류의 구분   자료: 문화체육관광부

	한류1.0	한류2.0	한류3.0	신한류(K-컬처)
시기	1997년~ 2000년대 중반	2000년대 중반~ 2010년대 초반	2010년대 초반~2019년	2020년~
특징	한류의 태동 영상 콘텐츠 중심	한류의 확산 아이돌 스타 중심	한류의 세계화 세계적 스타 상품 등장	한류의 다양화 + 세계화(온라인 소통)
핵심분야	드라마	대중음악	대중문화	한국문화 + 연관 산업
대상국가	아시아	아시아, 중남미, 중동, 구미주 일부 등	전 세계	전 세계(전략적 확산)
소비자	소수 마니아	10~20CH	전 세계인	전 세계인(맞춤형 접근)

제에 92억 원, K-브랜드 한류 마케팅에 50억 원, 해외홍보관에 45억 원, 한류 박람회에 예산 20억 원을 배정했어. 특히 문화 전반으로 신한류가 확장하도록 다른 분야에도 힘을 쏟을 예정이야. 우리나라 미술의 국제화에 29억 원, 해외박물관 한국실 운영 35억 원 등 신규 예산을 투입한 것도 이런 구상 때문이야. 〈중략〉

K-콘텐츠 수출 10년간 연평균 13.9% 성장

한류 확산에 따른 경제적 파급효과는 제조업 못지않다. 영국 글로벌 시장조사업체 '프라이스워터하우스쿠퍼스'에 따르면 2020년 기준 세계 콘텐츠 시장 규모는 총 2조 4,000억 달러로 미국·중국·일본이 1~3위이고 우리나라는 623억 달러(점유율 2.6%)로 세계 7위다.

분야별로 우리나라 게임, 음악, 영화, 방송 시장 규모는 전 세계 10위권 안팎이다. 2020년 매출액 기준으로 보면 국내 게임 산업 규모는 전 세계 4위이고 국내 방송(11위), 영화(7위), 음악(9위) 시장 규모도 10위권 안팎으로 규모 경쟁력을 갖고 있다.

한류 열풍에 우리 문화콘텐츠 수출은 10년간 (2010~2019년) 연평균 13.9%에 이르는 비약적 성장을 구가했다. 한국수출입은행은 우리나라 콘텐츠 수출이 100달러 증가할 때 소비재 수출은 248달러 증가하는 파급효과(2020년 기준)가 있다고 분석한다. 세계시장에서 K-팝을 비롯한 국내 방송·영화 등의 인기로 한국산 음향 영상과 관련 서비스 수출액은 연간 9억 달러(2019년)로 세계 9위 수준(세계무역기구)이다.

한류는 1990년대부터 태동한 이후 분야가 다양화하고 지역도 다변화하면서 화장품·문화콘텐츠 등 소비재 수출을 촉진하고 관광객 활성화 등 연관 산업 성장까지 견인했다. 한류에 따른 소비재·관광 수출액(국제문화교류진흥원)은 2016년 75억 6,000만 달러에서 2019년 123억 1,900만 달러로 증가했다. 한류 관광객(한국관광공사)도 이 기간에 136만 2,000명에서 222만 3,000명으로 증가했다. 한류가 문화·경제 강국으로서 우리나라의 국제 위상과 국가 브랜드 가치를 더 높인 것이다.

자료: 대한민국 정책브리핑(2021.12.14.). 일부 내용 발췌

8 2010년대(2010~2019)

2010년대는 이명박 정부 3년(2008.2~2013.2), 박근혜 정부 5년(2013.2~2017.3), 그리고 문재인 정부 2년(2017.5~2022.5)이 공존했던 시대이다. 이명박 정부는 초기의 국정과제에 관광부문을 100대 과제에 포함시키지 않았으며 국민관광과 관련된 과제로 저소득층 관광참여 기회 확대만을 반영하였다(장병권, 2019). 2008년에 서비스산업 경쟁력 강화 종합대책을 마련하였고 13개 시도 26곳을 관광특구로 지정하였다. 2009년에는 제3차 관광산업 경쟁강화대책을 발표하였다. 이어 2010년 관광레저 산업육성 방안발표, 조선왕조 궁궐 복원(경복궁, 덕수궁), 2011년 UNWTO 총회 한국개최, 2012년 한국컨벤션의 해 지정 등의 성과를 내었다. 그리고 2012년 11월에는 방한 외국인 관광객이 1천만 명을 넘기는 성과가 있었다(문화체육관광부, 2012). 하지만 인바운드와 아웃바운드 관광시장의 불균형으로 관광수지의 적자 상태가 지속되었다(심원섭, 2012).

박근혜 정부는 '창조경제' 슬로건을 중심으로 국내관광 활성화에 목표를 두고 관광을 통한 국민행복과 관광복지 실현, 그리고 국외여행 안전제고 및 서비스 제공에 초점을 두었다(장병권, 2019). 2013년 관광경찰 창설, 2014년 문화누리카드 발급, 러시아 무비자 협정, 2015년 C-Festival 개최, 2016년 한국 방문의 해(2016-2018) 개최 등의 성과를 남겼다. 그리

🔎 표 2-8　**이명박, 박근혜, 문재인 정부의 국민관광정책의 목표와 추진과제**

구 분	이명박 정부	박근혜 정부	문재인 정부
국민 관광정책 (국정과제)	100대 국정과제에 '관광' 부문 미포함 [과제] 저소득층 관광참여 기회 확대	[목표] 국내관광 활성화 [과제] ① 관광을 통한 국민행복, 관광복지 실현 ② 국외여행 안전제고 서비스 제공	[목표] 국민이 자유롭게 휴가를 쓰고 편안하게 관광할 수 있는 여건 조성 [과제] 관광여가사회 실현(노동자 휴가 지원, 열린 관광지 확대)
관광정책 결정기구	관광경쟁력강화회의	관광진흥확대회의	국가관광전략회의

자료: 장병권(2019). 2020년대 국민관광을 論하다. 문화관광 인사이트, 141호, p.3

표 2-9 **2010~2019년까지 주요 관광사**

연 도	주요 내용
2010	• 관광레저산업 육성방안 발표 • 경복궁, 덕수궁 등 조선왕조 궁궐복원(2006-2010)
2011	• UNWTO 총회 개최 • Korea Pass 출시(교통, 숙박, 쇼핑 등 관광과 연관된 모든 활동을 하나의 카드로 결제가능한 관광지 통합이용권)
2012	• 한국컨벤션의 해 지정 • 안전한국 캠페인 실시
2013	• 관광경찰 창설 • 소형호텔 등급제 추진 • 대체휴일제 도입 추진 • 크루즈산업 활성화 대책(크루즈 부두 준공계획 포함)
2014	• 문화누리 카드 발급 • 한국관광공사 원주 이전 • 시군 단위 관광두레 조직 • 스마트 투어가이드 플랫폼 구축 • 러시아 무비자 협정체결 • 국제회의산업 육성을 위한 중장기 기본계획(2014-2018) 시행
2015	• C-Festival 개최(코엑스 MICE 클러스터를 아시아 MICE 비즈니스의 중심지로 육성) • 메르스(MERS) 발생 • 융복합 관광콘텐츠 개발과 마을 관광 활성화 사업
2016	• 한국방문의 해(2016~2018) • 문화콘텐츠산업 16대 추진과제 제시
2017	• 조선왕실 어보와 어책 등 세계기록유산 등재
2018	• 판문점 남북 정상회담 • 평창 동계올림픽 개최(92개국 2,920명 참가) • 문화비 소득공제 시행(도서 구입비, 공연 관람료) • 산사, 한국의 산지승원, 씨름 세계유산 등재
2019	• 판문점 한국·북한·미국 정상회담 • 문화비 소득공제 시행(박물관, 미술관) • 한국의 서원 세계유산 등재

자료: 한경수·고계성(2017). 제2장 관광의 역사. (사)한국관광학회(eds.), 관광학원론, 백산출판사, p.62-63. 내용 수정 보완

고 융복합 관광콘텐츠 개발과 빅데이터를 기반으로 외래 관광객 유치체계 개선을 도모하여 관광경쟁력 강화를 꾀하였다(문화체육관광부, 2016).

　문재인 정부는 관광복지 확대와 관광산업 활성화를 내걸고 국민이 자유로운 휴가 문화를 영위하고 내외국인의 관광수용태세 정비 및 관련 여건조성 등 관련 정책을 추진하였다(손신욱, 2019). 문재인 정부의 2년 간(2017~2019)의 성과로는 방한시장의 다변화와 휴가여건 개선을 통한 삶의 질 향상을 들 수 있다(손신욱, 2019). 평창올림픽과 효율적 홍보·마케팅으로 중국 의존도를 낮추고 동남아 방한시장을 확대함으로써 관광시장 다변화를 꾀하였다. 또한, 국내관광 활성화를 위해 근로자 휴가지원사업의 참여기업 수와 참여 근로자 수 등을 확대하여 삶의 질 향상을 모색하였다(문화체육관광부 보도자료, 2019.11.20.).

　〈표 2-8〉은 이명박. 박근혜. 문재인 정부의 국민관광정책의 목표와 추진과제를 정리한 것이며, 〈표 2-9〉는 이들 정부의 주요 관광사를 요약해 놓은 것이다. 2020년 국내 첫 코로나 환자가 발생 이후 지금까지 사회, 경제, 문화 모든 분야에서의 큰 침체기를 맞이하였으나 그중에서도 관광산업이 가장 큰 타격을 입었다고 볼 수 있다.

토론주제

1. 관광역사 연구 필요성 및 중요성

2. 우리나라 시대별 관광동기 분석

3. 우리나라 관광역사의 시사점

4. 미래 한국 관광사 발전을 위한 제언

5. 우리나라의 관광발전 역사연구의 보완점

참고문헌

고태규(2017). 삼국사기를 중심으로 한 삼국시대 여행史 연구. 관광연구저널, 31(3), 35-48.

강은경(2022). 고려시대 여행기록 '유기(遊記)'와 여행 문화: 여행길과 교통수단, 마을에서 만난 백성의 삶. 사학연구, 146, 137-182.

김상원(1998). 일본의 유원지 역사에 관한 일고찰. 관광학연구, 22(2), 463-469.

김상훈(1980). 한국관광사연구: 우리나라 관광사업의 발전단계를 중심으로. 관광학연구, 4, 3-33.

김태준(2006). 한국의 여행문학. 이화여자대학교출판부.

도미경(2003). 관광과 여행의 의미에 관한 연구: 주역의 괘를 중심으로. 관광학연구, 27(2), 29-47.

대구일보(2016.5.16.). 경북관광공사 '열린관광지' 나눔여행.
http://www.idaegu.com/?c=3& uid=340752

대한민국 정책브리핑(2021.12.14.). 신한류는 어떻게 세계를 매혹시켰나.
https://www.korea.kr/news/policyNewsView.do?newsId=148896714

대한민국역사박물관(2019). 1899년 9월 18일, 우리나라 최초의 철도 '경인선' 운행. 역사공감, 25.

문화체육관광부(2012). 관광동향에 관한 연차보고서.

문화체육관광부(2016). 2015년 기준 관광동향에 관한 연차 보고서.

박호표(1988). 삼국시대의 관광유형에 관한 사적 고찰. 청주대학교 산업경영연구소, 10(1).

손대현(2007). 한국관광산업 50년 연구. 관광학연구, 31(6), 371-388.

손신욱(2019). 문재인 정부 2주년 정책평가 세미나: 문화·체육·관광·문화재 분야 정책성
    과와 과제. 한국관광정책, 76, 100-104

서울신문(2013. 9.18). 우리나라 최초의 호텔은 '대불호텔'…서울 아닌 인천에.
    https://www.seoul.co.kr/news/newsView.php?id=20130908500019

성기만(2009). 조선시대 후기 풍속화에서 본 여가공간과 놀이문화. 관광학연구, 33(7), 57-73.

심원섭(2012). 이명박 정부 관광정책 성과와 향후 관광산업 발전을 위한 과제. 한국문화관광
    연구원.

안희자·김남조(2012). 신(新)한국문화사 관점에서 바라본 한국관광사 연구의 동향과 과제.
    관광학연구, 36(10), 61-79.

안축. 근재집(서정화·안득용·안세현 옮김, 2013, 한국고전번역원)

이광진(1987). 한국관광사에 관한 연구. 경희대학교 석사학위논문.

이곡. 국역 가정집(이상현 옮김, 2007, 민족문화추진회)

이규보. 국역 동국이상국집(민족문화추진회 역, 1989, 민족문화추진회)

이상균(2014). 조선시대 유람문화사 연구. 경인문화사.

이왕무(2012). 조선시대 국왕의 관광 연구. 역사와 실학, 48, 115-140.

이중구(1998). 한국전통사회 놀이문화의 변천과정. 관광학연구, 22(2), 324-329.

이제현. 국역 익재집(민족문화추진회 역, 1989, 민족문화추진회)

임춘. 서하집(진성규 옮김, 2015, 지식을만드는지식)

우락기(1982). 한국관광도의 組 탐라순력도, 관광학연구, 5(1)호, 69-76.

오순환(2001). 한국의 전통축제와 놀이형태에 관한 소고. 관광학연구, 25(2), 197-215.

오순환((2003). 한국의 풍류사상과 그 관광문화적 특성. 관광학연구, 26(4), 95-110.

오정환(1987). 호텔산업사에 관한 비교 연구. 경기대학교 관광개발연구소, 제4집.

오정환(1991). 호텔경영의 변천과정에 대한 국제비교 연구. 경기대학교 대학원 박사학위논문.

역사공감(2019). 1899년 9월 18일, 우리나라 최초의 철도 '경인선' 운행. 25. 대한민국역사박
    물관.

육재용(2008). 先人들의 여가문화에 나타난 관광현상 일고찰: 臥遊觀光을 중심으로. 관광학
    연구, 32(6), 59-81.

육재용(2009). 조선시대 사대부들의 관광행위와 양상 연구: 금강산·지리산 유람록을 중심
    으로. 관광학연구, 33(7), 31-55.

장병권(2019). 2020년대 국민관광을 論하다. 문화관광 인사이트, 141호, 1-5.

장은영(2004). 고려 팔관회의 관광축제 특성. 관광학연구, 28(2), 231-251.

정은주(2017). 조선시대에도 해외여행을 했을까?. 민속소식 4, 국립민속박물관.

조항제(2006). 방송의 역사적 지식체계의 한계와 대안적 접근. 언론과 사회, 14(2), 2-36.

최강현(1982). 한국기행문학연구. 일지사.

최석호(2004). Giddens의 근대성 이론으로 분석한 한국의 관광자원개발 과정: 근대관광의
    세계화와 한국의 관광자원개발에 대한 논의. 관광학연구, 28(1), 125-143.

최상훈(2017.7.3). 역사는 왜 가르쳐야 하는가.
　　EN에듀인뉴스(http://www.eduinnews.co.kr)

한국일보(2017.8.4.). 게가 빠져든 진흙탕, 570만명이 뒹굴다.
　　https://www.hankookilbo.com/News/Read/201708040436911999

한경수(1988). 조선시대 공무여행에 관한 연구. 계명연구논총, 제6집, 계명전문대학.

한경수(1988). 조선시대 관유여행에 관한 연구. 관광연구논집, 5. 129-174.

한경수(1989). 관광의 어원 및 용례에 관한 역사적 고찰. 관광학연구, 13, 261-279.

한경수(1992). 고려시대 관광에 관한 연구. 관광연구, 2, 199-222

한경수(1993). 삼국시대의 관광에 관한 연구. 관광연구, 14, 93-124.

한경수(1998). 조선 전기 관광사상에 관한 연구. 관광연구, 12, 215-241.

한경수(1999). 조선 후기의 관광사상에 관한 연구. 관광경영연구, 4, 37-64.

한경수(2001a). 한국관광사 연구의 현황과 접근방법. 관광학연구, 24(3), 127-146.

한경수(2001b). 한국에 있어서 관광의 역사적 의미 및 용례. 관광학연구, 25(3), 267-283.

한경수(2002). 개화기 서구인의 조선여행. 관광학 연구, 26(3), 233-253.

한경수(2005). 한국 근대화 전환기 관광(1880-1940). 관광학 연구, 29(2), 443-464.

한경수(2009). 제2장 관광의 역사, 관광학총론 편역, pp.37-71.

한경수·고계성(2017). 제2장 관광의 역사. (사)한국관광학회(eds.), 관광학원론, 백산출판사, 38-78.

한겨레(2006.4.17.). 혜초 1200년전 '서역행' 끝은 어디? https://www.hani.co.kr/arti/culture/culture_general/116530.html

Carr, E.H.(2001). What is history? With a new introduction. Hampshire: Palgrave., England.

Garnham, N.(2000). Information society as theory or ideology. Information, Communication & Society 3(2), 139-152.

Hanpachern,R. & Chatkaewnapanon, Y.(2013). Understanding a tourist destination: A tourism history approach. International Journal of Asian Social Science, 3(12), 2399-2408.

Jordanova, L.(2000). History in practice. London: Arnold.

Tucker, H.(2003). Living with tourism: Negotiating identities in a Turkey village. New York: Routledge.

관광학원론

서양의 관광발전 역사

학습목표

- Tour 시대의 관광동기, 목적, 특징을 설명할 수 있다.

- Tourism 시대의 관광동기, 목적, 특징을 설명할 수 있다.

- Mass Tourism 시대의 관광동기, 목적, 특징을 설명할 수 있다.

- New Tourism 시대의 관광특징을 설명할 수 있다.

- 서양과 우리나라 관광발전사의 유사점과 차이점을 설명할 수 있다.

Principles Of Tourism

고대 이집트에서의 신전순례, 그리스·로마시대의 올림픽 경기참가, 중세의 가족단위의 종교관광 등은 인간의 이동을 촉진하는 계기가 되었다. 19세기에는 15세기 이후 지리상의 발견, 문예부흥기, 산업혁명기를 거치는 사이에 중세의 종교관광 위주에서 탈피하여 근대적 의미의 조직화된 관광으로 바뀌게 되었다. 제2차 세계대전 후에는 항공기의 발달, 각국의 경제성장, 국민의 가처분소득과 여가증대 등으로 대중관광 시대를 맞이하게 되었다. 이 장(章)에서는 관광역사 접근방법과 서양의 관광발전의 과정을 살펴본다.

제1절 _ 관광역사 접근방법

유럽에서는 1980년대부터 관광역사를 체계적으로 접근하기 시작하였다. 대표적인 학자가 Towner(1988)인데, 그는 관광역사 연구방법으로 역사적 접근(Historical approach), 사회과학적 접근(Social science approach), 인문학적 접근(Humanistic approach) 등 세 가지를 제시하였다. 이들 접근법들은 서로 독립적이기보다는 상호보완적 역할을 한다.

① 역사적 접근

역사적 접근은 시대별로 국가별로 관광현상을 서술하는 것이다. 첫째, 관광현상에 대한 시대별 연구이다. 대표적으로 고대 로마, 중세, 그랜드 투어 시대에 관한 연구가 대표적이다.

고대 로마시대의 관광현상을 연구한 대표적 학자들로서는 Friedlander(1965)와 Casson(1974)을 들 수 있다. Friedlander는 초기 로마제국의 삶과 매너에 대한 조사에서 일부 부유한 로마 시민들이 거주지역이 아닌 나폴리(Naples) 만 지역과 같은 휴양지에 오늘날의 휴양 콘도를 소유하고 있었음을 밝혀냈다. Casson은 그의 저서 『Travel in the Ancient World』에서 고대 로마시대의 숙소, 도로, 배, 안내책자, 박물관, 유물 등에 관해 기술하였다.

관광의 암흑기인 중세시대 관광현상을 연구한 학자로는 Parks(1954)와 Hunt(1984)를 들 수 있다. Parks는 앵글로 색슨시대부터 15세기 초까지 영국과 로마 여행에 대해 자세히 연구하였다. 보다 최근에 Hunt는 4세기와 5세기 성지순례에 대해 분석을 하였다. 두 연구는 여행경로 및 여행 인프라에 대한 세부사항까지 포함하고 있다.

유럽에서 여행은 17세기부터 중요성이 더 높아졌으며 점차 그랜드 투어(Grand tour) 제도로 발전하기 시작하면서 역사가들의 관심을 끌기 시작하였다(Towner & Wall, 1991). 그랜드 투어에 관한 연구는 유럽 관광사에서 가장 심도 있게 연구된 분야이다. 영국인 Mead(1972)는 그의 저서 『The Grand Tour in the Eighteenth Century』에서 관광객, 여행조건, 숙박시설, 비용과 위험요소, 유럽 국가에 대한 평가 등에 관해 기술하였다. Towner(1984)는 그랜드 투어를 대토지 소유계층과 그들의 귀족 자녀를 대상으로 한 고전적 그랜드 투어(17~18c)와 중산층(신흥 자본가 등)을 대상으로 한 낭만적 그랜드 투어(18c 후반)로 구분하기도 하였다.

둘째, 관광현상에 대한 국가별 연구이다. 관광현상에 대한 관심사는 국가별로 조금씩 차이가 나지만 주로 온천이나 해안 리조트에 관한 관심이 높았다(Towner & Wall, 1991). 영국의 역사학자와 역사 지리학자들(Pimlomt, 1947; Walton & Walvin, 1983)은 1940년대에서 1960년대 사이 특정 지역의 온천, 해변 휴양지, 리조트의 성장과 발전에 관심이 많았다. Pimlomt는 온천과 해변 휴양지의 성장뿐만 아니라 그랜드 투어와 19세기 유럽여행, 노동자 계급의 레저 및 관광, 휴가 관련 정부의 법제화 이슈도 다루었다. Walton과 Walvin은 19세기에서 20세기 초기까지의 여가역사의 발전을 설명하면서 여가경험의 결정요소로서 지역적 차이와 계급(노동자 계급)의 중요성을 강조하였다. 역사학자 Blake(2003)는 유럽 여행객의 경험을 포괄적으로 그려낸 그랜드 투어 3부작을 내어놓았는데, 그중에서 첫 권에 해당하는 『British Abroad: The Grand Tour in the Eighteenth Century』는 풍부한 사료를 통해 그랜드 투어의 양상을 포괄적으로 소개하여 높은 학술적 가치를 인정받고 있다.

1970년대에서 1980년대 관광사의 주된 주제는 여가사(餘暇史)였다. 프랑스에서는 비교적 늦은 1960년대부터 역사학자들에 의해 이루어지기 시작하였다(한경수, 2009). 프랑스 남부 관광산업의 발전은 영국의 Lake District처럼 관광역사 연구에 관한 관심을 불러일으키는 계기가 되었다(Haug 1982).

미국에서는 1970년 후반부터 여가와 관광의 역사에 관심을 가지기 시작하였으나 주로

여가에 초점이 맞추어졌다. Dulles(1940)는 미국 레크리에이션 역사를 그리고 Amory(1948)는 해안 휴양지와 온천에 관한 연구를 하였으나 두 연구 모두 관광현상에 초점을 두고 접근하지 않았다(Towner & Wall, 1991). 미국내 온천은 주로 국립공원에 위치하고 있어 온천 관련 연구는 국립공원사에서 주로 다루고 있다. 1970년대 이후의 대표적 연구들로서는 Belasco(1979)의 자동차 여행사, Jakle(1985)의 북미 관광사, Sears(1989)의 19세기 미국관광을 들 수 있다. 한편, Feifer(1986)는 로마시대부터 서구의 관광역사를 포괄적으로 연구하였다.

② 사회과학적 접근

사회과학적 연구는 관광발전 모델론적 접근, 구조적 접근, 정량적 접근 등 세 가지 경향으로 요약할 수 있다. 첫째, 연구조사를 위해 관광의 발전 혹은 변화모형을 사용하는 경향으로서 1960년부터 나타나기 시작하였다. Plog(1974)의 관광지 변화모델과 Butler(1980)의 관광지 발전 사이클(혹은 관광지 수명주기)이 대표적이다.

Plog는 관광객의 심리학적 관점에서 관광지의 변화모습을 〈그림 3-1〉과 같이 설명하고 있다. Plog에 의하면 외향성(Allocentrics) 관광객이 먼저 발견하고 찾게 되는 지역이 인기를 얻게 되면 관광시설이 갖추어지고, 양향성(Mid-centrics) 관광객이 찾는 곳이 된다. 점차 많은 관광객유입으로 관광지 인기는 더욱 높아지고 접근성과 편리성 등이 향상되어 내향성(Psychocentrics) 관광객이 찾게 되는 관광지가 된다.

Butler는 관광지도 하나의 제품처럼 다양한 단계를 거쳐 쇠퇴한다는 관광지 제품수명주기 모형을 제시하였다. 〈그림 3-2〉처럼 관광지 수명주기는 탐색(Exploration), 개입 혹은 참여(Involvement), 개발(Development), 강화(Consolidation), 정체(Stagnation), 쇠퇴(Decline) 또는 회생(Rejuvenation) 단계로 구분된다. 관광지는 생성 초기에 방문객이 증가하고, 그 영향으로 발전하며, 이후 정체되었다가 결국 쇠퇴한다는 것이다. 관광지는 단계별로 서로 다른 유형의 관광객이 방문하게 되고 상이한 문제들에 직면하게 된다. 하지만 모든 관광지가 정체 단계 이후 반드시 쇠퇴하지 않으며 환경요인 등에 따라 회복될 수 있음을 시사하고 있다.

그림 3-1 Plog의 관광지 변화모델

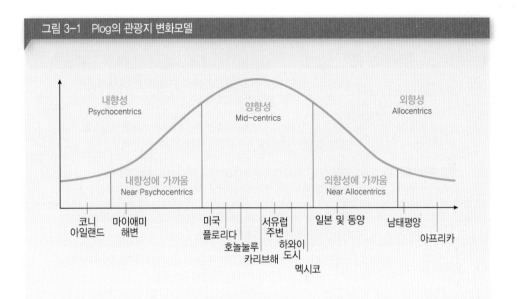

자료: Plog, S. C. (1974). Why destination areas rise and fall in popularity. Cornell Hotel and Restaurant Administration Quarterly, 14(4), 55-58.

그림 3-2 Butler의 관광지 수명주기 모델

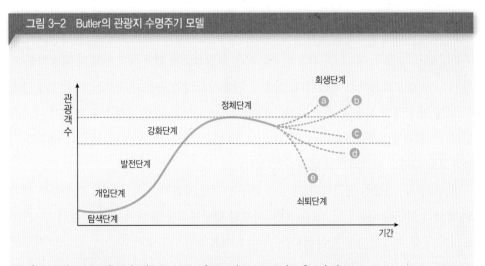

자료: Butler, R. W.(1980). The concept of a tourist area cycle of evolution:
* Implications for management of resources. The Canadian Geographer. 24(1), p.7.

🎈 표 3-1 관광지 수명주기의 6단계 내용

단 계	연구 사례
탐색(Exploration)	• 관광객의 숫자가 매우 적고 주로 모험형, 탐구자형 개별관광객이 방문 • 관광인프라가 거의 없고 관광객과 지역주민은 관광 분야에 관심이 없음
개입 혹은 참여 (Involvement)	• 관광객 수가 점차 증가하고 지역주민이 관광분야에 참여하기 시작함 • 관광산업 및 관광인프라가 구축되기 시작하나 여전히 부족함
발전 혹은 개발 (Development)	• 단체관광객 등 관광객 수가 급증하고 지역의 문화가 급변함 • 외부자본 및 노동력이 유입되고 관광홍보가 강화됨
강화(Consolidation)	• 관광객 수가 증가하지만 증가율은 감소하고 타 관광지와 경쟁이 심화됨 • 관광개발에 대한 지역 내 갈등 발생
정체(Stagnation)	• 단체관광객 위주의 관광지로 자리매김하고 관광객 수가 최대치를 기록함 • 관광수용력을 초과함에 따라 지역문제로 대두됨
쇠퇴(Decline) 및 회생(Rejuvenation)	• 쇠퇴: 경쟁구도에서 밀려나 관광지로서의 기능 약화 • 회생: 새로운 관광매력의 추가로 재도약

자료: Butler, R. W.(1980), The concept of a tourist area cycle of evolution:
　　　Implications for management of resources. The Canadian Geographer. 24(1), 5-12.

둘째, 구조적 혹은 시스템적 접근이다. 시스템은 일반적으로 투입-변환-산출의 과정을
거친다. 투입은 관광현상을 유발하는 요소로 관광객, 교통, 관광시설과 서비스, 관광자원,
관광정보 및 홍보 등이 그 예이다. 변환과정은 투입요소를 활용하여 산출의 적정화를 기
하기 위해 상호작용하는 과정이다. 산출은 관광시스템의 운용 결과로서 관광객의 만족
도, 관광의 긍정적 혹은 부정적 효과를 말한다. Leiper(1979)의 관광시스템 연구가 대표적
인데, 그는 관광의 주요소(예 관광객, 관광목적지 등)를 문화, 사회, 경제, 정치, 기술적 환경과 기
능적으로 그리고 공간적으로 연결하였다(제1장 그림 1-1 참조).

마지막으로, 정량적 접근이다. 정량적 연구는 관련 자료가 질적, 양적으로 충분한 분야
의 역사적 연구에 사용된다. 예를 들면, 시계열 연구자료를 통하여 방문 관광객 수, 관광
도시의 성장, 여가행태 등을 분석하는 것이다. 대표적인 연구로서 Walton(1981)의 『빅토리
아 시대 관광산업의 성장에 관한 연구』가 있다. 빅토리아 시대의 해변 휴양지는 급속한
도시화로 빠르게 성장하고 있었는데, 그 이유는 숙련 노동자와 화이트 컬러 노동자 계층
의 자유시간과 구매력 증가, 새로운 소매업과 엔터테인먼트의 발달 때문이었다.

3 인문학적 접근

인문학적 접근에 의한 관광사 연구는 문학적 소재를 활용한 관광연구인데, Newby(1981)의 연구가 대표적이다(Towner, 1988). 그는 Wordsworth의 작품이 잉글랜드 호수지역의 관광개발에 미친 영향을 조사하면서 시인의 사상이나 견해는 관광객이 자연경관을 여행하는데 신뢰성을 준다고 주장하였다(Towner & Wall, 1991). 풍경에 대한 취향이 퍼지고 여행이 쉬워짐에 따라 관광객들은 보다 멀리 이동하게 되며 종종 그곳에서 훌륭한 작가들을 만나게 되는데 이러한 만남은 여행에 대한 동기부여가 되기도 한다(Newby, 1981). 19세기 영국인은 Wordsworth와 Scott에 의해 인기가 높아진 Lake District와 스코틀랜드 고원을 여행하였는데, 이들 작가는 관광객을 유치하기 위한 의도적 역할을 하지 않았다. 특히, Wordsworth는 Lake District에 관광객들이 몰려드는 것을 환영하지 않았으며 Windermere 해안으로 가는 철도건설에도 반대하였다(Hudson, 1986).

제2절 _ 서양의 관광발전 역사

서양의 관광발전 단계는 두 가지 기준에 따라 구분해 볼 수 있다. 우선, 역사시기를 기준으로 하는 것이다. 즉, 관광의 역사를 고대, 중세, 근대, 현대 네 가지로 구분하는 것이다. 고대의 관광은 수메르 및 고대 이집트, 그리스, 로마의 관광역사을 다루고, 중세의 관광은 십자군전쟁 시기와 르네상스 시대를 주로 다룬다. 근대의 관광은 1840년대에서 제2차 세계대전 까지를 그리고 현대는 2차 세계대전 이후의 관광역사를 다룬다. 그리고 관광현상의 변화과정을 기준으로 구분하는 것이다, 즉, Tour, Tourism, Mass Tourism, New Tourism 시대 등 4단계로 구분하는 것이다. 본 절에서는 관광발전 단계를 관광현상의 변화과정을 기준으로 살펴보고자 한다.

① Tour 시대

Tour 시대는 여행의 자연발생적 단계로서 고대 이집트와 그리스 그리고 로마시대를 포함하는 1830년대까지를 말한다. 관광계층은 귀족이나, 성주, 부호, 승려, 기사 등의 특권층이었으며 종교 및 신앙심 고취를 위한 교회중심의 개인활동이었다. 관광의 형태는 여행기업 등에 의한 조직적 형태가 아닌 자연발생적인 것이었다. 원시적인 관광의 시대라 할 수 있는 이 시기는 고대 이집트, 그리스, 로마, 중세, 그리고 르네상스(혹은 근대)시대를 포함하는데 관광현상과 그 특징을 살펴보면 다음과 같다.

1. 수메르

수메르(Sumer, B.C. 5500~4000)는 서남아시아의 티그리스강과 유프라테스강이 흐르는 메소포타미아(현재 이라크 남부)에서 발달한 세계 최고(最古)의 문명이다(그림 3-3 참조). 메소포타미아란 고대 그리스어 'Μεσοποταμια'에서 유래된 것으로 메소(Μεσο)'는 중간, '포타미아(ποταμια)'는 강을 뜻하여 '강 사이의 땅'이라는 의미를 가지고 있다(신앙신보, 2121). 수메르인들은 인류 최초의 문자인 설형문자(楔形文字: 그림문자) 체계를 정립해 자신들의 이야기를 점토판에 기록해 둔 덕분에 수천 년 전의 기록이 지금까지도 남아 있다.

인류 최초로 배에 돛을 달아 사용한 수메르인은 먼 홍해 주변과 인도양까지 진출해 인더스 문명과도 교역을 하였다. 특히, 바퀴 달린 수레를 이용해 이전보다 훨씬 많은 물자를 더 빠르게 운송할 수 있게 됨으로써 국가발전의 기틀을 마련하였다(Goeldner & Ritchie, 2006, 그림 3-4 참조). 수레바퀴의 발명으로 주변 도시와 국가를 지배할 수 있었고, 이후 바퀴는 빠른 속도로 전파되어 육상교통의 혁명을 불러오게 되었다. 그리고 무역거래에 있어서 화폐를 사용했는데 이는 현대적 여행의 시발점이 되었다고 볼 수 있다(Goeldner & Ritchie, 2006).

수메르는 기원전 2100년경 우르 제3왕조의 창건자 우르-남무왕이 우르-남무(Ur-Nammu)라는 최초의 법(전문과 37개 조문)을 만들었다(이종근, 2008a). 이는 널리 알려진 바빌론의 함무라비 법전(기원전 1755년)보다 약 3세기 앞서 만들어진 것이다(신앙신보, 2121). 우르-남무 법전은 살인, 강도, 강간은 사형죄로 다스리고 있으며 상해, 노비 관계, 결혼, 증인의 의무 등 다양한 영역을 다루고 있다(이종근, 2008b). 함무라비 법전이 전반적으로 '눈에는 눈, 이에는 이'식의 형벌체계를 강조하고 있는 데 비해 반해, 우르-남무 법전은 가급적 금전적으로 배상하도록 한 것이 특징이다(신앙신보, 2121). 그리고 우르-남무왕는 이동의 자유를 보장하였는데 이는 여행을 촉진하는 계기가 되었을 것으로 보인다.

그림 3-3 고대 메스포타미아 지도

자료: 신앙신보(2021.11.14.).

그림 3-4 병사가 탄 네 바퀴 수레를 끄는 동물 그림

자료: 영국국립박물관 제공. 한겨레신문(2022.1.18.). 재인용.
주: '우르의 깃발'이라는 나무상자에 새겨진 그림 중 일부다.

2. 고대 이집트

고대 이집트(B.C. 3050~333)는 나일강 하류와 수에즈 운하 일대에서 번성한 국가이다(그림 3-5 참조). 고대 이집트의 유적은 인류 문명의 발상지라는 흔적을 곳곳에서 보여주고 있다.

여러 신들을 모신 신전과 이집트 문자, 예술적 조형물들은 고대 오리엔트 문명의 기원이라는 말을 실감나게 하고 있다. 고대 이집트 문명의 발전은 나일강 유역의 비옥한 토양뿐만 아니라 문자 덕분이다. 오늘날 파피루스로 상징되는 옛 이집트 문자는 상형문자(象形文字: 사물(事物)을 본떠 그 사물이나 그것과 관련 있는 관념을 나타낸 문자) 형태뿐만 아니라 여러 문자가 쓰였는데 파라오의 신전 벽과 무덤의 벽화, 도자기, 부장품 등 곳곳에 쓰여 있다(디트NEWS24, 2020.5.12.).

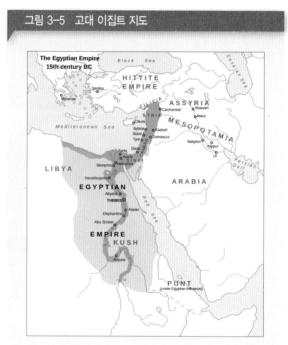

그림 3-5 고대 이집트 지도

자료: 위키백과(https://ko.wikipedia.org)

고대 이집트 시대의 관광은 평화, 호기심, 신전순례 등이 주목적이었다. 기원전 1480년경 하트셉수트(Hatshepsut) 여왕은 Punt(오늘날 아프리카 동쪽 해안)까지 크루저 여행을 하였다는 기록이 있으며 평화와 관광이 주목적이었다(Goeldner & Ritchie, 2006). 기원전 2700년경에는 여러 피라미드(예) 조세르 계단식 피라미드, 스핑크스, Giza)들이 축조되었고 기원전 1600경에 이르러서 이들을 방문하는 관광객이 크게 증가하였다. 이들의 주요 관광동기는 종교심보다는 호기심이었다(Casson, 1974).

그리스 역사가 헤로도투스(Herodotus)는 고대 이집트 관광은 대부분 신전순례의 형태이며 "이집트인은 엄숙한 종교집회 및 제신(諸神)들에 대한 경배와 기도행렬의 풍습을 인류에게 최초로 소개한 민족이다"라고 기술하였다. 또한, 고대 이집트인은 아름다운 계곡여행이나 관광기념품 등을 즐겨 구매하였다고 전하고 있다. 이집트인들은 일 년에 여러 번 축제에 참여하였는데 가장 인기가 있었던 축제는 Bubastis이며, 축제기간에 소비되는 포도주는 1년 소비량보다 많았고, 행사 참여자의 수는 어린이를 제외하고도 70만 명이나 되었다(Goeldner & Ritchie, 2006).

사례 3-1　고대 오리엔트 문명의 기원, 이집트

5000년 넘는 역사 중 2300년 외세 지배

이집트는 '나일강의 선물'이라는 말이 있듯이 강을 따라 이미 신석기의 문명(기원전 5000년)이 싹트기 시작했으니 물경 7천 년 전부터 이집트인들의 삶의 궤적이 시작됐다는 것이 학계의 중론이다.

그렇게 시작된 이집트의 역사는 초기 왕조시대(B.C 3050~2850년), 고왕국시대(B.C 2687~2191년), 제1중간기, 중왕국시대(B.C 2061~1751년), 제2중간기, 신왕국시대(B.C 1569~1081년), 제3중간기, 말기 왕조시대(B.C 724~333년 페르시아 지배기 포함), 그리스시대(B.C 332~31년)와 로마시대(B.C 30~337년)를 거쳐 641년 아랍군대가 이집트를 점령하면서 칼리프 권력에 복종하던 옴미아드왕조, 아바스왕조가 이집트를 통치했고 1517년 오스만제국의 지배를 받았다.

그 이후 1798년 이집트원정을 감행한 프랑스와 영국의 식민지배를 거쳐 1922년 명목상 영국으로부터 독립한, 긴 외세지배의 역사를 지닌 나라이기도 하다. 5천 년에 이르는 찬란한 문명의 시기와 2천 3백여 년이 넘는 외세지배의 역사를 지닌 나라가 바로 이집트이다.

오늘날의 이집트가 과거의 영광을 뒤로한 채 국민의 삶이 그다지 여유롭지는 못하지만, 채 열흘도 되지 않은 동안 돌아본 고대 이집트의 유적은 과연 인류 문명의 발상지라는 말이 헛된 말이 아니었음을 실감할 수 있었다.

그리스 풍의 필레신전. 거대한 나세르호가 조성되면서 지금의 자리로 옮겨졌다고 한다.

그 이유는 첫째 여러 신들을 모신 신전과 많은 파라오 무덤의 호화로움, 그리고 영혼 불멸을 향한 믿음과 그들이 남긴 상형문자를 비롯한 고대 이집트문자, 고대왕국의 질서정연한 사회, 아울러 옛 이집트인이 남긴 숱한 예술적 조형물들은 고대 오리엔트문명의 기원이라는 말을 실감할 수 있었다.

1922년 영국의 고고학자 '하워드 카터'(Howard Carter, 1874-1939)에 의해 피라미드 형태의 사막에 세워진 '왕가의 계곡'에서 발견된 투탕카멘의 무덤에서 찾아낸 황금가면과 부장품은 지금 보아도 그 뛰어난 조형미와 황금으로 채색된 외관에서 황홀감마저 느끼게 된다.

이미 3천여 년의 파라오 투탕카멘(18세에 사망)의 황금마스크와 황금 펜던트의 모습에서 고대 이집트가 뛰어난 금 제련 기법과 상감기술을 지녔고,

이러한 기술을 이용해 뛰어난 예술적 감각을 살려 각종 건축물과 무덤에 묻힌 부장품을 제조했던 것을 볼 수 있었다. 카이로 박물관에는 마치 얼마 전 만든 듯한 고대 이집트 왕국의 석상과 부도 등이 수없이 전시되고 있었다.

나일강과 이집트 문자 때문에 고대문명 가능

고대 이집트 왕국이 강성하게 몇 천 년을 유지할 수 있었던 이유는 여러 가지가 있을 수 있으나 가장 큰 이유는 나일강에서 찾을 수 있다. 지중해 쪽의 하이집트(Lower Egypt), 누비아 쪽의 상이집트(Upper Egypt)를 관통해 흐르는 나일강은 5월경부터 에티오피아 고원으로부터 쏟아져 내리는 계절풍으로(함신) 인한 많은 비로 범람하는데 이때 영양소가 풍부하게 담긴 부식토가 공급돼 나일강 주변의 농토는 비옥해지고 밀을 비롯한 각종 곡물이 풍성해질 수 있었다. 〈중략〉

이집트의 많은 신전에는 고대 이집트 문자가 새겨져 있다. 옛 아집트 문자는 신전 벽과 무덤의 벽화,도자기,부장품등 도처에 쓰여져 있다.

이탈리아의 작곡가 베르디의 오페라 「아이다(Aida)」는 이집트의 포로가 된 에티오피아의 공주 아이다와 이집트의 청년 장군 라다메스(Radames)와의 비극적인 사랑을 주제로 한 것인데 이 오페라에서 이집트의 강성한 국가 면모를 엿볼 수 있다.

나일강의 풍성함과 함께 고대 이집트문명이 가능했던 또 하나의 이유는 바로 이집트문자다. 오늘날 파피루스로 상징되는 옛 이집트문자는 상형문자 형태뿐 아니라 여러 문자가 쓰였는데 파라오의 신전 벽과 무덤의 벽화, 도자기, 부장품 등 곳곳에 쓰여 있다. 이 문자들은 그리스 문자로 대체되기 전까지 이집트에서 사용되었는데 왕을 중심으로 하는 중앙집권적 국가 구도를 정당화하고 권위를 드러내며 종교에 의해 초월적 권위가 뒷받침되는 데 쓰였다. 이 문자를 사용해 기록을 남기는 서기는 이집트 사회에서 사제나 교관에 버금가는 명망과 권세를 누렸다고 한다. (한국박물관 개관 100주년 기념 이집트 문명전, 파라오와 미라(2009년)서 인용)

불가사의 피라미드, 수학과 과학기술의 산물

이 이집트문자를 해독한 사람이 바로 프랑스의 고고학자 샹폴리옹(J·F·Champollion 1790~1832)이다. 그는 나폴레옹의 이집트원정 때 가져온 로제타석(Rosetta stone)의 원문을 몇 십 년의 연구 끝에 해독해 냈는데 그때로부터 '이집트학'이 발전하기 시작했다.

그 가장 큰 이유는 이집트문자를 해독하면서 비로소 이집트 고대역사의 비밀이 풀리기 시작했기 때문이다. 오랜 문자의 기록을 통해 이집트는 왕조를 유지할 수 있었고, 왕조사회의 질서를 지켜나갈 수 있었으며 무엇보다 찬란한 문명을 건설했던 게 아닌가 생각된다.

또 하나 고대 이집트문명의 위대함이 성립될 수 있었던 이유는 수학과 과학기술의 발달이다. 길이가 140M에 이르는 기자의 피라미드는 아직도 인류 고대문명의 7대 불가사의에 속한다.

우선 그 규모의 장대함에서, 또 그런 엄청난 크기의 피라미드를 축조할 수 있는 기술은 고도의 수학적 계산과 과학기술이 뒷받침되지 않고는 가능할 수가 없다는 게 후세인들의 지적이다. 이 피라미드 이외에도 아부심벨, 카르낙 등 거대한 신전을 쌓아 올린 고대 이집트인의 대리석등 돌의 축조기술 역시 치밀한 계산에 의하지 않고는 불가능한 일이다. 이런 고대 이집트인의 유적에서 필자 일행은 그저 경탄에 경탄을 금할 수 없었다. 〈중략〉

자료: 디트NEWS24, 2020.5.12.)

3. 고대 그리스

고대 그리스는 BC 1100년경부터 BC 146년까지 로마가 그리스를 정복하기 이전까지를 말한다. 그리스는 다른 문명권(메소포타미아, 이집트, 인도, 중국)과 달리 큰 강 유역에 위치하지 못하고 산이 많은 지역에 위치해 폴리스라는 작은 규모의 도시국가(예 아테네, 스파르타)가 발달하였다(그림 3-6 참조). 폴리스들은 도시 중심부에 아크로폴리스라는 신전을 가지고 있는 특징이 있는데, 아크로폴리스(높은 도시라는 의미)는 신전이 있는 성스러운 장소이다. 대표적 폴리스 아테네에는 아크로폴리스에 제우스를 모시는 파르테논 신전이 있다.

관광이 본격적인 형태로 나타난 것은 그리스 시대였다. 그

그림 3-6 고대 그리스 지도

자료: 네이버 블로그(https://blog.naver.com)

리스 시대의 관광은 주로 종교, 체육, 요양의 세 가지 동기에서 비롯되었다. 그리스 시대에는 종교적 목적의 관광이 가장 성행한 것으로 알려져 있다. 아테네의 파르테논 신

전, 제우스 신전 헤파이스토스 (Hephaistos) 신전, 그리고 델포이 (Delphi)의 아폴로(Apollo) 신전 등 여러 신전이 각지에 건축되어 많은 참배객들을 맞이하였다.

그림 3-7 아테네 아크로폴리스와 파르테논 신전

자료: 에듀넷, http://www.edunet.net/).

체육목적의 대표적 관광의 형태는 기원전 776년 올림피아 (Olympia)에서 열렸던 올림픽 경기 관람이었다(Casson, 1974). 올림픽 경기는 당시 제우스신에게 제사를 드리는 의식으로 70일간 여러 행사를 치른 후 5일간 경기를 하는 것이었는데 말타기, 창쏘기, 레슬링, 높이뛰기 등의 경기를 한 후 마지막 경기로 마라톤이 열렸다. 이는 즐거움을 위한 여행의 목적이 된 최초의 것은 스포츠와 그 관람이었음을 암시하고 있다.

요양목적의 관광도 성행하였다. 주요 관광지로는 에게해(Aegean Sea)에 있는 여러 섬 중 델로스(Delos)가 가장 인기 있었는데, 발칸반도로부터 많은 사람들이 요양을 위하여 머물렀다고 전해지고 있다.

그리스 시대의 관광발전 요인으로는 신전참배와 같은 종교적인 축제나 수학여행의 성행, 도시국가의 성장, 화폐의 자유로운 교환, 지중해 연안 국가의 그리스어 사용, 보양관광의 성행 등을 들 수 있다. 특히, 도시국가의 형성에 따라 쇼와 무녀(舞女) 및 도박 등의 성행도 중요한 관광요인으로 작용하였다. 오늘날의 관광안내원과 같은 역할을 하는 프록스모스 제도(Proxemos system)와 명예영사와 같은 프록세노스(Proxenos)가 생겨 시민들의 해외여행과 관용 업무여행에 도움을 주었다.

영국의 역사철학자 토인비(Toynbee)는 그리스 시대는 인간존중의 정신이 지배하였다고 주장하였다. 인간존중의 정신은 여행자를 신의 보호를 받는 신성한 사람으로 여기는 환대정신(Hospitalitas)을 낳았으며, 환대정신은 여행자를 환대하는 기본 마음가짐으로 자리 잡게 되었다. 비록 이 시대에 환대정신이 여행자를 접대하는 최고의 미덕으로 여겨졌으나 조직적인 관광사업의 형태를 찾아보기는 어렵다.

4. 고대 로마

BC 8세기경 티베리스강(현재 이탈리아 테베레 강) 지역에서 출발한 로마는 이탈리아 반도를 통일하고 지중해를 지배했으며 더 나아가 유럽대륙까지 팽창해갔다(그림 3-8 참조). 로마는 서로마 제국이 476년에 멸망한 후 동로마 제국(비잔틴)이 멸망한 A.D 1453년까지 존속하였다. 로마인은 예술·과학·철학은 크게 발전시키지 못했으나 정치와 행정면에는 뛰어나 대제국을 건설할 수 있었다.

로마 시대에는 종교, 식도락, 요양, 예술감상, 등산 등 다양한 목적을 가진 관광이 발전하였다. 로마신화의 여러 신전은 본토는 물론 여러 섬의 곳곳에 세워졌는데, 하늘의 지배자 제우스(Zeus), 미의 여신 비너스(Venus), 농업의 신 사탄(Satan) 등이 그 예이다.

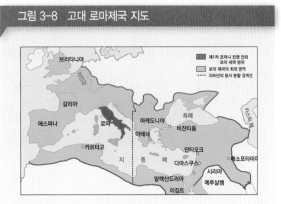

그림 3-8   고대 로마제국 지도

자료: 딴지일보(2015.9.15.).

로마인들은 포도주를 마셔가며 식사를 즐기는 식도락을 게스트로노미아(Gastronomia)라 불렀으며 이는 관광현상의 한 형태가 되었다. 식도락가들의 미식(美食)으로 인해 많은 비만인이 생기면서 온천요양이 인기를 얻게 되었다. 이러한 현상은 요양관광이라고 하는 새로운 관광현상을 낳았을 뿐만 아니라 찾아

그림 3-9   콜로세움

자료: 제주일보(2021.3.24.)
주: 검투사들의 피 튀기는 싸움에 수만 관중이 환호하던 로마의 원형 경기장이다.

오는 요양객을 위한 연극이 공연되기도 하였다. 또한, 카프리섬의 티베리우스(Tiberius) 황제의 별장, 알프스의 산베르나르도(SanBernardo)에 있는 주피터 신전참배 등과 같은 각지의

명승고적을 탐방하려는 예술적 욕구와 시실리섬의 에트나(Etna) 화산을 찾는 과학적 욕구 등은 관광의 새로운 욕구로 등장하였다.

로마 시대 관광발전의 배경으로는 육해 교통수단의 발전, 도로의 정비, 치안의 유지, 화폐제도의 발달, 숙박시설의 증가, 환대정신, 지식수준의 향상, 그리고 미지에 대한 동경심 등을 들 수 있다. 기원전 4세기경에는 로마광장을 중심으로 일곱 개의 동서 및 남북 도로가 건설되었고 남쪽으로는 그리스까지 해상교통로가 형성되었다. 도로의 건설목적은 정치와 군사목적이었지만 관광활동의 수단으로도 크게 활용되었다.

로마인들이 즐겨 찾았던 관광목적지는 그리스뿐만 아니라 아시아지역까지 이르렀다. 그리스가 가장 인기가 있었는데, 그 이유는 올림픽 경기관람, 해안 리조트, 요양 및 치료관광, 축제참가, 관광안내 책자, 그리고 관광가이드를 활용할 수 있었기 때문이었다 (Casson, 1974). 그러나, 5세기(A.D. 476)경 서로마 제국이 붕괴되면서 치안은 문란해졌고, 도로는 황폐해졌으며, 화폐경제는 다시 실물경제로 되돌아감으로서 관광의 공백시대로 빠져들게 되었다.

5. 중세

중세는 유럽역사에서 서로마 제국이 멸망(476년)한 후 르네상스(14세기-16세기) 시대까지의 시기를 일컫는다. 서로마 제국의 멸망은 도시의 쇠퇴, 중산층의 몰락, 상업의 침체로 이어져 사람들의 이동이 감소하면서 수백 년 동안 관광의 암흑기를 몰고 왔다. 이러한 암흑기는 AD1000년경에 이르기까지 지속되었다. 관광의 암흑기 시대인 중세에 관광의 명맥을 유지한 것은 바이킹족의 해상여행, 아랍인의 실크로드를 통한 동서무역, 십자군 전쟁, 그리고 르네상스였다.

(1) 바이킹족과 관광

바이킹족(Viking)은 8세기에서 11세기 사이 뛰어난 항해술로 유럽 전역과 북대서양 지역, 러시아, 아시아, 심지어 북아메리카 대륙까지 진출한 사람들을 일컫는다. 오늘날의 덴마크, 노르웨이, 스웨덴, 아이슬란드는 바이킹족이 건설한 나라이다(그림 3-10 참조). 바이킹들은 레슬링, 권투, 들어올리기, 암벽등반, 수영, 달리기, 높이뛰기 등의 스포츠는 물론 체스나 주사위 게임과 같은 놀이문화를 즐긴 것으로 알려져 있다(https://laplandkorea.com).

특히, 바이킹족의 뛰어난 항해술로 인해 주변국과의 교역이 활발하였으며 이에 따라 해상여행이 활발히 진행되었다. 이들은 중국이나 페르시아의 향신료나 유리, 비잔티움의 실크, 독일과 프랑스 와인 등을 수입하였고, 대서양 바닷가의 소나무

그림 3-10   바이킹족의 대항해(8C~11C)

자료: 월간조선(2010.12.10.)

에서 채취한 호박, 여우나 곰의 가죽, 거위 깃털 등을 수출하여 경제생활을 유지하였다. 하지만 이 시대의 여행자는 주로 귀족, 대상인, 행정가, 그리고 병사 정도였다.

사례 3-2   바이킹 국가들. 가는 곳마다, 사는 곳마다 超一流 국가를 만든 海賊들의 비밀

삶의 질 순위에서 늘 상위(上位)에 오르는 나라는 바이킹을 조상으로 하는 스칸디나비아(핀란드는 바이킹 나라가 아니지만 지리적으로 인접, 같은 문화권에 포함) 5개 국가이다. 이번에도 1위에 노르웨이, 9위에 스웨덴, 16위에 핀란드, 17위에 아이슬란드, 19위에 덴마크가 올랐다. 20위 안에 5개국이 다 들어감으로써 초일류 국가임을 다시 한번 실증(實證)한 것이다.

고크스타드에서 발굴된 롱십.

롱십(Long Ship)

서기 8~11세기는 이른바 바이킹 시대. 스칸디나비아에 살고 있던 바이킹이 인구증가, 농지부족 사태에 직면, 약탈에 나선다. 날렵하게 생긴 긴 배를 몰고 유럽을 공격, 정복, 정착해 간다. 프랑스의 노르망디, 이탈리아 남부와 시실리, 시리아 해안 지대, 러시아의 모태(母胎)가 되는 키예프, 그리고 영국, 아일랜드, 아이슬란드, 그

린란드를 점령하였다. 오늘날의 덴마크, 노르웨이, 스웨덴, 아이슬란드는 바이킹족이 건설한 나라이다. 영국과 아일랜드도 바이킹의 영향이 많이 남아 있다. 11세기 후 영국 왕가(王家)는 바이킹족 출신인 정복왕 윌리엄 1세의 후손들이다.

바이킹이 유럽으로 쳐들어갈 때나 그린란드와 북미(北美) 대륙을 탐험할 때 사용한 배는

흔히 '롱십'(Long Ship)이라 불린다. 가늘고 긴 선체(船體)이다. 덴마크, 노르웨이, 스웨덴의 여러 박물관에서는 발굴된 배를 진열해 놓고 있다. 가장 유명한 배는 노르웨이 오슬로에 있다. 오슬로 대학 부설 '바이킹 배 박물관'에 세 척의 롱십이 있다. 이 가운데서도 오제베르크 고분(古墳)에서 발굴된 배가 가장 유명하다. 바이킹 배를 설명할 때 보여주는 사진은 거의 이 배를 찍은 것이다. 길이 22m, 너비와 높이가 각 5m인데 원형(原型)대로 거의 보존되어 있다. 이 배가 발견된 고분에선 20대(代)와 60대의 여인 두개골도 나왔다.

바이킹이 세운 나라가 초일류가 된 이유

1. 민족적 자질이 우수하다. 체력이 좋고 IQ가 높다. 탐험가, 모험가, 지배민족의 체질을 타고났다. 공동체의 권력구조가 비교적 평등하였다. 상무(尚武)정신과 상술(商術), 그리고 행정력이 뛰어났다. 바이킹 시절에도 정복한 곳을 다 일류로 만들었다.
2. 기독교 문명을 맨 나중에 받아들였으나 종교개혁 때 개신교로 개종, 산업화와 민주화에 유리한 정신적 풍토를 조성하는 데 성공하였다.
3. 바이킹의 해양정신을 잃지 않았다. 무역, 탐험, 이민, 해운(海運)에 주력하고 진취적인 삶의 자세를 유지함으로써 과학과 기술을 발전시켰다. 평등정신에 기초한 사회복지 제도를 만들었다.
4. 국가별 인구 규모가 500만~900만 수준으로 관리하기가 좋다.
5. 지정학적인 전략(戰略)가치가 약하여 유럽 강대국으로부터 본토를 공격받는 일이 적었다.

자료: 월간조선(2010.12.10.). 일부 내용 발췌

(2) 아랍인의 실크로드와 관광

실크로드(Silk road)가 처음 열린 것은 전한(前漢: BC 206~AD 25) 때이다. 실크로드는 고대 동서 문명이 교류하던 교통로였으며, 이 길을 통해 고대 중국의 특산품인 비단이 중앙아시아 초원과 이란 공원을 지나 서쪽의 지중해와 오만까지 운반되었기 때문에 붙여진 이름이다. 실크로드는 독일의 지리학자 리히트호펜(Richthofen, 1877)이 중국의 비단 교역로를 독일어 'Seidenstrasse(자이덴슈트라세), 비단길'로 명명한 데서 유래되었다(박천수, 2022). 이것이 1단계 실크로드이다.

독일의 동양학자 Hermann(1910)은 비단 교역의 길을 시리아까지 연장(2단계 실크로드)했는데, 북위 40도 내외의 사막을 따라 점점이 솟은 오아시스에서만 발견됐기 때문에 이 길을 오아시스(Oasis)로라고도 한다(정수일, 2020). 중세에 관광이 침체된 시기에도 아랍인의 실크로드를 통한 동서무역이 활발했으며 이에 따른 여행이 유지되었다.

그림 3-11 실크로드의 3대 간선과 5대 지선

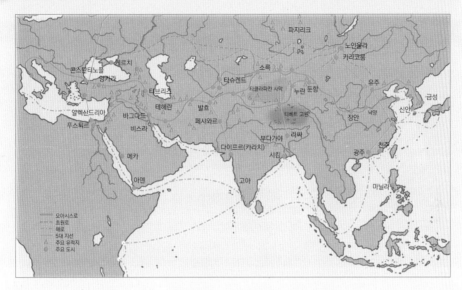

자료: 한겨레(2020.9.25). 재인용

(3) 십자군 전쟁과 관광

중세에 관광을 부활하게 한 요인은 십자군 전쟁(1096~1270)이었다. 십자군 전쟁은 이슬람교로부터 신성한 땅을 정벌하기 위하여 7차례에 걸친 가톨릭교의 군대 원정이었다. 십자군 전쟁은 동서교류의 밑거름이 되었으며 참전했던 병사들에 의해 소개된 인도의 향료나 페르시아의 카펫 등은 동방에 대한 호기심과 모험심을 불러일으켰다. 이는 동서양 문화교류를 확대하는 계기가 되었다.

중세 후기 유럽 전역에서 도시가 부활하였으며 이는 무역과 제조업의 성장을 가져왔다. 특히, 봉건제도의 퇴색과 장원제도의 붕괴는 중산층의 폭을 확대시켜 여행을 촉진하는 계기가 되었다. 중세에는 이슬람교도에게 기독교도의 예루살렘 순례를 인정하게 함으로써 예루살렘은 종교관광의 최고의 목적지가 되었다. 순례여행으로 인기가 있었던 성지로는 영국의 캔터배리(Cantebury)와 스페인 산티아고 드 콤포스텔라(Santiago de Compotela) 성당 등이 있다. 이 시기 교역상들의 숙박을 위해 Inn이라는 숙박시설이 등장하였으며,

여행계층은 귀족, 기사, 대상인, 행정가, 그리고 로마제국의 병사들이었다.

자료: 네이버카페(http://cafe.naver.com)

(4) 르네상스와 관광

르네상스(Renaissance: 14C 말~16C)는 학문 또는 예술의 재생 혹은 부활이라는 의미를 담고 있어 문예부흥(文藝復興) 혹은 학예부흥(學藝復興)이라 불린다. 즉, 고대 그리스와 로마문화를 부흥시켜 새로운 문화를 창조하려는 것으로 사상, 문학, 미술, 건축 등 다양한 분야에 걸쳐서 나타났다. 따라서 르네상스는 고대 그리스와 로마문명의 재인식과 재수용을 의미하는 시대적 정신운동이라고 할 수 있다. 문예부흥기를 맞아 괴테(Goethe), 셸리(Shelley), 바이런(Byron) 등의 저명한 문호, 사상가, 시인 등이 잇달아 여행하였고, 그들의 작품은 미지에 대한 동경과 호기심을 가져옴으로써 관광의 커다란 자극제가 되었다.

이 시대의 관광목적은 주로 미래 세계에 대한 호기심 충족과 인격수양을 위한 교양함양이었다. 영국의 엘리자베스 여왕시대로 접어들면서 귀족층의 자녀들은 인격을 함양하기 위하여 해외여행을 하였는데, 이를 그랜드 투어(Grand tour) 혹은 교양관광이라 부른다. 그랜드 투어란 어린 청년이 자기보다 나이가 많은 교사와 함께 교육의 최종단계로서 프랑스와 이탈리아 등을 여행하는 것으로 유럽에서 18세기에 두드러지게 나타났던 관행이다(설혜심, 2007). 특히, 영국의 정치적 안정(종교분쟁 해소)과 경제적 풍요(고급 취향에 대한 수요)는 영국 상류층의 대여행을 가능하게 하였다. 이 시기 영국에서는 건강과 사교를 위한 온천여행 이나 교육과 재미를 위한 여행이 일종의 유행으로 자리 잡게 되면서 그랜드 투어는 엘리 트가 밟아야 할 교육의 최종단계로 인식되었고 일종의 신분적 상징이 되었다(설혜심, 2007).

Towner(1985)는 1547년에서 1840년까지의 그랜드 투어를 했던 151명을 살펴 보았는 데, 16.6%만이 귀족층이거나 대지주층이고, 나머지 83.4%는 젠트리, 성직자, 전문직업 인, 상인, 군인들이었다. 즉, 그랜드 투어의 주요 참여자는 귀족층과 젠트리(혈통과 결혼으로 성 립된 상류계층이나 귀족보다는 낮은 계층)나 다른 전문직업을 가진 중간계층이었다. 따라서 일반대중 의 관광참여는 미미한 수준이었다고 보는 것이 타당하다.

2 Tourism 시대

Tour 시대의 대표적 관광현상 중의 하나가 그랜드 투어이다. 그랜드 투어는 역사학, 사회학, 인류학 등에서도 관심을 기울이는 주제이다. 학문들 사이에서 그랜드 투어와 Tourism(관광) 사이의 연결고리를 찾기 위한 논의가 활발히 진행되어 왔다.

학자들은 Grand tour와 Tourism은 서로 다른 현상이라고 주장한다(Chard, 1999). 역사학 자들은 대부분 이 두 가지를 시기적으로 다르게 나타난 현상으로 보아왔다. Redford(1996) 는 "Tourist(관광객)이라는 말은 18세기 말에야 나타났고, Tourism(관광)이라는 말은 그 랜드 투어가 빠르고도 저렴한 모방물에게 그 자리를 내어주게 된 19세기 초에야 나타 난 말이다"(pp.125)고 주장하였다. Travel(여행)과 Tourism(관광)의 차이를 최초로 주장한 Boorstin(1987)은 여행의 쇠퇴와 관광의 발생을 19세기 중엽으로 파악했다. Boorstin은 그 이유를 1841년 Thomas Cook이 런던에 세계 최초의 여행사를 설립한 사건에서 찾았다. 즉, 여행을 전문적으로 조직하는 회사의 등장은 여행의 상업화를 낳았고 상업화는 예술 성을 파괴했다고 주장하면서 이러한 현상이 Tourism(관광) 현상이라고 주장하였다.

Tourism 시대는 1840년대부터 제2차 세계대전 이전까지를 포함하는데 산업혁명이 투어 시대와의 분기점이 된다. 산업혁명은 교통수단의 발달, 소득의 증대 및 인적교류의 확대, 그리고 이에 따른 숙박시설의 정비로 상용여행을 급증시켰고 그 결과 관광과 관광 사업이 본격적으로 발달하게 되었다.

특히, 철도의 발달은 여행업을 출현시키는 중요한 계기가 되었다. 영국에서 시작된 철도건설은 서유럽 여러 나라와 미국에서 급속히 추진되었고, 19세기 중엽 이후에는 인도와 남아메리카 여러 나라 등 후진 지역에도 철도가 보급되어 산업문명의 상징이 되었다. 또한, 여객선의 등장으로 해상을 이용한 국내외 여행이 편리하게 되었다.

토머스 쿡(Thomas Cook)은 1841년 영국 철도여행회사로 출범하여 1945년 자신과 아들 존 메이슨 쿡(John Mason Cook)의 이름을 붙여 'Thomas Cook & Son Co.'라 하였다. 침례교 목사인 토머스 쿡은 금주운동을 벌이던 사람들에게 음주 대신 기차여행을 즐기자는 취지로 여행을 기획했으며, 단체할인 여행 프로그램에 500여 명이 참여하였다. 토머스 쿡은 금주운동과 별개로 1851년 런던박람회 투어 등 순수 여행상품을 개발했고, 도버해협을 넘어 유럽 명소와 대서양 너머 북미 투어까지 영역을 확장해 나갔다. 1872년 일본과 중국, 인도를 기선을 이용한 최초의 세계일주 상품(22일간)을 출시했고, 여행경로 내 철도 자유이용권(일주 패스)과 여행자 수표(Taveler's check)의 원형이라 할 수 있는 '순환어음'을 사용하였다(한국일보, 2021.9.23.). 1880년에는 5개 국어로 된 관광여행 안내지 '유람객(Tourist handbook)'을 발행하기도 하였다(전북일보, 2019.9.26.).

토머스 쿡은 관광객을 모집하고 단체 전세열차의 운행을 시도하여 성공을 거두었는데, 이는 서비스를 통한 관광사업의 토대를 마련한 계기가 되었다. 그는 역사상 최초로 영리를 목적으로 단체관광단을 조직했다는 점에서 '근대 관광산업의 아버지'라 불린다.

이 시대 주요 관광자층은 일부 특권층과 부유층이었으며, 주된 관광동기는 고대, 중세의 종교적 동기보다는 지식욕이나 호기심이었다. 유럽과 신대륙 간의 왕래는 유럽인들로 하여금 신세계에 호기심을 증폭시켰으며, 신대륙을 개척한 사람들은 선조들(미국인)의 고향에 대한 동경심은 물론 유럽의 문물에 대하여 왕성한 지식욕을 지니고 있었다.

산업혁명 후기에 접어들면서 호텔이 등장하였다. 산업혁명을 통해 등장한 신흥 자본가들은 여관이나 숙소(Inn) 등의 숙박시설을 고급화하기 시작하였다. 새로이 등장한 호텔은 중세의 인(Inn)이 제공하는 단순한 숙박기능을 넘어 숙박과 음식, 사교장소 등을 제공함으로써 새로운 사업영역을 개척하게 되었다.

호텔은 당시 유럽에서 번성했던 파리나 런던과 같은 대도시나 독일의 바덴바덴과 같은 온천 휴양지를 중심으로 건설되었다. 고급 호텔의 면모를 갖춘 최초의 호텔인 그랜드

호텔(Grand Hotel)이 1850년 파리에 오픈하였으며, 1880년에는 리츠(Ritz)가 국제적인 호텔체인을 출현시켰다. 1900년 이후에는 미국이 세계 호텔산업을 주도하였는데, 그 중심에는 스타틀러(Statler)와 힐튼(Hilton) 등의 훌륭한 호텔경영 마인드를 가진 사업가들이 등장했기 때문이다.

 사례 3-3 세계 최초의 여행사 '토마스 쿡 그룹' 파산

토마스 쿡 그룹은 영국의 여행사이다. 2007년 6월 19일 토마스 쿡 AG(토머스 쿡 과 선)와 마이 트래블 그룹의 합병으로 탄생했다. 이 그룹은 여행사와 항공사의 두 부분으로 운영되었으며, 2010년대에 들어와 경영이 악화되어 2019년 9월 23일 런던 법원에 파산 신청을 했다.

토머스 쿡

그는 잉글랜드의 기업인이다. 자신의 이름을 딴 여행사 토마스 쿡 & 선의 창업자이다. 그는 세계적인 여행사인 '토마스 쿡& 선'사를 설립했으며, 관광안내원이 안내하는 새로운 유형의 관광여행을 기획했다. 그는 10세 때 학교를 그만두고 이후 여러 가지 직업을 전전하다가 1828년 침례교의 전도사가 됐다. 1841년 미들랜드 카운티스 철도회사에 권유해 금주회 모임을 위한 레스터-러프버러 간의 특별열차 운행을 제안했으며, 이것이 영국에서 대중적으로 홍보된 최초의 관광열차이다.

3년 후 미들랜드 카운티스 철도회사는 쿡이 관광열차의 승객을 제공한다는 조건으로 영구계약을 체결하는 데 동의했다. 1855년 파리 박람회 기간 동안 쿡은 레스터에서 프랑스의 칼레까지 여행단을 인솔했고, 이듬해에는 처음으로 유럽 그랜드 투어를 조직해 인솔했다. 1860년대 초반에 와서 쿡은 자신이 직접 여행안내 하던 일을 그만두고 국내 및 해외여행권을 판매하는 여행사를 설립했다. 이 회사는 1880년대 영국-이집트 간의 우편물 수송과 군 수송을 담당했다. 쿡이 죽자 1864년 이후 그의 동업자이기도 했던 외아들 존 메이슨

토머스 쿡

항공사 에어버스 A330-200

쿡이 그의 사업체를 물려받았다.

역사

토마스 쿡 여행사는 1841년에 설립되어 178년의 역사가 있으며, 전 세계 15개국에 진출해 여행사 2,600개를 거느린 세계 제1의 여행 전문 회사였다. 2018년에 고용원 22,000명이었다. 항공기 66대도 보유하고 있으며, 과거에는 토머스 쿡의 Traveler's Check(여행자 수표)를 가지고 여행을 안 해본 사람이 드물 정도였다.

단체 여행의 시작

창업주 토머스 쿡은 1841년 영국의 한 집회에 참여하고자 하는 집회자들을 위한 단체여행 프로그램을 기획했다. 전세열차와 교통, 숙박을 묶어 여행 패키지로 만들어 알선했는데 600명에 달하는 참여자가 모였다. 이를 계기로 여행 사업을 시작한 토머스 쿡은 오래된 역사만큼이나 '최초' 타이틀을 많이 보유하고 있다.

지금은 당연한 패키지 관광, 여행 가이드, 여행자 수표, 객실예약, 환전대행 서비스 등 모두 토머스 쿡에서 최초로 기획한 것이다. 여행업계의 기준을 세웠다고 해도 무방할 정도이다. 당시 부유층의 전유물로만 여겨지면 여행을 보편화시키는 데에도 크게 기여했으며, 단체여행을 통해 비용을 크게 절감할 수 있었고, 낯선 곳에서 생기는 변수 또한 줄일 수 있어 이용객들의 만족도가 매우 높았다. 패키지 여행에 대한 관심이 높아지면서 다양한 상품을 선보였으며 그 중 인기 상품은 15만 명의 고객을 유치할 정도로 인기가 높았다고 전해지고 있다. 토머스 쿡이 발간했던 여행책자는 배낭여행객들의 필수품이 되기도 했다.

파산

토머스 쿡의 파산 이유는 여러 가지다. 방만한 경영, 브렉시트, 치열한 경쟁 등, 그러나 가장 큰 원인은 거대한 빚더미였다. 이러한 중에도 경영자들은 5천3백만 유로의 급여를 챙겨갔다. 토머스 쿡 사는 19억 유로의 빚을 지고 있었다.

에어bnb의 출현과 저가 바캉스의 세력 확장은 소비자들의 여행 패턴을 바꾸었다. 그럼에도 토머스 쿡은 2018년 단체 관광 1천 1백만 건을 운영하기도 했다. 재정적 어려움은 2007년에 마이트래블사를 고가에 매입하면서부터였다. 두 차례의 세계 대전 속에서도 사업을 이어 나가며 오랜 기간 동안 굳건히 세계 최초, 최대 여행사로 이름을 떨쳐온 토머스 쿡이 몰락의 길을 걷게 된 것은 사업 확장의 실패에서이다.

2000년대에 들어오면서 토머스 쿡은 본격적인 사업 확장에 나섰는데, 2000년대 초 대규모 인수합병을 두 차례나 단행했다. 여행업의 수직 계열화를 꿈꿨던 토머스 쿡은 호텔, 리조트 체인을 내놓았지만 저가 호텔, 에이비앤비(Airbnb) 등에 밀려 경쟁력을 잃었다.

같은 시기 시작한 항공업에서도 두각을 드러내지 못했다. 2007년에는 경쟁사로 떠오르던 마이트래블 그룹을 인수했지만, 이익보다 빚만 늘어나게 되었다. 온라인 여행사의 등장에 대응하지 못하고 점차 쇠락의 길을 걷게 되었다.

또한 익스피디아(Expedia)와 같은 온라인 호텔 예약 사이트의 부상에도 불구하고 오프라인으로 예약받는 방식을 고수한 점, 배낭여행의 인기가 늘고 있음에도 불구하고 패키지여행 비즈니스에 집중한 점, 그리고 재무상태가 안 좋음에도 자체 항공사를 무리해서 운영한 점 등이 결국 파산의 지경까지 이르게 된 원인이라고 분석된다.

자료: 미디어인천신문(202.9.23)

3 Mass Tourism 시대

Mass Tourism(대중관광) 시대는 제2차 세계대전 이후부터 1980년대 말까지의 시대를 말한다. 대중관광 시대는 누구든지 여가선용과 자기창조 활동 등의 동기에 의해서 이루어지는 사회현상으로 받아들여지는 시대이다. 20세기 후반에 들어서면서 생산성 향상, 노동시간의 감축, 노동운동의 확산 등으로 인해 여가시간이 증가하였고, 1960년대부터는 유급휴가가 세계적으로 보편화되었다. 또한 부유한 생활, 다양한 생활양식, 가치관의 변화로 인하여 관광이 생활의 일부분으로서 여겨졌으며, 이에 따라 각 나라는 국민복지 차원에서 국민의 여행을 권리로써 보장하게 되었다.

특히, 교통수단의 발달은 이전과는 비교도 할 수 없을 만큼 안전, 신속, 편리, 쾌적한 이동을 가능하게 하였다. 철도와 선박만이 교통수단이었던 제2차 세계대전 이전과는 달리 항공, 관광용 대형버스, 자가용 자동차, 렌터카 등이 등장하였으며, 기존 교통수단의 설비와 능력이 대폭 향상되어 대량수송은 물론 빠르고, 안락하고, 저렴한 여행이 가능해졌다. 이러한 이동과 접근의 용이성은 사람들로 하여금 자신들과 상이한 문화·인종·환경과 접할 수 있게 하였다.

대중관광 시대에는 많은 국가들이 관광산업을 국가경쟁력 향상을 위한 중요한 산업으로 인식하기 시작하였다. 관광이 미치는 파급효과가 막대하다는 인식이 확산되면서 기업, 정부, 그리고 공공단체들은 국민후생의 증대를 위하여 관광산업을 국가의 전략산업으로 육성하고 있다.

한편, 여행할 만한 여유가 없는 계층을 위해 정부나 공공기관이 적극 지원함으로써 국민복지 증진이라는 목적을 위해 'Social Tourism(복지관광)'이 실시되었다. 이로 인해 관광층은 서민대중을 포함한 전 국민으로 확대되었다(사례 3-4 참조). Social tourism에 관한 연구는 국내외에서 활발히 진행되고 있다. Social tourism대한 특성을 살펴보면 세 가지로 요약 할 수 있다(변우희·한상현(2017). 첫째, 복지관광(Social tourism)은 국민의 기본권이므로 관광할 수 있는 실제적인 기회를 부여해야 한다는 것이다. 둘째, 복지관광은 국가, 지방정부, 공기업, 사회단체, 노동조합 등이 경제적, 신체적, 정신적 이유로 인하여 관광활동을 하기에 어려운 관광 소외계층을 대상으로 하고 있다. 마지막으로, 복지관광은 정책적, 제도적, 인위적으로 지원하는 활동이다.

 사례 3-4 경북관광공사 '열린관광지' 나눔여행

관광취약계층 장애우 가족 100여 명 보문단지 초청

경북관광공사가 지난 13일 경주지역 장애우 100여 명을 초청해 보문관광단지에서 나눔여행 행사를 가졌다

경상북도관광공사가 지난 13일 경주 보문관광단지에서 장애우와 그 가족들 100여 명을 초대해 나눔여행 행사를 가졌다. 나눔여행은 한국관광공사와 함께 관광취약계층인 장애우들에게 열린관광지로 선정된 보문관광단지를 체험할 수 있는 기회를 제공하고자 마련됐다.

행사에는 김헌덕 경주시장애인단체협의회 회장, 경주시의회 박귀룡 운영위원장, 한국관광공사 유세준 국민관광실장 등이 참가해 장애우들과 함께 보문호반광장에서 수상공연장까지 약 1.5km의 보문호반길을 함께 걸으며 시설물을 직접 체험하는 시간을 가졌다.

오후에는 신라의 생활상을 재현한 신라밀레니엄파크를 관람하기도 했다.

공사는 보문관광단지가 2015년 제1호 열린관광지로 선정됨에 따라 열린관광지의 롤모델로서 복지관광 및 국민행복 실현을 위해 다양한 프로그램을 기획 운영하고 있다. 보문관광단지 내 호반길을 이용해 매월 음력 보름에는 보름달을 보며 호반길을 걷는 '보름愛는 보문愛' 보문호반 달빛걷기를 개최해 보문을 찾는 관광객과 지역민들에게 큰 인기를 얻고 있다.

김대유 경상북도관광공사 사장은 "열린관광지로 선정된 보문관광단지에 장애우 가족분들을 모시게 되어 무엇보다 기쁘다."며 "공사는 앞으로도 관광취약계층의 목소리에 귀 기울여 모든 이들이 편하고 쾌적하게 즐길 수 있는 관광단지조성에 최선의 노력을 다할 것"이라고 밝혔다.

자료: 대구일보(2016.5.16.)

경북관광공사가 지난 13일 경주지역 장애우 100여명을 초청해 보문관광단지에서 나눔여행 행사를 가졌다.

④ New Tourism 시대

New Tourism의 시대는 20세기 말(1990년~현재)부터 등장한 개념이다. 대중들의 관광경험이 풍부해지면서 기존의 대중관광(Mass tourism)이 가지는 단체 위주의 몰개성적이고 파괴적인 부분을 인식하여 이를 보완하려는 새로운 형태의 관광, 즉 New tourism이 등장하였다.

New tourism을 가져오게 된 배경은 다양하다. 우선, 대가족사회에서 핵가족사회로 변모하면서 단체 위주의 관광에서 개인이나 가족 위주로 변해가고 있다. 관광의 추구성향도 개성추구나 특정한 주제를 가지고 관광하는 방향으로 발전하고 있으며, 단순히 보는 관광보다는 체험을 중시하는 형태로 전환되고 있다. 인터넷을 통한 관광산업 간 그리고 관광산업과 개인 간의 거래장벽 해소에 따라 IT를 기반으로 하는 신관광사업이 계속 등장하고 있다.

1990년 이후 관광의 세계적 추세가 대중관광에서 벗어나 개인적·소집단적 특정 목적의 관광형태가 두드러진 현상이 되었는데, 이에 대안관광(Alternative tourism)이라는 새로운 개념이 등장하였다. 대안관광은 관광의 대중화에 따라서 관광지에서 생겨나는 폐해를 최소화하여 관광의 효과를 그 지역에 미치게 함으로써 관광객도 만족할 수 있는 관광형태의 총칭으로 사용되고 있다.

21세기도 관광형태(예 특별 목적관광(SIT: Special Interest Tourism)의 변화가 지속적으로 일어날 것으로 예상된다. 미래 관광시장은 자연추구형, 모험추구형, 문화체험형, 테마추구형, 건강추구형, 스포츠관람형 등의 다양한 체험을 할 수 있는 관광형태가 될 것으로 전망되고 있다. 오늘날 지역축제는 체험관광의 중요한 수단이 되고 있다. 〈그림 3-13〉에서 보듯이 국내 대표 축제인 보령머드 축제외 경제적 효과는 매년 증가하고 있다.

그림 3-13 보령머드 축제 관광객 수와 경제적 효과

보령머드축제 관광객, 지역경제파급효과 　　　　　　　　　　　　　　　　　(단위: 명)

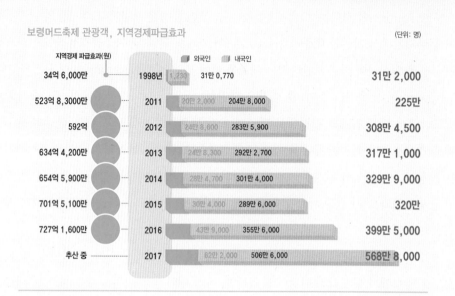

지역경제 파급효과(원)		■ 외국인　■ 내국인	
34억 6,000만	1998년	1,230　31만 0,770	31만 2,000
523억 8,3000만	2011	20만 2,000　204만 8,000	225만
592억	2012	24만 8,600　283만 5,900	308만 4,500
634억 4,200만	2013	24만 8,300　292만 2,700	317만 1,000
654억 5,900만	2014	28만 4,700　301만 4,000	329만 9,000
701억 5,100만	2015	30만 4,000　289만 6,000	320만
727억 1,600만	2016	43만 9,000　355만 6,000	399만 5,000
추산 중	2017	62만 2,000　506만 6,000	568만 8,000

머드제품 매출 추이

　　　　　　　　　　　　　　　　　　　　　　　　　　　　(단위: 명)

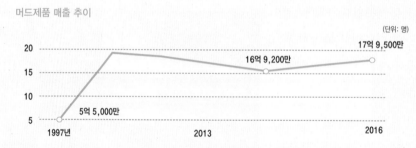

17억 9,500만

16억 9,200만

5억 5,000만

1997년　　　　　　　2013　　　　　　　2016

자료: 한국일보(2017.8.4.).

위에서 살펴본 관광현상의 변화과정별 주요 관광계층, 관광동기, 관광사업 주체, 그리고 특징에 대한 내용을 요약하면 〈표 3-2〉와 같다.

표 3-2 **관광현상에 따른 관광의 발전단계**

관 광 현 상	Tour 시대	Tourism 시대	Mass Tourism 시대	New Tourism 시대
	고대·중세	근대	현대	현대

시대	고대 ~1830년대 말
	• 수메르
	• 고대 이집트
	  고대 그리스
	• 고대 로마
	• 중세(십자군 전쟁과
	  르네상스)
		1840년대 초 ~ 제2차
		세계대전
			제2차 세계대전 이후
			~1980년대
				1990년대 이후

주요 관광계층	귀족, 승려, 기사 등의 특권계급과 일부평민	특권계급과 일부평민(부르조아)	전국민(일반대중)	전국민(일반대중)
관광동기	신앙심, 예술적 욕구 (로마, 르네상스), 미래 에 대한 호기심(르네 상스)	지식욕	보양, 오락	관광체험, 개성추구, 특별한 주제 또는 문 제해결
관광사업 주체	교회, 자연발생적(관광기업 이 없음)	기업 (Thomas Cook 여행 사 설립)	기업, 국가, 공공단체(복지관광)	개인, 가족 기업, 국가 및 공공단 체(복지관광)

관광현상의
특징
	귀족, 승려, 기사 등의
	신앙심 고취 중심의
	개인활동
		• 철도교통 발달 기반
		  으로 여행알선업
		  등장
		• 이윤을 추구하는
		  여행기업 등장
			• 서민층, 중산층을 포
			  함한 전국민 관광
			• 정부·공공기관에 의
			  한 복지관광 실시
			• 영리성과 공공성(국
			  민복지)을 위한 관광
				• 가족단위 관광형태
				  발전
				• 단체 패키지 관광에
				  서 벗어나 개인여행
				  선호
				• 대중관광을 넘어 관
				  광의 생활화

자료: 저자 정리

토론주제

1. 세계관광의 시대별 관광동기의 특징

2. 동서양의 관광동기 차이 원인

3. 역사적 관점에서 관광발전 저해 요인

4. 서양의 관광발전 역사연구가 우리나라 관광발전에 대한 시사점

5. 향후 관광역사 연구에 방향

참고문헌

디트NEWS24, 2020.5.12.). 고대 오리엔트 문명의 기원, 이집트.
    https://www.dtnews24.com/news/articleView.html?idxno=577998
딴지일보(2015.9.15.). 세상을 움직이는 힘 - 고대의 폭력.
    https://www.ddanzi.com/ddanziNews/38119579
미디어인천신문(202.9.23). 세계 최초의 여행사 '토마스 쿡 그룹' 파산.
    https://www.mediaic.co.kr/news/articleView.html?idxno=47204
박천수(2022.3.20.). 동서양 문명의 길, 실크로드로 통한 교류의 역사. 문화재청.
부산일보(2009.1.13.). 그리스는 어떤 나라.
    https://www.busan.com/view/busan/view.php?code=20040810000121
변우희·한상현(2017). 제1장 문화와 관광. (사)한국관광학회(eds.), 관광학원론, 백산출판사,
    20-36.
산티아고 드 콤포스텔라성당: http://cafe.naver.com/nexttravel.cafe?iframe_url=/
    ArticleRead.nhn%3Farticleid=13624
신앙신보(2021.11.14.). 이게 다 수메르가 원조라고? 최초의 문명, 수메르는 어떤 문명이었을
    까? https://theweekly.co.kr/
설혜심(2007). 근대 초 유럽의 그랜드 투어. 서양미술사학회 논문집, 27, 113-136.
에듀넷. 유럽의 도시는 어떻게 발달하였을까? http://www.edunet.net/nedu/
    contsvc/viewWkstContPost.do?contents_id=832235dc-3899-4850-aa75-
    f97319e274a0&head_div=s2015w

월간조선(2010.12.10). 가는 곳마다, 사는 곳마다 超一流 국가를 만든 海賊들의 비밀. http://monthly.chosun.com/client/news/viw.asp?nNewsNumb=201012100047

연합뉴스(2023.3.3.). '쿠푸왕 묘실' 가는 길?… 이집트 大피라미드 비밀통로 모습 공개. https://www.yna.co.kr/view/AKR20230303061400009

이종근(2008a). 고대 메소포타미아의 수메르 우르-남무 법의 도덕성에 관한 연구. 법학연구, 32, 1-21.

이종근(2008b). 메소포타미아 법사상, 감육대학교 출판부(개정판).

전북일보(2019.9.26.). 토머스 쿡'의 몰락. https://www.jjan.kr/article/20190926690686

정수일(2020). 우리안의 실크로드. 창비

제주일보(2021.3.24.). 세계사를 빛낸 고대 거대 제국이 햇빛에 눈부시다. https://www.jejunews.com/news/articleView.html?idxno=2180564

한국일보(2021.9.23.). 최초 여행사의 탄생과 부침. https://www.hankookilbo.com/News/Read/A2021092110440004665

한겨레(2020.9.25.). 실크로드는 한반도 문명의 젖줄이었다. https://www.hani.co.kr/arti/culture/book/963619.html

한겨레(2022.1.18.). 말보다 500년 앞서 수레 끌던 고대 동물 '쿤가'의 정체. https://www.hani.co.kr/arti/science/science_general/1027748.html

한경수(2009). 제2장 관광의 역사, 관광학총론 편역, pp.37-71.

Amory, C.(1948). The last resorts. New York: Grosset and Dunlap.

Belasco, W. J.(1979). Americans on the road. Cambridge MA: MIT Press.

Blake, J.(2003). The grand tour in the eighteenth century. New Haven: Yale UP.

Boorstine, D.(1987). The Image: The Lost World.

Butler, R. W.(1980). The concept of a tourism area cycle of evolution: Implications for management of resources. Canadian Geographer, 24, 5-12.

Casson, L. (1974). Travel in the ancient world. London: Allen and Unwin.

Chard, C.(1999). Pleasure and guilt on the grand tour: Travel writing and imaginative geography 1600-1830. Manchester: Manchester UP.

Crompton, J. (1979). Motivations for pleasure. Annals of Tourism Research, 6, 404-424. Dann, G. M. S.(1981). Tourist motivation: An appraisal. Annals of Tourism Research, 8(2), 187-219.

Dulles. F. R.(1940). A history of recreation: America learns to play. New York: Appleton-Century.

Dymond, D.(1982). Writing local history: A practical guide. London: Bedford Square Press/ NCVO.

Feifer, M.(1986). Tourism history: From imperial Rome to the present. New York: Stein and Day.

Friedlander. L.(1965). Roman life and manners under the early empire. Translated by L. A. Magnus(1907), reprinted edition(4ed.). London: Routledge and Kegan Paul.

Goeldner, C. R., & Ritchie, J. R. B. (2006). Tourism principles, practices, philosophies (3rd ed.). John Wiley & Sons, Inc., Hoboken, New Jersey.

Haug. C. J.(1982). Leisure and urbanism in nineteenth century nice. Lawrence: Regents Press of Kansas.

Haulot, A.(1981). Social tourism: Current dimensions and future developments. International Journal of Tourism Management, 2(3), 207-212.

Hudman, L. E. (1989).Changing travel fatterns of residents of the USA Traveling Overseas. Tourism Management, 10/3: 261

Hudson, B.J.(1986). Landscape as resource for national development: A Caribbean view. Geography, 71(2), 116-121.

Hunt. E. D.(1984). Holy land pilgrimage in the later Roman Empire AD312-460. Oxford: Clarendon Press.

Hunzicker, W.(1951). Social tourism: Its nature and problems. International Tourists Alliance Scientific Commission.

Jakle. J. A.(1985). The tourist: Travel in twentieth-century North America. Lincoln: University of Nebraska Press.

Leiper, N. (1979). The frame of tourism: Towards a definition of tourism, tourist, and the tourist industry. Annals of Tourism Research, 6(4), 390-407.

Lundberg, D. E.(1972). A new look in social tourism. Cornell Hotel and Restaurant Administration Quarterly, 13(3), 66-78.

McCabe, S., Joldersma, T., & Li, C.(2010). Understanding the benefits of social tourism: Linking participation to subjective well-being and quality of life. International Journal of Tourism Research, 12, 761-773.

Mead, W. E.(1972). The Grand Tour in the eighteenth century(1914). New York: Benjamin Blom.

Minnaert, L., Maitland, R., & Miller, G.(2007). Tourism and its ethical foundations. Tourism Culture & Communication, 7, 7-17.

Minnaert, L., Maitland, R., & Miller, G.(2009). Tourism and social policy: The value of social tourism. Annals of Tourism Research, 36(2), 316-334.

Nash, R.(1967). Wilderness and the American mind. New Haven CT Yale University Press.

Newby, P. T.(1981). Literature and the fashioning of tourist taste, a D.C.D.

Parks, G. B.(1954). The English traveler to Italy. The Middle Ages (to 1525). Stanford.

Pimlomt, J. A. R.(1947). The Englishman's Holiday. London: Faber.

Plog, S. C. (1974). Why destination areas rise and fall in popularity. The Cornell Hotel and Restaurant Administration Quarterly, 14(4), 55-58.

Pocock(ed.), Humanistic geographical magazine, 97, 66-76.

Redford, B.(1996). Venice and the Grand Tour. New Haven: Yale UP.

Sears, J. F.(1989). Sacred places: American tourist attractions in the nineteenth century. New York: Oxford University Press.

Towner, J.(1984). The grand tour-sources and a methodology for an historical study of tourism. Tourism Management, 5(3), 215-222.

Towner, J. (1985). The grand tour: A key phase in the history of tourism. Annals of Tourism Research, 12(3), 297-333.

Towner, J.(1988). Approaches to tourism history. Annals of Tourism Research, 15(1), 47-62.

Towner, J. & Wall, G.(1991). History and tourism. Annals of Tourism Research, 18, 71-84.

Wahab, S. (1976). Managerial aspects of tourism, Turin, Italy: Center International de Perfectionment Professional et Technique.

Walton, J. K., & Walvin, J.(1983). Leisure in Britain, 1780-1939. Manchester: Manchester University Press.

Walton. J. K.(1981). The demand for working class seaside holidays in victorian England. Economic History Review, 34(2), 249-265.

CHAPTER **04**

관광학의 체계와
이해

학습목표

- 관광학 연구의 성립배경을 설명할 수 있다.
- 관광학 발전의 토대이론을 설명할 수 있다.
- 관광학 발전의 시대별 특징을 설명할 수 있다.
- 학문적 접근방법의 차이점을 비교할 수 있다.
- 관광학과 제 학문과의 상호 관련성을 설명할 수 있다.
- 향후 관광학 발전과제를 논의할 수 있다.

Principles Of Tourism

관광이 한 국가의 사회·경제 전반에 미치는 효과가 막대해짐에 따라 관광관련 현상을 규명하려는 노력이 관광학의 발전을 가속화시켰다. 관광학의 연구대상은 관광의 경제적 현상뿐만 아니라 사회적, 심리적, 지리적, 문화적, 환경적 현상 등을 포함한다. 관광현상을 정확하게 규명하고 이해하기 위해서는 관광관련 이해관계자 부분(예 관광산업 내지 관광사업자 측면, 관광자 측면, 관광행정 기구 측면)과 학문 간의 학제적 접근이 필요하다. 본 장에서는 관광학을 이해하고 그 체계를 이해하기 위해 관광학 연구의 성립배경과 발전과정 그리고 관광학의 접근방법을 살펴보고자 한다. 또한, 관광학 발전을 위해 우리에게 주어진 과제들이 무엇인지를 살펴본다.

제1절 _ 관광학의 성립배경과 발전과정

관광학이 종합학문 또는 종합과학의 성격을 지니고 있는지 아니면 개별 응용과학인지 그 성격을 인식하는 것은 매우 중요하다. 관광학이 종합과학의 성격을 지니고 있다면 다른 학문과 같이 과학적 이론의 체계를 갖고 있는지, 그리고 종합과학으로서 연구방법의 특색을 가지고 있는지를 이해하는 것은 관광과 사회, 경제, 문화 간의 문제를 종합적으로 이해하는 데 근원이 된다. 본 절에서는 관광학 성립배경과 관광학 연구의 발전과정을 살펴본다.

1 관광학의 성립배경

관광은 인간의 행동양식의 하나이다. 따라서 관광현상은 노동, 교육, 가정생활 및 문화에 영향을 끼친다. 실제로 관광학에 관한 학문적 관심은 근대 산업사회가 등장하면서 시작되었다. 관광학 성립배경은 근대 산업사회의 등장으로 인한 여가시간의 증대와 관광에 대한 가치관의 변화 두 가지 요인에 의하여 나타났다.

1. 여가시간의 증대

관광학은 여가시간의 문제가 인간의 기본적 욕구로 등장하기 시작하면서 대두되었다. 인간의 노동력이 기계화로 대체되면서 여가시간이 급속하게 증가되었다. 여가는 노동시간에 대한 개인의 자유재량으로서 개인 생활시간 전체에서 생리적 필수시간과 노동시간 그리고 노동의 부속시간을 뺀, 즉 개인이 자유롭게 사용할 수 있는 시간을 의미한다. 특히 과학기술과 기계문명이 인간생활과 생산활동에 널리 보급되면서 인적 노동력에 대한 의존이 크게 낮아졌다. 이로 인해 근로시간은 단축되었고 여가시간은 증가하게 되었다. 이러한 변화 속에서 학자들은 인간생활에 있어서의 여가동기, 여가 성장배경, 그리고 여가의 사회적 효과 등에 관심을 가지기 시작하였다.

2. 관광에 대한 가치관 변화

관광학의 성립배경은 또한 관광에 대한 가치관의 변화에 기인한다. 관광은 노동과의 상대적인 개념으로 산업사회 이전, 산업사회, 그리고 후기 산업사회에 이르기까지 의미의 변천을 거듭했다. 농업중심의 사회에서 관광은 일 속에 포함되는 미분류된 상태였으므로 노동과 분리된 별도의 관광은 있을 수 없었으며 일을 하면서 잠시 쉬는 정도가 대부분이었다.

산업화가 진전되면서 관광은 노동과 분리된 개념으로 발전하게 되었다. 즉, 산업화가 점차 고도화되면서 노동과 관광의 관계가 변화하기 시작했으며 관광에 대한 가치가 증대되었다. 관광과 노동의 대등한 가치평가는 결국 대중관광시대를 열게 만드는 계기가 되었다. 이에 관광학 연구자들은 관광의 심리적 효과, 라이프스타일과 관광의 관계, 관광기업의 마케팅 전략, 효과적 관광정책 수립 등에 많은 관심을 가지게 되었다.

❷ 관광학 연구의 발전과정

관광학 연구의 발전은 두 가지로 구분해 살펴볼 수 있다. Jafari(2001) 교수가 주장한 토대이론(Platform theory)과 시대별로 나누어 볼 수 있다.

1. 토대이론

Jafari 교수는 2001년 관광학 연구의 발전과정을 설명하기 위해 토대이론(Platform theory)을 제시하였다. 그에 따르면 1960년대 이후의 관광연구에 대한 특징은 4단계 - 옹호의 토대, 경고의 토대, 적합의 토대, 지식 기반의 토대 - 로 구분된다. 이 네 가지 토대가 시간이 지남에 따라 순차적으로 등장하였지만 계속해서 존재하게 마련이다. Macbeth(2005)는 관광학자들이 1990년대 초부터 이러한 단계에 상당한 관심을 기울인 것을 고려할 때 관광과 지속가능성은 다섯 번째 플랫폼으로 볼 수 있다고 주장하였다.

첫 번째 단계는 옹호의 토대(Advocacy platform)이다. 이는 관광이 고용과 소득을 창출하는 효과적인 경제개발의 전략으로서 바라본 것이다. 즉, 옹호의 토대는 관광산업의 경제적 중요성에 초점을 맞춘 것으로써 내셔널리즘(민족주의 혹은 공동체주의)이 팽배했던 1960년대 개발도상국에서 행해졌던 무분별한 관광개발, 즉 대중관광에 대한 옹호론을 중심과제로 하던 시대를 말한다. 이 단계에서의 관광학 연구는 주로 경제발전 모델을 활용하였는데, 예를 들어 Rostow(1960)의 경제성장 모델이 자주 인용되었다.

Rostow는 그의 저서 『경제성장의 단계』에서 선진국 및 후진국의 역사적 발전과정을 경제성장이라는 관점에서 5단계 - 전통사회단계(The traditional society), 도약을 위한 선행조건 단계 (The precondition for take off), 도약단계 (The take off), 성숙단계(The drive to maturity), 대중적 고소비 단계(The age of high mass consumption)로 구분하였다(표 3-1 참조). 모든 국가는 이 선형 스펙트럼의 어딘가에 존재하며 개발과정의 각 단계를 거쳐 상승한다고 주장하였다. 이 모델은 향후 관광학자들에게 많은 영향을 미쳤는데, 예를 들어, Oppermann(1993)은 관광이 지역사회 발전을 촉진하므로 지역사회는 관광으로부터 긍정적 혜택을 얻는다고 주장하였다.

두 번째 단계는 경고의 토대(Cautionary platform)이다. 이는 관광이 사회나 환경에 미치는 부정적 영향에 초점을 둔 관광학 연구들에 관한 것이다. 1970년대 대중관광으로 인해 발생한 문화의 상품화, 전시효과(Demonstration effect [1]), 문화접변(Acculturation), 계절성으로 인한 고용 불안정, 환경파괴 등과 같은 폐해에 대한 경고론을 중심으로 연구하던 시대를 말한다. 사회과학자들은 이러한 문제해결을 위해 정부나 지역사회의 적극적 참여를 요구하였다.

---

1) 미국의 경제학자 Duesenberry가 처음 사용한 개념으로 과시효과라고도 함. 자신보다 소득수준이 높은 사람의 소비행동을 모방하려는 성향을 일컬음.

대표적 학자들로서는 Butler(1980)나 Dowling(1992) 등이 있다. Dowling(1992)은 관광계획이나 관광개발에 있어 지역주민의 참여는 필수적 과정이라 주장하였다.

표 4-1 Rostow의 경제성장 단계

경제성장 단계	내 용
전통사회단계	• 극히 제한적인 범위에서 1인당 소득증가 • 주업이 농업이고 경제적·정치적 지배권은 지주계급 • 근대적인 과학이나 기술이 도입되지 않음 • 제한된 범위내에서 교역이 일어남 • 중국의 전왕조, 중세의 유럽 등 뉴턴 이전의 세계
도약을 위한 선행조건단계	• 산업혁명 이전(17세기 후반부터 18세기 초반) • 근대적 기업가 출현 • 농업에서 비농업으로 산업구조 변화 • 근대적 과학과 기술의 도입으로 생산성 증가 • 인구증가가 감소하여 1인당 소득이 상승 • 지방분권이 붕괴하고 중앙집권적 근대국가 출현 • 전통적 체계를 완전히 탈피하지 못함
도약단계	• 5단계 중 도약단계가 가장 중요하며 모든 선진국은 이 단계를 거침 • 경제가 도약단계에 있기 위해서는 3가지 조건 충족해야 함 　- 투자율이 10% 이상으로 상승할 것 　- 선도산업이 제조업에서 하나 이상 급속히 성장할 것 　- 근대적인 정치적 및 사회적인 구조변혁이 일어날 것 • 특징 - 공업부분의 자본축적 확대, 기술혁신, 농업의 상업화, 농업기술의 혁신
성숙단계	• 경제발전이 경제 전반으로 확산되는 단계 • 경제의 균형성장 • 투자율은 10~20% 수준 • 기술혁신의 지속화 • 완성자본재와 중화학공업의 발전
대중적 고소비단계	• 성숙단계를 지나 1인당 소득이 지속 증가하면 대중적 고소비단계 도달함 • 특징 　- 1인당 소득이 크게 증가하여 의식주 등 기본소비를 훨씬 초과함 　- 인구의 도시집중화 현상이 두드러짐 　- 성장보다는 사회보장과 복지제도의 발전이 사회의 중심과제가 됨 　- 선도산업은 내구소비재와 고급 소비재

주: Rostow, W.W.(1960). The stages of economic growth: A comparative manifesto. Cambridge: Cambridge University Press. 저자 내용정리

세 번째 단계는 적합의 토대(Adaptancy platform)이다. 적합의 토대는 옹호의 토대를 수정하려는 연구경향으로 대안관광(Alternative tourism)이 등장하기 시작한 1980년대를 말한다. 대표적으로는 Oppermann(1993)이나 Murphy(1985)를 들 수 있다. 이들은 녹색관광, 생태관광, 농촌관광 등과 같은 대안관광은 사회적, 환경적 비용유발 없이 경제적 이익을 가져다줄 수 있다고 주장하였다. 예를 들어, Murphy는 관광목적지 관점에서 관광을 검토하고, 지역사회 혜택, 지역환경 및 지역 사람들과 조화를 이루는 관광상품을 장려하는 생태학적, 지역 사회적 접근을 강조하였다.

마지막 단계인 지식 기반의 토대(Knowledge-based platform)는 앞의 3개 토대를 기초로 하면서 관광연구를 과학적 지식 위에 자리매김하려는 것이다. 즉, 관광이 하나의 시스템으로서 어떻게 작용하는가에 초점을 두었다. 관광의 형태나 성과를 정당화하기보다는 관광에 관한 과학적 지식의 집적체로서 승화시킴을 중심과제로 삼던 시대를 말한다. 처음 세 가지 토대는 한계가 있기 때문에 관광학자들은 보다 과학적이거나 지식 기반의 토대를 기초로 관광학을 연구하는 것이 필요하다. 대표적 학자로는 Jafari(1990)가 있다.

2. 시대별 관광학 연구

(1) 초기의 관광학

관광학은 제1차 세계대전 이후 관광객의 소비지출에서 파생되는 경제적 효과에 커다란 의미가 부여되면서 유럽의 여러 나라들이 관광을 정책적으로 육성하게 되는 시대적 배경을 바탕으로 하고 있다. 이에 따라 초기의 관광학 연구는 경제학적 관점에서 이루어졌다. 경제학적 관점에서 이루어진 최초의 연구는 관광통계로부터 출발하였다. 대표적으로 이탈리아 Bodio(1899)의 『이탈리아에 있어서 외래객 이동 및 그 소비액에 대하여』, Nicefero(1923)의 『이탈리아에서의 외국인 이동』, Benini(1926)의 『관광객 이동의 계산방법 개선에 관한 연구』 등이 있다. 이들 관광통계 관련 논문들에 있어 핵심용어는 관광객의 수, 체재기간, 소비액과 같은 경제적 측면과 관련된 것들이었다. 그리고 Mariotti(1929)의 『관광경제학 강의』와 Glücksmann(1935)의 『일반관광론』 등의 저서들도 경제학적 관점을 바탕으로 집필되었다.

특히, Bormann(1931)은 그의 저서 『관광론』에서 관광연구의 주된 관심은 관광객의 이

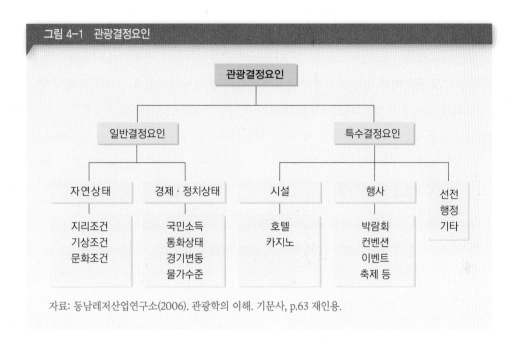

그림 4-1 관광결정요인

자료: 동남레저산업연구소(2006). 관광학의 이해. 기문사, p.63 재인용.

동, 관광객의 이동영향, 관광지의 상태, 경제적·정치적 상황과 여러 가지 정책, 그리고 관광산업의 조직이나 관리를 고찰하는 것이라고 주장하였다. 또한 관광학은 관광에 영향을 미치는 여러 가지 중요한 요인을 연구하는 것이라고 주장하면서 관광결정요인을 일반결정 요인과 특수결정요인으로 구분하였다(그림 4-1 참조).

(2) 20세기 중엽의 관광학

제2차 세계대전 이후부터는 관광현상이 경제적인 측면만으로는 설명하기 어렵다는 인식이 확산되기 시작하였다. 관광현상이 경제 이외의 요소들에 의해 많은 영향을 받고 있으므로 경제적 이념과 분석방법만으로는 한계가 있으므로 다양하고 다면적인 속성에 대한 이해의 필요성이 강조되었다. 이를 뒷받침하는 연구자들로는 Berenecker(1982)와 시오다 세이지(鹽田正志, 1974)가 있다. Berenecker는 그의 저서『관광학 연구』에서 관광학을 개별과학에 기초를 두지 않고 종합학문으로서 체계화를 시도하였다. 그리고 일본의 시오다 세이지는『관광학 연구』에서 관광학은 일반사회학으로서의 접근과 응용 사회학으로서의 접근을 병행해서 연구하는 것이 바람직하다고 주장하였다.

따라서 관광학의 연구는 경제적 접근이라는 개별 학문적 측면에서 여러 학문이 종합된 종합사회과학적 측면에서의 접근이 이루어지기 시작하였다. 관광학을 사회과학의 한 범주로 보고 관광학의 정체성을 확립하고자 개념의 틀과 방법론을 확립하면서 연구대상의 범위를 넓히기 시작한 1990년부터 2010년까지를 제1의 르네상스라고 표현하기도 한다(정승호, 2014).

(3) 20세기 후반의 관광학

현대관광의 두드러진 현상은 관광이 생활의 중요한 일부분이라는 점이다. 이는 인바운드와 아웃바운드 관광시장의 지속적인 성장을 통해 알 수 있다. 또한, 대량관광으로 인한 사회적·문화적인 폐해(예 Tourism phobia, Touristification 2))와 더불어 개발에 따른 환경의 변화에 대한 관심이 고조되고 있다. 그러므로 관광학을 단일 학문적 차원에서 접근해 오던 관행에서 벗어나 학제적인 접근방법이 등장하여 관광학은 경제학, 사회학, 심리학, 경영학, 문화인류학, 교육학, 생태학 등의 종합사회과학으로서의 면모를 갖추게 되었다.

현재의 관광학에 관한 연구는 양적 성장면에서 성공이라 할 수 있지만 질적 성장면에서는 오히려 초기보다 후퇴되었다고 볼 수 있다(정승호, 2014). 각종 학회와 학회지를 통하여 발표되는 연구논문들은 유사성이 높고, 연구방법 또한 경제학에서 사용하는 요인분석과 통계기법을 그대로 사용하고 있다. 또한, 연구자 단독논문은 해마다 줄어들고 타 사회과학 학문을 연구하는 학자들과의 공동연구 논문은 찾아보기 어렵다.

---

2) 관광지화라는 뜻의 'touristify'와 'gentrification'의 합성어로 관광객들이 주거지역을 찾아오며 발생하는 소음과 쓰레기, 주차문제 등을 이유로 거주민들이 이주하게 되는 현상.

제2절 _ 관광학 연구의 접근방법

관광은 인간의 심리적 요인, 사회적 요인, 경제적 요인, 문화적 요인, 환경적 요인 등과 상호 영향을 주고받는 매우 복잡한 현상이다. 그러므로 관광현상을 이해하기 위하여 여러 학문들과의 관련성을 이해해야 한다. 관광과 관련된 학문으로는 심리학, 인류학, 사회학, 교육학, 법학, 행정학, 정책학, 지리학, 지역학, 생태학, 경제학, 경영학, 교통학, 조경학, 농학 등이 있다. 오늘날 관광학의 연구 접근방법에 대한 통일된 견해는 없다. 본 절에서는 시오다 세이지, Goeldner와 Richie(2006), 그리고 Meeth의 접근방법을 중심으로 소개한다.

① 시오다 세이지 접근방법

1. 하위개념의 관광학

하위개념으로서 관광학은 개별과학을 응용한 것을 말한다. 개별과학을 응용한 관광학이란 문제인식, 인식대상, 방법론에서 기존 학문의 틀을 그대로 도입·응용하는 것을 말한다. 이러한 연구방법은 초기단계의 연구에서 주로 나타난 것으로 Mariotti(1927)와 Bormann(1931)이 대표적인 학자이다. 시오다 세이지(鹽田正志, 1974)는 이러한 연구방법을 아래로부터의 관광학(하위개념의 관광학)이라고 하였다(그림 4-2 참조).

개별과학으로서의 관광학을 연구하기 위한 대표적인 학문으로는 경제학, 경영학, 사회학, 지리학, 인류학, 심리학이 있다. 이들 학문 분야로부터의 지식습득은 관광학의 이론정립은 물론 관광학의 정체성 형성에 크게 이바지하였다(장병권, 2008). 하지만 이러한 관점은 지식 자체가 산발적으로 이용되기 때문에 응용된 이론들의 마치 실에 구슬을 꿰듯 상호관계성을 규명하는 데는 약점이 있다. 즉, 나무는 보고 숲은 보지 못하는 오류를 범할 수 있다. 따라서 이러한 접근은 관광의 본질적인 문제를 편향되게 보게 할 뿐만 아니라 독립적인 학문으로 발전시키는 데도 도움이 되지 못할 수 있다.

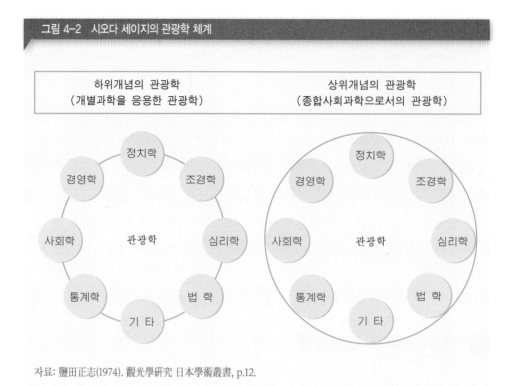

그림 4-2 시오다 세이지의 관광학 체계

| 하위개념의 관광학 (개별과학을 응용한 관광학) | 상위개념의 관광학 (종합사회과학으로서의 관광학) |

자료: 鹽田正志(1974). 觀光學硏究 日本學術叢書, p.12.

2. 상위개념의 관광학

위로부터의 관광학은 종합사회과학으로서의 관광학을 의미하며 철학적 관점에서 접근하였다. 유럽의 관광학은 관광경제학에서 출발하였으며 관광에 철학적 측면을 가미한 종합사회과학 방식을 추구하고 있다(손대현, 1989). 이 관점은 인접학문들을 근간으로 하여 관광과 관련한 문제를 종합학문 내지는 범학문 지향적 접근에 의해 관광학을 하나의 독립적인 학문으로 보는 것이다(그림 4-2 참조). 그뤽스만(Glücksmann, 1935)이 관광을 지역주민과 관광자 간의 제 관계의 총화라고 규정하면서부터 관광을 종합적 측면에서 다루기 시작하였다. 이러한 접근은 시오다 세이지의 위로부터의 관광학(상위개념의 관광학)이라는 개념과 일치한다.

이러한 접근방식의 문제점은 지식의 축적과 더불어 마치 숲 전체의 모습을 포착할 수는 있으나 관광학으로서의 이론이 성립되기는 어려워 진정한 학문으로서의 관광학이라고 보기는 어렵다. 또한 각각의 관광현상을 면밀히 탐구하지 못함으로써 지식의 깊이가 결여될 가능성이 많다.

관광학을 개별학문으로 접근할 것이냐 종합(통합)학문으로 볼 것이냐에 대해서는 아직 이견(異見)이 많다. 개별학문 옹호자들은 관광학이 비교적 신생 학문분야이기 때문에 아직 개념이나 방법론, 이론 측면에서 독자적인 접근을 할 수 없으므로 기존 학문의 이론과 접근방법론을 충분히 차용하는 접근방식을 써야 한다는 주장을 한다(에 Dann, Nash, & Pearce, 1988; Goeldner & Ritchie, 2006; Jafari, 1990).

이와 반대로 통합적 접근론자들은 관광은 여러 가지 요소가 종합된 복합현상이므로 관광은 보다 종합적 시각에서 접근되어야 한다는 주장한다(Leiper, 1981; Echtner & Jamal, 1997). 그러기 위해서는 통합학문에 걸맞는 명칭(에 tourology, travelogy 혹은 tourismology)을 만들고 기본개념과 접근방법론적 이해를 공유하기 위해 과학적·철학적 이해가 전제되어야 한다고 주장하고 있다(Echtner & Jamal 1997).

2 Goeldner와 Richie의 접근방법

이들의 관광학 접근방법의 특징은 관광학을 주로 단일 학문체계 기준으로 분류하였다는 점이다. 단일 학문체계 연구는 문제인식과 인식대상 및 방법론에서 기존 학문의 틀을 그대로 도입·응용하는 것을 말한다. 즉 심리학, 사회학, 인류학 등의 학문분야에서 발달된 연구방법론 그대로를 관광학에 응용하는 것이다. Goeldner와 Richie(2003, 2006)의 관광학 접근방법은 열 가지로 나누어진다.

1. 제도적 접근방법(Institutional approach)

중개업자(Intermediaries) 입장에서 관광을 보기 때문에 중개업자(인) 접근이라고도 불리는 제도적 접근은 관광사업에 종사하는 도매업자나 소매업자와 같은 중개업자에 대한 연구에 중점을 두는 것이다. 관광분야의 대표적 중개업자로는 여행사, 여행상품기획자(Tour operator), 항공사 예약시스템(GDS: Global Distribution System), 온라인 여행사 등이 있다.

제도적 접근방법은 고객 서비스(에 예항공권 구매, 호텔 예약 등)를 대행해 주는 중개업자들의

조직, 운영형태 및 방법, 위치, 비용 등을 연구하는 데 초점을 맞추고 있다. 고객이 관광 서비스 상품을 구매할 때 접근성이 불편할 때가 많을 뿐만 아니라 어떤 서비스의 경우에는 고객이 직접 처리하기 어려운 일이나 상황에 직면하게 된다. 따라서 중개업자의 서비스 이용이 불가피하며 그로 인해 중개업자들의 영향력이 커지고 있다. 이에 따라 이 접근법의 중요성이 증대되고 있다.

예를 들어, GDS(예 Abacus, Amadeus, Pegasus, Sabre 등)를 들 수 있는데, 이는 세계 항공편 예약이 가능한 예약시스템이다. 고객들은 항공사별로 독자적으로 운영되는 예약시스템(CRS: Central Reservation System)때문에 여러 항공편을 이용하는 고객입장에서는 각기 다른 항공사들을 따로 예약할 수 밖에 없었다. 이런 불편함을 없애고자 나타난 것이 GDS이다. 고객입장에서 여행사든 항공사든 한 군데에서 전 세계 대부분의 항공편 예약이 가능하게 된 것이다.

2. 상품학적 접근방법(Product approach)

상품학적 접근방법은 관광학 연구대상을 관광서비스 상품 자체는 물론 어떻게 상품이 생산, 유통, 소비되는가에 초점을 맞추고 있다. 또한, 관광서비스 상품의 특성, 즉 소멸성, 생산과 소비의 비분리성, 무형성, 계절성과 같은 특성을 이해하는 데 이 접근법이 활용된다. 뿐만 아니라 이 접근을 통해 관광서비스 상품의 생산과 공급의 원천과 조건, 수요의 성격과 범위, 유통방식, 소비패턴 등에 관한 문제를 연구하고 분석할 수 있다.

예를 들어, 관광지에 관한 연구에서 관광지를 만드는 프로젝트가 어떻게 시작되었는지, 어떻게 자금이 조달되었는지, 관광객들에게 어떻게 마케팅하고 홍보했는지, 관리와 마케팅 분야에 근무하는 사람들이 어떻게 관여했는지 등을 분석하게 된다. 하지만, 이러한 접근은 시간낭비적인 경향이 강하며 관광학을 연구하는 학생들에게 관광의 근원을 이해하는 데 큰 도움이 되지 못할 수도 있다.

3. 역사학적 접근방법(Historical approach)

역사학적 접근법은 어떤 현상이나 사실에 대해 진화단계와 변화를 분석하여 사회적 또는 경제적 부문의 세부 사항을 살펴보는 접근법이다. 즉, 이는 관광현상의 발생원인,

성장, 쇠퇴 등의 변천과정을 탐색하는 데 초점을 맞추고 있다. 역사학적 접근은 관광활동과 관광관련 조직에 관해 진화단계, 혁신의 원인, 수요패턴의 변화, 관심의 변화 등을 분석하는데 초점을 두기 때문에 관광의 진화를 이해하는데 도움이 된다.

하지만 역사학적 접근방법은 지금까지 폭넓게 활용되지 못했다. 그 이유는 최근의 현상을 규명하는 데 한계가 있기 때문이다. 예를 들면, 관광분야에 있어서 대중관광은 최근의 현상이기 때문에 역사적 관점으로 명확히 규명하기는 매우 어렵다.

4. 경영학적 접근방법(Managerial approach)

경영은 회사의 경영활동, 즉 계획, 조직, 지휘, 통제 활동을 수행하는 것이다. 회사의 각 부서, 즉 생산, 구매, 인사. 마케팅, 재무 등의 부서들은 각각 이러한 활동을 수행하게 된다. 경영학적 접근방법은 경영활동(혹은 경영기능)과 의사결정의 역할에 초점을 두고 관광학을 연구하는 것이다.

따라서 이 접근방법은 관광서비스 기업을 운영하는 데 필요한 계획, 조사, 가격, 광고, 통제 등과 같은 경영활동에 초점을 두고 관광학을 이해하려는 기업 지향적 접근법이다. 관광사업의 영역이 점점 넓어지고 기업의 규모가 커짐에 따라 경영학적 접근이 널리 이용되고 있고 그 중요성도 확대되고 있다.

5. 경제학적 접근방법(Economic approach)

이 접근방법은 관광수요와 관광공급, 국제수지, 외환, 고용, 지출, 개발 등의 경제적 요소에 초점을 맞추고 있다. 경제학적 관점은 관광이 한 국가의 경제나 경제발전에 기여하는 정도를 분석하기 위한 틀을 제공하는 데 있어 매우 유용하다. 관광에 관한 연구가 경제학적 관점에서 비롯되었다는 것은 쉽게 알 수 있다. 앞서 설명한 이탈리아 Bodio(1899), Nicefero(1923), Mariotti(1927), 독일 Bormann(1931), Glücksmann(1935) 등의 학자들이 대표

적이다. 비록 경제학적 관점이 관광의 경제적 측면을 최초로 기술했다는 점에서 그 기여도가 크지만, 경제 외적인 요소들을 소홀히 취급했다는 점은 한계점으로 지적된다.

6. 사회학적 접근방법(Sociological approach)

관광은 우리 사회에 다양한 혜택을 제공해 주고 영향을 미치는데, 그러한 혜택과 영향은 우리사회를 건강하게 지속될 수 있도록 해 주는 힘이 된다. 관광은 일종의 사회적 활동이기 때문에 사회학자들에 의해서도 많이 연구되어 왔다. 관광과 관련하여 사회학자들은 사람들의 장소이동, 사람과 사람과의 상호작용, 관광지에서의 관광객과 지역주민과의 상호작용 등에 관해 주로 연구해 왔다.

예를 들어, Doxey(1975)는 관광개발에 있어 지역주민의 관광객에 대한 태도변화, 즉 분노지수이론(Irritation Index)을 제시하였다. 캐리비안 섬과 나이아가라 지역주민들을 대상으로 한 연구를 통해 도출된 이 이론에서는 관광지에 거주하는 지역주민들이 관광개발의 정도가 심화될수록 관광에 대한 태도가 부정적으로 변화한다고 설명하였다. 그에 의하면 시간이 흘러 관광객의 지역유입량이 증가하면 지역주민들의 부정적 시각이 증가하고 분노와 적대적 감정이 나타나게 되는데, 〈그림 4-3〉처럼 5가지 단계(5번째 단계는 포함하지 않고 4단계로 보는 학자들도 있음)로 설명하고 있다. 특히, 경제적 이익으로 인해 관광객과 지역주민이 호의적 관계에 놓여있는 지역이라도 관광수용력이 한계에 이르거나 초과하게 되면 갈등 및 적대관계로 진행될 수 있음을 시사하고 있다.

사회학적 접근이 관심을 끌기 시작한 것은 2차 세계대전 후 관광이 급속히 확대된 이후부터이다. 예를 들어, Boorstin(1964)은 『The Image: A Guide to Pseudo-events in America, 이미지와 환상』이라는 저서에서 1960년대 미국사회가 실제보다는 의사사건(가짜 사건/뉴스: Pseudo-event/news)에 의해 지배되고 있으며 미국인들이 갈수록 이 둘을 분간하지 못하고 있음을 비판했다. 이어서 관광이라는 단어에서 피상적인 느낌을 받는다면서 현대의 관광객들은 피상적인 경험에 만족한다고 비판하였다. Forster(1964)는 『관광의 사회적 결과』라는 저서에서 관광으로 인해 문화의 상품화(Commodification), 표준화(Standardization), 고유성의 상실(Loss of authenticity)화가 가속화되어 결국에는 지역의 정체성이 변하거나 소멸된다고 주장하였다.

그림 4-3 관광개발에 대한 지역주민의 수용태도 변화모델

행복감 단계 (Euphoria)
- 관광개발로 인한 경제적 이익에 대한 기대로 지역주민들은 관광객의 방문을 감사하게 생각하고 환영
- 관광객과 지역주민은 상호 만족감을 경험함

무관심 단계 (Apathy)
- 관광객을 당연한 것으로 여기고 점차 돈벌이의 대상으로 인식
- 지역주민의 관광객에 대한 태도는 사무적이고 형식적

성가심 단계 (Irritation)
- 관광수용력이 한계에 다다르면서 관광객 때문에 마을이 포화상태가 되고 주민들은 관광산업에 대한 불신
- 관광객의 숫자를 줄이려는 노력보다 시설과 인프라를 늘려서 문제를 해결하고자 함

적대 단계 (Antagonism)
- 주민들은 노골적으로 관광객들에 대한 증오와 불만을 표출함
- 지역사회에 범죄가 늘어나고 세금이 증가하는 등 여러 문제들이 발생

최종 단계 (Final)
- 지역주민 자신들이 소중히 여겼던 것이 관광객을 유치하는 것이라는 사실 망각
- 지역주민들은 관광지 개발과정에서 환경이 바뀌도록 용인하였음
- 깨달아야 할 것은 생태계가 예전 모습으로 되돌아 오기가 어렵다는 것
- 관광객 유치는 가능하지만 이전에 환영했던 그런 유형의 관광객이 아닌 다른 유형의 관광객들임

자료: Doxey, G. V.(1975), A causation theory of visitor-resident irritation: Methodology and research inference. Proceedings of The 6th Annual Conference of the Travel Research Association. San Diego, CA: Travel Research Association, 195-198.

7. 지리학적 접근방법(Geographical approach)

관광에 대한 지리학적 접근은 관광과 지리학 사이에 존재하는 복잡한 관계 때문이다. 관광은 사람들의 공간 이동으로부터 발생하는 현상이다. 따라서 관광은 공간적 활동이며 지리학은 그러한 공간적 활동을 이해하는데 중요한 역할을 한다. 기후 또한 지리학의 한 요소이지만 관광측면에서 보면 계절성의 주요 원인이 된다. 그리고 많은 관광 매력물이 지리적 자원으로 구성되어 있다.

지리학은 장소, 환경, 기후, 경관 등의 요소 간 상호관계를 주 연구대상으로 삼는 학문이기 때문에 지리학자들의 관광에 관한 관심은 당연하다 하겠다. 지리학자들은 관광지의 위치, 관광지 개발, 관광객 이동경로, 관광개발로 인한 지역변화, 관광으로 인한 경제적, 사회적, 문화적 문제점, 문화와 자연환경과의 상호작용 등을 주로 탐구한다.

8. 시스템적 접근방법(The systems approach)

관광학을 연구하는 데 필요한 것이 바로 시스템적 접근방식이다. 시스템이란 통합된 전체(Unified whole)를 구성하고 조직목적을 달성하기 위하여 요소의 집합이나 요소와 요소 간의 집합을 일컫는다.

관광도 하나의 시스템으로 볼 수 있다. 즉, 관광현상은 관광객, 관광숙박, 관광교통, 관광목적지, 관광매력물, 중개업자, 지리적 요소 등으로 구성되어 있다. 이 모든 요소가 각각 다르지만 서로 연계되어 있으면서 제 기능을 발휘해야 한다. 한 요소가 제대로 작동하지 않으면 전체 시스템, 즉 고품질의 관광서비스를 제공할 수없게 된다. 예를 들면, 항공사가 제대로 기능을 못하면 관광목적지는 물론 그 지역에 있는 다른 산업(예 호텔, 외식, 교통산업 등)에도 연쇄적으로 악영향을 미치게 된다.

9. 비용 대비 편익과 환경적 접근방법(Cost-benefit and environmental approaches)

관광서비스의 상품개발이나 관광지 개발을 위해 투자를 하면 항상 비용 대비 편익을 살펴보게 된다. 이 접근방식은 관광을 특정 장소나 지역에서 개발할 가치가 있으나 그렇지 않느냐를 판단하는 데 중요하다. 즉, 비용 대비 편익(예 경제적, 사회적 편익)이 크다면 관광개발을 할 가치가 있는 것으로 평가하게 된다.

환경적 접근은 관광의 역할을 환경적 관점에서 이해하는 것이다. 환경과 관광은 일정한 정도까지 공생관계를 유지하지만 수용능력을 초과하여 환경파괴와 같은 문제를 유발하게 되면 환경에 악영향을 미치게 된다. 즉, 무분별한 관광개발은 자연생태계에 심각한 불균형과 부정적 영향을 미칠 수 있다.

10. 간학문적 접근방법(Inter-disciplinary approach)

이 접근방법은 사회문화 현상을 탐구할 때 한 분야, 즉 역사적 관점, 경제적 관점, 정치적 관점 등을 별개로 분석하여 보는 것이 아니라 여러 학문을 통합하여 사회문화 현상을 보는 관점이다. 복잡한 사회문화 현상을 하나의 학문적 관점에서만 보면 복잡한 사회문화 현상을 일면적 현상으로 이해하게 되는 문제점이 발생한다. 실제로 관광은 우리 사회의 거의 모든 부분과 관련되어 있다. 인간은 서로 다른 방식으로 사고하고 관광을 하기 때문에 관광과 관련한 사회현상을 설명하기 위해서는 다양한 학문을 응용해야 함은 당연한 일이다.

③ Meeth의 접근방법

Meeth(1978)는 학문간 연계성 정도에 따라 네 가지 접근법을 제시하였다. 이를 통해 학문적 연계방법이 어떻게 이루어지는가를 알 수 있고 종합사회과학인 관광학을 이해하는 데도 도움이 된다.

1. 교차학문적 접근방법(Cross-disciplinary approach)

연구를 수행하는 과정에서 특정 학문분야가 주도권을 가지고 다른 학문의 개념 및 지식을 활용하는 접근방법을 의미한다(그림 4-4에서 학문분야 'C'가 주도권을 가지고 있음). 이는 특정 학문의 시각에서 어떤 사상이나 연구대상 학문을 관찰하는 방식이다. 이 접근법은 두 학문을 상호연계시켜 관찰하면서도 모(母)학문의 근간은 그대로 유지하는 방법이다. 예를 들면, 심리학적 관점에서 관광학을 연구하는 관광심리학이나 관광경제학이 이에 속한다.

2. 다학문적 접근방법(Multi-disciplinary approach)

어떤 연구대상을 놓고 여러 학문분야를 도입·적용하여 문제를 규명하는 방법으로 각 학문의 독립성을 그대로 유지하면서 각 학문이 문제해결에 대한 지식을 제공한다.〈그림 4-4〉처럼 관광지 환경연구를 위해 경제학, 사회학, 법학, 정치학, 환경학 등의 지식을 원용하는 방법이다.

그림 4-4 학문적 접근방식의 도식화와 특징

교차학문적 접근방식 (Cross-disciplinary approach)	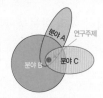	• 특정 분야가 주도권을 가지고 다른 학문의 개념 및 지식 활용 • 각 학문의 독립성 유지 • 다수 학문분야의 교차지점에 해당하는 주제 연구
다학문적 접근방식 (Multi-disciplinary approach)	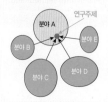	• 여러 학문분야를 도입·적용하여 문제 규명 • 각 학문의 독립성 유지 • 다수 분야에 속한 하나의 주제를 연구하되 타 학문방식 활용
간학문적 접근방식 (Inter-disciplinary approach)	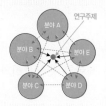	• 문제해결을 위해 서로 다른 학문적 지식과 기술을 결합하여 새로운 방식으로 접근 • 인접학문의 독립성 상실 • 다수분야에 속한 하나의 주제를 연구하되 서로 타 학문분야 방식 활용
범(초)학문적 접근방식 (Trans-disciplinary approach)		• 각 학문의 영역을 초월하여 문제해결 • 여러 학문적 지식 수용 • 인접학문의 독립성 상실 • 학문분야 간, 다분야에 걸친, 분야를 초월하는 연구

자료: European Science Foundation(2011). European Peer Review Guide: Integrating Policies and Practices into Coherent Procedures. p. 41. 저자 내용 수정 보완

3. 간학문적 접근방법(Inter-disciplinary approach)

복잡한 문제를 해결하기 위해 서로 다른 학문적 지식과 기술을 결합하여 새로운 방식으로 접근하는 방식을 의미한다. 따라서 인접학문의 독립성은 사라지게 된다. 다학문적 연구는 각 개별학문의 독립성은 유지하면서 문제에 접근하는 반면, 간학문적 연구에서는 각 학문의 독립성은 거의 없다. 요즘 대학원 과정에 여러 분야 학문들이 학제적 혹은

간학문적 연구를 통해 새로운 결과를 도출하기 위해 협동과정이 많이 생기고 있다. 의료 관광, 스마트 관광과 같은 협동과정이 이에 해당한다.

4. 범학문적 접근방식(Trans-disciplinary approach)

학문 간 통합의 강도가 가장 높은 것으로 각 학문의 영역을 초월한 방식으로서 특정 문제나 이슈의 해결을 위해 도움이 될 수 있는 여러 학문적 지식을 수용하는 접근방법이다. 즉, 학문분야의 경계를 뛰어넘어 새로운 지식 및 이론을 도출하는 방식이다. 여러 학문이 복합적으로 연구를 수행하는 특징을 보이며 프로젝트나 세미나 형태를 취하게 된다. 4차 산업혁명 시대 대표적 기술의 하나인 AI(Artificial Intelligence) 관련 연구 또한 이에 해당한다(예 스마트 팩토리, 자율주행 자동차, 챗봇, 얼굴·음성인식 등).

각 학문적 접근방법은 각각 장단점을 가지고 있기 때문에 관광현상을 이해하는 데 어떠한 접근방법이 적합한지에 대해 일률적인 대답을 하기는 어렵다. 교차학문적 또는 다학문적 연구는 모(母)학문에 근간을 두고 있기 때문에 특정분야에 대한 지식이 깊은 반면, 지식 자체는 단편적일 수밖에 없는 단점을 가지고 있다.

반면 간학문적 또는 범학문적 연구는 관광현상을 종합적이고 체계적으로 바라볼 수 있다는 장점을 가지고 있으나 개별현상에 대한 지식은 얇을 수밖에 없다. 즉, 교차학문적 또는 다학문적 연구는 개별 나무는 보나 숲 전체는 보지 못할 수 있으며, 반대로 간학문적 또는 범학문적 연구는 숲은 보나 개별 나무는 보지 못하는 위험성을 가지고 있다. 학문의 연계성과 학제적 접근방법을 비교해 도식화하면 〈그림 4-5〉와 같다.

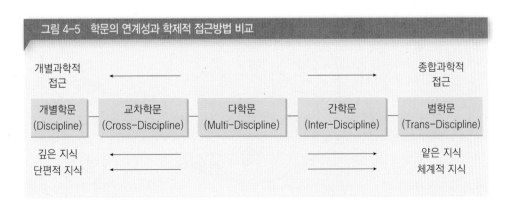

그림 4-5 학문의 연계성과 학제적 접근방법 비교

 사례 4-1 인공지능의 현재 기술수준과 AI 구현방식에 대한 이해

인공지능과 관련되서 가장 중요한 점중 하나는 인공지능이라고 하는것이 인간처럼 작업을 수행하고 반응할 수 있느냐의 문제를 어떻게 해결할것인가에 대한 것입니다. '인간처럼'이라는 말이 중요한데요. 만약 인간처 럼 생각하고 행동하는 인공지능이 개발이 된다면 그때는 아마도 진짜 영화에 등장하는 터미네이터를 실제 로 볼 수 있는 세상이 도래할 것입니다.

인공지능의 현재 기술수준

현재의 인공지능은 우리에게 필요한 삶의 문제를 해결해 줄수 있는 실용적인 약한 인공지능 개발과 활용에 중점을 두고 있습니다. 주로 자동번역 서비스나 자율주행과 관련된 기술들 그리고 이미지나 영상인식 분야에 서 놀라운 수준의 발전 모습을 보여주고 있습니다.

그림을 보시면 범위가 넓고 강할수록 범용성이 강할수록 강한 인공지능(Strong AI)이 되고, 범위가 좁고 특 정 목적을 위한 하나 이상의 AI기술이 적용될수록 약한 인공지능(Weak AI)이 됩니다. 인공지능을 이해할 때 가장 중요한 용어로써 반드시 알고 있어야 하는 것이 바로 머신러닝, 인공신경망 그리고 딥러닝에 대한 이해 입니다.

인공지능을 똑똑하게 만드는 것은 머신러닝입니다. 머신러닝이라고 하는 것은 과거부터 누적된 데이터를 기 반으로 수학적 알고리즘을 만들어서 컴퓨터가 스스로 학습할 수 있도록 만드는 일련의 기술을 뜻하는데요. 말그대로 기계가 스스로 학습하는 것을 의미합니다.

최근의 가장 주목받고 있는 머신러닝의 한 분야인 딥러닝은 머신러닝이 보다 진보된 버전이라고 볼수 있습니 다. 수많은 기계학습의 방법중에서 인공신경망이라고 하는 기술을 이용한 것을 뜻하는데, 딥러닝은 인간의 뇌처럼 만든 복잡한 인공신경망을 사용한 알고리즘을 통해서 데이터를 학습하는 것을 의미합니다.

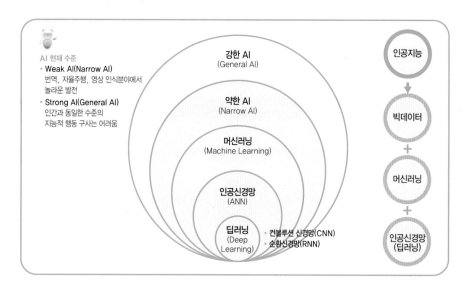

딥러닝에도 다양한 방식의 기술들이 존재하고 있는데요. 대표적으로 이미지 데이터의 분석에 특화된 컨볼루 션 신경망인 CNN과 시간의 흐름에 따라 변화하는 데이터를 분석하기 위한 순환신경망 RNN 등이 있습니다.

결국 인공지능 기술이라고 하는 것은 엄청난 양의 데이터를 활용할 수 있게 해주는 빅데이터기술과 컴퓨터 가 스스로 학습하는 방식인 머신러닝을 통해 조금씩 발전을 해오다가 인간의 뇌를 모방한 인공신경망의 연구 를 바탕으로한 혁신적인 딥러닝 알고리즘을 개발함으로써 지금의 모습을 갖추게 되었다 라고 볼수 있습니다.

AI의 구현방식

우리가 생활속에서 접할수 있는 인공지능 기술들은 크게 3가지 방식으로 나타나고 있습니다. 인식, 예측, 수 행이 바로 그것인데요. 인식은 AI가 주어진 상황을 받아들이는 것을 말하는데 주로 음성인식을 통한 행동수 행을 뜻합니다. 아마존의 알렉사, 구글의 듀플렉스, 애플의 시리와 같은 AI

비서가 대표적인 제품들입니다.

예측은 AI의 핵심기능으로써 주어진 데이터를 이용해서 향후 결과값을 도출하거나 고객의 선호도 등을 예측 하는 것을 뜻합니다. 고객의 구매 패턴을 분석해서 선호를 파악하고, 이에대한 맞춤형 서비스를 제공하게 되 는데요. 주로 구글의 검색엔진이나 유튜브의 추천영상 그리고 페이스북과 같은 SNS 등에서 비슷한 광고를 노출시켜주는 알고리즘 등이 예측기술에 해당한다고 볼수 있습니다.

수행은 실질적으로 직접적으로 행동하는 것을 의미하는데 업무의 자동화부터 요리나 디자인 등의 창작활동 에 사용이 되는 인공지능을 뜻합니다. 제조업의 생산라인 뿐 아니라 식당이나 카페에서 요리를 하고 커피를 내리는 로봇들을 볼수가 있는데요. 주로 식당에서 서빙을 하는 로봇이나 대형마트 등에서 재고관리하는 로봇 그리고 고객을 응대하는 AI챗봇 등이 대표적인 수행에 해당하는 인공지능의 예라고 볼수 있습니다.

자료: 모든 경영의 답(https://mbanote2.tistory.com)

AI의 구현 방식
· 인공지능의 구현방식은 크게 인식, 예측, 수행의 3가지 방식으로 나타남

인 식
· AI가 주어진 상황을 받아들이는 것으로 AI서비스 제공의 시작단계
· 음성인식을 통해 사용자의 음성을 인식하고 그에 맞는 행동을 수행
→ 아마존 알렉사, 구글 듀플렉스, 애플 시리 같은 AI비서가 대표적

예 측
· AI 핵심기능으로 주어진 데이터를 이용해 향후 결과나 고객 선호 등을 예측
· 고객 구매 패턴을 통해 선호를 파악하고 맞춤형으로 추천 상품을 제공
→ 구글의 검색엔진, 유튜브 추천영상, 페이스북 등 비슷한 광고 노출 알고리즘

수 행
· 업무의 자동화부터 요리, 디자인 등 창작의 영역까지 다양
· 제조업 생산라인뿐 아니라 식당, 카페에서 요리하고 커피 내리는 로봇이 상용화
→ 식당 서빙 로봇, 대형마트 재고관리, 고객응대 AI챗봇 등

4 기타

관광학 연구는 단일(개별) 응용과학과 종합사회과학의 두 가지 성격을 지니고 있다. 관광연구가 일찍이 발달한 유럽에서는 관광경제학, 추상주의에 초점을 맞춘 TCA(Theoretical Continental Approach), 그리고 철학적 측면이 가미된 종합사회과학으로서의 관광학이 발전하였다(손대현, 1989). 한편, 미국이나 영국에서는 경험과 실용을 중시하는 미시경제학적 접근방법인 PASA(Programmatic Anglo- Saxon Approach)에 초점을 맞춘 단일응용과학으로서의 관광학이 발전하였다(조성국, 1977). 따라서 TCA는 종합사회과학의 연구방법이고 PASA는 단일 응용과학의 방법이라 할 수 있다.

그림 4-6 관광학 연구의 2대 성격

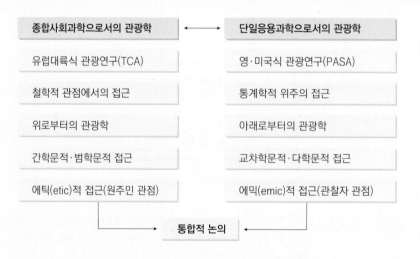

종합사회과학으로서의 관광학	←→	단일응용과학으로서의 관광학
유럽대륙식 관광연구(TCA)		영·미국식 관광연구(PASA)
철학적 관점에서의 접근		통계학적 위주의 접근
위로부터의 관광학		아래로부터의 관광학
간학문적·범학문적 접근		교차학문적·다학문적 접근
에틱(etic)적 접근(원주민 관점)		에믹(emic)적 접근(관찰자 관점)

통합적 논의

자료: 장병권(2008). 관광학과 인접학문 간의 관계. 관광학연구, 32(4), p.80.

제3절 _ 관광학의 발전과제

응용사회과학으로서의 관광학은 연구의 깊이나 다양성에 있어서 아직 미흡한 상태이다. 이에 미흡한 점을 부분적으로 분석하여 이해하는 것이 매우 중요하다. 이를 토대로 향후 관광학 발전과제를 요약해 보면 다음의 여섯 가지로 살펴볼 수 있다.

1 학제적 접근의 균형

지금까지 관광학의 접근 경향은 주로 경영학과 같은 특정 분야에 편중되어 왔다. 박사학위 논문 및 학술지 게재논문 분석에서 대다수의 연구논문이 마케팅, 인사 및 조직 등에 치중되어 있음을 알 수 있다. 현실적으로 국내 관광관련 학과의 명칭을 보면 대부분 관광경영과란 명칭을 사용하고 있다(김사헌 외 8인 공저, 2000). 미래 관광학의 학문적 균형발전을 위해서는 여러 학문 간의 교류가 매우 중요하다.

4차 산업혁명이 도래하면서 융복합 관광이 주요 트렌드로 자리 잡고 있다. 이러한 현상은 멀티컬쳐 관광소비, 헬스 투어리즘, 소비자 주도의 창조관광, 체험관광, 트라이 투어슈머(Tritoursumer: 실패를 두려워하지 않고 새로운 경험을 얻기 위해 색다른 체험을 시도하는 관광객)의 부상 등에서 기인하고 있다(제주일보, 2017.7.27.). 이에 새로운 부가가치를 창출하기 위해 융복합 관광산업이 발전하고 있고 그와 더불어 융복합 관광학이 빠르게 등장하고 있다. 예를 들면, 의료와 관광이 결합된 의료관광, 기존 회의산업과 관광이 결합된 MICE관광, 한류 팬덤(Fandom[3])과 관광이 결합된 한류관광, 자연생태 자원과 관광을 결합해 지속가능한 관광을 목표로 하는 생태관광, IT융복합 관광 등이 있다. 이 모든 분야를 창조적으로 융합하고 새로운 가치를 관광과 접목시켜 발전시켜 나가기 위해서는 균형적 학문적 접근이 필요해 보인다.

---

3) 어떤 한 분야 혹은 특정 인물에 대해서 열정적으로 좋아하는 현상

2 연구의 실용화 및 다각화

관광학이 실용적 학문임에도 불구하고 연구결과의 실용성은 낮은 편이다. 그 이유는 거의 모든 학회에서 발간하는 학회지가 투입 대비 결과(Input/output)에 대한 관계성만을 강조하는 계량적 연구에 치중하고 있기 때문이기도 하다. 관광현상은 매우 복잡한 변수들로 이루어지는 만큼 단순한 투입-결과의 공식에 대입하여 문제를 해결할 수 없는 것이 많다는 사실을 간과해서는 안 된다.

연구의 다각화는 점진적으로 진행되고 있다. 예를 들면, 1990년 이전에는 석박사 학위논문이 주로 관광경영이나 호텔경영 분야에서 발행되었으나 최근에는 관광조경학과, 외식산업학과, 컨벤션이벤트학과 등으로 확대되고 있다(이월계·송운강, 2011). 이러한 결과는 관광학이 종합과학으로서 순수과학, 공학, 문학 이외의 여러 분야에서 연구가 진행되고 있음을 시사한다. 또한, 연구의 질적 다각화를 위해 산업분야별에서 기능별로 논문을 게재하는 것도 고려해 볼 필요가 있다.

3 연구방법의 조화

경제학에서 사용되는 통계방법이 최근까지 학회지나 연구저널을 통하여 발표되거나 발간되는 전체 연구논문의 대부분을 차지하고 있다(정승호, 2014; Line & Runyan, 2012). 많은 지방자치단체는 각종 대형행사(엑스포, 국제행사, 지역축제 등)가 지역사회에 수십조의 경제효과와 수천 명의 고용창출을 유발할 것이라는 연구보고서를 보고 유치결정을 대부분 내린다(정승호, 2014). 하지만 수천억 많게는 수조 원을 투자한 대형행사는 행사 후 지역의 흉물로 남거나 지방자치단체의 재정에 심각한 타격을 주는 사례가 많다.

지역경제 발전을 위해서는 대규모 행사 이후 지속적인 관광객을 유치하기 위한 성장전략이 필요하고 이러한 전략은 관광객이 어떠한 원인으로 관광지를 방문하는지를 연구·분석하여야만 알 수 있는 것이다(정승호, 2014). 관광은 인간의 심리적 작용에 의해 많은 영향을 받는데 이를 연구하기 위해서 질적(정석적) 방법론이 필요하다.

질적 방법론과 양적 방법론에 대한 우월성 비교는 할 수 없다. 왜냐하면 두 가지 접근방법 중 어느 것이 더 우수하다고 단정할 수 있는 객관적 근거가 없기 때문이다. 어느 접근방법을 사용하든 중요한 것은 연구의 타당성과 신뢰성이다. 두 가지 접근방법은 모두 상호 공유하는 요소가 있으므로 서로 간의 도움을 필요로 한다(Denzin & Lincoln, 2002). 질적연구는 도출된 결과를 바탕으로 다각적인 문제해결을 시도하기 때문에 연구자에게 문제해결에 대한 사고와 해석의 폭과 깊이를 강화시켜 줄 수 있어 매우 유용한 접근방법이다.

인공지능을 이용하는 통계분석 방식이 너무나 빠르게 진보하고 있어 새로운 연구방법의 시도가 필요하다. 또한, 브랜드 유치의 가치를 측정할 수 있는 해도닉 가격기법(HPM: Hedonic Pricing Method), 여행비용 접근법(TCM: Travel Cost Method), 조건부 가치측정법(CVM: Contingent Valuation Method)등과 같은 방법론을 활용하는 것도 필요해 보인다. 지금까지 관광학 관련 연구에서 이러한 방법론을 활용한 연구는 찾아보기 힘든 게 사실이다(정승호, 2014).

4 교육과정의 학문적 전문성 회복

우리나라 교과과정의 특징은 어학 관련 과목이 지나치게 높게 배정되어 있다는 점이다. 특히, 2년제 대학이 더욱 그러한 경향을 보이고 있다. 2년제 대학이 실무위주의 교육을 강화하고 있다는 점은 이해되지만 지나친 편중현상은 대학교육 존립 자체를 위태롭게 할 수 있다. 이러한 편중현상은 또한 취업위주의 교육에 기인하고 있다.

21세기에는 창의력과 문제해결능력을 갖춘 인재가 요구되고 있다. 이에 각 국들은 학생들의 창의력과 잠재력을 일깨우기 위한 교육방식으로 활용하는 것 외에 국가 경쟁력을 강화할 수 있는 한 방법으로 융합교육의 중요성을 강조하고 있다. 호텔관광 분야에서 최근 IT와 경영학을 융합한 고객관계관리(CRM: Customer Relationship Management), 빅데이터 분석(Big data analytics), 공유경제(Sharing economy), 스마트 관광(Smart tourism) 등에 대한 관심이 고조되고 있을 뿐만 아니라 많은 대학에서 융합전공(예) SW·경영학·디자인)을 운영하고 있다.

5 학문의 정체성 확립

관광학이 다른 사회과학과 위치를 나란히 하기 위해서는 순수학문으로서의 개념의 틀을 확립하여야 한다(정승호, 2014). 관광학은 사회과학의 한 범류에 속하면서 관련 학문과의 연계성 혹은 통합적인 역할을 하는 학문이다. 이러한 현상은 인접학문의 시각에서 볼 때

도 마찬가지이다. 즉, 경제학, 인문학, 심리학 등에서 인간의 다양한 활동이나 내면세계를 연구할 때 관광현상이나 관광활동을 배제하고 자신들의 학문에 대한 연구만으로는 충분히 설명하기 어렵다. 따라서 관광학이 타 학문과의 연계성과 통합성이 이루어지려면 관광사회학, 관광경제학, 관광심리학, 관광인류학, 관광법규와 같은 교과목에 대한 탐구가 중요하다.

6 학문적 범위의 명확화

관광학의 정체성을 확립하면서 필요한 것이 관광학의 범위에 대한 고민이다. 오늘날 관광학이 폭넓은 주제로 연구되고 있는 것은 고무적인 현상이다. 복잡한 관광관련 문제에 대한 접근을 다양하게 함으로써 문제해결을 효과적으로 할 수 있다. 그러나 현재까지 관광학의 범위로 어느 정도까지의 관광현상을 포함하고, 여가·위락·외식산업 등을 관광학의 연구에 포함할 것인가의 문제에 대한 논의가 미흡한 실정이다(김사헌 외, 2000).

토 론 주 제

1. 관광학의 성립배경

2. 관광학의 학문적 성격

3. 관광학의 영역 확대 필요성

4. 개별과학으로서 지니고 있는 관광학의 특징

5. 종합과학으로서 지니고 있는 관광학의 특징

6. 관광학 연구의 소외 부분과 미래 관심 부분

참 고 문 헌

김사헌(2007),관광학연구에 있어서 질적연구방법론의 상황과 도전: 관광학회지 논문의 메타분석. 한국관광학회, 관광학연구, 31(1),12-32.

김사헌(2008). 관광학의새로운 정체성을 찾아서: 회고와 과제. 한국관광학회, 관광학연구, 32 (4), 11-33.

박호표(2004).신관광학의 이해. 현학사.

변우희·조광익·김기태·한상현(2008). 관광학 연구동향 및 교육과정 분석과 관광학총론의 구성체계. 한국관광학회, 관광학연구, 32(4), 35-53.

손대현(1989). 관광론, 서울:일신사.

이월계·송운강(2011). 한국 관광학 연구의 동향: 관광관련학과 학위논문을 중심으로. 관광레저연구, 23(7), 5-23.

장병권(2008). 관광학과 인접학문 간의 관계. 한국관광학회, 관광학연구, 32(4), 75-93.

정승호(2014). 관광학의 제2의 르네상스(미래도약) 도약을 위한 정체성확립에 관한 탐색적 연구. 관광연구저널, 28(8), 213-229.

제주투데이(2017. 7.27). 융복합 관광, 제주관광의 새로운 시도.
    http://www.ijejutoday.com/news/articleView.html?idxno=204123

조성국(1977). 관광학의 학문적 고찰방향에 관한연구. Tourism Research, 11, 13-29.

한국관광공사(1994). 개방화. 세계화시대의 관광교육.

鹽田正志(1974). 觀光學研究 日本學術叢書.

田中喜一(1950). 觀光事業論. 觀光事業研究所.

Bodio, L. (1899), Sulmovimento deiforesteri inItalia e sul dinero chi vi spendono, [w:] G.Econ,15:54-61.

Boorstin, D. J. (1964). The image: A guide to pseudo-events in America. New York, NY: Harper & Row.

Boorstin, D.(1964). TheImage: Aguide topseudo-events in America. 정대철 역 (2004). 이미지와환상, 사계절.

Bormann, A. (1931). Der Deustche imFremdenverkehr des Europaischen Auslands.

Budowski, G. (1976) Tourism and environmental conservation: Conflict, coexistence, or symbosis? Environmental Conservation 3 (1), 27-31.

Butler, R. (1980). The concept of a tourist area cycle of evolution: Implications for management of resources. Canadian Geographers, 24, 5-12.

Citado en5, Sociologia del Turismo(Hans Joachin Knebel) Hispano Europea. Barcelona.

Dann G., Nash, D., &Pearce, P.(1988).Methodology in tourism research. Annalsof Tourism Research ,15(1), 1-28.

Denzin, N. K., & Lincoln, Y. S. (2000). Handbook of qualitative research(2nd ed.). Thousands Oaks, CA: Sage.

Dowling, R. K. (1992). Tourism and environmental integration: The journey from idealism to realism. Progress in Tourism, Recreation and Hospitality Management, 4, 33-46.

Doxey, G. V.(1975), A causation theory of visitor-resident irritation: Methodology and research inference. Proceedings of The 6th Annual Conference of the Travel Research Association. San Diego, CA: Travel Research Association, 195-198.

Echtner, C. M., & Jamal, T. B.(1997). The disciplinary dilemma of tourism studies. Annals of Tourism Research, 24(4),868-883.

European Science Foundation(2011). European peer review guide: Integrating policies and practices into coherent procedures.

Forster, J.(1964). The sociological consequences of tourism. International Journal of Comparative Sociology, 5, 217-227.

Forster, J.(1964). The sociological consequences of tourism. International Journal ofContemporary Sociology, 5(2), 217-227.

Glcksmann, R. (1930). Die Leher von Fremdenverkehr Belin.

Goeldner, C. R., & Ritchie, J. R. B. (2006). Tourism principles, practices, philosophies (3rd ed.). JohnWiley & Sons, Inc., Hoboken, New Jersey.

Goeldner, C. R., & Ritchie, J. R. B.(2003). Tourism principles, practices, philosophies. John Wiley & Sons. New Jersey.

Jafari, J. (1990). Research and scholarship: the basis oftourism education. The Journal ofTourism Studies, 1(1), 33-41.

Jafari, J.(2001). The scientification of tourism. In hosts and guests revisited: Tourism issues of the 21st century, V. Smith and M. Brent, eds., pp. 28-41. New York: Cognizant Communication Corporation.

Line, N. D., & Runyan, R.(2012). Hospitality marketing research: Recent trends and future directions. International Journal of Hospitality Management, 31, 477-488.

Macbeth, J.(2005). Towards an ethics platform for tourism. Annals of Tourism Research, 32, 962–984.

Meeth, L. R. (1978, August). Interdisciplinary studies: Amatter of definition. Change: Magazine of HigherLearning 6.

Miitford, N.(1959). Thetourist. Encounter,13(4), 3-7.

Murphy, K. J. (1985), Corporate performance and managerial remuneration: An empirical analysis. Journal of Accounting and Economics, 7(1-3), 11-42.

Oppermann, M. (1993). Tourism space in developing countries. Annals of Tourism Research, 20(3), pp535-55.

Rostow, W.W.(1960). The stages of economic growth: A comparative manifesto. Cambridge: Cambridge University Press.

WTTC(2006). The2006 travel& tourismeconomic research.

Xiao, H., & Smith, S.(2004). Residents' perceptions of Kitchener-Waterloo Oktoberfest: Aninductive analysis.Event Management, 8, 161-175.

CHAPTER **05**

관광객 행동

학습목표

- 관광객의 범위를 정의할 수 있다.
- 관광객의 유형별 특징이 무엇인지 설명할 수 있다.
- 관광객 행동에 대한 이해의 중요성을 설명할 수 있다.
- 관광객 의사결정과정이 무엇인지 그리고 왜 중요한지 설명할 수 있다.
- 관광객 행동에 영향을 미치는 요인들을 나열할 수 있다.

Principles Of Tourism

관광객은 다양한 소비자 그룹의 한 부분이므로 관광객의 행동은 소비자 행동의 일부분으로 이해될 수 있다. 관광객 행동의 연구는 심리학(개인 심리 연구), 사회학(집단과 하위 문화 구성원들의 행동 연구), 사회심리학(개인의 심리가 집단에 의해 영향을 받게 되는 과정을 다룸), 문화인류학(사회와 문화를 다룸), 경제학(사회의 경제적 복지를 주 연구대상으로 함) 등 다양한 사회과학 분야와 연관되어 있다. 관광객 행동의 이해에 관심을 가지는 이유는 다양하겠지만 본 교과서에서는 관광객의 욕구를 분석하여 적절한 마케팅 전략을 수립하기 위한 기초를 제공하는 데 초점을 맞추려 한다.

 제1절 _ 관광객 행동의 이해

관광을 하는 사람을 총체적으로 관광자라 칭한다. 유사용어인 관광객은 관광을 하는 사람을 대상으로 영업을 하는 관광사업자들이 고객을 가리키는 용어로 주로 사용되고 있다. 관광자는 관광행위의 주체로서 경제·사회·문화·심리적 관점에서 보는 견해이며, 관광객은 관광상품과 서비스를 구매·소비하는 경제단위로서의 소비자로 보는 견해이다. 하지만 본 교과서에서는 관광자와 관광객을 동일한 의미로 사용한다. 본질에서는 관광객의 정의와 관광객 행동의 이해가 왜 중요한지 살펴본다.

1 관광객의 정의

관광객에 대한 정의는 여러 국제기구에 의해 이루어져 왔다. 1937년 국제노동기구(ILO)는 관광객(Tourist)을 24시간 또는 그 이상의 기간 거주지가 아닌 다른 지역 혹은 국가를 여행하는 사람으로 규정하였다. 그리고 취업 혹은 사업목적의 입국자, 거주 목적의 입국자, 유학생, 국경근로자, 통과여객은 비관광자로 칭하였다. 경제협력개발기구(OECD, 1996)는 회원국의 통계방법을 통일하기 위해 국제관광자와 일시방문자로 분류하였다. 국제관광자는 자국을 떠나 외국의 영토 내에서 24시간 이상 6개월 이내 체재하는 자로 그리고 일시

그림 5-1　UNWTO의 국제관광객 분류

주: 1. 방문지에서 하루 이상 일 년 미만 체류하는 사람
　　2. 정박 중인 선박 또는 비행기의 외국인 승무원으로 방문국의 숙박시설에서 체류하는 사람
　　3. 크루즈 유람선으로 항해 중 상륙하여 당일관광을 즐기는 사람 또는 유람선상에서 숙박하는 경우
　　4. 목적지에서 숙박하지 않는 사람 및 배안에서 숙박하는 사람으로 군함의 승무원 포함
　　5. 레저, 레크리에이션 및 기타 각종 목적으로 방문했으나 당일 떠나는 사람으로 당일통과여객 포함
　　6. 국경에 인접하여 거주하면서 국경을 넘어 통근하는 자
　　7. 1년 미만 체재하되 취업목적 입국자와 그 가족 및 동반자
　　8. 1년 이상 체재하기 위하여 입국하는 자와 그 가족 및 동반자
　　9. 정기적으로 입국 또는 출국하여 상당기간 체류하는 자 또는 국경에 인접하여 생활관계로 짧은 기간 동안 빈번하게 국경을 넘나드는 자
　　10. 항구 또는 공항의 통과여객으로 환승지역을 벗어나지 않는 자(입국심사를 통해 공식적으로 입국하지 아니한 자)
　　11. 인종, 종교, 국적, 특정 단체의 회원가입 또는 정치적 견해에서 기인한 박해에 대해 국적을 벗어나 있고, 이로 인해 국적의 보호를 받을 수도 없고, 그에 대한 두려움 때문에 받고자 하지도 않는 자
　　12. 주둔하는 외국 군대의 구성원 및 그 가족과 동반자
　　13. 대사관이나 영사관에 상주하는 외교관과 영사 및 그 가족

자료: World Tourism Organization(WTO 1997). Tourism policy and international tourism in OECD countries에서 재인용. 저자 내용 수정 보완

방문자는 24시간 이상 3개월 이내의 체제자로 정의하였다.

세계관광기구(WTO, 1991)는 일상생활 환경, 방문기간, 방문목적 등의 3가지 기준을 적용하여 관광을 정의하고 있다. 즉, 관광을 여가, 사업 또는 기타 목적으로 1년 미만의 기간 동안 일상적 환경을 떠나 여행하거나 거주하는 사람의 행위로 정의하였다. 여기서 일상적 환경이란 거주지 지역 내의 여행, 집과 직장을 오가는 규칙적인 여행, 반복적인 성격을 갖는 다른 지역으로의 여행을 제외하기 위해서 정의에 포함되었다. 〈그림 5-1〉의 국제관광객 분류에서 여행자(Traveler)는 두 국가 간 또는 그 이상의 국가를 여행하는 사람, 또는 자국의 일상거주지 내에서 2개 또는 그 이상의 지역을 여행하는 사람을 의미한다(UNWTO, 1991). 그리고 관광과 관련된 모든 유형의 여행자는 방문객(Visitor)으로 그렇지 않으면 비방문객(Non-visitor)으로 지칭된다. 그리고 방문객은 다시 방문지에서의 숙박 여부에 따라 관광객(Tourist : 방문지에서 최소 1박 이상)과 당일 방문객(Same-day tourist : 방문지에서 1박을 하지 않는 방문객)으로 구분된다.

관광의 개념에 기초하여 관광객을 정의해 보면, 관광객은 일상 거주지를 일시적으로 떠나 다시 돌아올 예정으로 여행하는 자로서 그 여행목적이 여가나 사업·가족관계·회합을 통해 정신적·육체적 즐거움을 추구하는 관광소비자로 정의할 수 있다(김광근 외, 2007).

2 관광객의 유형과 특징

관광객의 유형 분류에 대한 엄격한 기준이 있는 것은 아니다. 유형론(Typology)은 분석을 위한 일종의 개념적 프레임워일 뿐이며 개별 관광객은 한 번의 관광에서 몇 개의 상이한 관광경험을 할 수 있다(Cohen, 1979a). 즉, 한 명의 관광객이 상황에 따라 다른 관광객 유형으로 분류가 될 수 있기 때문에 세심한 주의가 필요하다. 관광객 유형에 대한 대표적 연구자로서는 Cohen(1972, 1979a), Plog(1974), Smith(1977) 등이 있다.

1. Cohen의 분류

관광학계에서 가장 고전적이고 대표적인 분류가 Cohen(1972)이 제시한 관광객 유형 분류이다. 그는 친숙함(Familiarity)과 신기함(Novelty)에 대한 욕구를 관광객의 수요와 관련시켜

그림 5-2　Cohen의 관광객 분류

자료: Cohen, E.(1972). Toward a sociology of international tourism. Social Research, 39(1), 164-183.

서 조직화된 대량(혹은 대중) 관광객, 개별 대량관광객, 탐험가, 방랑자 등의 네 가지 유형을 제시하였다(그림 5-2 참조). Cohen에 따르면 관광객은 자신과 상이한 관습과 문화에 흥미를 가지고 있으며, 신기하고 특이한 체험을 선호하는 경향이 강하다고 주장하였다. 또한, 관광객은 새로운 가치를 추구하지만 너무 특이한 체험일 때에는 움츠리게 되어 친숙하거나 향수적인 어떤 관광대상을 요구하기도 한다.

(1) 조직화된(제도화된) 관광객

❶ 조직화된 대량관광객(The organized mass tourist)

전문 여행사가 기획한 일정, 숙식, 교통편 등의 계획에 따라 움직이는 패키지 관광의 전형적인 형태이다. 집단으로 여행하므로 모든 의사결정은 여행사 혹은 인솔자가 내린다. 이 유형의 관광객들은 고급 숙박 및 위락시설을 이용하고 정해진 전세버스 등을 통해 단체로 이동하므로 현지민이나 현지문화의 접촉은 별로 없으므로 고유성이나 신기성은 거의 경험할 수 없다.

❷ 개별적 대량관광객(The individual mass tourist)

여행일정, 체재기간, 숙식 등에 대하여 어느 정도 재량권이 있고 신기함도 조금 추구하

는 관광객을 의미하며 관광기업 주도로 관광이 주로 기획된다. 또한, 위험이 있는 관광지보다는 타여행자들에 의해 이미 잘 알려진 곳을 주로 다니며, 고가의 여행수단이나 숙식을 선호한다. 하지만 이들과 현지민과의 문화적 접촉은 최소 수준이다.

(2) 비조직화된(비제도화된) 관광객

❶ 탐험가(The explorer)

관광코스를 피하며 주민을 이해하려고 하나 완전히 몰입하지는 못하는 관광객을 말한다. 스스로 여행계획을 짜고 잘 개발된 관광지는 가능한 피해 다니지만, 어느 정도 편안한 교통수단과 숙박을 선호한다. 신기로움을 추구하기 때문에 현지인과 접촉하는 것을 좋아하지만 깊이 몰입하지는 못한다.

❷ 방랑자 혹은 포류자(The drifter)

현지문화에 완전히 몰입하므로 신기함을 가장 많이 추구하는 관광객이며 고정된 여행일정을 가지고 있지 않고 지역주민과 함께 거주한다. 즉, 스스로 여행계획을 세우며 사람이 많은 곳을 피하고 원주민과 일체가 되어 함께 숙식하고 현지 문화와 풍습을 익히고 즐긴다. 항공여행, 호텔 숙박 등 호화성 여행을 피하고 대개 육로여행을 하며 체재기간이 적어도 한 달 이상으로 비교적 긴 여행을 하는 집단이다.

Cohen(1972)의 주장에 의하면, 친숙함을 추구할수록 조직적 대량 관광객에 가깝고 신기함을 추구할수록 방랑자에 가깝다. 관광객은 여러 가지 현실적 이유로 친숙함과 신기함의 네 가지 유형을 경험할 수 있다. 예를 들어, A라는 직장인이 국내 여행사를 통해 숙박과 항공권을 예약하고 여행하면 개별 대량 관광객, 직접 온라인으로 항공권과 호텔숙박을 예약하고 아마존과 같은 곳의 오지 탐험을 한다면 탐험가, 더 많은 관찰을 위해 아마존 현지 부족민의 집에서 1년 넘게 거주하면 방랑자가 될 것이다(오정준, 2023).

2. Plog의 분류

Plog(1974)는 미국에서 항공기 이용여행객과 일반인을 대상으로 여행패턴, 성격 및 선

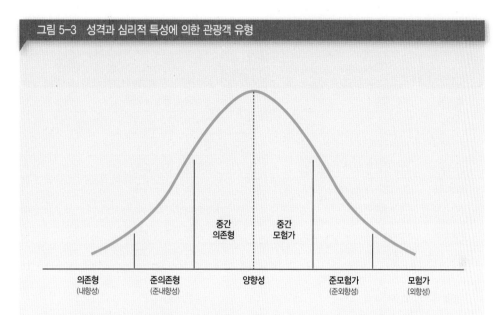

그림 5-3 성격과 심리적 특성에 의한 관광객 유형

자료: Piuchan, M.(2018). Plog's and Butler's models: A critical review of psychographic tourist typology and the tourist area life cycle. TURIZAM, 22(3), 96. 재인용.

호 목적지를 심리특성 척도로 조사하여 여행 특성모델을 제시하였다. Plog는 개인이 자기중심적이냐 타인중심적이냐의 심리적 특성에 따라 내향성(Psychocentric), 준내향성(Near-Psychocentric), 양향성(Mid-centric), 준외향성(Near-Allocentric), 외향성(Allocentric) 등 5가지로 관광객을 분류하였다. 내향성이 높다는 것은 자기중심적 성향이 그리고 외향성이 높다는 것은 타인 지향성이 강하다는 것을 의미한다.

Plog(2001)는 추후 연구에서 내향성을 '의존형(Dependables)'으로 그리고 외향성을 '모험가(Venturers)'로 명명하였다(그림 5-3 참조). 의존형 혹은 내향적 관광객은 널리 알려진 여행지, 친숙한 숙박시설이나 레스토랑 등을 선호하는 데 반해, 외향적 혹은 모험가적 관광객은 새롭고 특이한 곳, 활동량이 많고, 특이한 숙박시설을 선호하고, 낯선 문화의 사람들과 만나는 것을 즐기는 특성이 있다. Plog에 의하면 미국 관광객들의 대부분은 양향성으로 분류되고 상대적으로 소수의 여행자만이 내향적이나 외향적 성향을 보인다고 주장하였다. Plog의 관광객 유형에 따른 특성 비교는 〈표 5-1〉에 정리되어 있다.

표 5-1 Allocentric과 Psychocentric 특성 비교

구 분	내향성(Psychocentric)/ 의존형(Dependables)의 특성	외향성(Allocentric)/ 모험가(Venturers)의 특성
호기심	제한적임	세상의 다양성을 탐험
성격	내성적	외향적
자신감	부족/결여	충만
위험도	안전지향적 관광 선호	모험적인 관광 선호
여행비용	최소한의 비용지출	평소보다 많은 지출
여행기간	단기여행 선호	장기여행 선호
교통수단	자가용 선호	다양한 교통수단 이용
신제품 수용	친숙한 브랜드 사용	새로운 브랜드 사용 시도
관광지	친숙하고 안전한 관광지 선호	이국적이고 낯선 관광지 선호
관광활동	보편적 활동	새로운 경험 추구
관광시설	관광시설이 잘 갖추어진 장소 선호	잘 갖추어지지 못한 장소도 방문
여행빈도	비교적 적음	자주함
언어사용	외국어 배우는 자세 부족	외국어를 적극적으로 배우려 함
여행일정	조직적이고 꽉 짜인 일정	느슨하고 자유로운 여행일정

자료: Horner,S., & Swarbrooke, J.(2011). Tourist motivation and behaviour. In Consumer behaviour in tourism(4th Ed.). Francis & Taylor. p.80-83. 저자 내용보완

3. Smith의 분류

Smith(1989)는 관광목적, 관광객 수, 현지사회 적응, 그리고 지역사회에의 영향정도를 바탕으로 관광객을 7가지로 분류하였다. 탐험가, 엘리트 관광객, 경로이탈 관광객, 유별난 관광객, 초기 대량관광객, 대량 관광객, 전세 관광객 등이다(표 5-2 참조). 2001년에 수정된 관광객 유형을 6가지로 제시하였는데, 탐험가를 모험관광객, 엘리트 관광객을 연성관광객, 유별난 관광객과 초기 대량관광객을 합쳐 특수관심 관광객(SIT: Special Interest tourists)으로 수정하였다. 그리고 나머지 3가지 유형은 이전과 동일하게 유지하였다.

탐험가는 현지사회에 쉽게 적응하는 것이 가장 큰 특징이며, 전세 관광객은 서구식 편의시설 추구가 주요한 특징이다. 관광객의 영향은 전세 관광객 유형일수록 커지게 되는데 이는 관광객의 수가 증가하기 때문이다.

💡 표 5-2 **관광객 유형별 현지사회 적응 및 지역사회 영향**

관광자 유형	특 성	관광객 수	현지사회 적응	지역사회 영향
탐험가 (Explorers)	• 현지문화를 관찰·탐구하는 관광객으로 현지의 생활양식과 규범을 따름 • 우주여행, 심해잠수, 남극스키	매우 적음	기꺼이 적응	거의 없음
엘리트 관광객 (Elite tourists)	• 현지문화에 잘 적응하고 관찰하는 부유층의 단기 체재 관광객 • 목적이 탐험이 아니고 관광이라는 점에서 탐험가와 구분 • 초호화 리조트, 크루즈 이용	드물게 보임	충분히 적응	
경로이탈 관광객 (Off-beat tourists)	• 관광객의 소란스러움을 피해 경로를 벗어나 여행하는 소수계층의 관광객 • 현지 규범에 벗어나는 행위를 통해 자신의 여행만족 추구 • 히말라야, 티베트 배낭여행	흔하지 않지만 눈의 띔	잘 적응	
유별난 관광객 (Unusual tourists)	• 소규모 단체여행 선호 • 이례적으로 현지문화를 찾아 관찰하며 이해하기 위해 단기간 개별적 여행 • 포도주 미각여행, 음악·문학여행	가끔 보임	어느 정도 적응	점차 증가
초기 대량 관광객 (Incipient mass tourists)	• 개인 혹은 소수집단을 이루어 여행하면서 집과 같은 쾌적한 현대식 호텔에서 체류 • 비용이나 현지문화 체험에는 별 관심이 없음	꾸준히 유입	서구적 쾌적성 추구	
대량관광객 (Mass tourists)	• 서구식의 쾌적한 숙식과 서비스를 기대하며 요구하는 중산층의 단체 관광객 • 유흥·기분전환이 주된 목적이므로 현지문화 이해에는 관심을 두지 않음 • 패키지 관광 선호	연속 유입	서구적 쾌적성 기대	상당한 영향
전세관광객 (Charter tourists)	• 자신의 명찰을 달고 전세기나 대형 관광버스를 이용하는 대량관광객 • 서구식의 안락함과 쾌적성 요구 • 현지민이나 현지문화는 거의 접촉하지 않음 • 관광 가이드의 인솔에 정해진 일정만을 소화하는 단체 관광객	대량으로 유입	서구적 쾌적성 요구	

자료: Smith, V. (1989). Hosts and guests: The anthropology of tourism. Philadelphia: University of Pennsylvania Press. Horner,S., & Swarbrooke, J.(2011). Tourist motivation and behaviour. In Consumer behaviour in tourism(4th Ed.). Francis & Taylor. p.80-83. 저자 내용보완

4. 관광객 유형 분류의 한계점

관광객 유형화(Typology of tourists)는 관광서비스 기업이 시장세분화와 목표시장 선정, 판매촉진, 가격결정과 같은 마케팅 전략을 효과적으로 실행하는 데 큰 도움이 될 수 있다. 하지만 관광객 유형화는 몇 가지 한계점을 지니고 있다(Horner & Swarbrooke, 2011).

첫째, 관광객 유형화 관련 선행연구들은 유형 간의 이동 가능성에 대한 고려가 부족하다. 예를 들면, 개인의 건강, 소득, 여가시간, 가족 및 업무가 시간이 지남에 따라 그리고 다른 결정요인의 영향에 따라 유형 간에 이동할 수 있다는 사실을 간과하고 있다. 둘째, 자주 인용되는 관광객 유형 관련 연구의 대부분은 오래되었기 때문에 최근 발생한 관광객의 행태의 많은 변화를 파악하는 데는 한계가 있다. 셋째, 연구의 지역 편중화 현상이다. 대부분의 연구가 미국이나 유럽을 기반으로 한 것이다(예 Cohen, 1972; Plog, 1974). 아시아, 아프리카, 중동 국가들의 관광객을 대상으로 한다면 다른 연구결과가 도출 될 수도 있을수 있다. 마지막으로, 많은 관광객 유형은 서술적(Descriptive)이기 때문에 관광객 행동에 대한 이해를 높이는 데는 한계가 있다(예 Smith, 1989).

3 관광객 행동의 개념

한마디로 관광객 행동은 관광객에 의한 관광관련 행위의 총합이다. 하지만 관광객 행동의 범위는 매우 광범위하다. 예를 들어, 관광목적지로의 이동과 체류하는 동안 일어나는 행동, 관광활동을 위한 정보의 탐색이나 대안의 평가, 관광목적지에서 거주지로 돌아오는 활동 모두를 포함한다.

관광객은 소비자의 한 유형이며 관광객의 소비행동은 소비자의 소비행동의 한 부분이다. 따라서 소비자 행동 개념을 적용해 관광객 행동의 개념을 정의해 볼 수 있다. 소비자 행동은 소비자가 제품이나 서비스를 얻거나, 구매하거나, 혹은 처분할 때 취하는 행동으로 정의 된다(Solomon, 1995).

관광객 행동은 구매 및 사용(또는 소비)을 위한 관광객의 최종적인 실행행동과 구매의사 결정과 관련하여 발생한 행동을 모두 포함한다. 즉, 제품이나 서비스를 직접·구매·사용·소비하는 행동과 정보를 수집하고, 제품 및 브랜드를 비교 검토하는 행동 등을 모두 포함한다.

④ 관광객 행동 이해의 중요성

관광객 행동의 이해가 가져오는 중요성은 크게 세 가지 측면에서 살펴볼 수 있다.

첫째, 관광객에게 관광 관련 활동들에 대해 합리적인 의사결정을 할 수 있게 해준다. 관광객은 자신의 욕구를 관광서비스 제공자에게 정확히 전달하여야 자신의 욕구충족을 위한 합리적인 관광활동을 할 수 있게 된다. 관광객에 의한 부정확한 정보의 제공은 관광서비스 기업이 잘못된 서비스를 생산하게 하고 그로 인해 관광객 자신은 잘못된 서비스를 전달받게 된다. 관광객이 합리적 의사결정을 위해서는 타인의 관광경험을 세밀히 관찰하는 것이 중요하다. 요즘 많은 사람들은 관광을 떠나기 이전이나 관광하는 동안에도 SNS 서비스를 자주 이용한다. SNS 서비스는 관광객의 관광활동 효율성(예 맛집이나 숙박업소 찾기)을 증대시켜줄 뿐만 아니라 관광경험을 풍부하게(예 동영상 및 사진 SNS 공유) 해줌으로써 만족도를 높여 준다.

둘째, 관광서비스 기업은 효과적인 마케팅 전략을 수립할 수 있게 된다. 예를 들어, 관광서비스 기업은 관광객 행동(예 구매량, 충성도, 라이프스타일 등)을 바탕으로 시장세분화하고, 표적시장을 선정하고, 서비스 포지셔닝을 수립하고, 그리고 마케팅 믹스결정 등의 전략을 수립할 수 있다. 호텔, 항공사, 커피 전문점, 카지노, 백화점 등과 같은 대부분의 서비스 기업들은 멤버십 프로그램을 운영하고 있다. 예를 들면, 신라호텔 'Shilla Rewards'나 대한항공 'SKYPASS' 프로그램을 통해 이들 회사는 고객들의 개인 정보는 물론 구매행태에 대한 정보를 실시간으로 얻고 있다. 이를 기반으로 고객을 분류하고 자사에 도움이 되는 고객, 즉 많은 이익을 창출하는 고객에게 무료 숙박권이나 공항 VIP 라운지 이용권 등의 보상 서비스를 제공하고 있다. 고객들은 제공된 무료 서비스를 이용하기 위해 지속해서 신라호텔이나 대한항공을 찾게 되는 것이다.

셋째, 관광객 행동은 공공정책 수립에 영향을 미친다. 관광객 관련 공공정책을 연구하거나(예 한국문화관광연구원) 공공정책을 수립하는 정부나 공공조직은 관광서비스 기업과 관광객 간의 교환과정을 모니터링하고 있다. 이를 통해 관광객들의 불평불만이나 피해 상황을 이해하고 이들을 구제하거나 보호하기 위한 정책 혹은 법률을 제정·개정할 수 있게 된다. 예를 들어, 한국관광공사는 매년 공사 관광불편신고센터에 접수된 관광불편신고 사항을 종합적으로 분석함으로써 국내·외 관광객 대상 수용태세의 문제점을 제시하여 관광부문의 정책입안, 연구개발 및 서비스 개선을 위한 기초 자료로 활용하도록 하고 있다.

 제2절 _ 관광객 구매의사결정과정

의사결정(Decision making)이란 개인의 욕구를 충족시켜 줄 수 있는 여러 대안들 중 최적의 대안을 선택하는 것을 의미한다. 관광객은 자신의 다양한 욕구를 만족시키기 위하여 대상목적지 및 활동을 선택하고 구매하는 의사결정자로서 사전에 방문해 본 적이 없는 목적지에 대하여 주변 사람의 구전, TV, 브로슈어(Brochure) 등을 통해 정보를 얻게 된다. 관광객은 자신이 획득한 정보나 타인의 경험을 통해 여행목적지에 대한 이미지를 구체화시키고 의사결정을 내리게 된다. 일반적으로 이러한 구매의사결정과정은 문제인식, 정보탐색, 대안평가, 구매결정(혹은 선택), 그리고 구매 후 평가(만족/불만족)의 다섯 단계를 통해 이루어진다(그림 5-4 참조).

1 문제인식(Problem recognition)

의사결정의 첫 단계는 문제인식 또는 욕구발생 단계이다. 문제인식은 관광객이 관광욕구를 인지하고 이것을 관광목적지 선택과 행동을 통하여 해결하고자 하는 동기이다. 즉, 현실(예 배고픔)과 이상(예 배고프지 않음)의 차이가 문제인식이다. 예를 들어, 여행 중 배고픔

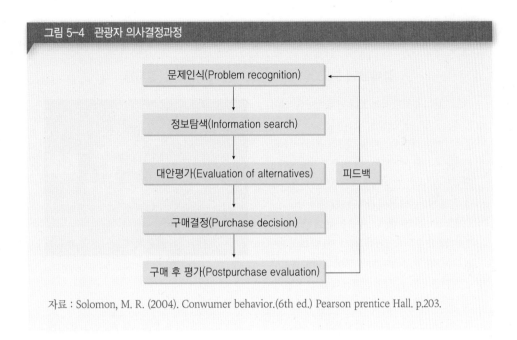

그림 5-4 관광자 의사결정과정

문제인식(Problem recognition)

↓

정보탐색(Information search)

↓

대안평가(Evaluation of alternatives)　　　피드백

↓

구매결정(Purchase decision)

↓

구매 후 평가(Postpurchase evaluation)

자료 : Solomon, M. R. (2004). Conwumer behavior.(6th ed.) Pearson prentice Hall. p.203.

을 느끼는 것이 문제인식이다. 관광목적지 선택결정을 내리기 전에 관광객이 먼저 관광을 해야겠다는 욕구 또는 문제를 인식해야 한다. 관광의 필요성도 인식하지 못하고 있는 상태에서는 의사결정과정이 이루어질 수는 없다.

관광객의 문제인식은 관광객의 과거경험, 관광객 개인적 특성, 관광동기, 사회·문화적 환경, 관광기업의 마케팅 활동 등에 의해 많은 영향을 받는다. CJ는 2012년부터 해외에서 "케이콘"이라는 세계 최대 한류 컨벤션을 개최하여 왔다. 이 대회는 한국을 테마로 하여 K-팝, K-드라마, K-뷰티, K-푸드 등을 동시에 경험할 수 있는 기회를 제공하고 있다(사례 5-1 참조).

2 정보탐색(Information search)

정보탐색이란 관광객이 관광대상(예 관광자원), 관광매체(예 교통수단 등), 관광 목적지 등에 대해 더 많은 것을 알고자 하는 노력이다. 정보를 탐색하는 주요 목적은 관광자가 의사결정과정에서 보다 만족스러운 결정을 내리기 위함이다. 정보탐색은 내부탐색과 외부탐색으

사례 5-1   문화 통해 음식, 뷰티, 관광 등 다른 부가가치 창출

경제 효과 5,500억 원… 중소기업 해외진출 실질지원

CJ그룹이 주최한 세계 최대 한류 컨벤션 '케이콘 2015 USA'가 지난 8월 8일 미국 뉴욕 '푸르덴셜센터'에서 대단원의 막을 내렸다. 지난 4월 일본에서 시작된 케이콘은 7월 미국 LA에 이어 8월 뉴욕까지 이어진 여정을 성공적으로 마무리했다. 올해 케이콘에 몰린 관객만 9만 명에 달한다.

개최 4년을 맞은 올해 CJ는 케이콘의 개최지 및 개최기간을 모두 확대했다. 특히 7월 말 미국 LA에 이어 8월 초 뉴욕까지 6일 만에 미국을 동서부로 횡단하며 총 4일간의 컨벤션과 3회의 '엠카운트다운' 공연을 펼쳤다. 지난 7월 31일부터 8월 2일까지 3일간 5만 8,000여 명이 방문한 LA 케이콘에 이어 8일 하루 동안 1만 7,000여 명이 찾은 뉴욕 케이콘을 포함하면 미국에서만 총 7만 5,000여 명이 케이콘 현장을 찾았다. 2012년 1만 명에 불과했던 관람객은 2013년 2만 명, 2014년에는 4만 명으로 급증했다.

관람객들은 '한국'을 테마로 다양한 한류 문화와 한국의 대기업 및 중소기업 제품과 서비스를 체험하며 즐겼다. 케이콘은 K-팝, K-드라마, K-뷰티, K-푸드 등 한국의 모든 것을 경험할 수 있는 세계 최대 한류 컨벤션이다. 한 나라를 테마로 문화 및 서비스, 제품, 마켓이 결합된 컨벤션 형태의 페스티벌은 케이콘이 처음이다. 뉴욕에서 처음 개최된 케이콘에서도 다양한 한류 체험 행사들이 어우러지며 관람객의 높은 호응을 얻었다. 비빔밥 만들기를 체험하는 K-푸드 쿠킹 클래스, 한국 메이크업과 패션을 배우는 스타일링 클래스, 드라마 등을 통해 한국어를 배우고 K-팝 스타들의 댄스를 배우는 등 다양한 한국 문화를 체험하는 이벤트가 진행됐다.

한류 문화 체험장 문전성시 이뤄 저녁에 펼쳐

지난 8월1일 케이콘이 열린 미국 뉴욕 푸르덴셜센터가 한류공연을 보기 위해 참가한 관람객들로 가득찼다.

진 '엠카운트다운' 공연은 뉴욕 케이콘의 하이라이트였다. 소녀시대, 틴탑, AOA 등 인기가수들이 미국의 한류 팬들에게 K-팝의 진수를 보여줬다. 8,000석 규모의 공연장을 가득 메운 관객은 공연장이 떠나갈 듯 환호성을 터뜨렸으며, 한국어 가사를 목청 높여 따라 부르며 열광했다. 케이콘을 총괄한 신형관 CJ E&M 상무는 "관객의 90% 이상이 미국인으로, 한류 열풍이 미국 사회에 깊숙하게 파고들었음을 알 수 있다."라고 말했다.

K-팝이나 K-드라마를 통해 동경하게 된 한류 스타를 따라 하고 싶은 팬들의 욕구는 한국 화장품과 의류, 음식, 한국 관광 등에 대한 관심으로 이어졌다. 올해에도 이러한 한류의 낙수효과는 증명됐다. 소녀시대, AOA 등 특정 아이돌 그룹처럼 화장해달라는 소녀들의 주문이 이어지며 뷰티 클래스는 문전성시를 이뤘다. 한국의 뷰티 제품을 직접 체험해 볼 수 있는 '겟잇뷰티' 셀프 바는 뜨거운 호응을 이끌어냈다.

비빔밥을 실제로 만들어보는 쿠킹 클래스는 올해도 역시 인기를 누렸다. 불고기, 만두 등 한국 음식을 판매하는 푸드 트럭은 길게 줄을 늘어설 정도였다. 케이콘은 이렇게 트렌드에 민감하

고 전파력이 빠른 10~20대 젊은 소비자들에게 한국 문화를 체험하게 함으로써 잠재 소비자로 유입, 그들을 통한 입소문 효과를 극대화하고 있다.

CJ그룹은 올해 일본과 미국 LA, 뉴욕에서 열린 케이콘을 통해 얻은 경제적 가치를 5,500억 원 이상으로 추산했다. 지난해 2,800억 원보다 2배 가까이 증가한 수치다. 문화체육관광부가 발표한 한류 생산유발효과 등을 기준으로, 한국에 대한 긍정적인 이미지와 호감 형성을 통해 한국기업 제품의 수출 증가 효과는 약 4,514억 원, 한국을 찾게 되는 관광객들로 인한 관광 유발 효과는 584억 원으로 추정된다. 여기에 전 세계 150개 이상의 자리

를 마련했으며, 현지 바이어들과 수출 계약 등을 할 수 있는 실질적인 지원에도 나섰다. 전시부스와 편도운송료, 홍보 마케팅과 현장 운영 등을 지원한 것은 물론이다.

일본에 이어 이번 미국 케이콘에도 참여한 중소기업 이지쓰위그의 강득중 대표는 "케이콘은 역량과 아이디어는 있으나 해외 판로 개척에 어려움을 겪는 중소기업들에게 든든한 비빌 언덕으로서 역할을 톡톡히 하고 있다"라고 전했다. 이지쓰위그는 1시간 30분 이상 소요되는 속눈썹 연장 시술을 20분 만에 할 수 있는 '스피드 속눈썹 연장기기'를 세계 최초로 개발했다. 강 대표는 일본 케이콘의 수출상담회에서 만난 일본 바이어들과 행사 종료 1개월 만에 3만 달러 상당의 수출계약을 연달아 2건 체결했다.

신형관 상무는 "문화 산업에 대한 그룹 최고경영진의 의지를 바탕으로 2012년 첫 선을 보인 케이콘이 매년 꾸준히 성장해 이제는 명실공히 세계 최대 규모의 한류 컨벤션으로 자리매김했다."라고 전했다. 그는 "케이콘은 한류를 매개로 한국의 국가 브랜드 가치를 높일 수 있는 플랫폼으로 진화할 것"이라며 "올해는 LA를 넘어 개최지 확대를 시도한 첫 해로, 올해의 성과를 바탕으로 점차 케이콘의 영향력을 지속적으로 확대해 나갈 것"이라고 덧붙였다.

자료: 이코노미조선(2016. 6월호)

로 구분된다. 내부탐색은 개인의 기억 속에 저장되어 있는 정보에서 의사결정에 도움이 되는 것을 끄집어내는 과정을 말한다. 내부탐색의 결과가 만족스러우면 다음 단계로 나아가고 그렇지 않으면 외부탐색을 하게 된다.

외부탐색은 기억 이외의 원천으로부터 정보를 탐색하는 활동을 말한다. 가족, 친구, 이

웃 등 개인적인 원천을 통해서 이루어지거나, 광고, 진열, 포장, 판매원 등 기업이 제공하는 정보를 이용하거나, 제품에 관한 정보를 제공해 주는 공공기관을 통하여 이루어진다. 이들 정보원천 중에서 가장 신뢰할 만하고 접근이 용이한 정보원은 자신의 경험과 지식이다.

③ 대안평가(Evaluation of alternatives)

정보탐색을 하고 나면 획득된 정보를 가지고 대안을 평가하게 된다. 각각의 대안에 대한 평가기준은 개인적 특성, 환경적, 사회적 요인에 따라 다르다. 예를 들면, 해외 비즈니스 여행을 급히 떠나려 할 경우 평소보다 비싸게 비행기 좌석이나 호텔룸을 예약하는 경우이다.

엥겔 등(Engel et al., 1986)에 따르면 대안평가는 개인의 신념, 태도, 의도에 의하여 이루어진다고 밝히고 있다(그림 5-5 참조). 신념, 태도, 의도는 태도의 3요소를 지칭하며 각각 태도의 인지적 요소(Cognitive), 감정적 요소(Affective), 그리고 행동의도적 요소(Conative)를 말한다. 인지적 태도는 어떤 대상물에 대한 개인의 지식이나 신념을, 감정적 태도는 어떤 대상물에 대한 호감·비호감적 느낌을, 그리고 행동의도적 태도는 어떤 대상물에 대해 어떤 행동적 반응을 나타낼 의향을 의미한다.

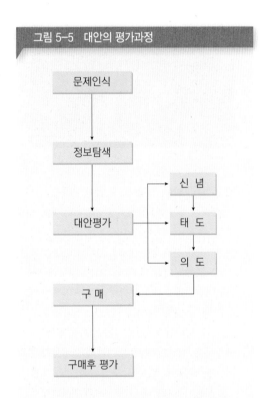

그림 5-5 대안의 평가과정

자료: Engel. J. F., Blackwell, R. D., & Miniard. P. W. (1986). Consumer behavior(5th ed.). New York: The Dryden Press. p.92.

4 구매결정(Purchase decision)

주어진 대안 중에서 최적의 대안을 선택하는 것이 구매결정 혹은 구매의사결정이다. 그러나 구매를 결정한 관광상품이 항상 구매가 되는 것은 아니다. 일반적으로 관광객의 의사결정은 문제인식 - 정보탐색 - 구매결정 - 선택 - 구매 후 평가(만족/불만족)의 다섯 단계의 과정을 거친다.

관광목적지 선택과정은 일반적 구매의사결정의 과정과 차이가 있다. Um과 Crompton(1990)은 여행목적지 선택과정을 인식된 관광목적지군(Awareness set: 인식상표군[1])과 환기된 관광 목적지군(Evoked set: 환기상표군[2])의 순차적인 단계로 설명하였다(그림 5-6 참조). 여기

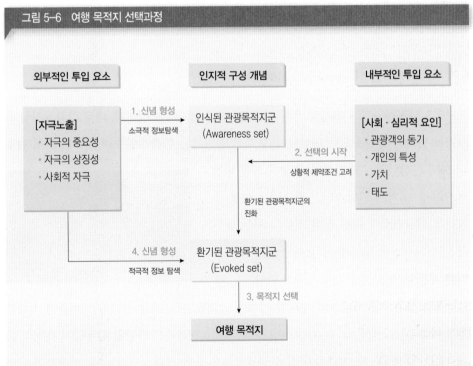

그림 5-6 여행 목적지 선택과정

자료: Um, S., & Crompton, J.L.(1990). Attitude determinants in tourism destination choice. Annals of Tourism Research, 17(3), p.435

---

1) 소비자가 들어보았거나 사용해 본 경험이 있는 상표들
2) 소비자가 바로 기억해 낼 수 있는 상표들. 상기상표군이라고도 함

서 인식된 관광 목적지군은 관광객이 늘 희망하는 장소이며 이것은 광고와 같은 외부자극이나 수동적으로 수집된 정보(Passive information catching)에 의한 것이다. 즉, 인식된 관광 목적지군은 의도적인 정보탐색의 결과로 얻어진 것이 아니다. 이에 반해 환기된 관광 목적지군은 인식된 목적지군이 현실적 제약요인에 의해 축소(고려)된 결과로 나타난 대안의 군(Set)으로서 능동적인 정보탐색을 통하여 이들 가운데에서 최종의 1개 목적지 선택이 결정된다는 것이다.

이 모델은 관광 목적지 마케팅을 함에 있어 유용한 시사점을 제시해 주고 있다. 예를 들어, 특정 도시 혹은 관광지가 관광객의 최종 여행목적지가 되기 위해서는 고객 환기상표군에 포함되어야 하고, 환기되지 않은 상표는 최소한 고려상표군(Consideration set: 상기 상표군 + 외적 정보탐색을 통해 얻은 상표군) 안에 포함되도록 해야 함을 시사한다.

5 구매 후 평가(Postpurchase evaluation)

구매의사결정과정의 마지막 단계는 관광경험을 평가하는 것이다. 대체로 관광경험 후 평가는 만족과 불만족으로 나타난다. 만족과 불만족은 관광객의 기억에 저장되어 향후의 구매와 타인의 구매결정에 긍정적 혹은 부정적 영향을 미치게 된다. 또한, 관광객은 여행 후 자신의 의사결정이 과연 잘한 것인가 하는 불안감 내지 의구심을 느끼게 된다. 이런 불안감을 구매 후 부조화(Postpurchase dissonance)라고 한다.

만족과 불만족은 서비스의 성과와 기대에 달려있는데, 이를 설명하는 이론이 기대불일치 이론(Expectancy disconfirmation theory)이다(그림 5-7 참조). 관광객은 관광활동에 앞서 특정의 기대감을 가지게 되는데 기대감과 실제 관광활동을 통한 경험(서비스의 성과)을 비교하여 서비스 성과가 기대에 못 미치면 부정적 불일치(Negative disconfirmation), 기대보다 성과가 크면 긍정적 불일치(Positive disconfirmation), 그리고 기대와 동일하면 단순일치(Simple confirmation)로 평가하게 된다. 따라서 관광경험이 자기의 기대수준에 이르거나 초과되면 만족할 것이고, 기대수준에 미치지 못하게 되면 불만족스러워 할 것이다.

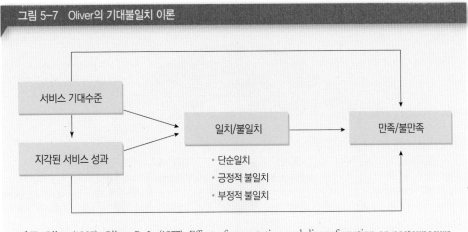

그림 5-7 Oliver의 기대불일치 이론

자료: Oliver(1997), Oliver R. L. (1977). Effect of expectation and disconfirmation on postexposure product evaluations-an alternative interpretation. Journal of Applied Psychology, 62(4), p.120.

 제3절 _ 관광객 구매의사결정 영향요인

관광객 행동은 사회가 발전해갈수록 복잡하고 다양한 요인들에 의해 영향을 받는다. 관광객은 관광서비스를 구매하는 소비자이기 때문에 관광객 자신만의 특성이나 심리적 요인뿐만 아니라 특정 사회의 문화와 그가 속한 사회계층, 가족, 준거집단 등에 의해 영향을 주고받는다(그림 5-8 참조). 관광객 행동은 복잡한 의사결정(목적지 의사결정, 목적지내에서의 의사결정, 이동에 관한 의사결정 등)을 수반하기 때문에

개인의 심리적 요인 혹은 사회문화적 요인만으로 설명하기 어렵다. 아래에서는 각 요인이 관광행동에 어떻게 영향을 미치는지에 대해서 설명한다.

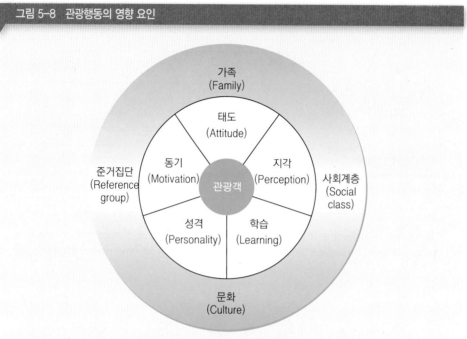

그림 5-8 관광행동의 영향 요인

자료: Mayo & Jarvis(1981). The psychology of leisure travel, Boston: CBI Publishing. p.120.

① 내적·심리적 요인

내적·심리적 요인에는 지각, 학습, 성격, 동기, 태도 등의 변수가 있다. 이들 변수가 어떻게 관광행동에 영향을 미치는지 그리고 마케팅 사례를 살펴보면 아래와 같다.

1. 지각과 관광행동

지각(Perception)이란 우리의 감각 수용기관(눈, 귀, 코, 입, 손가락)을 통해 들어오는 감각(빛, 색, 소리, 향기, 맛, 색)들을 선택하고 해석하는 과정이다. 예를 들면, 겨울에 내리는 하얀 눈은 차가움, 깨끗함, 순결함을 나타낸다고 가정하자. 이는 개인의 인식체계와 상황이 결부되어 "천사" 혹은 "사랑" 같은 의미 있는 해석을 내리게 된다. 이러한 해석은 주관적 기준에 따라 다르게 나타나며, 주관적 기준은 개인의 경험, 성격, 욕구, 관심정도, 동기 등에 따라 다를 수 있다.

지각은 자극에 대한 반응이라고 할 수 있는데 이러한 반응은 지각과정을 통해 형성된다. 지각과정은 선택, 조직화, 해석의 순서로 진행된다. 첫째, 지각적 선택이다. 이는 개인이 관심있는 것은 지각하고 관심 없는 것은 지각하지 않는 것을 말한다. 인간은 매일 수많은 자극에 노출되지만, 모든 자극에 반응하는 것이 아니라 자신이 관심 있는 것에만 반응하게 된다. 둘째, 지각적 조직화이다. 이는 선택된 자극이 하나의 이미지를 형성하는 과정이다. 조직화의 형태로는 근접성(Proximity)이나 유사성(Similarity)을 근거로 자극들을 하나로 묶는 경향의 집단화(Grouping) 원리, 불완전한 정보에 직면했을 때 이러한 불완전한 부분을 채워 전체로 지각하려는 폐쇄화(Closure) 원리, 개인이 하나의 대상을 지각할 때 선택된 그림(전경)과 배경을 구분하여 인식하는 그림(전경)-배경(Figure-ground)의 원리 등이 있다. 셋째, 지각적 해석이다. 지각적 해석은 일련의 과정을 통해 조직화된 자극들에 관한 판단의 결과를 의미한다. 해석은 주관적이기 때문에 개인에 따라 왜곡될 수 있어 지각적 오류가 발생한다.

지각은 관광객의 관광참여에 매우 중요하다. 예를 들어, 거리는 관광객들이 어떻게 지각하느냐에 따라 긍정적 또는 부정적 영향을 미친다. 거리가 멀수록 관광비용의 부담은 증대되고 지루함과 집으로부터 멀리 떨어진다는 불안감 때문에 관광활동의 제약요소로 작용한다. 하지만 장거리 관광을 위해 기울이는 노력이 즐거움으로 전환될 수도 있으며 미지의 세계에 대한 기대감은 관광 욕구를 더 강하게 할 수 있다. 장거리 승객을 위해 각 항공사는 영화, TV 프로그램, 음악, 게임, 미술쇼 등의 기내 엔터테인먼트에 심혈을 기울이고 있다. 그 이유는 장거리 승객의 지루함이나 불편함에 대한 부정적 지각을 감소시키기 위해서이다(사례 5-2 참조).

2. 학습과 관광행동

학습(Learning)은 과거의 경험으로부터 야기되는 비교적 영속적인 행동의 변화를 의미한다. 따라서 관광객의 학습은 관광서비스 제공자로부터의 다양한 판촉노력과 자신들의 구매경험을 바탕으로 생성된 새로운 행동이나 획득된 행동의 지속적 변화라고 할 수 있다. 학습은 관광객으로 하여금 기업과 서비스에 대하여 호의적 또는 부정적인 태도를 형성하도록 작용하며, 이러한 태도는 구매행동에 영향을 미치게 된다. 관광행동에 있어서

쉽고 빠른 의사결정이 이루어지는 것은 이미 경험에 의한 학습의 효과 때문이다.

마케터들은 여러 학습원리 중 자극일반화(Stimulus generalization)를 보편적으로 활용하고 있다. 자극일반화는 특정 자극에 대하여 학습된 반응을 유사한 다른 자극에 대하여도 나타내는 현상을 의미한다. 자극일반화 원리는 가족브랜드 구축(Family branding) 전략과 프렌차이징(Franchising) 전략에 있어서 중심적 역할을 하고 있다. 가족브랜드 구축(Family branding) 전략은 다양한 제품들이 한 회사명의 명성을 이용하는 것이다. Marriot International, Campbell's, Heinz와 같은 회사들은 다른 제품계열을 판매하기 위하여 그들의 긍정적인 기업이미지에 공존한다. 프렌차이징 전략은 다른 사람 혹은 기업이 잘 알려진 브랜드(혹은 이름)를 빌리는 것이다.

3. 성격과 관광행동

성격(Personality, 개성이라 불리기도 함)이란 타인과 구별되는 개인의 고유한 행동특성이다. 성격은 유전적으로 또는 환경이나 상황에 의해서 결정되는 것으로 알려져 있다. 따라서 성격은 일관성을 지니고 있는 반면 상황이 바뀌면 변화될 수 있는 특성도 지니고 있다. 이와 같이 성격은 어떤 환경적 요소에 의해 일관성 있는 반응을 보임으로써 관광객 행동을 설명하고 예측하는 데 도움이 된다.

관광행동은 관광객의 성격에 따라 다르게 나타난다. 즉, 관광객이 어떤 사람인지에 따라 여행도 달라진다는 의미이다. Plog(1974, 2001)는 관광객의 성격을 내향성(Psychocentric)과 외향성(Allocentric)으로 구분하면서 성격에 따라 여행에 대한 호기심, 위험 감수성, 여행기간, 관광활동, 여행빈도 등에 따라 그 차이점을 설명하였다(표 5-1 참조). 외향적 성격을 가진 사람은 심리적 에너지 수준이 높아 신나고 자극적인 경험과 강한 육체적 활동, 새로운 사람들과의 인간관계를 추구하는 여행을 선호한다(김명철, 2016). 반면 내향적인 사람은 스트레스를 주는 환경과 인간관계에서 벗어나 평온함을 느낄 수 있는 친밀한 소수와 사회적 관계를 중시하는 여행을 추구한다(김명철, 2016).

Solomon(2007)은 개인주의 성향(Idiocentric)과 집단주의 성향(Allocentric)을 가진 사람들 간에 여행과 엔터테인먼트에 대한 소비성향이 서로 다르게 나타난다고 주장하였다. 예를 들

사례 5-2 최신영화 잘 틀어주는…그 항공사 비행기에 타고싶다.

경제의 창_중요성 커지는 기내 엔터테인먼트

무성영화 프로젝터 상영하던 90여년 전 런던~파리 노선 시초

개인용 모니터 게임으로까지 발전

탑승객 77% 보는 영화는 특히 엄선

여객기 사고 편집 '에어라인버전'도 "전투기·헬기 사고 장면은 허용"

항공기 비행거리 늘어남에 따라 음악·TV 등 서비스 경쟁 거세져

틈틈이 국외로 여행을 떠나는 회사원 김지용 (30)씨는 '기내영화 마니아'다. 출국 날짜가 다가 오면 항공사 누리집에 들어가 기내 상영 영화 목록을 찾아보고, 그중 보고 싶은 영화 두세 편을 골라 휴대전화 메모장에 적어둔다. 지난 4월 터키 이스탄불로 향하는 항공기 안에서는 지난해 12월 개봉한 할리우드 영화 〈아쿠아맨〉을 재밌게 봤다. 김씨는 "비행기에서 볼 수 있는 영화는 최신작이 많아 한국에서 보고 싶었지만, 미처 못 본 영화들을 볼 수 있어 좋다"며 "기내에서 보고 싶은 영화가 많을수록 항공사 이미지까지 덩달아 좋게 느껴진다"고 말했다.

기내 영화 상영 1925년부터

비행기를 타고 떠나는 국외 여행에서 빼놓을 수 없는 재미는 항공기 안에서 즐기는 '기내 엔터테인먼트'(IFE)다. 기내 엔터테인먼트란 여객기 안에서 제공되는 영화·음악·게임·인터넷 등을 총칭하는 말이다. 좌석에 붙어있는 개인용 모니터를 이용하거나, 복도에 설치된 공용 모니터를 통해 영상을 보는 일 등이 모두 기내 엔터테인먼트에 해당한다.

기내 엔터테인먼트의 대표격인 영화는 1925년으로 거슬러 올라간다. 영국항공의 전신인 임페리얼항공이 1925년 4월 영국 런던~프랑스 파리 노선에서 프로젝터를 활용해 1912년 제작된 무성영화 〈잃어버린 세계 (The Lost World)〉를 상영해준 것이 기내영화의 시초다. 1961년 트랜스월드 항공을 시작으로 기내영화 상영이 보편화하기 시작했고, 좌석에 설치되는 개인 주문형 오디오·비디오 시스템(AVOD)이 등장하면서 여행에서 기내 엔터테인먼트를 이

용하는 이들은 점점 늘어나는 추세다.

2016년 국제항공운송협회(IATA)가 전 세계 145 개국 6920명의 승객을 대상으로 한 설문조사 결과를 보면, 취침(69%, 복수응답)보다 더 많은 77%의 응답자가 장거리 비행 때 영화감상을 하며 시간을 보낸다고 답했다. 대한항공 관계자는 "전체 탑승객의 99.9%가 비행하면서 짧게라도 기내 엔터테인먼트를 이용하고 있다"고 말했다.

항공기 추락·납치 영화는 불가

기내에서 틀 수 있는 영화는 '엄선'된다. 개방된 공간에서 보는 영화인만큼, 엄격한 기준을 거쳐 매월 60여 편의 상영목록을 선정한다는 게 항공업계 관계자들의 설명이다. 일반적으로 한국 영화는 극장 개봉 5개월 뒤, 할리우드 영화는 개봉 3개월 뒤 항공사에 배급된다.

우선 항공기에서 틀 수 없는 영화들이 있다. 폭력적·선정적 수위가 높은 영화는 상영되지 않는다. 어린아이들도 타고 있는 만큼 영화 수위를 고려할 수밖에 없다. 비행기가 추락하거나 납치되는 장면이 담긴 영화도 상영 금지다. 아시아나항공 관계자는 "항공기 테러를 비롯해 탑승상황과 직접적인 연상이 가능한 내용이 포함된 영화는 지양하고 있다"고 말했다. 다만 "여객기 사고를 다룬 영화는 제외하고 전투기, 헬기 사고 장면은 허용된다"(대한항공)고 한다.

여러 나라 승객이 이용하는 만큼, 특정 국가나 민족, 종교 등을 비하하는 내용의 영화도 틀 수 없다. 대한항공 관계자는 "특히 한국과 관련해 부정적인 내용의 영화는 상영하지 않는다"고 덧붙였다. 정치·사회적으로 논란이 될 수 있는 소재를 다룬 영화도 금지된다.

여러 제약조건에도 일부 장면을 편집해 극장판과 다른 '에어라인 버전'을 제공할 때도 있다. 베를린 영화제 금곰상과 아카데미 4개 부문을 휩쓴 더스틴 호프만, 톰 크루즈 주연의 1989년 영화 〈레인맨〉의 비행기 버전은 극 중 주인공이 항공사별 사고 날짜와 사망자 수를 줄줄 외는 장면이 편집된 채 상영됐다.

점점 커지는 기내 엔터테인먼트 시장

기내 엔터테인먼트의 중요성이 커지면서 각 항공사에서도 기내 엔터테인먼트에 힘을 주고 있다. 항공사·공항 서비스 평가 기관인 스카이트랙스의 '2018년 최고의 기내 엔터테인먼트' 순위를 보면, 1위 에미레이트항공은 4500개 이상 채널에서 영화와 티브이(TV)프로그램, 음악과 게임 등을 제공해 높은 평가를 받았다. 2020년에는 4케이(K) 화질의 모니터로 비디오 서비스를 제공할 예정이다. 국내 항공사 중에선 대한항공이 일부 할리우드 영화에 한글자막과 함께 영어자막도 함께 제공해 승객의 선택 범위를 넓혔으며, 아시아나항공은 타 항공사보다 한국 영화 편수가 많고, 아시아나 국제단편영화제의 경쟁부문 수상작과 화제작을 기내에서 상영하고 있다.

기내 엔터테인먼트를 중시하는 흐름은 앞으로도 이어질 것으로 보인다. 전국경제인연합회가 2016년 발간한 보고서는 "항공기의 비행거리 증가로 기내에서 보내는 시간이 길어짐에 따라 기내 엔터테인먼트 시장의 중요성은 점점 더 커지고 있다"며 "기내 엔터테인먼트 시장은 매년 15% 이상 성장해 2020년까지 연간 7조 원 규모에 달할 것으로 전망된다"고 분석했다. 한 항공업계 관계자는 "장거리 여행 수요가 늘어나고 다양한 항공사의 서비스를 접해본 승객들이 늘어나면서 항공사 간 기내 엔터테인먼트 경쟁도 거세지고 있다"며 "기내 엔터테인먼트가 그 항공사 이미지와 연결되기도 해, 기내 엔터테인먼트의 중요성은 더 커질 것으로 보인다"고 말했다.

자료: 한겨레신문(2019.9.18.)

어, 개인주의 성향이 강한 사람들은 집단주의 성향을 지닌 사람들보다 타문화와 여행에 대해 더 관심이 많고 영화, 예술관, 박물관에 가기를 더 즐겨 하는 것으로 나타났다.

1990년대에 인간의 성격(혹은 개성)을 무형의 브랜드에 부여하여 브랜드 개성(Brand personality)이란 단어가 등장하였다(Aaker, 1990). 인간은 본능적으로 사물에도 인간적 특성을 유추하는 경향이 있는데 그 대상을 브랜드에서 찾고 싶어 한다(Fournier, 1998). 브랜드 개성화는 관광객과 브랜드(예 관광지, 호텔 등)의 관계를 더 따뜻하고 친근한 인간적인 관계로 유도함으로써 유대감을 형성하는 데 도움이 된다(Belk, 1988). 따라서 브랜드 개성은 브랜드에 대한 느낌과 태도를 심층적으로 이해할 수 있게 함으로써 커뮤니케이션 활동의 유용한 도구로 활용된다. 〈사례 5-3〉은 싱가포르 항공사가 '싱가포르 걸' 혹은 '싱가 걸'이라 불리는 승무원으로 브랜드 개성화하여 강력한 이미지를 구축한 사례이다.

4. 동기와 관광행동

동기는 움직인다는 의미로 라틴어 '모베레(Movere)'에서 유래한 것으로 '움직이게 한다', '행동하게 한다'는 뜻을 가지고 있다. 흔히 동기라 하면 motive와 motivation의 두 가지 용어로 사용되는데 의미에 있어서 차이가 있다. 동기(Motive)는 특정 목표를 달성할 수 있도록 개인의 행동을 유발시키는 추진력을 가진 지속성 있는 내적 성향을 말한다(김소영 외, 2008). 동기부여(Motivation)는 동기가 활성화되어 개인의 행동을 유발시키는 과정을 뜻한다. 따라서 관광동기는 관광행동을 유발하는 여러 가지 추진력으로 정의할 수 있다.

대표적 동기이론은 Maslow(1970)의 욕구계층이론(Need Hierarchy Theory)이다. 욕구(Need)란 인간이 삶에 필요한 무언가를 원하는 것이다. 유사 개념인 욕망(Desire)은 구체적 욕구를 의미한다. 즉, 욕망은 인간의 삶에 필수적이지 않은 무언가를 원하는 것이다. 예를 들어, 등산하면서 갈증이 생기면 물을 마시고자 하는 것은 욕구이지만, 제주 삼다수, 아이시스 생수, 풀무원 생수, 동원 샘물같이 특정 브랜드의 물을 마시고자 하는 것은 욕망이다.

매슬로의 이론은 욕망이론 아닌 욕구이론이다. 매슬로에 따르면 인간은 무엇인가를 추구하면서 살아야 욕망의 노예로 전락하지 않고 심리적으로 건강하고 자신의 잠재성을 발휘하며 만족스러운 삶을 살 수 있다고 주장하였다(박선웅, 2020.9.9.). 가령, 매슬로의 '자기

사례 5-3 싱가포르 에어라인의 브랜드 개성 사례

강력한 브랜드 개성 사례

싱가 걸(싱가포르 걸)

싱가 걸(싱가포르 걸)

싱가포르항공의 역사는 말레이안항공 (Malayan Airways)이 싱가포르와 쿠알라룸푸르, 이포, 페낭을 연결하는 항공 서비스를 처음 시작했던 1947년으로 거슬러 올라간다. 1963년에 말레이시아항공, 1967년에 말레이시아-싱가포르 항공으로 명칭이 변경됐고, 1972년 말레이시아항공과 싱가포르항공 두 개의 회사로 분리되면서 지금의 싱가포르항공이 됐다. 싱가포르 항공이 말레이시아항공에서 분리됐을 당시에는 수많은 동남아시아 항공업계의 후발 주자 중 하나일 뿐이었다. 그러나 그들만의 혁신적인 브랜드 전략은 싱가포르항공의 브랜드 가치를 끌어올렸고 세계적인 항공사로 성장할 수 있는 바탕이 됐다. 특히 여성 승무원을 지칭하는 '싱가포르 걸'이라는 상징적인 아이콘을 통해 아우라 브랜드로서 명성을 구축할 수 있었다.

"그녀는 아시아의 바비인형 또는 하늘의 게이샤라는 별명으로 불린다. 머리손질과 화장을 공들여 하는 것은 흡사 안주인이 손님맞이를 위해 단장하는 것과 같다. 그녀는 항상 부드러운 미소와 아름다운 자태로 손님들에게 최고의 서비스를 제공하기 위해 노력한다. 그녀는 싱가포르 걸이다."

세계 최고의 서비스와 최신 기종으로도 유명한 싱가포르항공사는 '싱가포르 걸' 혹은 '싱가 걸'이라 불리는 싱가포르항공의 승무원으로 강력한 브랜드 개성을 확보했다. 싱가포르항공사는 수십 년 동안 지속적인 브랜드 전략을 통해 여성 승무원의 아시아적 호스피탈리티 (hospitality) 이미지를 보여주고 있다. 항공사의 서비스와 기술은 변했지만 그들이 추구하는 감성 이미지에는 변함이 없다. 특히 저가 항공사 출현으로 기내서비스를 담당하는 항공기 승무원의 위상이 점차 낮아지고 있는 상황에서도 싱가포르 항공사는 기내 승무원에게 지속적인 서비스 교육과 투자를 더욱 강화하고 있다.

싱가포르항공은 'Selecting the Right Girl' 이라는 모토 아래 항공사의 이미지에 부합하는 승무원을 채용하기 위해 한 달여 이상의 시간과 막대한 비용을 투자한다. 2011년 롯데호텔 서울에서 한국인 승무원 채용 인터뷰를 실시한 결과 약 300 대 1의 경쟁률을 기록했으며 서류심사, 그룹 인터뷰, 필기시험, 개별 인터뷰, 물 공포 테스트, 유니폼 적격 판정, 파티 매너 평가 및 건강검진을 통해 23 명의 승무원을 뽑았다. 2009년에는 20명을 채용할 계획이었지만 오직 9명만 선발하는 데 그쳐 인원보다는 원칙을 중요하게 여기 는 모습을 보여줬다. 선발된 후에도 싱가포르항공의 승무원은 4개월 동안 교육센터에서 F&B, 고객응대, 안전, 보안, 영어 등의 기본적 인 교육을 받는 것은 물론 일관된 이미지 형성을 위한 메이크업과 태도를 배운다. 전문가에게 헤어스타일과 메이크업 컬러(파란색 계열 혹은 갈색 계열)를 지정받는 것이 특징이다. 메이크업 카드에 자신이 사용하는 화장품의 상표 및 색깔 번호를 표기해 상시 휴대하고 이는 불시에 치러지는 평가 요소에 반영된다. 1972년 프랑스 오트 쿠트르 디자이너 피에르 발만은 사롱카바야라고 불리는 말레이시아 전통의상을 싱가포르항공의 유니폼으로 새롭게 디자인했다. 사롱카바야는 가느다란 허리선과 긴 목선을 부각시켜서 여성성을 강조하 는 유니폼이다. 특히 독특한 바틱

문양과 체형에 맞는 디자인은 싱가포르 걸과 함께 강력한 브랜드 개성을 창조해 세계적인 명성을 얻었다. 모든 승무원들은 네 번의 가봉과정을 거쳐 몸에 꼭 맞는 유니폼을 받을 수 있다. 비정기적으로 신체 치수를 측정하기 때문에 승무원들은 몸매관리에도 각별히 신경을 쓴다.

자료: 서용구(2013). 스타벅스 오고만 봐도 커피향이 느껴진다. 동아비즈니스리뷰, 131호(6월), Issue2에서 재인용

실현'은 욕구이지 욕망이 아니라는 점이다. 자기실현은 사람이라면 누구나 추구해야 마땅한 목표이지 경제적 혹은 시간적으로 여유 있는 사람이 추구하는 사치스러운 욕망이 아니다.

매슬로에 의하면 욕구는 심리적, 사회적, 혹은 신체적 결핍상태를 의미하는데 결핍상태가 충족되면 더 이상 동기유발의 원인으로 작용하지 않는다. 즉, 충족되지 못한 욕구만이 행동을 유발하는 동기가 된다는 것이다. 따라서 매슬로의 욕구계층이론은 동기이론이라고도 불린다.

Maslow는 인간의 욕구는 다섯 가지 욕구로 구성되며 저차원의 욕구(생리적 욕구)에서 고차원의 욕구(자아실현의 욕구)로 실현이 된다고 주장하였다(그림 5-9 참조). 하지만, 관광동기는 여러 차원을 동시에 추구할 수 있다. 예를 들어, 금강산 관광은 관광이라는 자아실현의 욕구충족은 물론 헤어진 가족과의 상봉 같은 애정의 욕구를 동시에 충족시킬 수 있다. 각 단계별 욕구의 내용을 살펴 보면 다음과 같다.

- 생리적 욕구(Physiological needs) 가장 기초적인 의식주에 관한 욕구에서 성적 욕구까지 포함한다.

- 안전의 욕구(Safety needs) 생리적 욕구가 충족된 후에 나타나는 욕구로서 위험, 위협, 추위, 질병, 박탈로부터 자신을 보호하고 불안을 회피하고자 하는 욕구이다.

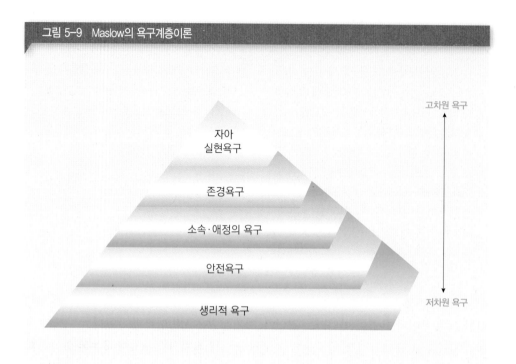

그림 5-9 Maslow의 욕구계층이론

자아
실현욕구

존경욕구

소속·애정의 욕구

안전욕구

생리적 욕구

고차원 욕구

저차원 욕구

자료: Maslow, A. H. (1970). Motivation and personality(2nd ed.). New York: Harper & Row.

- 사회적/소속/애정의 욕구(Belongingness and love needs) 인간의 사회적이고 사교적인 동료
  의식을 조성하기 위한 욕구로서 애정, 귀속, 우정, 사랑 등을 포함한다.

- 존경의 욕구(Esteem needs) 타인에게 인정받고자 하는 욕구이다.

- 자아실현의 욕구(Self-actualization needs) 계속적인 자기발전을 위하여 자신의 잠재력을
  최대한 발휘하려는 욕구로서 알고 이해하려는 인지적 욕구 그리고 심미적 욕구 등
  이 포함되어 있다.

매슬로의 욕구를 관광관련 행동과 관련시켜 보면 〈표 5-5〉와 같다. 생리적 욕구와 관련
한 관광행동은 일상생활로부터의 탈출이나 긴장완화가 주목적이며 대표적인 예로 맛집
탐방 등을 들 수 있다. 자아실현의 단계에 있어서의 관광행동은 여행을 통한 자기발견 등
과 관련 있는데 답사나 탐험여행 등을 들 수 있다.

표 5-5 매슬로의 욕구 단계별 관광유형

욕구단계	관광관련 행동
생리적 욕구	음식관광(맛집탐방)
안전의 욕구	호텔숙박, 패키지 관광
소속·애정의 욕구	가족방문, 국제회의 참가
존경의 욕구	럭셔리관광, 크루즈관광
자아실현의 욕구	탐험여행, 취미여행, 답사

5. 태도와 관광행동

태도(Attitude)는 Fishbein(1966)과 Allport(1935)의 정의가 널리 인용되고 있다. Fishbein은 개인이 한 대상에 대하여 긍정적 또는 부정적 평가나 일반적인 느낌의 정도로 정의하였다. Allport는 한 대상물 혹은 대상군에 대하여 일관성 있게 호의적 또는 비호의적으로 반응하려는 학습된 선유경향[3]으로 정의하였다.

관광객의 태도는 관광서비스 상품이나 서비스 제공자에 대하여 생각하고, 느끼고, 행동하려는 것을 반영하는 것이므로 자신의 행동결정에 중요한 역할을 하게 된다. 따라서 관광서비스 제공자는 관광객의 구매 전뿐만 아니라 구매 후에도 자사의 상표 혹은 상품에 대한 태도를 긍정적으로 변화시키기 위해 많은 노력을 하고 있다. 또한, 관광객의 마음속에서 의심을 불러일으키게 하는 경쟁적 광고에 대응하거나 서비스에 대한 부정적 경험을 무마시킴으로써 태도 변화를 유도한다.

가령, 한 관광자가 특정의 여행사를 통해 여행을 하였다 가정하자. 그 여행자는 자신의 여행경험을 개인의 블로그 혹은 이용한 여행사의 홈페이지에 긍정적인 평가의 내용은 게재하였다면 그 여행자는 여행상품을 판매한 여행사에 대한 호의적 태도를 형성하였다고 할 수 있다. 여행경험은 제3자로 하여금 동일 여행사를 결정하는 데 중요한 요소로 작용한다. 만약 불평에 대한 댓글이 있다면 여행사는 그 불평에 대한 즉각적인 후속조치를

---

3) 선유경향(predisposition): 개인이 특정 사실 혹은 대상에 대하여 미리 가지고 있는 선입견

취함으로써 그 여행자로 하여금 호의적인 감정을 가지도록 태도변화를 시킬 필요가 있을 것이다.

② 사회·문화적 요인과 관광행동

관광행동에 영향을 미치는 사회·문화적 변수에는 가족, 사회계층, 문화, 준거집단 등이 있다. 이들 요인들은 마케터가 통제할 수 없는 것들이지만 관광행동, 특히 의사결정에 중요한 영향을 미친다.

1. 가족과 관광행동

가족은 혼인과 혈연관계를 맺고 함께 살아가는 사회단위로 정의된다. 가족과 함께 사용되고 있는 유사용어로 가구(Household)가 있는데, 가구는 거주와 생계를 같이 하는 사람들로 혼인이나 혈연관계와는 무관한 사람들을 지칭한다.

가족이 관광객 행동에서 중요시되는 것은 개인의 행동에 대한 그 영향이 지배적이기 때문이다. 가족은 서로 직접접촉을 통해 친밀감을 유지하고, 상호보완력이 강하며, 규범의 준수뿐만 아니라 개성, 태도, 동기에 큰 영향을 주기 때문에 관광객 행동에 직접적인 영향을 미친다. 가족은 하나의 경제단위(例 소비 주체)로서 그들의 욕구충족을 위해 서비스나 상표 그리고 그것을 언제, 어디서, 얼마만큼 구입해서 어떻게 소비할까 등을 공동으로 결정한다. 관광서비스 기업이 가족을 개개의 성원이 아니라 하나의 의사결정단위로 다루고 있는 이유가 여기에 있다.

관광상품과 서비스 구매에 있어서 가족 구성원들의 역할과 영향력이 서로 다르므로 관광마케팅 담당자들은 누가 더 많은 영향력을 미치는가에 큰 관심이 있다. 즉, 의사결정과정에서 가족 구성원들은 서로 다른 역할을 수행하고 있는데 한사람이 여러 가지 역할을 중복하여 수행하기도 한다. 예를 들면, 중·고등학생 자녀를 둔 가정에서 여름휴가를 함께 갈 경우 여행목적지 결정에 많은 영향을 미치는 사람은 자녀(영향자)이고 돈을 지불하고 상품을 실제로 구매하는 사람은 부모(의사결정자 및 구매자)이다.

관광행동 관련 의사결정시 가족의 성 역할(Sex roles)도 중요하다. Ropper Starch

Worldwide에서 실시한 연구에 따르면, 식료품, 아이들의 장난감, 의류 등은 주로 주부 단독 결정으로 그리고 휴가여행, 자동차, 집, 가전, 실내장식 등과 같은 품목들의 구매결정은 부부 공동으로 주로 이루어지는 것으로 나타났다. 주택구매나 여행과 같이 지각된 위험이 크고 가족 구성원 모두에게 중요한 의미가 있는 경우 불확실성과 위험을 감소시키기 위하여 부부 공동의사결정을 할 가능성이 커진다.

2. 사회계층과 관광행동

사회계층은 소득, 사회적 지위, 그리고 그에 따른 가치관이 서로 비슷한 사람들로서 구성된다. 동일한 사회계층 내에서는 비슷한 생활양식을 갖게 됨으로써 가치관, 대인관계 또는 자아의식에까지 영향을 주어 다른 계층과 구별된다. 경우에 따라서 계층 간에 상당한 차이를 보일 수 있다. 어떤 직업은 소득수준 면에서 훨씬 높은 다른 직업과 동일한 태도와 가치관을 가짐으로써 같은 계층에 속할 수 있다.

사회계층에 따라서 관광에 대한 개인의 지각은 달라진다. 중산층에 속한 사람들은 보통 하위층에 속한 사람들보다 세상에 대해 폭넓은 관점과 그에 대한 자기만의 위상을 가지고 있고, 국가적 행사나 세계적 사건에 대해 자기 스스로 직접 또는 간접적으로 관련이 있으며, 외부로부터의 자극에 대해 더 자신감을 가지며, 모험적으로 위험에 대처하는 경향이 있다(Gans, 1982). 결국 중산층은 하위층보다 여행에 더 관심을 갖게 된다고 볼 수 있다. 하위층에 속한 사람은 보통 주변 세상의 위협적인 측면을 강하게 지각하고 있는 경향이 있기 때문에 장거리 목적지로 여행하는 것을 무익하고 흥미 없는 것으로 느낄 수 있다. Loudon과 Della Bitta(1986)는 상류층일수록 여가시간의 선용과 여가활동에 적극적이며 관광여행, 공원, 박물관, 스포츠 활동 등에 많은 여가시간을 소비한다고 주장하였다.

3. 문화와 관광행동

문화(Culture)란 국적, 종교, 지역 등이나 민속, 법률, 풍속 등과 같이 특정 사회가 가지고 있는 가치관, 태도, 삶의 방식 등을 통틀어 말한다. 문화는 사람의 행동에 결정적 영향을 주기 때문에 사람들의 몸에 밴 문화적 습성이 상품을 선택할 때 영향을 미치게 된다. 하위개념의 하위문화(Subculture)는 한 문화권의 이질적 특성을 가진 세분화된 문화집단으로

그림 5-10 경남 함안군 강주마을 해바라기축제

자료: 경남도민신문(2023.6.28)

국적, 종교, 인종, 지역 등의 요인에 의해 공통된 신념, 가치, 태도, 습관, 전통 및 행위규범을 가지게 된다.

문화에 대한 이해는 관광객의 행동을 이해하는 데 필수요소이며 마케팅 전략수립에 있어서도 매우 중요하다. 예컨대, 유대인은 돼지고기를 먹지 않으며 힌두교인들은 소고기를 먹지 않는다. 이들 종교를 가진 관광객이 국내여행을 할 경우 이러한 식생활 습관에 대한 이해는 관광가이드 등에게는 필수적이다. 종교적 하위문화의 경우 종교에 따라 소비자의 가치가 달라진다. 청교도의 근검주의가 그 좋은 예이다.

지역문화도 한 국가 전체 문화와 견주어 볼 때 하나의 하위문화이다. 지역문화란 특정 지역에서 형성된 독특한 문화현상(예 풍습, 의식, 생활방식 등)을 의미한다. 다민족 국가일수록, 지리적 단절이 심할수록, 국토의 범위가 넓을수록 다양한 지역문화가 발달할 수 있다. 지역문화는 지역의 고유성과 정체성을 유지함으로써 지역주민의 통합을 원활하게 하며, 지역축제와 같은 관광자원이 개발됨으로써 지역사회의 발전에 이바지하는 긍정적 기능을 하게 된다. 마을축제와 같은 지역문화 행사는 관광객에게 볼거리와 즐길거리를 동시에 충족시켜 주는 중요한 관광자원이 되고 있다. 2013년부터 열리고 있는 함안군 강주마을

의 해바라기 축제는 주민들이 자발적으로 만들어 낸 성공사례이다. 작은 시골동네 강주마을은 2013년 주민들이 동의를 얻어 마을 유휴지에 처음 해바라기를 심고 '해바라기축제'를 연 것이 오늘에 이르고 있다.

4. 준거집단과 관광행동

준거집단(Reference group)은 개인이 자기의 행위나 규범의 표준으로 삼는 집단을 의미하지만, 개인이 소속되어 있는 집단과 반드시 일치하지 않는다. 준거집단은 특정의 가치, 태도 형성, 행동에 있어 개인의 비교점이 되는 집단을 의미하므로 개인에게 중요한 정보원으로서의 역할을 수행한다. 따라서 인간의 행동에 강하게 영향을 미치는 집단이다. 학교동료, 직장동료, 종교집단, 동호회 등이 대표적 예이다.

개인은 준거집단 구성원들의 행동과 의견을 참조하여 자신의 태도나 행동을 결정한다. 따라서 광고나 판매원과 같은 상업적 정보의 원천보다는 친구나 가족과 같은 개인적원천으로부터 나오는 정보를 더 신뢰한다. 개인적 원천은 상업적 원천보다 신뢰성이 크며 특히 신제품의 구매에서 매우 중요하다. 예를 들면, 해외여행 무경험자는 동호회원이 제공하는 여행정보에 높은 신뢰를 보인다. 요즈음 개인 혹은 커뮤니티에 의해 SNS로 제공되는 많은 관광관련 정보가 신뢰성이 낮아 관광객의 불만이 커지고 있다(사례 5-4 참조)

 사례 5-4 해외여행 정보, 신뢰할 수 있는 정보가 중요하다!

회사원 유용철(가명, 31세) 씨는 지난 여름 휴가를 맞아 친구들이 추천해준 싱가포르를 자유여행하였다. 여자 친구와 함께 떠난 유씨는 카페, 블로그, 페이스북 등의 온라인상의 정보들을 이용하여 여행 스케줄을 세웠다. 만족스러웠던 여행을 하던 도중 유

씨와 여자친구는 큰 실망을 하는 사건을 겪게 되었다. 평소 '칠리크랩'을 좋아했던 유씨는 이번 싱가포르 여행의 큰 즐거움 중 하나가 싱가포르의 대표 먹거리인 '칠리크랩'을 현지에서 먹어보는 것이었다. 때문에 싱가포르 내 맛집을 찾아 카페와 블로그

를 검색하여, 다녀온 여행자들의 후기를 따라 자신이 갈 음식점을 미리 선정하였다. 하지만 이 음식점을 실제로 방문한 유씨는 매우 큰 실망을 하였다. 음식점의 인테리어와 분위기는 과장된 연출이었고, 특히 후기에 칭찬으로 가득했던 '칠리크랩'의 맛은 국내의 음식점보다 형편없을 정도로 맛이 없었다.

여행을 마치고 실망감도 함께 얻은 채 돌아온 유씨는 본인이 방문한 '칠리크랩' 음식점이 국내유명 포털 사이트에서 운영 중인 카페와 블로그에 후기성 광고 활동을 하는 것을 알게 되었다. 자신이 읽었던 콘텐츠가 모두 광고 글이었던 것을 깨닫게 된 것이다.

자영업자인 박성일(가명, 37세)씨는 최근 크리스마스를 맞아 모처럼 시간을 내어 아내와 중국 상하이로 자유여행을 다녀왔다. 박씨는 호텔을 예약하기 위해 유명 호텔가격 비교 사이트를 이용하였다. 호텔 사용 후기와 평점이 높고 상대적으로 적당한 가격의 상하이 내 호텔을 예약하였다. 하지만 실제로 중국 상하이에 도착하여 호텔에 방문해 보니 실망을 할 수밖에 없었다. 호텔가격 비교 사이트에 나와 있는 내용과는 다르게 방도 깨끗하지 않았고, 호텔 직원들의 서비스도 불친절하였다. 여행에서 돌아온 박씨는 호텔가격 비교 사이트에 올라온 자신이 머물던 호텔의 후기가 돈을 받고 작성된 광고 글인 것을 알게 되었다.

이처럼 소비자들은 비슷한 상황의 다른 소비자가 올린 후기 정보를 신뢰하고 접근하게 된다. 특히, 해외여행 정보는 쉽게 얻을 수 있는 정보가 아니므로, 다녀온 사람의 후기에 의존하게 되는 경우가 대부분이다. 이런 점을 이용하여, 해외의 업체들은 바이럴 마케팅의 일종으로 블로그와 카페 등을 활용한 후기성 광고를 진행한다. 이러한 광고 콘텐츠가 인터넷상에 널리 퍼져 있게 되니, 이게 광고인지, 신뢰할 수 있는 정보인지 구분하기가 어려워졌다.

최근 이러한 해외여행 시 발생할 수 있는 문제를 보완해 줄 수 있는 사이트가 오픈되어 주목을 받고 있다. 이 사이트는 세계 각국의 관광청에서 직접 자국의 여행정보를 제공하므로 해외여행을 계획 중이라면 참고할 만한 사이트이다.

해외여행 정보 공유 커뮤니티인 로케통에서는 광고가 아닌 그 나라를 대표하는 관광지 정보를

출처: 호주관광청

통해 여행객 자신에게 맞는 계절별 행사 혹은 여행지를 검색하고 정보를 얻을 수 있다. 현재는 일본과 싱가포르의 정보만 올라와 있지만 점차 많은 국가의 여행정보가 업데이트될 예정이라고 하니 여행을 준비하는 사람들은 수시로 확인해보면 좋을 것이다.

자료: 디지털조선일보(2016. 1. 19.)

토 론 주 제

1. 관광자와 비관광자의 차이점

2. 관광자 유형에 따른 마케팅 전략

3. 관광객 행동이해의 중요성

4. 관광객의 태도변화 전략

5. 실제 사례를 통한 관광자 의사결정과정

6. 일반 소비자와 관광자의 구매의사결정의 차이점

7. 여행경험 긍정 댓글 혹은 부정 댓글 사례

참 고 문 헌

강명구·남은영(2017). 한국에 대한 요우커들의 시선과 여행 체험. 아시아리뷰, 6(2), 201-248.

경남도민신문(202.6.28). 함안군 제11회 강주해바라기 축제 개최. http://www.gndomin.com/news/articleView.html?idxno=358067

김광근 외(2007). 최신 관광학. 백산출판사.

김명철(2016). 여행의 심리학. 어크로스: 서울.

디지털조선일보(2016.1.19.). 해외여행 정보, 신뢰할 수 있는 정보가 중요하다! http://businessnews.chosun.com/site/data/html_dir/2016/01/19/2016011903563.html

박선웅(2020.9.9.). 조직을 위한 심리학 2: 결핍동기 vs. 성장동기. 내 삶의 심리학 mind, http://www.mind-journal.com/news/articleView.html?idxno=1044

서용구(2013). 스타벅스 오고만 봐도 커피향이 느껴진다. 동아비즈니스 리뷰, 131호(6월), Issue2

송인섭 외(2000). 교육심리학. 양서원.

오정준(2023). 관광객-여행자 이분법 넘기. 한국지리학회지, 12(1), 181-197.

이코노미조선(2016.6월호). 문화 통해 음식, 뷰티, 관광 등 다른 부가가치 창출 경제 효과 5,500억 원… 중소기업 해외진출 실질지원.

일간NTN(2008.7).금강산 관광, 새시대 열고 큰 점프. http://www.intn.co.kr/

한겨레신문(2019.9.18.). 최신영화 잘 틀어주는…그 항공사 비행기에 타고싶다. https://www.hani.co.kr/arti/economy/marketing/910037.html

한국경제신문(2008.5). 맛있는 온도 즐거운 미각 …외식업계 '온도 레시피' 마케팅.

Aaker, D. A. (1990, September). How Will The Japanese Compete In Retail Services?, California Management Review, 33, 54-67.

Aaker, J. (1997). Dimensions of brand personality. Journal of Marketing Research, 34(August), 347-356.

Allport, G. W. (1935) Attitude. In C. A. Murchison, ed., A Handbook of Social Psychology. Worcester, MA: Clark University Press, pp. 798-844.

Belk, R. W.(1988). Possessions and the extended self. Journal of Consumer Research, 15 (2), 139-168.

Canadian Government Travel Bureau, 1971); E. J. Mayo & L. P. Jarvis, The Psychology of Leisure Travel(Boston: CBI, 1981).

Cohen, E. (1972). Toward a sociology of international tourism. Social Research, 39(1), 164-183.

Engel. J .F., Blackwell, R. D & Miniard. P. W. (1986). Consumer behavior. 5th ed. (New York: The Dryden Press.

Fishbein. M. (1966). The relationship between beliefs, attitudes and behaviors, reprinted in research in consumer behavior, eds. David T. Kollat, Roger D. Blackwell and James F. Engel, New York, NY: Holt, Rinehart and Winston, 1970, 216-235.

Fournier S.M.(1998). Consumers and their brands: Developing relationship theory in marketing. Journal of Consumer Research, 24(3), 343-373.

Gans, H. (1982). The urban villagers: group and class in the life of Italian- Americans. New York: Free Press.

Horner,S., & Swarbrooke, J.(2011). Typologies of tourist behaviour and segmentation of the tourism market. In Consumer behavior in tourism(4th Ed.). Francis & Taylor.

Loudon, D.; & Della Bitta, A. (1986). Consumer behavior: Concepts and applications, McGraw-Hill New York.

Maslow, A. H. (1970). Motivation and personality(2nd ed.). New York: Harper & Row

Mayo, E. & Jarvis, L. (1981). The psychology of leisure travel: Effective marketing and selling of travel services, Boston: CBI Publishing Co., Inc. pp. 88-128.

OECD(1996). OECD Tourism statistics: Design and application for Policies.

Oliver R. L. (1977). Effect of expectation and disconfirmation on postexposure product evaluations-an alternative interpretation. Journal of Applied Psychology, 62(4), 480-486.

Pearce, P. L. (1992). Fundamentals of tourist motivation. In D. G. Pearce and R. W. Butler.

Piuchan, M.(2018). Plog's and Butler's models: A critical review of psychographic tourist typology and the tourist area life cycle. TURIZAM, 22(3), 95-106.

Plog, S. C. (1974). Why destination areas rise and fall in popularity. Cornell Hotel and Restaurant Administration Quarterly, 14(Feb.), 55-58.

Plog, S.(2001). Why destination areas rise and fall in popularity: An update of a Cornell Quarterly Classic. Cornell Hotel and Restaurant Administration Quarterly, 42(3), 13-24.

Smith, V. (1977). Hosts and guests: The anthropology of tourism. Philadelphia: University of Pennsylvania Press.

Solomon, M. (1995). Consumer behavior(3rd ed.). New Jersey: Prentice Hall.

Solomon, M. R. (2004). Conwumer behavior.(6th ed.) Pearson prentice Hall.

Triandis, H. C. (1988). Collectivism versus individualism: A reonceptualization of a basic concept of cross-cultural psychology. In G. K. Verma & C. Bagley(Eds.), Cross-cultural studies of personality, attitudes and cognition. London, England: Macmillan.

Um. S. & Crompton. (1990). Attitude determinants in tourism destination choice. Annals of Tourism Research, 17(3), 432-448.

World Tourism Organization(1995). Concepts, definitions, and classifications for tourism statistics. Madrid

WTO(1994). Recommendations on tourism statistics.

CHAPTER **06**

관광자원

- 관광자원의 개념을 정의할 수 있다.
- 관광자원의 구성요소를 설명할 수 있다.
- 관광자원의 분류체계 변화성을 설명할 수 있다.
- 우리나라 관광자원의 유형별 특징을 설명할 수 있다.
- UNESCO 세계유산의 가치와 의미를 설명할 수 있다.

Principles Of Tourism

관광자원은 인간을 중심으로 둘러싸고 있는 삼라만상의 총체이며 관광구조를 구성하는 기본요소 중의 하나이다. 관광자원은 자연적인 것, 인문적인 것, 이 양자가 복합된 것 등을 포함한다. 관광자원은 관광소비자가 이용하거나 소비함으로써 원형이 없어지거나 모양이 달라지는 것도 있지만 관광자원을 적정하게 이용한다면 소모되지 않는 것도 있다. 본 장(章)에서는 관광자원의 특징과 가치 그리고 다양한 관광자원을 분류해 보고 종류별 특징을 살펴본다. 또한, 관광자원으로서의 가치와 인류역사의 정체성을 반영하는 세계유산에 대해 살펴 본다.

제1절 _ 관광자원의 개념

관광지의 발전은 관광대상이 되는 관광자원의 유무 및 개발 여하에 따라 좌우된다. 따라서 개별 관광지는 기존 관광자원의 유지와 새로운 관광자원의 창조를 통해 보다 많은 관광객을 유치하기 위해 치열한 경쟁을 하고 있다. 특히, 지역의 특성을 나타내는 차별적 관광자원의 개발은 매우 중요하다. 본 절에서는 일반적인 자원의 의미, 관광자원의 개념 그리고 관광자원의 가치결정요인 등에 대해서 살펴본다.

1 자원의 개념

일반적으로 자원이라 함은 자연에서 얻을 수 있는 석탄, 석유, 식량 등과 같은 자연적 자원뿐만 아니라 실제로 인간이 살아가기 위하여 필요에 따라 이용할 수 있는 모든 것을 의미한다. 자원은 바다와 같이 거대한 것에서부터 미생물에 이르기까지 그 크기가 다양하며 특정한 형태를 지니고 있는 것도 있고 없는 것도 있다. 또한, 자연상태에서 생성된 것도 있고 인간에 의해 만들어진 것도 있다.

하지만 자원이라 함은 어떠한 형태로든 인간의 이용을 전제로 하며 인간의 욕구를 충족시킬 수 있는 것이어야 한다. 즉, 인간생활에 효용가치[1]가 있으면서 기술적, 경제적으로 개발이 가능한 자연물이어야 한다. 자원은 또한 사람들의 문화와 경제적 수준, 과학기술의 발전 등 시대에 따라 변하기 때문에 상대적이고 가변적이다.

② 관광자원의 개념

관광자원을 이해하기 위해서는 관광대상과 관광자원의 차이를 이해하는 것이 중요하다. 관광대상은 관광객의 욕구를 불러일으키거나 충족시키기 위한 객체를 총칭해서 부르는 말이다. 따라서 관광대상은 관광자원 뿐만 아니라 관광사업체가 제공하는 시설 및 서비스 등을 포함하는 포괄적 개념인 것이다. 관광대상과 관광자원의 관계를 관광구조를 통해 설명하면 〈그림 6-1〉과 같다. 관광구조는 관광주체(관광자), 관광객체(관광자원), 그리고 관광매체(관광사업)로 구성되어 있다. 이 세 가지 요소 중 관광대상은 관광자가 보고자 하거나 그들을 끌어들여 욕구를 충족시켜 주는 관광객체 그리고 관광주체와 관광객체를 연결해 주는 관광매체를 포함한다.

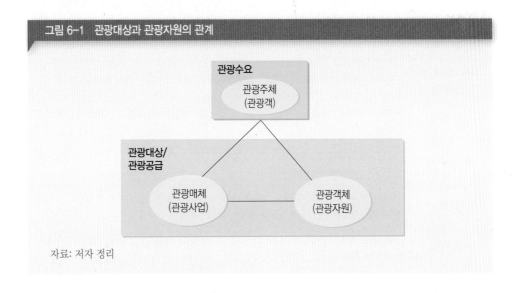

그림 6-1 관광대상과 관광자원의 관계

관광수요

관광주체
(관광객)

관광대상/
관광공급

관광매체
(관광사업)

관광객체
(관광자원)

자료: 저자 정리

---

1) 효용(utility)이란 개인의 어떤 욕구에 대한 주관적 만족도를 의미한다.
   가치(value)는 어떤 행위나 사물의 상대적 중요성을 나타내는 척도다.

관광자원은 관광객의 주관에 의해서 그 가치가 결정된다. 어떤 의미에서는 모든 대상
이 관광자원으로서의 가치를 가지고 있다고 말할 수 있다. 관광자원의 범위가 복잡·다
양해지고 있기 때문에 관광자원에 대한 명확한 정의를 내리기가 매우 어렵다. 〈표 6-1〉과
같이 관광자원의 정의를 종합적으로 볼 때, 이장춘과 쓰다노보루 등은 관광객 욕구 내지
동기를 중시하고 있고 우락기, 김홍운, 고다니이시다 등은 관광자원의 범위를 강조하고
있다(동남레저연구소, 2006). 또한, 이장춘, 안종윤 등의 정의는 관광자원의 성격을 그리고 김홍
운은 사회구조나 시대변화를 고려하고 있다.

국·내외 학자들의 관광자원에 대한 정의를 바탕으로 관광자원의 개념적 특성을 요약
해 보면 다음과 같이 여섯 가지로 정리될 수 있다(김홍운, 1997, 감광근 외, 2007; 채서묵, 2003).

- 관광자원은 관광객의 욕구나 동기를 유발하는 유인성 혹은 매력성을 지니고 있다.
- 관광자원은 개발이라는 인위적 행위를 통해서 관광대상이 된다.
- 관광자원은 자연자원, 인문자원, 유형자원, 무형자원 등 그 유형이 다양하다.

표 6-1 **학자별 관광자원의 정의**

학자명	정 의
쓰다노보루 (津田昇, 1969)	관광객이 관광동기·관광욕구의 목적물로 삼는 관광대상
고다니이시다 (小谷達男)	관광객의 관광동기나 의욕을 충족시키고 관광행동을 일으키게 하는 유·무형의 관광대상
김병문(1998)	관광자의 여행목적물로서 지역의 의식주, 생업, 신앙, 연중행사와 무형의 전통적 풍습이나 관습의 총칭
김홍운(1994)	관광행동을 유발시키는 유인성과 개발을 통하여 관광대상이 되고 자연과 인간의 상호작용의 결과이며, 사회구조와 시대에 따라 가치가 달라져 보호 또는 보존이 필요한 것
이장춘(1997)	관광동기를 충족시켜 줄 수 있는 생태계 내의 유·무형의 제자원으로서 보호·보존하지 않으면 가치를 상실하거나 감소할 성질을 내포하고 있는 자원
우락기(1988)	관광여행을 불러일으키는 주요인으로서 자연과 인간이 혼연일체된 조화체, 즉 관광의 대상이 될 수 있는 물체
안종윤(1985)	개발함으로써 관광의 대상으로 삼을 수 있으며 또한 보존·보호하지 않으면 훼손되고 감소되는 자원

자료: 김광근 외. 최신관광학. 백산출판사, 2007, p.138를 바탕으로 재구성.

- 관광자원은 사회구조나 시대에 따라서 가치를 달리한다.
- 관광자원은 보존 또는 보호를 하지 않으면 그 가치가 감소되거나 훼손된다.
- 관광자원은 관광객 욕구충족 뿐만 아니라 일반시민(예 지역주민)의 삶의 질을 높여주는 다목적 기능을 한다.

3 관광자원의 가치결정 요인

관광자원은 관광객의 관심과 즐거움을 제공해 주기 때문에 그 의미가 매우 중요하며 서비스와 같이 잘 포장되면 경제적 가치는 무궁무진하다. 따라서 관광자원의 가치에 대한 인식은 관광대상으로서 관광객을 유인하고 그로 인한 부가가치 창출을 도모하는 데 밑거름이 된다. 관광자원의 가치를 결정하는 요인은 다양하나 여기서는 Burkart와 Medlik(1982)가 제시한 다섯 가지 요인을 중심으로 살펴본다.

1. 접근성(Accessibility)

접근성은 관광객의 거주지에서 목적지까지의 근접성을 의미하는 것으로 관광객의 행동에 많은 영향을 준다. 관광객은 보통 물리적인 거리보다는 시간과 비용에 의한 경제적 거리 나아가서는 관광동기에 따른 심리적 거리에 의해서 관광자원에 접근하게 된다. 관광자원이 훌륭한 매력성을 가지고 있을지라도 쉽게 접근할 수 없으면 관광자원으로서의 가치를 지닐 수 없다. 관광객에게 즐거운 여행이 되기 위해서는 물리적 거리보다 심리적 거리를 줄이는 것이 무엇보다 중요하다. 이러한 심리적 거리를 줄이기 위해서 관광기업들은 다양한 서비스나 이벤트를 제공하고 있다.

2. 매력성(Attractiveness)

매력성은 관광객을 유인할 수 있는 흡인력(유인성)을 의미한다. 다양한 관광자원들이 집중되어 있을수록 매력성이 커지게 된다. 관광은 즐거운 경험을 하고자 하는 욕구를 충족시켜야 하기 때문에 오락성이 매우 중요하다. 관광경험에 있어 오락성은 관광의 매력성을 높이는 데 필수적인 요소이다. 그리고 관광자원의 매력성은 거리에 반비례하기 때문

에 많은 관광객을 유인하기 위해서는 자원의 매력성을 높이거나 혹은 접근성을 높이는 것이 중요하다.

3. 이미지(Image)

이미지는 한 사람 또는 집단이 어떤 대상(사물 혹은 사람)에 대해 갖고 있는 일련의 신념이기 때문에 행동을 유발하는 동기의 역할을 하게 된다. 관광목적지의 이미지는 관광지 선택 과정과 관광객의 선택행동에 있어서 중요한 역할을 하고 있다. 관광 선진국이 되기 위해서는 경쟁국과의 차별적 이미지를 형성해 나가야 함은 물론 한국의 독특한 매력을 즐길 수 있는 관광목적지로 포지셔닝하는 노력이 필요하다.

4. 관광시설(Tourism facilities)

관광시설이란 숙박시설, 유원시설, 휴게시설, 식당시설, 관광안내시설 등을 말하며 관광자원의 가치를 향상시키는 데 있어 지원역할을 한다. 경우에 따라 관광시설은 그 자체가 매력성을 가지고 있기 때문에 독자적으로 관광객을 유인할 수도 있다. 예를 들어, 왕실 소유의 아랍에미레이트 아부다비 에미레이트 팔레스(Emirates Palace AbuDhabi)호텔은 로비가 순금과 대리석으로 장식되어 있고 왕궁처럼 규모가 웅장하여 호텔 그 자체가 중요한 관광자원이 되고 있다. 관광시설은 중앙정부나 지방정부가 투자하는 하부구조와는 달리 영리를 추구하는 민간기업들이 주로 투자를 하게 된다. 이러한 관점에서 관광시설을 'super-structure(상부구조)'라고 부르기도 한다.

5. 하부구조(Infrastructure)

관광객이 관광지나 관광자원에 접근하는 데 이용되는 교통수단과 관광지에서 관광편의를 제공하는 전기·통신시설, 상하수도시설, 의료시설 등이 여기에 해당된다. 하부구조 역시 관광시설과 마찬가지로 관광의 주된 목적대상은 아니지만 관광객에게 기초적인 편의를 제공하여 준다.

제2절 _ 관광자원의 분류

관광자원의 종류는 매우 다양하다. 유형적이든 무형적이든 혹은 자연적이든 인공적이든 관광객을 유인할 수 있는 것은 모두가 관광자원이 될 수 있다. 관광자원 중에서 특히 자연적 자원이나 문화적 자원은 자연적 파괴나 인위적 훼손 혹은 파손을 입기 쉽다. 따라서 관광자원에 대한 세심한 배려와 보호가 필요하다. 관광자원은 현존하는 우리 세대만을 위한 것이 아니라 우리의 선조는 물론 후손 공동의 것이기 때문에 최대한 보존, 보호해야 한다. 본 절에서는 우선 관광자원의 분류목적에 대해 살펴보고 그리고 관광자원이 어떠한 기준에 의해 분류되고 있는지 그리고 유형별 대표적 관광자원이 무엇인지를 설명하고자 한다.

① 관광자원 분류의 목적

관광자원의 분류목적은 크게 두 가지로 요약해 볼 수 있다. 첫째, 관광자원의 역할과 가치를 평가가하기 위해서이다. 관광은 국제수지의 개선과 관광수입으로 인한 경제발전에 기여한다. 또한, 특정 지역의 문화체험을 통한 문화의 이해도 증진은 물론 그 지역의 레크리에이션 및 환경을 즐길 수 있게 한다. 하지만 다양한 자원의 역할과 그것이 지니고 있는 가치를 제대로 파악하지 못하면 관광의 매력성을 배가시키기 위한 정책이나 전략은 그 효율성이 떨어질 수밖에 없다. 즉, 관광자원의 역할과 가치의 평가가 제대로 이루어지지 않으면 관광객에 대한 유인력과 수용력을 측정하는데 한계가 있을 수밖에 없다.

둘째, 관광자원의 이용, 관리, 보호를 효과적으로 하기 위해서이다. 다양한 관광자원이 가지는 적정이용, 관리, 보호수준은 서로 다르기 때문에 모든 자원을 체계적으로 자원개발의 측면과 이용자의 측면을 고려해야 한다. 또한, 구체적인 이용까지도 고려하여 정보를 상호교환할 수 있는 방향으로 관광자원의 분류가 이루어져야 한다(박석희, 1994). 우리나라는 1967년 자연풍경지를 보호하고 국민의 휴양 및 정서생활 향상을 위해 공원법을 제정하였다. 이후 자연공원법, 도시공원법, 문화재 보호법 등을 제정하여 관광자원의 보호

와 보존을 규율하고 있다. 특히, 1978년 10월 5일 '자연보호헌장'을 선포하여 범국민적 자연보호운동을 전개하고 있다.

2 관광자원 분류

국내외적으로 관광자원을 분류함에 있어서 절대적 분류기준은 존재하지 않는다. 연구자의 필요에 따라 실용적인 측면을 중시하여 다양한 분류방법이 제시되어 왔다. 일반적으로 관광행동 특성, 자원입지, 가시성, 이용수준, 생성기원, 관광매력물 유형 등을 기준으로 분류하고 있다. 이처럼 다양한 분류기준은 관광자원이 다양하다는 현실적 여건에서 비롯되었다고 할 수 있다.

1. 관광행동 특성에 따른 분류

Gunn(1988)은 관광자원을 관광행동의 유형, 즉 주유형(Touring type)과 체재형(Destination type)에 기초하여 구분하고 있다(표 6-2 참조). 주유형 관광자원은 숙박하지 않고 장소를 이동하며 보고 즐기는 자원을 중심으로 하고, 체재형 관광자원은 숙박지역 내에서 또는 그 주변에서 보고 즐길 수 있는 관광자원을 중심으로 하고 있다(표 6-2 참조). 하지만 주유형 관광자원과 체재형 관광자원은 관광객의 상황에 따라 뒤바뀔 수도 있다.

💡 표 6-2 **Gunn의 관광자원 분류**

관광행동유형	주요 관광자원
주유형 (Touring type)	도로변 경관지, 수려한 경관지역, 자연야영장, 축제지역, 문화적 장소, 토속음식지역, 레크리에이션, 역사유물·유적지, 민속지역, 쇼핑지역, 공예전승지, 주제공원, 관광도시 등
체재형 (Destination type)	휴양지, 야영장, 집단야영장, 민박지역, 카지노, 낚시, 야영지역, 수상·동계 스포츠지역, 관광목장, 농장, 회의지, 운동경기장 등

자료: Gunn, C. A. (1988). Tourism planning(2nd ed.). New York: Taylor and Francis.

2. 자원입지에 따른 분류

Clawson(1960)은 관광시장과 관광목적지와의 위치적 특성과 관광객의 자원이용의 정도에 따라 관광자원을 분류하였다. 즉, 관광활동이 일어나는 장소를 중심으로 이용자중심형(User-oriented areas), 중간지역형(Intermediate areas), 자원중심형(Resource-based areas)의 3가지로 구분하였다(그림 6-2 참조).

- 이용자중심형(Ⅰ) 일과 후에 쉽게 접근할 수 있는 소규모의 공간 또는 시설지역으로서 지역주민의 일상생활권에 위치하여 이용자 활동이 중심이 되는 지역이다. 이용자중심형 관광자원은 활동중심의 인공자원으로 주로 구성되어 있다. 지역주민의 일상적 여가시간에 이용이 가능한 위치와 적절한 시설구비가 중요한 의미를 갖는 지역으로 놀이터, 근린 도시공원, 도시근교 스포츠시설, 실내수영장, 주제공원 등이 그 예다.

- 중간형(Ⅱ) 거주지에서 보통 1~2시간 정도 소요되는 거리에 위치하면서 이용자 활동과 자연자원 매력도가 대등한 조건을 갖는 지역이다. 일일 또는 주말을 이용하여 야유회, 수영장, 낚시, 등산 등의 자연관광지나 볼거리, 즐길거리, 놀거리 등이 제공되는 놀이공원 등의 지역을 말한다.

- 자원중심형(Ⅲ) 관광활동에 대한 고려보다는 자원의 질적 가치의 보전이 중요시되는 지역을 말한다. 비교적 지역민의 거주지와 원거리에 위치하고 있어 주로 휴가기간에 이용할 수 있는 체재형 관광활동에 적합한 관광자원으로 구성된 지역을 말한

그림 6-2 크라우슨(Clawson)의 분류

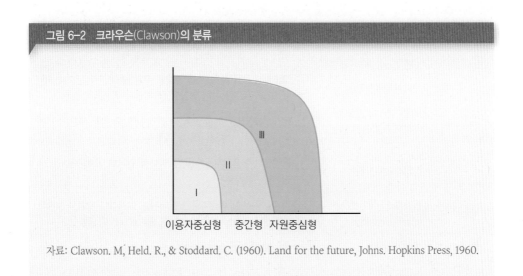

이용자중심형 중간형 자원중심형

자료: Clawson. M, Held. R., & Stoddard. C. (1960). Land for the future, Johns. Hopkins Press, 1960.

다. 이러한 지역은 주로 공원법으로 규정하여 보호하고 있는 국립공원, 산림·야생지 등이거나 주요 역사유물·유적지가 위치한 지역이다.

이 분류는 관광자원의 입지적 특성을 강조한 분류이다. 따라서 환경변화(예 교통수단 발달, 주거지의 외곽으로 이동)에 대한 설명을 뒷받침하기에는 다소 미흡하다. 예를 들면, 우리나라 에버랜드는 교통망의 개선으로 과거에는 중간형(Ⅱ)에 속했으나 지금은 이용자중심형(Ⅰ)에 속한다고 보는 것이 타당하다.

3. 자원의 가시성에 따른 분류

한국관광공사(1987)는 가시성에 따라 관광자원을 유형관광자원과 무형관광자원으로 구분하였다. 유형관광자원은 자연적 관광자원, 문화적 관광자원, 사회적 관광자원, 산업적 관광자원, 관광레크리에이션 자원으로, 그리고 무형관광자원은 인적 관광자원과 비인적 관광자원으로 분류하였다(표 6-3 참조).

무형관광자원 중 인적 관광자원은 한 국민이 오랫동안 생활하면서 정립된 인간생활의 규범적 가치를 말하며, 비인적 관광자원은 인간생활의 문화가치의 성격을 지닌다(이경

💡 표 6-3 **한국관광공사의 관광자원 분류**

구 분		종 류
유형관광 자원	자연적 관광자원	천연자원, 동·식물, 산악, 구름, 호수, 하천, 계곡, 폭포, 평원, 산림, 해안, 지질, 동식물, 온천, 기후, 자연현상 등
	문화적 관광자원	고고학적 유적, 사적, 사찰, 건축물, 유형문화재, 무형문화재, 기념물, 민속 자료, 공원, 성역, 향토민속예술제, 박물관, 미술관 등
	사회적 관광자원	풍속, 축제, 생활, 예술, 교육, 종교, 사상, 철학, 음악, 무용, 스포츠, 국민성, 음식, 사회형태, 인정, 예절 등
	산업적 관광자원	공업단지, 유통단지, 관광목장, 백화점, 전시회, 사회공공시설, 농림어업 관계시설 등
	관광레크리에이션자원 (위락적 관광자원)	야영장, 수영장, 어린이공원, 놀이시설, 여가시설, 수렵장, 낚시터, 쇼핑센터, 카지노, 보트장, 카누장, 승마장, 나이트클럽 등
무형관광 자원	인적 관광자원	국민성, 풍속, 관습, 예절,
	비인적 관광자원	고유종교, 사상, 철학, 역사, 음악, 가곡,

모·이재곤, 1996). 따라서 인적 관광자원과 비인적 관광자원의 차이는 인간생활의 규범적 가치(사회에서 일어나는 바람직한 활동 또는 결과)이냐 아니면 문화가치이냐의 문제로 귀결된다.

하지만 무형관광자원은 유형적 관광자원의 하위분류(예 사회적 관광자원)인 사회적 관광자원 또는 문화적 관광자원과 일치하는 부분이 많은 문제점을 가지고 있다. 예를 들면, 국민성, 풍속, 예절을 나타내는 인적 관광자원은 유형적 관광자원 중 사회적 관광자원에 그리고 비인적 관광자원은 유형적 관광자원 중 문화적 관광자원에 속한다.

4. 관광자원의 이용수준에 따른 분류

이러한 분류는 관광활동을 통하여 어느 정도의 다양한 관광경험이 제공되고 있는가에 따라 관광자원을 분류하는 방식이다. 미국 관광자원조사위원회(ORRRC: Outdoor Recreation Resources Review Commission, 1962)는 관광객의 이용유형에 따라 〈표 6-4〉처럼 6가지로 분류하였다. 이는 관광수요의 충족을 위해 관광개발 대상지역에서 예상되는 관광·레크리에이션 활동을 연결시켜 효과적인 관광자원의 개발계획을 수립하기 위한 분류이다. 따라서 개발방식에 의한 관광자원 분류라고도 할 수 있다.

Dasman(1973)은 관광자원 보전의 관점에서 인류학적 가치보호지역, 역사 또는 고고학적 가치보호지역, 자연보호지역, 다목적 이용지역으로 등 4가지로 분류하였다. 이 분류는 관광자원의 성격이 이용과 보존이라는 상호의존적인 개념임에도 불구하고 환경보호를 지나치게 강조한 측면이 있다.

5. 자원의 생성기원에 따른 분류

관광자원은 생성기원에 따라 자연적 자원, 인공적 자원 그리고 혼합형 자원으로 나눌 수 있다. 그러나 순수한 자연적 자원이나 인공적 자원은 보기가 쉽지 않으며 대부분이 자연적 자원에다 인공자원이 가미된 복합형 자원으로 구성되어 있다.

- 자연적 자원(Natural resources)　산, 바다, 계곡, 폭포, 동굴, 온천, 호수 등
- 인공적 자원(Man-made resources)　테마파크, 민속촌, 박물관, 카지노 등
- 혼합형 자원(Natural and man-made resources)　자연적 자원과 인공적 자원이 결합된 것. 순천만 습지 + 전망대

표 6-4 **관광객 이용유형에 따른 분류**

구 분	특 징	시설활동의 종류	입 지	이용시기	비 고
(I) 고밀도 관광지역	대단위 투자가 필요하며, 행락활동의 범위가 다양 함. 집약적 개발	도로망, 주차지구, 일광욕, 해수욕장, 인공호수, 운동장, 음주지역	대도시와 인접, 도시공원 내에 위치	1일 및 주말 이용 (연중이용)	도시 또는 국가관리의 형태가 대부분
(II) 일반 관광지역	이용밀도가 (I)보다 낮으며, 규모와 활동유형이 상당히 큼. 덜 집약적	캠핑, 피크닉, 낚시, 등반, 야외운동	공원 및 산림지, 스키장, 계곡, 호수, 해안, 수렵지	주말, 휴가	민간과 공공기관이 대등하게 운영관리
(III) 자연환경 지역	통상 자연을 있는 그대로 즐기도록 유도하는 지역. 대규모임	하이킹, 수렵, 캠핑, 피크닉, 카누, 관광	국립공원, 도립공원	주말, 휴가	민간소유지의 개발이 권장됨. 공공소유지가 대부분
(IV) 특수 경관지역	경관이 수려한 지역, 자연경관이 특별히 유명한 지역	관광, 관찰, 학습과 같은 소극적 행락활동	경관, 명소	주말, 휴가	경관적 가치를 갖는 동일한 지역을 관리하는 공공기구가 필요함
(V) 야생지역	자연 자체, 야생상태	사냥, 관찰, 야생경험	원격지, 국립공원	휴가	국가가 자연보호 측면에서 관리
(VI) 역사·문화 지역	주요 역사, 문화적 유적	역사유적	도시, 지역별 골고루 분포	평일, 주말, 휴가	공공기관, 민간, 국가가 관리

자료: The Outdoor Recreation Resources Review Commission(1962).

6. 관광매력물 유형에 따른 분류

Starbrook(1995)는 관광매력물을 "Raisond'etre"(존재의 이유)로 표현하였다. 관광의 존재는 관광매력물이 존재하기 때문이라 주장하면서 관광매력물을 다음의 네 가지로 분류하였다.

- 자연매력물(Natual attractions)   해안가, 동굴, 자연경관, 야생 군락지 등
- 관광객 유인 목적의 인위적 매력물   박물관, 미술관, 전시관, 카지노, 주제공원 등

- 관광객 유인 목적이 아닌 인위적 매력물　역사적 건물, 성(Castle), 성당 등
- 특별 이벤트　올림픽과 월드컵 같은 스포츠 이벤트, 축제 같은 문화적 이벤트(예 브라질 삼바축제)

제3절 _ 관광자원의 유형별 특징

관광자원은 관광객들이 이용하고 즐길 수 있는 모든 대상들이다. 관광객의 욕구가 다양해지면서 관광자원의 종류도 다양해지고 있다. 관광자원은 자원특성에 따라 자연적 관광자원, 문화적 관광자원, 사회적 관광자원, 산업적 관광자원, 위락적 관광자원 등으로 분류된다. 관광자원을 유형별로 분류하고 유형별 특징을 살펴봄으로써 자원이용 및 보전에 효율성을 꾀하고 자원의 개발 및 이용에 효율적으로 대처할 수 있게 된다. 본 절에서는 유형별 대표적 관광자원을 소개한다.

1 자연적 관광자원

자연적 관광자원은 모든 자원의 기본이 될 뿐만 아니라 가장 큰 비중을 차지하고 있다. 자연적 관광자원은 주로 자연의 아름다움을 중심으로 형성되기 때문에 매우 다양하다(사례 6-1 참조). 자연관광자원을 형성하는 구성요소는 산악, 고원, 호소, 계곡, 폭포, 하천, 섬, 해안, 사막, 동물, 식물, 꽃, 수목, 기상 및 기후, 천문(예 구름, 별자리, 달 등), 광천(예 온천, 냉천, 약수 등), 동굴, 지질, 화석 등을 들 수 있다. 이 중 산지, 바다, 동굴, 온천 등을 살펴보면 다음과 같다.

1. 산지

산지는 본래의 풍경미와 삼림, 고산식물, 동물, 호수, 온천 등의 자원이 가미되어 자원의 가치를 더해 주고 있다. 산지는 등산, 스키, 하이킹, 캠프 등 스포츠 대상으로서 뿐만 아니라 피서 관광지의 대상이 된다. 우리나라는 자연공원법에 따라 수려한 자연 풍광지

사례 6-1 신비로운 북극의 빛, 오로라 Aurora

캐나다 사람들은 오로라를 가리켜 북쪽 하늘에서 춤추듯 내려오는 '빛의 커튼'이라는 별칭과 더불어 애정을 듬뿍 담아 '북극의 빛'이라고 부른다. 오로라는 라틴어로 '새벽'을 뜻하는 말. 1621년 프랑스 과학자 피에르 가센디가 로마신화에 등장하는 여명의 신 아우로라(Aurora, 그리스 신화의 에오스)의 이름을 딴 것이다.

자료: 캐나다 관광청

오로라 여행은 겨울에만 볼 수 있는 특별한 체험이다. 우리가 어린 시절 만화나 TV 다큐멘터리에서나 보았을 오로라를 캐나다 곳곳에서 어렵지 않게 구경할 수 있다. 오로라 관측의 최적지는 노스웨스트 준주의 주도인 옐로나이프(Yellowknife)와 유콘 준주의 화이트호스(Whitehorse). 세계 최적의 장소로 손꼽히는 두 곳이 오로라 환상대 바로 밑 지점인 북위 62도에 위치하기 때문이다. 오로라 여행의 최적기는 12월 말부터 이듬해 2월까지. 시간대는 한밤중인 12시부터 2시 사이. 옐로나이프는 해마다 1만여 명의 관광객이 찾는 오로라 명소다. 이곳에는 오로라 빌리지가 명소로 유명한데, 옐로나이프 시내에서 차량으로 25분 거리에 위치한다.

빌리지는 티피(Teepee)라고 불리는 북미 원주민의 전통방식으로 제작된 모피 또는 천으로 만든 원뿔형 천막집으로 구성되어 있다. 시내에서 멀리 벗어나 있어 주변의 소음과 불빛으로부터 방해받지 않고 오로라 관측을 즐길 수 있는 최적지다. 이곳에서는 파노라마 같은 오로라를 감상하는 것은 물론 개썰매, 스노우모빌 체험, 스노슈잉, 원주민들의 드럼 댄스와 디너를 즐기며 진정한 캐나다인이 되는 문화체험, 얼음낚시 등 추위를 녹여줄 즐거운 액티비티로 가득하다.

신비한 자연현상인 오로라는 태양에서 방출된 대전입자(플라스마)의 일부가 지구 자기장에 이끌려 대기로 진입하면서 공기분자와 반응해 빛을 내는 현상이다. 가장 보편적인 색은 녹색 또는 황록색이지만, 때로 적색, 청색, 황색, 보라색 등 다양한 색과 모양으로 연출돼 더욱 신비로움을 더한다. 빛이 연주하는 신비롭고 형언할 수 없는 황홀한 매력. 보는 이로 하여금 평생 잊지 못할 감동을 주는 오로라는 수세기 동안 북극지방에서는 신화와 전설의 원천이었다.

캐나다 북극지방 원주민들은 오로라를 가리켜 사람의 영혼이 후생에 도착하는 도착점 혹은 천국이라고 믿어왔다. 현재까지도 원주민들에게는 많은 전설과 미신들이 오로라와 얽혀 있다. 특히 오로라를 보고 아기를 낳으면 신동이 태어난다는 전설이 전해져 신혼부부들에게 많은 관심을 받고 있다.

오로라는 시각적인 것 못지않게 청각적인 부분도 매력적이다. 물론 과학적으로는 논란의 여지가 있는 게 '오로라의 소리'다. 하지만 오로라를 경험한 여행객들 중에는 빛과 함께 소리를 들었다는 사람들이 있다. 1941년에는 토론토 해안의 바다 갈매기들이 오로라의 소리로 인해 잠을 깼다는 보고도 있다. 오로라 소리의 여부는 과학적으로 증명되지 않았다. 〈중략〉

자료: OSEN(2008. 12.)

를 국립공원, 도립공원, 군립공원으로 지정하여 보전·이용하고 있는데 대부분의 자연공원들은 산지에 위치하고 있다.

2022년 12월 현재 우리나라 국립공원은 22곳 6,726km²(육상 3,972km², 해상2,754km²)로서 전 국토의 6.7%(육상기준 4.0%)를 차지하고 있다. 공원별 특징을 살펴보면 한려해상 국립공원과 다도해 해상국립공원은 바다 및 도서와 육지를 대표하는 해상공원이고, 태안해안 국립공원은 해안절경과 육지를 대표하는 해안공원이며, 경주국립공원은 우리나라 대표적 사적공원이다. 이들 4곳을 제외한 나머지 국립공원은 전국을 대표하는 명산 등을 위주로 한 산악육지형 공원이다. 우리나라 최초의 국립공원은 1967년대 지정된 지리산이고 가장 최근에 지정된 국립공원은 태백산(2016년)이다. 그리고 가장 면적이 넓은 국립공원은 다도해 해상국립공원으로 2,266km²이다.

2. 바다

우리나라는 삼면이 바다로 둘러싸인 반도국가이며 많은 섬들이 위치하고 있다. 480여 개 유인도와 2,680여 개의 무인도 면적은 1,800km²로서 전 국토의 20%를 차지한다. 우리나라는 동해안, 서해안, 남해안의 해안별 지형적 특색이 뚜렷하고 자연경관이 수려하며 청정한 해수, 해상국립공원, 해안관광지, 해수욕장, 도서관광지 등 다양한 해양관광자원들이 산재해 있다. 관광측면에서 바다의 가치는 무궁무진하다. 예를 들면, 해수욕, 요트, 카누, 보트, 낚시 등의 관광활동을 즐길 수 있을 뿐만 아니라 해중전망대(바위, 산호, 해초, 어류 등 아름다운 수중광경), 해중터널, 잠수정, 씨워킹, 스킨스쿠버 등을 통해 감상하고 즐길기에 충분한 관광자원이다. 〈그림 6-5〉은 관광활동 유형별로 해양자원을 분류한 것이다.

3. 동굴

동굴은 땅속에 형성된 일정공간을 점유한 공동(空洞)이며 생성원인에 따라 인공동굴과 자연동굴로 구분한다. 인공동굴이란 인간목적에 의해 굴착된 동굴이며 자연동굴은 자연의 힘에 의해 형성된 것이다. 인공동굴은 주거동굴(혈거, 수혈식 주거), 사원동굴(인도 아잔타, 한국 석굴암, 중국 둔황), 산업동굴(광산의 갱도, 지하철), 군사동굴(북한 땅굴) 등으로 분류된다.

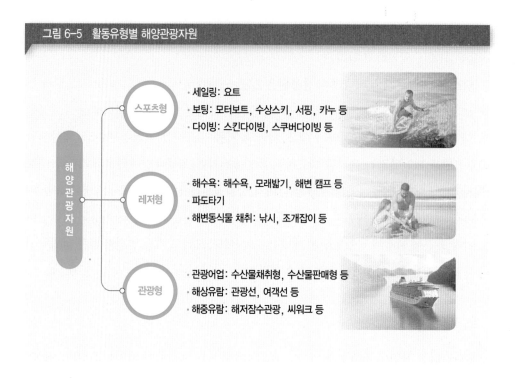

그림 6-5 활동유형별 해양관광자원

해양관광자원

스포츠형
- 세일링: 요트
- 보팅: 모터보트, 수상스키, 서핑, 카누 등
- 다이빙: 스킨다이빙, 스쿠버다이빙 등

레저형
- 해수욕: 해수욕, 모래밟기, 해변 캠프 등
- 파도타기
- 해변동식물 채취: 낚시, 조개잡이 등

관광형
- 관광어업: 수산물채취형, 수산물판매형 등
- 해상유람: 관광선, 여객선 등
- 해중유람: 해저잠수관광, 씨워크 등

자연동굴은 생성원인에 따라 석회동굴, 용암굴, 해식굴로 나누어진다. 관광자원으로 일반에 잘 알려진 석회동굴로는 영월의 고씨굴, 단양의 고수동굴, 울진의 성류굴, 삼척의 대이리 동굴지대(관음굴, 환선굴), 정선의 화암굴이 있다. 용암굴로는 제주의 만장굴, 금녕굴, 협재굴이 있고, 해식굴로는 홍도의 석화굴, 여수의 오동도굴, 제주도의 삼방굴 등이 있다. 제주 화산섬과 용암동굴은 2007년 유네스코가 지정하는 세계자연유산으로 등재되었다.

4. 온천

온천이란 지하에서 용출하는 '따뜻한 샘'이란 의미로 우리나라 온천법에서는 지하에서 용출되는 25℃ 이상의 온수로 성분이 인체에 해롭지 아니한 것으로 규정하고 있다. 온천은 온도에 따라 냉천(25℃ 이하), 미온천(25~34℃), 온천(34~42℃), 고온천(42℃ 이상)으로, 용출형태에 따라 용천(涌泉)과 간헐천(間歇泉)으로, 수소이온 농도에 따라 산성(pH 3 미만), 약산성(pH 3~6), 중성(pH 6~7.5), 약알칼리성(pH 7.5~8.5), 강알칼리성(pH 8.5 이상)으로 구분할 수 있다. 용해물질의

종류에 따라 유황천, 탄산천, 염류천, 방사능천으로 분류된다.

우리나라 온천은 삼국시대부터 사용기록이 있는데 주로 치료를 목적으로 이용되었다. 온천으로 이용된 역사가 있거나 온천 징후가 있던 지역에는 온(溫), 정(井), 천(泉), 부(釜) 등의 지명이 남아있다(예 온양온천, 영산온정(부곡온천). 1920년대 일본인들에 의해 본격적으로 온천이 개발되기 시작하였고 1960년대 이후 현대적인 관광지로 발전하였다.

온천은 휴양·요양의 효과가 크고 수려한 풍경과 조화를 이루어 관광자원으로서의 중요한 가치를 지니고 있다. 우리나라에 분포하는 온천은 저농도 약알칼리성의 단순천이 많으며, 온천수 용출량이 많지 않고, 충청도 이남 지역에 주로 분포하고 있다는 특징이 있다. 우리나라의 대표적 온천 관광지로서는 온양(라듐 단순천), 도곡(유황 단순천), 수안보(라듐 단순천), 유성(라듐 방사능천), 백암(방사능 유황천) 온천 등이 있다. 해외의 사례를 보면, 영국의 배스(Bath), 독일의 바덴바덴(Barden Barden), 일본의 벳푸(別府) 온천 등이 있다.

2 문화적 관광자원

문화적 관광자원이란 민족문화유산으로서 국민이 보존할 만한 가치가 있고 관광매력을 지니고 있는 자원을 말한다. 문화적 관광자원은 법령에 의해서 보호되는 지정문화재와 법령에 의하여 지정되지는 않지만 문화재 중에서 지속적인 보호와 보존이 필요한 비지정문화재로 구분된다. 지정문화재는 국가지정문화재와 시·도 지정문화재로 구분된다(표 6-5 참조).

문화재란 보존할 만한 가치가 있는 문화유산을 의미한다. 유형적인 문화재와 눈에 보이지 않으나 여러 세대를 거치는 전해져온 예술활동과 인류학적인 유산, 민속, 법, 습관,

표 6-5 **지정문화재 종류**

지정권자별/유형별	유형문화재		민속문화재	기념물			무형문화재
국가지정문화재	국보	보물	국가민속문화재	사적	명승	천연기념물	국가무형문화재
시·도지정문화재	유형문화재		민속문화재	기념물			무형문화재

자료: 문화재청 국가문화유산포털(https://www.heritage.go.kr)

생활양식 등 민족적 또는 국민적인 체질의 본질을 표현하는 모든 것을 포함한다(문화재청 국가문화유산포털). 〈표 6-5〉처럼 국가지정 문화재는 문화재보호법에 국보, 보물, 국가무형문화재, 사적, 명승, 천연기념물 및 국가민속문화재 등 7개 유형으로 구분된다. 그리고 시도지정 문화재는 네 가지로 분류된다. 국가지정 문화재에 대한 정의와 대표적 문화재를 소개하면 〈표 6-6〉과 같다.

💡 표 6-6 **국가지정 문화재 유형**

국가지정 문화재	의미와 사례
국보	• 보물에 해당하는 문화재 중 인류문화의 견지에서 그 가치가 크고 유례가 드문 것 • 숭례문, 훈민정음, 경주 불국사 다보탑, 석굴암, 안동 하회탈 등
보물	• 건조물·전적·서적·고문서·회화·조각·공예품·고고자료·무구 등의 유형문화재 중 중요한 것 • 흥인지문, 대동여지도, 강릉 오죽헌, 경국대전, 송시열 초상, 수원 팔달문 등
국가민속문화재	• 의식주·생산·생업·교통·운수·통신·교역·사회생활·신앙민속·예능·오락·유희 등으로서 중요한 것 • 덕온공주당의, 안동하회마을, 경주 최부자댁, 아산 외암마을, 보부상 유품 등
사적	• 기념물 중 유적·제사·신앙·정치·국방·산업·교통·토목·교육·사회사업·분묘·비 등으로서 중요한 것 • 수원화성, 경주 포석정지, 풍납토성, 덕수궁, 종묘 등
명승	• 기념물 중 경승지로서 중요한 것 • 명주 청학동 소금강, 여수 상백도·하백도 일원 등
천연기념물	• 기념물 중 동물(서식지·번식지·도래지 포함), 식물(자생지 포함), 지질·광물로서 중요한 것 • 대구 도동 측백나무 숲, 노랑부리백로 등
국가무형문화재	• 무형의 문화적 유산 중 역사적, 학술적, 예술적, 기술적 가치가 있는 것, 지역 또는 한국의 전통문화로서 대표성을 지닌 것 • 종묘제례악, 양주별산대놀이 등

자료: 문화재청 국가문화유산포털(https://www.heritage.go.kr) 바탕으로 저장 정리

이외의 문화적 관광자원으로는 박물관과 미술관이 있다. 박물관은 한 민족의 문화재, 문화유산 등을 시대별·지역별로 정리되어 해당 국가나 방문지의 문화를 체계적으로 파악할 기회를 제공하는 중요한 관광자원이다. 예를 들어, 영국 런던 대영박물관, 프랑스 파리 루브르 박물관, 로마 바티칸 박물관, 대만 타이베이 국립고궁박물관, 러시아 상트페

테르부르크의 예르미타주 박물관, 미국 뉴욕 메트로폴리탄 박물관(미술관), 우리나라 용산 국립중앙박물관은 세계적인 관광자원이다. 최근에는 사설박물관의 개관이 활발해지고 있고 점점 세분화, 다양화, 전문화되어 가는 경향을 보이고 있다. 근현대사 중심으로 일반서민의 생활사를 중심으로 박물관(예 대한민국역사박물관, 군산근대역사박물관, 대구근대역사관 등)이나 특정 주제를 대상으로 한 박물관(예 삼성출판박물관, 국립철도박물관, 전통술박물관, 참소리박물관, 화폐박물관, 석탄박물관, 산림박물관 등) 등도 있다.

미술관도 중요한 관광자원으로서의 역할을 하고 있다. 예를 들어, 네덜란드 암스테르담 국립미술관, 미국 뉴욕 메트로폴리탄 미술관, 프랑스 파리 오르세 미술관, 우리나라 국립현대미술관 등이 있다. 최근에는 박물관과 미술관을 관광자원으로 보다 적극적으로 활용하기 위해 전시회 등을 활발히 개최하고 있다.

③ 사회적 관광자원

사회적 관광자원이란 역사와 전통, 생활상, 사회규범 등 한 나라의 구성원들이 만들어 낸 생활양식으로서 관광객의 욕구를 충족시킬 수 있는 자원을 말한다. 도시의 문화환경, 생활문화, 지역의 민속 및 풍습, 사람들의 소박한 인정(人情), 국민성과 이에 따른 생활자료, 그리고 각종 제도와 사회공공시설 등이 포함된다. 문화적 자원이 시각적으로 감상할 수 있는 유형적인 용구문화(用具文化)의 속성이라고 한다면 사회적 자원은 그 용구문화를 창조해 낼 수 있었던 사회규범적인 무형의 생활양식을 뜻한다. 대표적 사회적 관광자원으로 도시공원, 문화행사(축제), 향토특산물과 향토음식, 예술·예능·전통 스포츠 등이 있다.

도시 관광자원은 도시 자체가 지닌 매력과 자연·인문적 자원, 각종 위락시설 및 서비스 등을 포함한다. 로마, 파리, 런던, 도쿄, 샌프란시스코, 뉴욕, 마카오 등은 유명한 관광명소 이전에 바로 도시이다. 이들 도시는 박물관, 공원, 극장, 역사적인 장소, 최신식 건물, 쇼핑, 식사, 도시경관과 같은 뛰어난 관광자원을 보유하고 있다. 선진국들은 관광객 유치를 위해 도시관광의 어메니티(Amenity)를 증가시키고 홍보를 통해 도시의 이미지를 제고하고 있다. 스페인의 톨레도, 독일의 하이델베르그, 미국의 사바나 등의 도시들은 역사적인

건축물이나 기념물 등의 풍부한 문화관광자원을 소유하고 있어 전 세계의 관광객을 흡입하고 있다(김향자, 2000).

이와는 대조적으로 미국의 라스베가스나 올랜도, 마카오 등은 특별한 자연자원이나 문화자원은 없으나 인위적인 시설(예 테마파크, 카지노)을 개발하여 그 도시만이 가지고 있는 독특한 문화와 도시 서비스를 관광객에게 제공해 주고 있다. 영국의 시장조사기관 유로모니터(Euro Monitor)는 매년 해외 관광객 수와 관광정책, 인프라 등을 평가해 세계 최고 여행도시를 발표하는데, '2021년 세계에서 가장 매력적인 도시'로 파리를, 2위는 2020년 1위였던 두바이, 3위는 암스테르담을 선정하였다(서울신문, 2022.4.14.).

문화행사는 문화적 가치를 표현하는 모든 행사를 총칭한다. 민속놀이나 민속문화행사 등 역사적 의미가 있는 전통 문화행사는 물론 현재 우리가 공유하고 있는 생활양식을 포함하는 모든 행사를 뜻한다. 대표적인 전통 문화행사로는 조선시대 통신수단을 재현하여 시민 및 국내·외 관광객에게 우리 고유의 전통문화를 알리고 문화향유의 기회를 제공하는 남산 봉수대 봉화의식, 남산 전통문화공연(사물놀이와 전통무예), 보신각 타종(도성의 문을 여닫고 하루의 시작을 알림) 등이 있다. 그리고 현대적 문화행사인 축제는 관광 비수기를 극복하는 중요한 수단으로서 관광의 지역적 확대와 관광지로서의 이미지 조성 등에 기여하며 대안관광의 새로운 형태로 자리 잡고 있다(사례 6-2 참조). 대표적 해외축제로는 독일 옥토버페스트, 영국 에딘버러 축제, 브라질 리우 카니발, 삿포로 눈축제, 상해 빙등제, 태국 송끄란 축제 등이 있으며, 국내에는 화천 산천어축제, 보령 머드축제, 함평 나비축제, 강릉 단오제, 백제 문화제, 남원 춘향제, 진도 영등제 등이 있다.

향토특산물과 향토음식 등도 매력적인 관광자원이다. 향토특산물은 다른 지역의 산물과는 달리 독자적인 성격을 띠고 있다. 향토특산물 중 대표적인 것이 향토음식이다(표 6-7 참조). 근래에 들어서는 미각이 여행을 만족시키는 중요한 요소가 되어 풍물과 미각을 함께 즐기게 되었으며 때로는 명물요리의 맛을 찾아 여행하는 일이 생겨나고 있다. 현대인의 미식추구 및 식도락여행, 미식탐방 여행의 증가는 세계적인 추세로 홍콩의 요리축제, 싱가포르의 요리축제, 프랑스 와인 투어, 미국 나파밸리 와인 투어 등은 이미 우리에게도 익숙한 관광상품이 되어 있다. 최근에는 전통적인 우리 음식문화와 더불어 문화적 자산가치들을 간직한 사찰음식이 문화콘텐츠로서의 가치를 인정받고 있다.

💡 표 6-7 **대표적 향토음식과 특징**

지역	대표적 향토음식	특징
서울	설렁탕, 장국밥, 비빔국수, 메밀만두, 떡국, 편수(만두), 육개장, 추어탕, 신선로, 구절판 등	• 생산되는 식재료는 별로 없으나 전국 각지에서 모이므로 화려한 음식 발달 • 음식 종류가 많고, 예쁘고 작게 요리
경기도	개성편수, 개성닭젓국, 아욱토장국, 홍해삼, 개성보쌈김치, 순무김치, 장떡, 개성순대, 뱅어죽, 고구마줄기김치	• 담백하고 해산물이 풍부하며 동쪽 산간지방은 산채가 많아 다양한 음식재료 생산 • 개성 음식을 제외하면 소박하고 다양
충청도	굴냉국, 장떡, 상어찜, 조개젓, 홍어어시욱, 다슬기국, 열무짠지, 감자반, 게장, 소라젓, 어리굴젓	• 음식이 담백하고 구수하며 소박함 • 서해안 지방은 해산물이 풍부 • 충북 내륙지방은 산채와 버섯이 많음
강원도	강냉이밥, 감자밥, 메밀막국수, 감자수제비, 어죽, 쏘가리탕, 도토리묵, 메밀묵, 더덕구이, 명란젓, 오징어회, 참죽자반, 북어식해	• 소박하고 먹음직스러움 • 산악지방은 육류를 쓰지 않는 음식이 많고 해안지방은 주로 멸치나 조개 등 해산물을 이용함
전라도	꼬막무침, 꼴뚜기젓, 무생채, 토란탕, 홍어회, 꽃게장, 산낙지회, 장어구이, 각종 젓갈류, 부각, 산채나물, 콩나물냉국, 유과, 장성수수엿, 창평엿	• 음식에 많은 정성을 쏟고 사치스러운편임 • 호남평야의 풍부한 곡식과 서·남해안의 많은 해산물로 다양한 음식 발달 • 기후가 따뜻하여 간이 세고, 맵고, 자극적이며, 젓갈을 많이 사용함
경상도	비빔밥, 갱식, 건진국수, 닭칼국수, 재첩국, 추어탕, 대구탕, 아구찜, 동래파전, 해파리회, 미나리찜, 모싯잎송편, 안동식혜	• 전라도 음식보다 더 맵고 간이 센 음식 맛을 지님 • 남해와 동해로부터 해산물이 풍부, 농산물도 풍부
제주도	전복죽, 옥돔죽, 톳냉국, 옥돔국, 상어지짐, 옥돔구이, 상어산적, 전복소라회, 톳나물, 자리젓, 생미역쌈, 오메기떡	• 부지런하고 소박한 제주도 사람 성품처럼 음식도 적게 차리고 재료나 양념을 많이 넣지 않음 • 재료가 가진 자연의 맛을 그대로 살림 • 음식 간은 짠 편이며, 회를 많이 먹음

자료: 이동필·최경은. (2007). 향토음식산업의 육성방안. 서울: 한국농촌경제연구원. 저자 내용 수정

　예술·전통 스포츠나 민속마을 등도 매력있는 사회적 관광자원이다. 고대로부터 전승되어 오고 있는 그 나라의 독특한 고전적 예술(한국의 판소리, 이탈리아의 가극, 일본의 가부키, 중국의 경극 등) 또는 근대음악, 근대회화 등의 예술작품은 중요한 관광대상이다. 한국의 씨름, 스페인의 투우, 일본의 스모와 같은 한 사회의 고전적 스포츠 행사도 관광자원의 역할을 충실히 해

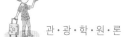

사례 6-2 삼바 카니발은 모두의 기쁨…계층 관계없이 즐기는 축제

4분의 2박자, 우리나라 사물놀이의 엇박자와 비슷한 빠른 리듬을 갖춘 삼바 리듬. 브라질은 2월 9일부터 4~5일간 이 삼바 리듬에 흠뻑 취했다. 브라질 최대 축제 삼바 카니발이 열린 것이다. 삼바의 본고장인 리우데자네이루를 비롯해 남미 최대도시 상파울루시와 북부도시 헤시피, 사우바도르 등 곳곳에서 브라질 국민들과 브라질을 찾은 해외 관광객들은 카니발을 즐겼다. 이 기간 대부분 업체는 휴무에 들어갔다. 사순절(예수의 고난과 죽음을 기억하는 교회 절기)이라는 금욕 기간에 앞서 열리는 카니발, 이들은 무엇에 열광하는 것일까?

'삼보드로무' 전용 경기장의 최대 퍼포먼스

삼바 카니발은 경연으로 발전해왔다. 최대 관

광도시 리우데자네이루가 가장 먼저 카니발을 경연으로 시작한 곳으로 알려져 리우는 흔히 '삼바의 본고장'으로 불린다. 카니발 경연이 펼쳐지는 곳은 전용경기장인 '삼보드로무'. 세계적 건축가인 오스카 니마이어가 설계한 연장 7백 미터의 경기장에는 7만 5천 명의 관중이 입장해 카니발 행진을 지켜본다. 올해 카니발에는 26개 삼바 학교가 팀을 이뤄 카니발 행진을 했다. 밤 10시쯤 시작해 팀별 행진은 40분에서 50분 동안 벌어져 새벽 5시, 6시까지 이어진다. 심사위원들은 행진하는 동안 각 팀의 예술성과 조화 등을 평가하고 점수를 매긴다. 나흘간 펼쳐진 리우의 삼보드로무 경연은 A 그룹과 스페셜 그룹으로 나뉘어 팀당 최대 5천여 명의 구성원이 행진을 함께했다. 화려한 의상을 갖춘 팀원과 팀별 주제를 표현한 무대 차량 4~5대가 행진하는 동안 관중석은 흥분의 도가니로 변해 모두가 삼바 춤을 추며 카니발 흥에 빠진다. 이 순간 다른 사람을 의식하는 창피함은 찾아볼 수 없다.

거리 카니발 축제

삼보드로무의 입장권 가격은 10만 원에서 2백만 원(10여 명이 함께 자리하는 곳은 천만 원)까지 가격이 천차만별. 경기장 안의 카니발을 보는 것은 비싼 가격으로 쉽지 않다. 이와는 달리 거리 곳곳에서도 카니발이 열린다. 거리 구역 카니발을 책임지는 나이 든 사람이 행렬을 이끈다. 자원봉사자들로 구성된 밴드가 삼바음악을 연주하면 자연스럽게 관광객들과 시민들이 뒤를 따른다. 빠른 리듬에 모두가 흥에 겨워 춤을 추고 노래를 부른다. 리우 거리 카니발 가운데는 그 역사가 올해 100년을 맞은 곳도 있다. 리우에만 3백여 곳에 달하는 거리 카니발이 열린다. 삼보드로무와 달리 돈이 필요 없이 흥만으로 참여해 난장을 즐긴다.

"카니발은 기쁨, 행복" …"계층 관계없이 즐기는 축제"

카니발에 참여한 관광객과 브라질인들에게 카니발이 자신들에게 어떤 의미인가를 물었을 때, 카니발은 기쁨이라고 말한다. 기쁨과 행복이 카

니발의 전부라는 것이다. 남자들은 여장을 하고, 여자들은 영화에서나 나올법한 화려한 의상과 눈에 띄는 분장을 한 채 35도가 넘는 무더운 날씨에도 카니발에 참여해 행진을 함께하는 것 또는 카니발 행렬을 지켜보며 함께 춤을 추는 것 자체가 기쁨이라며 즐거워한다. 무희들과 삼바 학교 스태프진들은 "카니발은 모든 문화가 융합된 화합의 축제", "사회 계층과 관계없이 모두가 나와서 즐기는 축제"라며 카니발의 의미를 말한다. 빈부의 양극화가 심한 브라질에서 카니발에서만큼은 빈부의 격차 없이 모두가 하나가 되는 축제라는 것이다.

최대 근심거리 '부패, 치안'도 카니발 주제로…

삼보드로무에 펼쳐지는 카니발 행렬의 주제는 다양하다. 차량과 의상은 팀별 주제에 맞춰진다. 브라질로 온 이민자와 아프리카 흑인들의 슬픔, 과거와 현대 역사, 그리고 최근 브라질의 가장 큰 근심거리인 부패와 치안 문제도 카니발 행렬의 주제가 됐다. 더욱이 오는 10월 대통령 선거를 앞둔 브라질에서 '라바자투(부패 수사)'가 한창 진행되고 있어 현 정치권의 부패에 대한 국민들의 반발을 카니발 퍼레이드로 표현하는 것이다. 또한 파벨라로 불리는 빈민가에서 벌어지는 경찰과 마약범죄조직 간의 총격전, 그리고 총격전 유탄으로 인한 아이들의 안타까운 죽음 등 치안 불안에 대한 국민들의 불만도 표출된다. 무거운 주제에도 불구하고 예술성과 화려함으로 표현된 카니발에 관객은 열광한다.

경제 효과도 '톡톡'

2015년과 2016년 마이너스 성장을 기록한 브라질에서 경제 회복은 치안 문제와 함께 최대 숙제이다. 하지만, 카니발은 지역 경제에 청신호를 던져줬다. 2월 11일 일요일, 리우 항구에 정박한 대형 크루즈가 6척, 여행사 관계자는 이 선박을 타고 온 국내외 관광객이 만 명 정도로 영국과 네덜란드 등 유럽과 남미 다른 나라에서 리우를 찾았다고 전했다. 브라질 관광부가 발표한 자료에는 카니발 축제에 참가하는 국내외 관광객이 천 백만 명으로 추산했다. 이를 통한 관광수입은 3조 7천억 원에 달할 것으로 예상했다. 실제 현지 언론은 삼바 전용 경기장인 삼보드로모 입장 수익만 해도 해마다 33억 원에 달한다고 보도했다. 〈중략〉

자료: KBS뉴스(2018.2.15.)

내고 있다. 그리고 한 민족의 전통적인 삶의 방식을 간직하고 있는 전통 민속마을도 관광객을 마음을 사로잡고 있다. 대표적인 전통 민속마을로는 전남 순천의 낙안읍성마을, 안동의 하회마을, 경주의 양동마을, 제주의 성읍마을, 고성군의 왕곡마을, 아산의 외암리마을을 들 수 있다. 특히, 민속마을은 저마다 특유의 놀이, 축제, 신앙 등 마을주민 단합을 위한 예술적 요소가 스며 있어 관광자원으로서의 가치가 높다.

④ 산업적 관광자원

산업적 관광자원이란 농업·임업·수산업·공업·상업 등 각종 산업시설을 말하며 이를 대상으로 하는 관광을 산업관광이라고 한다. 산업관광의 시초는 1851년 런던 박람회를 견학하는 방식으로 시작되었으나 1950년대 프랑스가 수출진흥을 목적으로 외국인들에게 자국의 산업시설과 생산공정을 견학·시찰하도록 허용하면서 본격화되었다(한국산업단지공단, 2016). 서구에서의 산업관광은 초기에는 농장이나 와이너리 등 1차 산업 위주에서 2차 산업으로 변화되었고 최근에는 교육적 목적의 특수관광(SIT: Special Interest Tourism)으로 변화되고 있다.

산업관광은 현대적인 각종 산업시설을 관광대상으로 하여 내·외국인에게 자국의 산업수준에 대한 감동, 지식확대, 교양욕구를 충족시켜 자부심을 갖도록 한다. 선진국들은 자국의 발달된 산업기술 국력을 대외적으로 과시하거나 홍보하기 위해서 공업·농업·의학·과학·학술 등의 관계부처가 관광관련 기관과 협력하여 해외홍보를 강화하고 외국인 관광객(견학, 시찰, 연구, 연구 등)을 유치하고 있다. 영국, 독일, 일본 등의 공업 선진국은 자국의 공업시설을 보여주고 있으며, 호주·네델란드·독일·프랑스와 같은 나라는 농업부문을 보여주고 있다. 우리나라에서는 1970년대 초에 재일동포 모국 방문단을 초청하여 우리나라 산업의 발전상을 시찰하게 한데서부터 본격적인 산업관광이 시작되었다.

대표적 산업적 관광자원으로서는 공장시설, 농장·목장시설, 공장, 쇼핑, 음식, 전통시장 등이 있다(사례 6-3 참조). 공장시설과 공업단지는 현대 산업국가에 있어 중요한 관광자원 가운데 하나이다. 공장시설을 견학·시찰하는 산업관광은 방문국의 산업수준을 이해시키는 관광으로 국제무역이나 국제 경제협력을 직접·간접으로 증진·확대시키는 중요한

전기를 마련할 뿐만 아니라 국위선양에도 크게 이바지하게 된다.

농장·목장시설은 제1차 산업에 여가시설을 갖추어 관광객에게 개방하는 것이다. 여가시설을 갖춘 관광농장과 목장 등은 관광객에게 안식과 정서를 안겨줄 뿐만 아니라 도시에서 자란 청소년에게 훌륭한 자연교육의 기회를 제공하고 있다.

백화점이나 쇼핑센터는 물론 상설시장과 시골의 전통시장도 매력있는 관광대상이다. 예를 들면, 특산물 시장(예 담양 죽세공품시장, 강화도 화문석시장, 금산 인삼시장, 한산 모시시장, 흑산도·추자도·연평도 파시(波市)), 도소매시장(예 서울 남대문시장, 서울 동대문시장, 부산 국제시장, 대구 서문시장, 전주 남문시장), 업종별 시장(예 가락동 청과물시장, 노량진 수산물시장, 부산의 자갈치시장, 용산전자상가, 대구 약령시장 등) 등이 있다.

사례 6-3 산업 현장을 관광지로… 여행객은 색다른 체험, 기업은 '이미지 업'

경기도, 연계상품 개발 여행사 지원

안성 팜랜드·고양 현대 모터스튜디오…
산업현장 42곳 관광자원으로 활용
화장품·도예·자원재생 등 16개 분야

경기도가 '산업관광' 활성화를 위해 산업관광지 연계 여행상품을 개발하고 산업관광 상품 홍보물을 제작하는 여행사에 최대 400만 원을 지원한다. 이는 도내에 분포한 중소기업들이 기존 제조·생산 시설을 외부인들이 방문할 수 있도록 하는 '산업관광' 프로그램으로 운영하게 되면, 기업의 새로운 홍보 마케팅 방법이자 비즈니스 모델이 될 수도 있음을 홍보하기 위해서다.

도는 산업관광이 활성화 되면 생산품을 관광자원으로 활용하는 관광으로, 넓게는 전통 향토산업부터 근·현대 산업유산, 세계적 강소기업, 첨단산업체까지 산업시설과 기업박물관 등을 견학, 체험하는 관광으로 활성화될 것으로 기대한다.

특히 공장을 방문해 식품의 가공공정을 견학하거나 기업의 홍보전시관 방문, 전통수공업 제품을 직접 만드는 체험 등이 대표적이다. 네덜란드의 하이네켄 공장 견학, 일본의 아사히 맥주공장 견학, 독일의 벤츠 박물관 견학, 프랑스의 와이너리 투어, 영국의 위스키 공장 투어 등이 해외의 대표적 사례로 알려져 있다.

이와 함께 국내사례로는 전통주 기업인 배상면

지난해 12월 산업관광에 관심이 있는 사람들이 이천 예스파크를 방문해 도자기 만들기를 체험하고 있다.

주, 삼성-이노베이션뮤지엄(전자회사), 현대 현대모터스튜디오(자동차 제조사), 포스코-포스코역사관(철강), 한산모시관(모시) 등이 대표 산업관광지이다.

경기도는 관광진흥법 시행령 제2조 제1항 제1호 여행업에 해당하는 국내여행사(종합여행업, 국내외여행업, 국내여행업 중 1개 이상 보유)로, 2021년 경기도가 발굴한 산업관광지인 광명동굴 등 42개소 가운데 1개 이상, 도내 관광지 1개 이상을 모두 포함한 코스에 최소 투어 인원(국내 10명 이상, 해외 4명 이상)을 구성해 산업관광지로 지원하고 있다.

여행사에 상품운영비(차량비 등) 투어 1회당 최대 50만 원까지(여행사당 최대 6회 300만 원) 지급하

지난해 12월 1일 경기관광공사 직원 등이 경기 양주시 서울우유를 방문해 산업관광지 팸투어를 진행했다.(경기관광공사 제공)

고, 여행사가 산업관광 여행상품 홍보물(홍보영상·책자 등) 제작도 희망하는 경우 최대 100만 원까지 추가 지원한다.

도는 앞서 지난해 11월부터 이천 도자공방 등에서 관광과 사업체 견학을 융합한 '산업관광' 자원을 알리기 위해 여행업계 종사자를 초청해 여행상품을 홍보하는 '팸투어'도 진행했다. 이날 도는 여행업계 종사자 10여명과 이천 예스파크에 있는 도자공방을 방문해 물레와 도자 만들기 체험 등을 하며 도자기 제조과정의 관광자원 가능성을 모색했다. 이어 이천에 한 맥주공장으로 이동해 맥주 생산공정을 견학했으며, 인근 한식체험마을에서 치킨 튀기기, 김장김치 담그기 등에 참여했다.

경기도와 경기관광공사가 올해 안성팜랜드, 고양 현대모터스튜디오 등 42개 산업현장을 관광자원으로 활용하는 산업관광 사업을 본격적으로 추진한다. 이들 42개소는 기술산업, 화장품제조, 농축산업, 도예산업, 자원재생 등 16개 분야 산업현장을 다뤘다.

자료: 한국경제신문(2022.5.26.).
일부 내용 발췌

5 위락적 관광자원

현대관광은 단순히 자연감상을 통한 소극적인 기분전환으로 만족하지 않고 동적인 자아실현의 형태로 적극화되고 있다. 위락적 관광자원은 관광객의 능동적 행동이라는 관광욕구를 충족시킬 수 있는 동태적인 관광대상이다. 오늘날 관광객들에게 인기를 얻고 있는 대표적 위락적 관광자원은 주제공원, 카지노, 스포츠(낚시, 자동차 경주, 번지점프 등) 등이 있다.

주제공원(Theme park)이란 주제가 있는 공원을 말한다. 즉, 어떠한 주제(예 동식물, 로봇 등)를 설정하고 그 주제를 연출하기 위하여 조경, 건축물, 공연, 놀이시설, 조형물, 식음료, 상품, 서비스 등이 종합적으로 제공되어 방문객에게 즐거움을 느끼게 하는 공간이다. 주제공원은 인공적인 관광자원으로서 자연적 관광자원이나 문화적 관광자원이 부족한 국가나 지역에서 관광객을 유치할 수 있는 훌륭한 관광자원이 될 수 있다. 특히, 관광 비수기를 극복하는데 카지노와 더불어 핵심적인 역할을 하는 관광자원이다. 대표적인 주제공원은 미국의 디즈니랜드, 유니버셜 스튜디오, 일본의 하우스 텐보스, 우리나라의 에버랜드, 롯데월드, 서울랜드 등이 있다.

카지노(Casino)는 일반적으로 사교나 여가선용을 위한 공간으로서 다양한 볼거리를 제공하고 있다. 카지노는 또한 외화획득을 통한 국제수지의 개선과 지역경제의 활성화, 지역주민의 소득 및 고용증대, 세수확보 등의 차원에서 서구의 주요 선진국은 물론 가까운 동남아시아 국가에서도 적극적으로 육성하고 있고, 최근에는 복합리조트 형태로 개발하여 부가가치를 높이고 있다(사례 6-4 참조).

스포츠도 대표적 위락관광자원이다. 최근에는 다양한 해양스포츠와 트레킹이 큰 인기를 얻고 있다. 최근에는 단순한 민물 수상스포츠(래프팅, 낚시, 조정, 수상스키)에서 벗어나 서핑, 요트, 스노클링, 스킨스쿠버와 같은 해양스포츠를 즐기는 사람들이 증가하고 있다. 그리고 남아프리카 원주민들이 달구지를 타고 집단 이주하던 데서 유래된 트레킹을 즐겨하는 사람도 매년 증가하고 있다. 특히, 제주도 올레길의 성공에 힘입어 전국에 둘레길 등 다양한 걷기코스가 개발되면서 도보여행자들이 증가하고 있다. 세계적인 트레킹 코스로는 네팔 안나푸르나 서킷, 스페인 산티아고 순례길, 알프스 투르 드 몽블랑, 뉴질랜드 밀포드 & 마운틴 쿡, 동해안 해파랑길, 일본 규슈 올레, 페루 잉카 트레일 등이 있다.

사례 6-4   동북아 최대 '카지노 복합 리조트' 온다··· 들썩이는 영종도

'한국판 라스베이거스' 한발 앞으로
인스파이어, 올 10~11월 개장 목표
6주년 맞은 파라다이스시티 맞대결
'하루 10만명 이용' 인천공항 가까워
단순 경유 → 관광도시로 탈바꿈 기대
미단시티는 사업기간 1년 연장 신청

인천 영종도가 또다시 카지노 복합 리조트로 들썩이고 있다. 글로벌 복합 리조트 개발사인 모히건인스파이어가 연내 영종도에 복합 리조트 개장을 예고하면서 올해 개장 6주년을 맞은 파라다이스시티와의 경쟁이 본격화될 것으로 점쳐지기 때문이다. 엔데믹 기조로 한국을 찾는 외국인 관광객들도 점차 늘면서 영종도가 '한국판 라스베이거스'에 한발 더 가까워졌다는 분석이다.

인스파이어리조트 공사 현장

현재 인스파이어리조트는 동북아 최대 규모의 복합 리조트를 목표로 추진되고 있다. 복합 리조트란 카지노, 호텔, 수영장, 쇼핑몰, 대형 회의장, 문화 공간 등 다양한 시설을 갖춘 리조트를 뜻한다. 인스파이어 리조트는 축구장 64개 크기로 공사가 진행된다. 호텔은 3개 동의 객실 1,200여 개 규모, 외국인 전용 카지노는 슬롯 700대, 게임 테이블 150개다. 국내 최초 다목적 공연장 '아레나', 워터파크 시설인 '스플래시 베시', 야외 테마파크도 준비 중이다.

인스파이어 리조트가 개장하기 전까지 복합 리조트 업계의 '최초' '최대'의 타이틀은 파라다이스시티의 몫이었다. 파라다이스시티는 축구장 46개 규모의 리조트에 호텔 711객실, 카지노 게임 시설 472대를 갖췄다. 2017년 개장해 코로나19로 외국인 관광객이 급감하면서 리조트도 위기를 겪었다. 그러나 내국인 방문객을 앞세워 회복을 시도해 왔다.

파라다이스시티 리조트 전경

인천 영종도 복합 리조트 현황

구 분	파라다이스시티	인스파이어 리조트
개장시기	2017년 4월 1단계 개장	2023년 10~11월 예정
위치	인천국제공항 제1국제업무지구 (1터미널에서 5분 거리)	인천국제공항 제3국제업무지구 (1터미널에서 10분 거리)
규모	33만m^2	46만m^2

시설	• 호텔 711객실
	• 카지노 슬롯·게임테이블 등 총 472대
	• 아트스페이스 등 3000여점 작품 전시,
	  씨메르(실내 워터플라자), 원더박스(실내
	  패밀리 테마파크) 등
		• 호텔 1200여 객실
		• 카지노 슬롯·게임테이블 등 850대
		• 국내 최초 1만5000석의 다목적 공연장 아
		  레나, 스플래시베이(워터파크), 뮤지엄 등

경제적 효과	개장 초기 3200여명 채용	개장 초 3500여명 채용 예정
특징	올해 개장 6주년	국내 최대 규모 복합 리조트 조성 목표

파라다이스시티는 한국 파라다이스가 일본 세가사미홀딩스와 손잡고 합작사 파라다이스세가사미를 설립해 운영되고 있다. 인스파이어 리조트는 미국 코네티컷주의 모히건선 리조트를 비롯해 9개의 복합 리조트를 운영하는 미 동부 최대 규모의 복합 리조트 개발·운영사인 모히건이 추진하는 사업이다. 글로벌 기업들이 동북아 복합 리조트의 입지로 한국, 그것도 인천 영종도를 선택한 것이다.

이들 업체는 모두 공항과 가까운 지리적 이유가 컸다고 입을 모았다. 인스파이어 리조트는 인천국제공항 제1터미널에서 10여 분 거리, 파라다이스시티는 5분 거리에 위치했다. 하루 10만 명 이상이 이용하는 동북아 허브 공항으로 자리매김한 인천국제공항과 연계해 한국을 경유하는 관광객까지 기회가 많다고 주장한다.

한국 음악, 드라마, 영화 등 K컬처가 전 세계적으로 인기몰이하고 있는 점도 복합 리조트 업계의 시선을 한국으로 집중하게 만든 요인이다. 인스파이어 리조트가 1만 5,000석 규모의 다목적 공연장 아레나를 만드는 것도 이 때문이다. 파라다이스시티도 엑소의 쇼케이스, 방탄소년단(BTS)의 온라인 라이브 콘서트 장소로 활용됐다. 파라다이스시티 측은 "최근 홍보 모델로 배우 박서준을 선정한 것도 드라마 '이태원 클라쓰'가 일본 등에서 큰 인기를 얻은 점을 고려했기 때문"이라며 "일본 관광객들을 대상으로 마케팅 효과가 있기를 기대하고 있다"고 언급했다.

복합 리조트를 유치한 데 따른 경제적 효과도 상당하다. 개장 초기 파라다이스시티는 3,200여 명의 직원을 채용했고 인스파이어 리조트는 3,500여 명을 채용할 예정이다. 직접적인 채용 외에 주변 상권이 개발되는 등 부가적인 효과도 엿볼 수 있다. 파라다이스시티 앞에 위치한 '오렌지듄스영종골프클럽'의 경우 입찰 과정에서 10개의 컨소시엄이 경쟁하기도 했다.

다만 한국판 라스베이거스 구상의 핵심이었던 또 다른 복합 리조트 사업인 중국 푸리그룹의 미단시티리조트는 현재 공사가 중단된 상황이다. 푸리그룹의 한국 법인인 RFKR이 공사비를 지급하지 못하면서다. RFKR은 문화체육관광부에 사업 기간 1년 연장을 신청해 재심사를 기다리고 있다.

자료: 서울경제신문(2023.3.27.). 일부 내용 발췌

제4절 _ 유네스코 유산

1960년 이집트 아스완 하이댐을 건설하면서 누비아 유적이 사라질 위기에 봉착하면서 세계유산을 보존 및 보호하기 시작하였다. 1975년 미국의 옐로우스톤 국립공원, 에콰도르 갈라파고스 제도 등 12개 자연 및 문화유산이 최초로 세계유산으로 등재되었다. 본 절에서는 세계유산의 개념, 현황 그리고 세계유산의 가치에 대해 설명한다.

① 유네스코 유산의 개념

세계유산이란 세계유산위원회가 유산의 탁월한 보편적 가치(Outstanding Universal Value)가 인정된 유산을 세계유산목록에 등재된 유산으로 정의되고 있다. 여기서 탁월한 보편적 가치란 국경을 초월할 만큼 독보적이며, 현재와 미래 세대의 전 인류에게 공통적으로 중요한 문화 및 자연적 중요성을 의미한다.

유네스코(UNESCO, 국제연합교육과학문화기구)의 유산사업은 세계유산, 인류무형문화유산, 세계기록유산 등 3가지로 구분된다. 유네스코는 1972년 이집트의 아스완 하이댐 건설로 인하여 수몰위기에 놓인 고대 누비아 유적들을 보호하기 '유네스코의 세계 문화 및 자연유산의 보호에 관한 협약'사업을 시작하였고, 2003년 무형유산을 보호하고 계승하기 위하여 '무형문화유산 보호 국제협약'을 채택하였다(유네스코한국위원회 홈페이지). 그리고 1992년 전쟁과 사회적 변동 그리고 자원의 부족으로 소멸 위기에 놓인 인류의 중요한 기록들을 보호·보존하기 위해 '세계의 기억(MOW: Memory of the World)' 사업을 시작하였다.

1. 세계유산(World heritage)

유네스코 세계유산은 문화유산, 자연유산, 그리고 문화와 자연의 가치를 함께 담고 있는 복합유산으로 분류된다. 문화유산(Cultural heritage)은 예술, 학문적으로 탁월한 보편적 가치가 있는 기념물(예 건축물, 조각 및 회화, 고고 유물 및 구조물, 금석문 등), 역사상, 미술상 탁월한 보편적 가치가 있는 건조물, 그리고 역사상, 관상상, 민족학상 또는 인류학상 탁월한 보편적 가치가 있는 유적지를 포함한다. 자연유산(Natural heritage)은 관상상, 과학상, 보존상, 또는 미관상 탁월한 보편적 가치가 있는 동식물, 군락, 지질학적 생성물, 멸종위기에 처한 동식물 서식지 등을 포함한다. 그리고 복합유산(Mixed heritage)은 문화유산과 자연유산의 특징을 동시에 충족하는 유산을 포함한다. 하지만 세계유산 지역 내에 소재한 박물관에 보관한 조각상, 공예품, 회화 등 동산 문화재나 식물, 동물 등은 세계유산의 보호 대상에 포함되지 않는다.

세계유산은 10개의 기준 중에서 한 가지 이상에 해당해야 하며, 한 가지 이상에 해당되는 유산일지라도 반드시 갖추어야 할 조건이 있는데 바로 탁월한 보편적 가치(OUV: Outstanding Universal Value)이다. 탁월한 보편적 가치를 충족시키기 위한 진정성(Authenticity)과 완전성(Integrity), 그리고 해당 유산의 안전을 보장하기 위한 충분한 보호 및 관리체계를 구비해야 한다.

2. 인류무형문화유산(Intangible cultural heritage of humanity)

인류무형문화유산은 전통문화인 동시에 살아있는 문화이다. 무형문화유산은 공동체, 집단 및 개인이 자신의 문화유산의 일부분으로 인식하는 관습, 표현, 지식 및 기술, 이와 관련된 전달 도구, 사물, 공예품, 문화공간으로 정의된다(무형문화유산 협약 제2조 1항). 무형문화유산은 공동체 내에서 공유하는 집단적인 성격을 가지고 있으며, 사람을 통해 생활 속에서 주로 구전으로 전승되어 왔다. 긴급보호가 필요한 무형문화유산의 등재기준은 6가지를 충족해야 한다(유네스코한국위원회 홈페이지 참조).

3. 세계기록유산(Memory of the World)

세계기록유산은 세계적인 중요성을 갖거나 인류역사의 특정한 시점에서 세계를 이해할 수 있도록 이바지한 경우 지정된다. 세계기록유산 종류는 문자로 기록된 것(책, 필사본, 포스터 등), 이미지나 기호로 기록된 것(데생, 지도, 악보, 설계도면 등), 비문, 시청각 자료(음악 콜렉션, 영화, 음성기록물, 사진 등), 인터넷 기록물 등을 포함한다. 등재기준은 유산의 진정성(해당 유산의 유래를 증명할 수 있는 정품일 것), 독창적이고 비대체적인 유산, 세계적 관점에서 유산이 가지는 중요성(전 세계에 영향을 미쳤는지 여부), 보조 요건(예 희귀성, 온전성 등) 등 네 가지이다.

2 유네스코 유산현황

2022년 기준 세계유산은 전 세계 167개국에 분포되어 있으며 총 1,157건이 등재되어 있다. 이 가운데 문화유산 900건, 자연유산 218건, 복합유산이 39건이다(https://www.unesco.org). 인류무형문화유산은 2022년 등재 기준 140개국 676건이며 세계기록유산은 2018년 등재기준 84개국 432건이다(https://www.unesco.org). 우리나라 유네스코 유산을 정리하면 〈표 6-8〉과 같다.

표 6-8 **유네스코에 등재된 우리나라 유산목록**

유산 구분	등재목록(2022년 기준)
세계유산(15건)	• 문화유산: 해인사 장경판전(1995년), 종묘(1995년), 석굴암·불국사(1995년), 창덕궁(1997년), 수원화성(1997년), 고창·화순·강화 고인돌 유적(2000년), 경주역사유적지구(2000년), 조선왕릉(2009년), 한국의 역사마을: 하회와 양동(2010년), 남한산성(2014년), 백제역사 유적지구(2015년), 산사, 한국의 산지승원(2018년), 한국의 서원(2019년) • 자연유산: 제주 화산섬과 용암동굴(2007년), 한국의 갯벌(2021)
무형문화유산(22건)	종묘 및 종묘제례악(2001년), 판소리(2003년), 강릉단오제(2005년), 강강술래(2009년), 남사당(2009년), 영산재(2009년), 제주 칠머리당영등굿(2009년), 처용무(2009년), 가곡(2010년), 대목장(2010년), 매사냥(2010년), 줄타기(2011년), 택견(2011년), 한산모시짜기(2011년), 아리랑(2012년), 김장문화(2013년), 농악(2014년), 줄다리기(2015년), 제주 해녀문화(2016), 씨름(2018), 연등회(2020), 탈춤(2022)
세계기록유산(16건)	훈민정음 해례본(1997), 조선왕조실록(1997), 직지심체요절(2001), 승정원 일기(2001), 조선왕조 의궤(2007), 고려대장경판 및 제경판(2007), 동의보감(2009), 일성록(2011), 5.18 광주민주화운동 기록물(2011), 새마을운동 기록물(2013), 난중일기(2013), KBS 특별생방송 '이산가족을 찾습니다' 기록물(2015), 한국의 유교책판(2015), 조선통신사에 관한 기록(2017), 국채보상운동 기록물(2017), 조선왕실 어보와 어책(2017)

자료: 문화재청 국가문화유산포털(https://www.heritage.go.kr/heri/). 저자 정리

3 세계유산의 등록가치

세계유산은 인류문명과 자연사에 있어 매우 중요한 자산이기 때문에 전 인류가 공동으로 보존하고 이를 후손에게 전수해야 할 전 지구적인 가치를 지니고 있다. 세계유산의 가치는 크게 세 가지로 살펴볼 수 있는데 명성과 인지도 향상, 소유권의 해당 국가 존속, 그리고 체계적 유산의 보전·관리이다.

1. 명성과 인지도 향상

세계유산으로의 등재는 한 국가의 문화수준을 가늠하는 척도로서도 작용하기 때문에 유산 소재 지역 및 국가의 자긍심과 자부심을 고취시키는 계기가 되며, 이들 유산보호를 위한 책임감을 고취시키게 된다. 또한, 등재된 유산들은 국제적 협력의 대상이 되기 때문에 유산보호에 대한 사업들에 국제기구 및 단체들의 기술적, 재정적 지원을 받을 수 있고 우리 정부의 추가적인 관심과 지원으로 보존계획 및 관리의 수준이 향상된다. 뿐만 아니라 유산이나 국가에 대한 인지도가 높아짐에 따라 외래방문객이 증가하여 이에 따른 고용기회 및 수입이 증가한다.

2. 소유권 존속

세계유산이 유네스코에 등재되었다고 해서 그 소유권이 이전되지 않는다. 즉, 세계유산 등재는 해당 유산의 소유권이나 통제에 영향을 주지 않으며 소유권은 등재 이전과 동일하게 유지되고 국내법도 동일하게 적용된다.

3. 체계적 유산의 보전·관리

유네스코와의 협약국(예 각 국가)은 세계유산으로 등재된 유산에 대하여 매 6년마다 유산의 상태에 대한 정기보고를 세계유산위원회에 하여야 한다. 또한, 유산에 영향을 미치는 변화가 일어나는 경우 유산의 보존현황 보고를 하여야 한다. 등재유산의 지위를 지속적으로 유지하기 위해서는 체계적인 보전과 관리가 뒷받침되어야 한다.

토 론 주 제

1. 관광객 욕구변화에 따른 관광자원의 가치변화

2. 관광객 동기유발에 있어 관광자원의 중요성

3. 우리나라 관광자원이 지니는 특징

4. 향후 관광객을 유인할 신 관광자원

5. 세계유산의 등재가치 및 의의

참 고 문 헌

국립공원관리공단(2016). 국립공원지정현황. http://www.knps.or.kr/

김광근 외(2007). 최신관광학. 백산출판사.

김병문(1998). 관광자원학. 백산출판사.

김홍운·김사영(1994). 관광자원론. 형설출판사.

김홍운(1994). 관광자원론. 일신사.

동남레저연구소(2006). 관광학의 이해. 기문사.

문화재청. http://www.cha.go.kr/

박석희(1994). 신관광자원론. 일신사.

서울경제신문(2023.3.27.). 동북아 최대 '카지노 복합 리조트' 온다…들썩이는 영종도.
    https://www.sedaily.com/NewsView/29MXPCBYYV.

서울신문(2022.4.15.). 파리, 세계서 가장 매력적 도시 1위… 코로나가 바꾼 세계 최고 여행지.
    https://www.seoul.co.kr/news/newsView.php?id=20220414500035

아랍에미레이트 아부다비에 에미레이츠 팔레스(Emirates Palace AbuDhabi)

여행신문(2000.3.20). 도시관광 진흥정책 필요해. http://www.traveltimes.co.kr/news/
    articleView.html?idxno=22805

우락기(1988). 한국의 관광자원. 한국관광지개발연구소. 서울.

이경모·이재곤(1996). 우리나라 온천관광지 개발 효율성에 관한 연구, 식음료경영연구,
    7(1), 207-230.

이동필·최경은.(2007). 향토음식산업의 육성방안. 서울: 한국농촌경제연구원.

이장춘(1997). 최신 관광자원학. 대왕사.

조선일보 Travel(2008.2). 경주역사유적지구의 문화유산적 가치

채서묵(2003). 관광학개론. 백산출판사.

한국경제신문(2022.5.26.). 산업 현장을 관광지로… 여행객은 색다른 체험, 기업은 이미지 업. https://www.hankyung.com/society/article/2022052629171

한국관광공사 (1987). 문화유산과 관광자원. 한국관광공사.

한국산업단지공단(2016). 산업관광 운영 실태와 활성화 방안.

KBS뉴스(2018.2.15.). 삼바 카니발은 모두의 기쁨…계층 관계없이 즐기는 축제. https://news.kbs.co.kr/news/view.do?ncd=3606533

OSEN(2008.12). 신비로운 북극의 빛, 오로라 Aurora(캐나다). www.osen.co.kr

Burkart. A. J & Medlik. S. (1982). Tourism: Past, present and future(2nd ed). Heinemann.

Clawson. M. Held. R & Stoddard. C.(1960). Land for the future. Johns Hopkins Press, New York.

Dasman, R. F.(1973). Classification and use of protected natural and cultural areas. International Union for Conservation of Nature and Natural Resources. Morges, Switzeland.

Gunn. C. A. (1988). Tourism Planning(2nd ed.). New York: Taylor and Francis.

Routledge Starbrook, J. (1995). The development and management of visitor attractions.

The Outdoor Recreation Resources Review Commission(1962). Participation in outdoor recreation: factors affecting demand among American adults. January.

관광사업

학습목표

· 사회변화에 따른 관광사업의 의미의 변화를 평가할 수 있다.

· 관광구조나 사업목적에 의한 관광사업의 의미를 설명할 수 있다.

· 관광사업의 유형을 설명할 수 있다.

· 관광사업의 특성을 설명할 수 있다.

· 관광사업의 분류체계를 설명할 수 있다.

· 관광사업의 미래경향을 설명할 수 있다.

Principles Of Tourism

관광사업의 주체는 영리를 목적으로 하는 기업체 뿐만 아니라 비영리를 추구하는 정부와 공공단체도 이에 포함된다. 주체가 누구이든 관광사업의 본질은 관광객의 욕구에 대응해서 질 좋은 재화와 서비스를 제공하는 것이다. 관광사업은 관광관련 기업의 기능 뿐만 아니라 다양한 파급효과까지 포함된 폭 넓은 사업활동으로 인식된다. 본 장(章)에서는 관광사업의 개념 그리고 관광사업의 종류와 특징 등에 대해 살펴본다. 또한 「관광진흥법」에서 규정하고 있는 관광사업의 현황에 대해서 살펴본다.

제1절 _ 관광사업의 개념

관광사업의 정의를 명쾌히 규정하기는 쉽지 않다. 그 이유는 시대변화에 따라 관광사업의 영역이 확대되고 있고 학자에 따라 가치관이나 내용에 대한 이해의 차이 때문이다. 관광사업은 관광구조의 3요소, 즉 관광주체, 관광객체, 관광매체를 바탕으로 정의를 내릴 수 있다. 관광사업을 한마디로 정의하는 것은 매우 어려운 일이다. 본 절에서는 이러한 다양한 관광사업의 정의에 대해 살펴본다.

1 관광사업의 법률적 정의

「관광진흥법」(제2조 제1호)에서는 관광사업을 '관광객을 위하여 운송·숙박·음식·운동·오락·휴양 또는 용역(서비스)을 제공하거나 그 밖에 관광에 딸린 시설을 갖추어 이를 이용하게 하는 업'으로 정의하고 있다. 「관광진흥법」은 관광여건을 조성하고 관광자원을 개발하며, 관광사업을 육성함으로써 관광진흥에 이바지함을 목적으로 하고 있다. 여기서 관광사업의 육성이란 관광사업의 발전을 지원하되 필요할 경우 관리 및 감독도 할수 있다는 의미가 내포되어 있다. 「관광진흥법」에서 가장 큰 부분을 차지하는 것이 관광사업에 관한 것이다.

관광사업을 규정하고 있는 「관광진흥법」은 「관광사업진흥법」에서 출발하여 「관광기본법」, 「관광사업법」, 그리고 「관광진흥법」으로 변경되어 왔다. 현재 「관광진흥법」상 관광사업의 종류는 여행업, 관광숙박업(호텔업, 휴양콘도미니엄업), 관광객이용시설업, 국제회의업, 카지노업, 유원시설업, 관광편의시설업 등 7종류이다. 1994년 8월 일부 개정을 통해 종전에 경찰청에서 관리하던 카지노업이 관광사업으로 전환되었고, 1999년 1월에는 유원시설업과 국제회의시설업이 관광사업에 포함되었다. 이 7개 영역이 현재 「관광진흥법」이 규정하고 있는 관광사업이다. 관광사업의 정의가 포괄적으로 진행되어 왔지만 핵심내용은 사업영역에 관계없이 관광객에게 재화나 서비스를 제공하는 사업으로 정의할 수 있다.

② 학자들에 의한 정의

학자들에 의한 관광사업에 대한 정의는 우리나라 법률에 의한 것과 유사하다. 대표적 해외 학자들로는 Glücksmann(1935), Gee와 동료(1997), 다나까기이찌(田中一, 1950), 이노우에만주소(井上葛藏, 1967) 등을 들 수 있다. 독일의 Glücksmann은 관광객의 욕구충족을 위해 체제지에서 서비스를 제공하는 제 영업의 총체로 보았다. Gee와 동료들은 그들의 저서 『The Travel Industry』에서 관광사업을 관광객의 욕구충족을 위한 상품과 서비스의 개발, 생산 그리고 마케팅에 포함되는 공적조직과 사적조직의 혼합이라 정의하였다. 다나까기이찌(田中一)는 관광활동을 유발하는 각종 관련시설과 교통정비 및 자연적·문화적 관광자원에 대해 개발, 보호, 보존함과 동시에 이용을 촉진함에 따라 경제적·사회적 효과를 얻기 위해 알선·선전 등을 행하는 조직적인 인간활동이라고 정의하였다. 그리고 이노우에만주소(井上葛藏)는 관광현상을 촉진하기 위해 행하는 모든 인간활동의 총체라고 정의하였다.

국내에서는 손해식(1982), 김상훈(1989)과 김진섭(1991)의 정의를 들 수 있다. 손해식은 관광의 경제적·사회적·문화적 효과를 촉진하기 위한 조직적인 경영활동이라고 하였다. 김상훈은 관광의 효과를 증진시키고 관광현상을 활성화시키기 위한 일련의 총체로서 정의하였고, 김진섭은 수요와 관광효과를 창출하여 인류평화와 복지를 위하는 사업으로 정의하였다.

3 관광구조에 의한 정의

관광구조의 3요소는 관광주체(관광객), 관광객체(관광대상), 그리고 관광매체이다. 관광주체와 관광객체 사이에서 관광객의 욕구를 충족시켜 주기 위해서는 편의시설과 제품 그리고 서비스를 제공해야 하는데, 이를 행하는 주체는 관광기업과 정부이다. 즉, 이들이 행하는 것이 바로 관광사업이다.

관광구조의 관점에 본 관광사업의 위치를 살펴보면 〈그림 7-1〉과 같이 나타낼 수 있다. 관광객은 자신의 욕구충족을 위해 관광객체와 매체를 이용한 대가로 만족과 서비스를 얻게 된다. 이러한 관광서비스를 제공하는 것이 관광사업이며 그 주체는 관광기업이 된다. 그리고 관광사업체는 관광개발을 통해 지역주민에게 일자리 창출 등의 기회를 제공한다. 그리고 정부나 지방자치단체는 관광객 욕구충족을 위해 관광개발을 추진하게 된다.

그림 7-1 관광구조와 관광사업

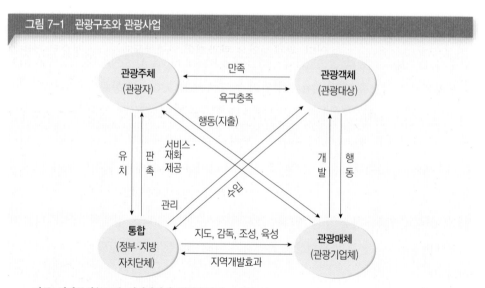

자료: 김광근외(2007). 최신관광학. 백산출판사, p.187

4 사업목적에 의한 정의

관광사업은 사업목적에 따라서도 정의할 수 있는데, 비영리목적의 공적 관광사업과 영리목적의 사적 관광사업으로 나누어볼 수 있다. 공적 관광사업은 국가나 지방정부가 지역 전체의 관광사업을 관광정책적 입장에서 취하는 관광사업을 의미한다. 예를 들면, 공익단체(예 중앙 및 지방 관광관련 행정기관, 업종별 단체, 연구소나 학술단체와 같은 교육기관)들은 관광관련 기반시설의 건설, 관광대상과 자원의 정비·개발·보호, 홍보선전 등의 촉진활동, 국민의 국민관광진흥, 외국 관광객의 유치, 민간 관광기업의 재정지원, 관광교육 등의 부문 등과 같은 사업을 한다. 대표적으로 복지관광(Social tourism)을 들 수 있다.

사적 관광사업은 관광객의 욕구충족을 위해 관광기업들이 취하는 영리목적의 사업을 지칭한다. 여행업, 교통업, 숙박업, 휴양업, 국제회의시설업, 관광기념품업 등과 같은 관광사업을 관광기업들이 영리를 목적으로 하는 것이다. 즉, 사적 관광사업은 경제적 이익을 추구하는 사업으로 영리목적의 민간기업에 의해 수행된다.

위의 정의를 종합해 보면 관광사업은 관광매체로서 관광주체와 관광객체를 상호연결해 주는 기능을 수행함으로써 관광활성화에 기여하고 서로 간의 상호협력을 촉진하는 역할을 하고 있음을 알 수 있다. 관광사업은 관광객의 관광활동과 직·간접으로 관련 있는 모든 사적·공적 기관들의 사업을 총칭한다. 따라서 관광주체 및 관광기업과 정부 등이 서로 상호협력적일 때 관광사업은 시너지 효과를 낳을 수 있다. 또한, 관광사업은 영리를 추구하며서도 국민복지를 증진시키고 세계평화에도 기여하는 유익한 사업이다.

제2절 _ 관광사업의 특성

산업화와 도시화는 대중관광 시대를 가속화시켰으며 이는 관광사업(예 민간기업과 공공기관)의 비중과 역할을 증가시키는 계기가 되었다. 비록 오늘날 관광사업에 있어 공공기관의 역할이 증대되고 있지만 민간기업의 활동이 중심을 이루고 있다. 관광사업은 영리를 목적으로 한 민간 관광기업과, 공공기관 및 공익법인, 공익단체까지 포함되는 사업으로서 일반기업과는 다른 특성을 지니고 있다.

1 복합성

관광사업의 복합성이란 사업주체의 복합성과 사업내용의 복합성을 동시에 의미한다. 사업주체의 복합성이란 사업주체의 다양성, 즉 공공기관과 민간기업이 역할을 분담하여 전개하는 사업이라는 뜻이다. 관광사업은 공공기관과 민간기업이 역할을 분담하여 공동으로 추진하는 현상이 타 산업분야보다 현저하게 두드러진다. 예를 들면, 공원의 유지 및 관리, 도로건설 등은 공공기관에서 추진하며 여행업이나 숙박업 등은 주로 민간기업이 담당하고 있다.

사업내용의 복합성이란 관광사업의 업무내용이 분화되어 있는 것을 말한다. 가령 관광객이 해외여행을 한다고 가정할 경우, 여행 출발부터 도착까지 여행이 완결되는 전과정에 교통업, 숙박업, 여행업, 음식업, 소매업 등의 다양한 관광사업 주체들이 하나의 관광이 성립되기 위해 사업활동을 하고 있다. 이들은 관광사업의 일익을 담당하고 있으면서 동시에 개별적 사업주체로서 고유의 사업영역을 가진다.

하지만 대부분의 사업이 부분적으로 관광현상에 관여하고 있으므로 완전한 관광사업이라 표현하기 애매한 경우가 많다. 가령, 교통업의 경우 관광객을 수송하는 부분은 관광사업이지만 통근이나 화물운송 부분은 관광사업이 아니다. 여행업도 관광사업을 주로 하는 사업이나 해외 이민자를 위한 업무를 취급할 경우에는 관광사업이 아니다.

2 입지 의존성

입지 의존성이란 관광사업을 하는 관광서비스 기업이 지리적으로 어디에 위치하느냐에 따라 사업활동에 많은 영향을 받는다는 의미이다. 예를 들면, 성수기 때 제주도에 숙박시설이 모자란다고 하여 다른 지역에 위치하고 있는 시설을 자유자재로 옮길 수는 없는 것이다. 즉, 관광사업은 관광객이 찾는 자원이나 시설 등을 시장의 변화(例 수요의 급증)에 따라 서비스와 시설 등을 변경하여 제공하기 어렵다. 따라서 관광객이 소비를 위하여 서비스와 시설을 찾아 이동하는 특성을 지닌다. 특히, 관광사업은 생산과 소비가 동시에 발생하는 특성을 가지고 있기 때문에 입지 의존성이 매우 높다.

3 민감성(혹은 변동성)

관광은 사회적, 경제적, 자연적, 법적·제도적 환경과 같은 외부환경에 매우 민감하게 영향을 받는다. 사회적 요인에는 사회 및 국제정세의 변화, 정치불안, 폭동, 질병발생 등이 있는데 이들 요인들은 관광객의 안전에 직접적 영향을 미치므로 관광객들은 이에 대해 매우 민감하게 반응한다. 경제적 요인에는 경제불황, 소득 불안정, 환율변동 등이 해당된다. 기후, 지진, 태풍 등과 같은 자연적 요인 등에도 관광은 민감하다(사례 7-1 참조). 이러한 요인들은 계절적 수요(성수기·비수기)에 강한 영향을 미치므로 그 대응책에 많은 관심을 기울여야 한다. 그리고 관광사업은 해외 여행객에 대한 세금부과, 외화사용의 제한, 여행의 제한조치와 같은 법적·제도적 환경 등에 의해서도 민감하게 반응한다.

4 공익성

관광객에 의한 관광소비는 사업의 이윤뿐만 아니라 사회적 공익성을 창출한다. 관광

사례 7-1 "겨울인데 눈이 안 오네"… 알프스 관광산업 '붕괴 위기'

개장 연기·폐업 속출… 알프스 스키관광 위기

국제스키대회 취소 사태… 스포츠산업도 붕괴

여름관광 개발도… 서늘한 알프스, 피서지로 주목

눈 없어 스키장 폐업할 판

22일(현지시간) 영국 파이낸셜타임스 등에 따르면 알프스 스키장들이 겨울에도 포근한 날씨 때문에 비상이 걸렸다. 상대적으로 낮은 지대에 위치한 스키장들은 폐업 위기에 처했고, 고도 3,200m로 유럽에서 가장 높은 곳에 위치한 스키장인 프랑스 발토랑스마저 적설량이 적어 개장일을 오는 26일로 예년보다 일주일가량 늦춰야 했다. 알프스 지역은 평균기온이 10년간 섭씨 0.3도씩 상승하며 지구 평균보다 2배 빠르게 더워지고 있다. 이듬해 눈이 녹는 시기도 한 달가량 앞당겨졌다.

겨울철 스포츠 관광 천국으로 불리는 오스트리아는 특히 위태롭다. 최근 2년간 코로나19 팬데믹 봉쇄로 어려움을 겪다가 이제야 정상화되고 있는데 이번엔 기후가 발목을 잡았다. 오스트리아에서 관광업은 2019년 기준 국내총생산(GDP)의 7.6%를 차지한다. 그중 절반이 겨울철 수입이다. 매년 겨울마다 오스트리아 인구(894만 명)의 7

국제스키연맹(FIS) 알파인 스키 월드컵 대회를 나흘 앞둔 10월 25일 이탈리아 체르비아 스키장에서 주최측이 슬로프에 인공눈을 뿌리고 있다. 하지만 따뜻한 날씨 탓에 경기는 결국 취소됐다. 체르비아=AP 연합뉴스

배에 달하는 6,000만 명이 눈을 즐기기 위해 오스트리아를 찾아온다. 겨울이 사라지면 오스트리아 국가경제가 붕괴할 수도 있다. 〈중략〉

동계 스포츠 대회도 속속 취소

동계스포츠 분야도 타격이 만만치 않다. 지난달 22일 오스트리아 솔덴에서 열릴 예정이었던 '2022-2023 국제스키연맹(FIS) 알파인 스키 월드컵' 개막전 여자 대회전 경기가 안전 문제로 취소됐다. 눈이 아닌 비가 내려서 스키장 슬로프가 위험했기 때문이다. 또 같은 달 29일에는 스위스 체르마트에서 출발해 이탈리아 체르비아로 들어오는, 세계 최초로 국경을 넘는 스키 월드컵 대회가

예정돼 있었지만 이 또한 무산됐다. 눈이 충분히 내리지 않은 데다 고도가 낮은 슬로프 하단부는 제설이 불가능할 정도로 날씨가 따뜻했다.

현재 상태로 지구온난화가 계속된다면 금세기 말에는 동계올림픽을 치른 22개 도시 가운데 단 한 곳만 대회 개최가 가능할 것이라는 연구 결과도 있다. 미국 워싱턴포스트는 "스키선수들에게 경기 취소는 이제 이례적인 비극이 아니라 일상"이라며 "겨울스포츠산업과 관광산업이 취약해지고 있다는 의미"라고 짚었다.

차라리 알프스를 여름 휴양지로…

알프스 마을들은 기후변화에 적응하기 위해 안간힘을 쓰고 있다. 겨울철 스키 여행객 유치를 포기하고 대체 상품을 만들자는 것이다. 일례로 오스트리아 빈에서 1시간가량 떨어진 세인트코로나 스키장은 겨울이 아닌 여름에 투자하는 '역발상'으로 주목받고 있다.

산악자전거, 등산, 하이킹 코스를 새로 정비하고, 눈 대신 레일 위에서 타는 터보건 썰매 코스도 조성했다. 저수지에서 패들보드를 타는 상품도 마련했다. 최근 이 마을에는 겨울 스키족보다 여름 피서객이 더 많이 모여들고 있다. 마을 총수익 3분의 1을 여름철에 거둬들일 정도로.

로베르트 슈타이거 오스트리아 인스부르크대 교수는 "알프스 전역 관광 도시들이 추진하는 사업 다각화의 핵심은 여름 여행객 유치"라며 "도시와 해변이 여름철 폭염에 시달리면서 상대적으로 시원한 알프스가 새로운 피서지로 각광받고 있다"고 말했다.

자료: 한국일보(2022.11.24.).
일부 내용 발췌

10월 23일 오스트리아 솔덴 스키장을 찾은 여행객들. 솔덴=로이터 연합뉴스

사업이 가져다주는 공익성은 사회·문화적 측면과 경제적인 측면으로 나누어 살펴볼 필요가 있다. 관광사업의 공공성을 사회·문화적인 측면에서 보면 국제관광의 효과(예: 국제친선 증진, 국위선양, 국제문화 교류촉진, 세계평화 기반조성)와 국민관광의 효과(예: 국민보건향상, 근로의욕 증진, 교양함양)가 있다. 그리고 경제적인 측면으로는 국민경제 효과(예: 외화획득, 소득증대, 경제발전, 국제무역 촉진 등)와 지역경제 효과(예: 주민복지 증진, 고용창출, 생활환경 개선 및 지역개발)를 포함한다. 따라서 관광사업은 개별기업의 특징을 살리면서 공익적 효과를 극대화하도록 하는 것이 중요하다.

5 서비스성

관광사업을 서비스 사업이라 하는 것은 관광사업이 취급하는 관광상품의 핵심이 서비스이기 때문이다. 즉, 관광사업은 관광객에 대한 서비스를 판매하는 활동을 중심으로 하기 때문이다. 서비스는 관광객의 구매의사결정 혹은 심리에 큰 영향을 미치므로 관광서비스 기업이 제공하는 서비스의 품질은 서비스 제공기업, 관광목적지, 혹은 국가의 관광사업 전체에 큰 영향을 끼칠 수밖에 없다. 따라서 관광기업, 공공기관, 국민 모두가 친절성에 입각한 서비스 정신이 관광사업에 있어서 중심적 역할을 한다고 할 수 있다.

제3절 _ 관광사업의 분류

관광사업은 크게 사업주체, 관광객과의 관련성, 그리고 「관광진흥법」에 의한 분류로 대별될 수 있다. 사업주체에 의한 분류는 사업을 누가 주체하느냐의 기준에 의한 분류이며, 관광객과의 관련성은 관광객과 직·간접적 관련성을 기준으로 분류한다. 마지막으로 「관광진흥법」에 의한 관광사업은 일곱 가지로 분류된다.

1 사업주체에 의한 분류

관광사업은 사업주체에 따라 사적 관광사업과 공적 관광사업으로 나눌 수 있다(그림 7-2

참조). 사적 관광사업은 다시 1차 관광사업 혹은 직접 관광사업(관광기업)과 2차 관광사업 또는 간접 관광사업(관광관련 기업)으로 나누어 볼 수 있다. 1차 관광사업은 관광객과 직접적으로 관계되어 영리를 목적으로 하며 관광객의 소비활동을 주수입원으로 하는 사업을 말한다. 여행업, 숙박업, 쇼핑업 등 「관광진흥법」에 의한 사업들이 여기에 포함된다. 2차 관광사업은 재화나 서비스를 관광객에게 간접적으로 제공하거나 1차 관광기업에 직접 제공해 주는 사적 관광사업을 말한다. 예를 들면, 호텔에 서비스를 제공해 주는 세탁업자, 청소업자, 경비업자, 각종 납품업자와 용역업자 등이 여기에 해당한다.

공적 관광사업 주체는 관광 행정기관과 관광 공익단체로 구분된다. 관광행정기관은 관광정책을 입안하는 관련기관을 의미하며, 국가·정부·지방자치단체 등의 기관을 말한다. 이는 관광객, 1차 관광사업체, 2차 관광사업체들과 직·간접으로 영향을 주고받으며 관광개발 업무와 관광진흥 업무를 담당한다. 관광 공익단체로는 관광진흥, 관광자원개발, 관광사업의 연구, 관광인력의 양성·훈련을 목적으로 설립된 한국관광공사, 정부

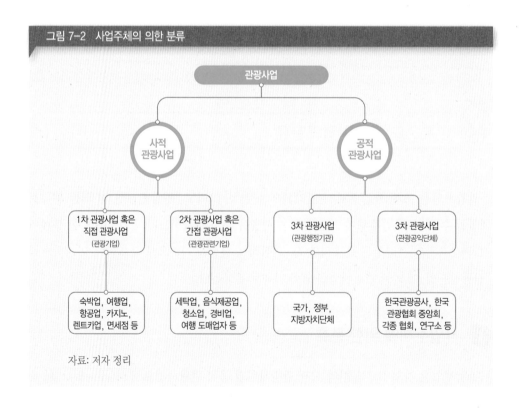

그림 7-2 사업주체의 의한 분류

자료: 저자 정리

의 관광정책 대안제시와 지원정책과 관련한 조사·연구를 수행하기 위하여 설립된 한국문화관광정책연구원, 관광업계를 대표하는 한국관광협회중앙회(호텔등급 심사)와 업종별 관광협회, 그리고 지역별 관광협회 등이 있다.

② 관광객과의 관련성에 의한 분류

관광사업은 그 사업이 관광객과 어떠한 관련이 있는가에 따라 나누어질 수 있다. Gee 등(1997)은 관광사업의 범위와 관광사업 내의 하부사업들이 관광객에게 어떻게 관련되어 있는가를 설명하기 위하여 〈그림 7-3〉과 같은 연결개념을 제시하였다. 관광사업은 크게 3가지 영역으로 그리고 각 영역과 연결되는 3가지 하부사업 - 서비스 직접공급자(Direct provider), 지원 서비스(Support service), 관광개발조직(Development organization) 으로 나누어진다.

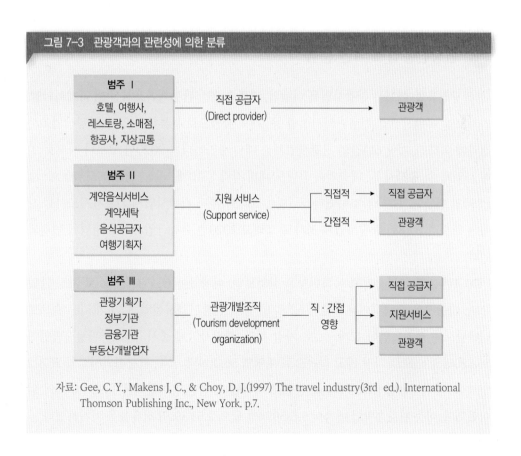

그림 7-3 관광객과의 관련성에 의한 분류

자료: Gee, C. Y., Makens J, C., & Choy, D. J.(1997) The travel industry(3rd ed.). International Thomson Publishing Inc., New York. p.7.

직접 공급자란 관광객에게 재화나 서비스를 직접 제공하는 관광사업체로서 항공사, 호텔, 교통, 여행사, 레스토랑, 소매점 등을 말한다. 즉, 이들 관광사업체들은 관광객이 구매하고 소비하는 서비스나 관광상품을 제공한다.

지원 서비스는 직접 공급자를 지원함으로써 관광객에게 간접적인 서비스를 제공하는 것을 말한다. 여행기획자, 호텔경영회사, 여행조사 회사와 같이 전문화된 서비스를 포함할 뿐만 아니라 계약세탁과 계약 음식서비스와 같은 기본 공급과 서비스도 포함한다. 또한, 재화나 서비스를 직접 공급자에게도 제공한다.

관광개발조직은 직접 공급자와 지원 서비스 제공자를 지원하거나 스스로 관광객에게 서비스를 제공하는 조직을 말한다. 정부기관, 금융기관, 부동산 개발업자, 교육과 훈련기관들이 그 예이다. 이런 조직들은 주로 관광개발을 다루고 있으며 일상적인 관광서비스와는 달리 복잡하고 범위가 넓다.

3 관광진흥법에 의한 분류

「관광진흥법」에서는 관광사업을 여행업, 관광숙박업, 관광객이용시설업, 국제회의업, 카지노업, 유원시설업, 관광편의시설업 등 7개의 사업으로 분류하고 있다. 관광산업조사 결과에 의하면, 지난 6년간의 관광사업체는 매년 증가하다가 2020년 코로나 사태로 인해 사업체 수, 종사자 수, 매출액이 전년도 대비 각각 1,310개(3.9% 감소), 84,095명(30.5% 감소), 1,850억 원(69.4% 감소)이 감소하였다(표 7-1 참조). 2008년부터 관광사업체 기초통계조사를 시행해 왔으며 2018년 관광사업체 조사로 그리고 2020년 관광산업조사로 명칭이 변경되었다.

2021년 기준 관광사업체 등록현황을 살펴보면, 여행업이 17,433개(52.0%)로 가장 많았으며, 다음으로 관광객이용시설업 6,582개(19.6%), 관광편의시설업 3,337개(9.9%) 순으로 나타났으며 카지노업이 17개(0.1%)로 가장 적다. 관광사업체 종사자 수는 관광숙박업이 56,320명(28.8%)으로 가장 많고 다음으로 여행업 56,009명(28.7%), 관광편의시설업 26,812명(13.7%), 유원시설업 17,453명(8.9%) 순으로 나타났다. 연간 총매출액은 10조 5,006억 원이었으며, 이중 관광숙박업 매출이 5조 5994억 원으로 53.3%의 점유율을 차지하였다.

표 7-1　**관광사업체 등록 및 업종별 주요 지표별 현황**　　(단위: 사업체 수(개), 종사자 수(명), 매출액(억 원))

구 분		2016	2017	2018	2019	2020	2021
여행업	사업체 수	16,605	19,944	19,039	18,223	16,660	17,433
	종사자 수	98,421	107,209	99,077	103,311	61,784	56,009
	매출액	76,427	81,134	84,622	86,271	4,354	4,085
관광숙박업	사업체 수	1,716	1,843	2,110	2,218	2,223	2,372
	종사자 수	73,631	71,769	69,926	70,658	49,930	56,320
	매출액	82,683	84,112	76,644	83,628	39,613	55,994
관광객 이용시설업	사업체 수	3,168	3,963	4,323	4,657	6,079	6,582
	종사자 수	17,421	25,535	23,154	23,863	19,752	23,586
	매출액	8,852	11,039	10,207	10,837	6,515	8,417
국제회의업	사업체 수	700	890	886	1,040	1,110	1,201
	종사자 수	12,596	14,457	9,100	10,235	8,383	8,413
	매출액	18,377	17,715	13,033	15,273	3,837	6,037
카지노업	사업체 수	17	17	17	17	17	17
	종사자 수	9,115	7,033	7,330	7,097	7,105	6,688
	매출액	29,033	27,303	30,254	29,121	10,413	11,800
유원시설업	사업체 수	1,782	2,548	3,000	2,981	2,689	2,611
	종사자 수	23,683	27,561	26,189	24,811	18,124	17,453
	매출액	19,292	20,333	19,709	21,337	5,569	6,156
관광편의시설업	사업체 수	3,708	3,884	4,077	4,189	3,237	3,337
	종사자 수	27,110	28,998	32,785	35,644	26,446	26,812
	매출액	15,696	18,893	19,822	21,487	11,723	12,518
합계	사업체 수	27,696	33,089	33,452	33,325	32,015	33,553
	종사자 수	261,978	282,561	267,561	275,619	191,524	195,280
	매출액	250,360	260,529	254,291	267,954	82,024	105,006

자료: 문화체육관광부(2022). 2021 관광산업조사 PART II(관광진흥법 기준 보고서).
　　문화체육관광부(2021). 2020 관광산업조사 PART 2(관광진흥법 기준 보고서).
　　문화체육관광부(2020). 2019 관광사업체조사 보고서.
　　문화체육관광부(2019). 2018 관광사업체조사 보고서.
　　문화체육관광부(2018). 2017 관광사업체 기초통계조사 보고서.
　　문화체육관광부(2017). 2016 관광사업체 기초통계조사 보고서.

한편, 문화관광체육부는 2020년부터 관광사업체 조사를 관광산업조사로 명칭을 변경하면서 '핵심관광산업' 분류기준을 적용하여 관광사업체 현황을 파악하고 있다. '핵심관광산업'은 현행 「관광진흥법」 기준 7개 업종과 관광산업 특수분류에 의해 「관광진흥법」에 해당하지 않으나 관광산업 관련 업종을 포괄하는 개념이다. 관광산업 특수분류에 속하는 관광산업은 관광쇼핑업, 관광운수업, 관광숙박업, 여행사 및 여행보조 서비스업, 그리고 문화, 오락 및 레저스포츠 산업을 포함한다. 문화관광체육부는 「관광진흥법」 기준 7개 업종과 관광산업 특수분류 기준 5개 업종을 9개 '핵심관광산업' 업종(관광쇼핑업, 관광운수업, 관광객 이용시설업, 관광숙박업, 관광편의시설업, 여행사 및 여행 보조서비스업, 국제회의업, 문화,오락 및 레저스포츠 산업, 카지노업)으로 재분류하여 관광사업체 현황을 2020년부터 조사해 오고 있다.

1. 여행업

근대 여행업은 영국인 Thomas Cook에 의해 설립된 Thomas Cook & Son Ltd.(1845년)가 광고를 통해 단체관광객을 모집한데서 비롯되었다. 이로부터 제2차 세계대전 이전까지는 주로 철도와 선박을 이용한 여행업이 주종을 이루었다. 1850년에 설립된 미국의 아메리칸 익스프레스사(1850)는 당초에는 운송업과 우편업무만 취급하였으나 금융업과 여행업으로 사업을 확장하여 1891년에는 여행자수표(Traveler's Check: T/C) 제도를 본격적으로 실시하여 새로운 관광수요를 창출하는 데 큰 기여를 하였다.

우리나라에서 근대적인 여행 알선업이 등장한 것은 철도의 개통(1899년 경인선, 1905년 경부선, 1906년 경의선)과 함께 승차권 대리판매 등을 하는 업체들이 생겨나면서부터이다. 일본은 일본인들의 여행서비스를 위해 일본여행업협회 조선지사(1912)와 일본교통공사(JTB) 조선지사(1914)를 설립하여 일본인, 조선인 그리고 조선을 방문하는 서양인들을 상대로 관광사업을 하였다. 광복 직후인 1945년 10월 JTB를 전신으로 한 대한민국 국영여행사인 대한여행사(KTB)가 설립되었다.

(1) 여행업 개념

「관광진흥법」에서 여행자 또는 운송시설·숙박시설 기타 여행에 부수되는 시설의 경영자 등을 위하여 당해 시설이용의 알선이나 계약체결의 대리, 여행에 관한 안내, 기타 여행의 편의를 제공하는 업으로 정의하고 있다. 미주여행업협회(ASTA)에서는 여행관련업자를 대신하여 제3자와 계약을 체결하고 또한 이것을 변경 내지 취소할 수 있는 권한이 부여된 자를 여행업자로 정의하고 있다. McIntosh는 시설과 서비스를 이용하는 관광객 중간에서 시설이용과 관련된 예약과 수배(Arrangement) 및 일련의 알선 등과 같은 서비스를 제공하고 그 대가로 일정률의 수수료를 받아 경영해 나가는 사업을 주된 업으로 삼는 자를 여행업자라고 하였다.

(2) 여행업 분류

❶ 관광진흥법에 의한 분류

여행업은 2021년 「관광진흥법」 시행령 개정(9.24)으로 일반여행업, 국외여행업, 국내여행업 체계에서 종합여행업, 국내외여행업, 국내여행업으로 변경되었다. 종합여행업은

국내외를 여행하는 내국인 및 외국인을 대상으로, 국내외여행업은 국내외를 여행하는 내국인을 대상으로, 그리고 국내여행업은 국내를 여행하는 내국인을 대상으로 하는 여행업이다. 종합여행업과 국내외여행업은 여권 및 사증(Visa)을 받는 절차를 대행하는 행위를 포함한다.

국내외여행업이라는 명칭은 「관광진흥법」 제정 이래 60년 만에 처음이다. 이는 국내여행업과 국외여행업에 각각 등록해 국내여행과 국외여행 업무를 겸하는 국내외 업체들이 많다는 점이 반영된 것으로 보인다. 국외여행업만 가능했던 국외여행업 등록업체는 앞으로 국내여행업도 취급할 수 있게 됨에 따라 국내여행 부문에 진출하는 사례가 증가할 것으로 전망된다(여행신문, 2021.4.19.).

2016부터 2022년까지 여행업 등록 사업체 현황을 보면 중 국내외여행업이 40% 이상의 점유율로 가장 많다(표 7-2 참조). 〈표 7-1〉과 〈표 7-2〉에서 여행업체 수의 차이는 조사방법의 차이에서 기인한다. 예를 들면, 관광산업조사(표 7-1)는 전수조사와 표본조사를 병행한 결과이며 연도별 관광동향에 관한 연차보고서는 지방행정 인허가 데이터를 기준으로 한다(표 7-2 참조)

🎈 표 7-2 **연도별 여행업체 등록현황**   (단위: 업소 혹은 개소)

구 분	2016	2017	2018	2019	2020	2021
종합여행업(< = 일반여행업)	3,906	5,110	4,793	5,863	6,029	6,093
국내외여행업(< = 국외여행업)	8,598	9,741	7,654	9,187	9,181	9,025
국내여행업	6,651	7,486	5,903	6,726	7,041	5,220
계	19,155	22,337	18,347	21,776	22,251	22,338

주: 관광동향 연차보고서에는 여행업체 수를 지방행정 인허가 데이터를 기준으로 하고 있음
자료: 문화체육관광부(2022). 2021년 기준 관광동향에 관한 연차보고서
　　　문화체육관광부(2021). 2020년 기준 관광동향에 관한 연차보고서
　　　문화체육관광부(2020). 2019년 기준 관광동향에 관한 연차보고서
　　　문화체육관광부(2019). 2018년 기준 관광동향에 관한 연차보고서
　　　문화체육관광부(2018). 2017년 기준 관광동향에 관한 연차보고서
　　　문화체육관광부(2017). 2016년 기준 관광동향에 관한 연차보고서

유형별 여행업 등록자본금도 개정령을 통해 여행업 진입장벽을 낮추었다. 현재 1억 원인 종합여행업(현 일반여행업) 등록자본금을 절반인 5,000만 원으로 낮췄다. 국내외여행업(현 국외여행업)의 등록자본금은 3,000만 원으로 변함이 없지만 등록자본금 1,500만 원인 국내여행업도 함께 취급할 수 있게 됨에 따라 사실상 그만큼의 등록자본금 인하 효과가 발생한다. 한편, 국내여행업 등록자본금 1,500만 원은 현재와 동일하다.

❷ 유통형태에 의한 분류

미주여행업자협회(ASTA: American Society of Travel Agents)는 유통형태(혹은 유통경로)에 따라 여행업을 도매여행사(Wholesaler 혹은 Tour operator), 소매여행사(Retailer), 지상수배업자(Land operator) 그리고 국내 지상수배업자(Ground operator)로 분류하고 있다. 도매여행사는 일반적으로 고객에게 직접 패키지 상품을 판매하지 않고 소매여행사를 통해 판매한다. 하나투어, 모두투어, 한진관광 등이 있으며 현재에는 소비자에게 직접 판매도 하는 소매업을 겸하고 있다. 소매여행사는 여행도매업자로부터 여행상품을 받아 이를 최종 소비자인 여행객에게 판매하는 여행업자를 말한다. 지상수배업자(혹은 현지 랜드사)는 내국인이 국외를 여행할 때 현지의 호텔, 관광, 차량, 식당, 가이드 등의 서비스를 제공하는 여행사이다. 국내 지상수배업자는 외국인이 국내를 여행할 때 국내의 호텔, 관광, 차량, 식당, 가이드 등의 서비스를 제공하는 여행사이다.

(3) 여행업의 특성

❶ 사무실 입지의존성

타 업종보다 고객이 찾기 쉬우면서도 고객의 눈에 잘 띄는 곳에 위치해야 한다. 사무실이 실수요자인 여행객이 쉽게 방문할 수 있는 곳에 위치해야 한다는 것이다. 입지의 중요성이 강조되는 것은 서비스 상품이 생산과 소비의 장소적·시간적 동시성을 갖고 있다는 것과 무관하지 않다. 그 결과 여행사는 이용객들에게 이용의 편의성을 제공하기 위해 오피스텔들이 밀집해 있는 대도시나 상가 주위에 주로 자리하고 있다.

❷ 소규모 자본에 의한 운영

여행업은 소규모 자본으로도 경영이 가능하다. 「관광진흥법」은 여행업의 등록기준에 자본금 규정을 두고 있다. 종합여행업은 5,000만 원, 국내외여행업은 3,000만 원, 그리고 국내여행업은 1,500만 원이다.

❸ 노동집약적

여행업은 노동의 투자가 자본의 투자보다 많은 노동집약적 산업이다. 여행업은 숙련된 여행 전문가가 주체가 되어 업무를 수행해 나가야 하는 특성 때문에 노동 의존성이 비교적 높다. 하지만 기술발전과 온라인 여행사의 급속한 성장으로 여행업무의 노동 의존성이 낮아지고 있다. 국내외 데이터(Crunchbase DB, Statista, DART, Owler, 컨슈머인사이트 등)를 활용해 글로벌 여행시장과 국내업계의 현황을 분석한 결과, 관광산업에서 온라인 여행사(OTA) 비중이 2017년 60%에서 2025년에는 72%까지 확대될 것으로 전망된다(한국관광공사, 2021). 이러한 현상에 여행상품과 서비스를 중계해주는 '플랫폼' 시장의 증가가 가장 크게 영향을 미칠 것으로 보이며, 온라인 여행예약 플랫폼 시장의 성장규모는 2027년에는 2020년 5조 2천억 달러 대비 약 90% 성장한 9조 8천억 달러에 이를 것으로 예측된다(한국관광공사, 2021).

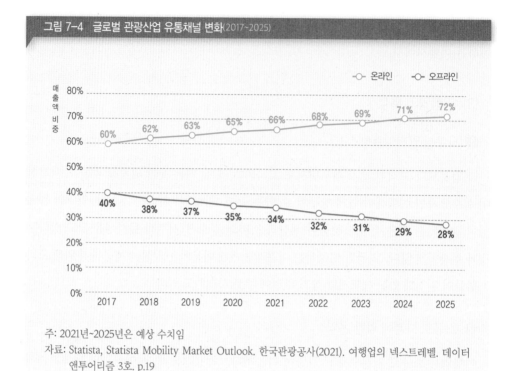

그림 7-4 글로벌 관광산업 유통채널 변화(2017~2025)

주: 2021년~2025년은 예상 수치임

자료: Statista, Statista Mobility Market Outlook. 한국관광공사(2021). 여행업의 넥스트레벨. 데이터 앤투어리즘 3호. p.19

❹ 계절성

여행은 그 자체가 요일이나 계절에 따라 편중되는 현상이 심하다. 여행사는 이러한 현상에 대응하여 독창적인 여행상품을 개발하거나 여행상품 라이프사이클에 의한 상품관리가 이루어지도록 경영전략을 구사할 필요가 있다.

❺ 신용판매

여행상품은 브로슈어(Brochure)에 제시된 정보를 바탕으로 여행상품을 판매한다. 여행객은 여행을 경험하기 전에 미리 여행비용을 여행사에 지불해야 된다. 따라서 고객은 여행경험을 하기 전에 신용을 바탕으로 여행상품을 구매하게 된다.

❻ 다품종 소량생산

여행사는 창의성을 지니고 있는 다양한 여행상품을 생산하여 판매할 수 있다. 이는 고객의 욕구에 따라 여행의 소재들을 다양하게 조립하여 다양한 상품을 만들 수 있기 때문이다. 그러므로 여행사는 고객의 욕구에 부응하여 여행소재를 조립하여 다품종의 여행상품을 만들어 낸다.

2. 관광숙박업

(1) 관광숙박업 개념 및 유형

관광숙박업은 크게 휴양콘도미니엄업과 호텔업으로 나누어지고, 호텔업은 다시 관광호텔업, 수상관광호텔업, 한국전통호텔업, 가족호텔업, 호스텔업, 소형호텔업, 의료관광호텔업으로 구성된다(표 7-3 참조). 2009년에는 개별 관광객의 숙박시설로 호스텔업이 추가

표 7-3 **관광숙박업 종류별 정의**

호텔 종류		내 용
휴양 콘도미니엄업		관광객의 숙박과 취사에 적합한 시설을 갖추어 이를 그 시설의 회원이나 공유자, 그 밖의 관광객에게 제공하거나 숙박에 딸리는 음식·운동·오락·휴양·공연 또는 연수에 적합한 시설 등을 함께 갖추어 이를 이용하게 하는 업
호텔업	관광호텔업	관광객의 숙박에 적합한 시설을 갖추어 관광객에게 이용하게 하고 숙박에 딸린 음식·운동·오락·휴양·공연 또는 연수에 적합한 시설 등을 함께 갖추어 관광객에게 이용하게 하는 업
	수상관광호텔업	수상에 구조물 또는 선박을 고정하거나 매어 놓고 관광객의 숙박에 적합한 시설을 갖추거나 부대시설을 함께 갖추어 관광객에게 이용하게 하는 업
	한국전통호텔업	한국전통의 건축물에 관광객의 숙박에 적합한 시설을 갖추거나 부대시설을 함께 갖추어 관광객에게 이용하게 하는 업
	가족호텔업	가족단위 관광객의 숙박에 적합한 시설 및 취사도구를 갖추어 관광객에게 이용하게 하거나 숙박에 딸린 음식·운동·휴양 또는 연수에 적합한 시설을 함께 갖추어 관광객에게 이용하게 하는 업
	호스텔업	배낭여행객 등 개별 관광객의 숙박에 적합한 시설로서 샤워장, 취사장 등의 편의시설과 외국인 및 내국인 관광객을 위한 문화·정보 교류시설 등을 함께 갖추어 이용하게 하는 업
	소형호텔업	관광객의 숙박에 적합한 시설을 소규모로 갖추고 숙박에 딸린 음식·운동·휴양 또는 연수에 적합한 시설을 함께 갖추어 관광객에게 이용하게 하는 업
	의료관광호텔업	의료관광객의 숙박에 적합한 시설 및 취사도구를 갖추거나 숙박에 딸린 음식·운동 또는 휴양에 적합한 시설을 함께 갖추어 주로 외국인 관광객에게 이용하게 하는 업

자료: 「관광진흥법」 시행령 바탕으로 저자 정리

되었으며, 2013년에는 숙박시설의 다양성 부족문제 해소를 위하여 소형호텔업과 의료관광 활성화를 위한 의료관광호텔업을 신설하였다. 2014년에는 등급제도 신뢰성 강화를 위하여 호텔업 등급제도를 의무화하였고 등급구분을 성(星)급으로 변경하였다.

(2) 관광숙박업 등록현황

휴양콘도미니엄업과 관광호텔업은 지속적으로 성장해 오고 있다(표 7-4 참조). 관광호텔업은 2016년 기준 전국 971개 업체였으나 2021년에는 1,295개로 33% 이상 성장하였다. 가족호텔업도 지속적으로 성장하였는데 국민소득 수준의 향상으로 인한 국민의 가족단위 관광의 증가로 풀이된다. 정부도 가족단위의 관광수요에 부응하여 국민복지 차원에서 건전한 가족관광을 위하여 가족호텔 내에 취사장, 운동·오락시설 및 위생설비를 겸비하도록 하고 있다. 한편, 수상관광호텔업과 의료관광호텔업에는 2016년 이후 한 곳도 등록되어 있지 않다.

표 7-4 **관광숙박업체 등록현황** (단위: 업소 혹은 개소)

구 분		2016	2017	2018	2019	2020	2021
휴양콘도미니엄업		216	227	228	235	237	242
호텔업	관광호텔업	971	1,026	1,044	1,049	1,071	1,295
	수상관광호텔업	-	-	-	-	-	-
	한국전통호텔업	8	8	9	8	8	7
	가족호텔업	132	146	159	162	166	169
	호스텔업	392	411	638	728	778	616
	소형호텔업 (13.11.29. 신설)	19	26	33	36	41	43
	의료관광호텔업 (13.11.29. 신설)	-	-	-	-	-	-
계		1,738	1,844	2,111	2,218	2,301	2,372

자료: 문화체육관광부(2022~2017). 2021~2016년 기준 관광동향에 관한 연차보고서

(3) 호텔업의 역사

관광숙박업 중 가장 대표적인 것이 호텔업이다. 17세기 영국에서 Feathers Hotel이 생겨난 후 호텔이라는 용어가 소개되기 시작했다. 19세기가 되면서 호화 호텔 건설의 구체적인 형태가 나타나기 시작하였다. 1850년 파리에 건설된 그랜드 호텔이 고급호텔의 대명사로 쓰이고 있다. 호화로운 호텔경영을 완성시킨 인물은 Ritz였는데 1897년 Hotel Ritz를 그리고 1899년 런던에 The Carlton을 개업하였다. 그는 '손님은 항상 옳다'는 경영이념을 갖고 고객이 요구하는 모든 것은 최고의 서비스로 제공한다는 마인드를 가진 호텔리어였다. 19세기부터 호텔의 발전은 미국의 주도로 이루어지기 시작하였다. 1794년 미국 최초의 호텔인 The City Hotel이 뉴욕에서 개업한 이후, 뉴욕 와돌프 아스토리아(Wadorf Astoria, New York), 덴버 브라운 팔래스(The Brown Palace Hotel), 샌프란시스코 팔래스 호텔(Palace Hotel San Francisco) 등이 문을 열었다.

우리나라는 19세기 말부터 인천, 부산, 원산 등의 개항 영향으로 외국인의 왕래가 증가하였다. 이에 인천의 선린동에 대불호텔(大佛 Hotel)이 건립되었고 유럽인과 미국인 등 한국을 방문하는 외교관들을 위해 중국인 양기당이 대불호텔 건너편에 2층 건물인 스튜어드 호텔(怡泰樓)을 건립하였다. 1902년 독일인 손탁은 객실, 식당, 연회장을 모두 갖춘 손탁호텔(Sontag Hotel)을 건립하였다.

그림 7-5 스튜어드호텔(좌)과 손탁호텔(우)

주: 오른쪽 3층 건물
자료: 연합뉴스(2022.7.16.)

자료: 나무위키(https://namu.wiki/jump)

사례 7-2 한국 호텔 역사의 시작…대불호텔

1888년 개장… 조선 땅 밟은 외국인들의 첫 안식처

1876년 강화도 조약을 계기로 '조용한 아침의 나라' 조선의 빗장이 강제로 열리자 인천에도 변화의 바람이 강하게 들이닥쳤다. 1883년 인천항 개항 후 일본과 청나라, 그리고 구미 각국의 외교관·선교사·상인·여행가들이 대거 방문하면서 한적했던 항구 앞 개항장 거리는 조선 최대의 국제도시로 탈바꿈하게 된다.

오랜 항해를 마치고 조선 땅을 밟은 여행객들에게는 고단한 여정이 더 남아 있었다. 이들의 주 목적지는 서울인 경우가 많았는데 인천에서 서울까지는 우마차로 12시간 이상 걸렸다. 이 때문에 하루를 인천에서 묵어야 했지만, 외국인을 맞이할 만한 숙박시설은 거의 없었다.

나가사키 출신의 무역상 호리 히사타로와 그의 아들 호리 리키타로는 이 점에 착안해 현재 인천시 중구 중앙동1가 18 터에 서양식 3층 벽돌 건물을 짓고 1888년 호텔 운영을 시작했다. 우리나라 최초의 서양식 호텔인 대불호텔이 탄생한 순간이다.

모두 11개의 객실을 갖춘 대불호텔의 개장 초기 객실료는 상당히 비싼 수준이었다. 상등실 객실료는 2원 50전, 일반실이 2원으로, 당시 조선 노동자 하루 임금 23전의 약 10배에 달했다. 1933년 출판된 '인천부사'에 따르면 대불호텔은 1887년 착공해 1888년 준공된 것으로 기술됐지만, 신식 건물 준공 이전에도 2층 규모의 일본식 목조 가옥에서 숙박업을 운영한 것으로 추정된다.

선교사 아펜젤러는 비망록에서 "1885년 4월 5일 도착. 끝없이 지껄이고 고함치는 일본인, 중국인 그리고 한국인들 한복판에 짐들이 옮겨져 있었다. 대불호텔로 향했다. 놀랍게도 호텔에서는 일본어가 아닌 영어로 손님을 편하게 모시고 있었다"고 전하기도 했다.

훌륭한 접객 서비스를 자랑하던 대불호텔은 경

대불호텔 건물 1950년대 모습(왼쪽)과 현재 대불호텔전시관
[인천 중구청 제공(왼쪽)·촬영 강종구 기자/재판매 및 DB 금지]

대불호텔(사진 왼쪽 3층 건물) 초기 모습

대불호텔 건물 1970년대 모습

인철도 개통 후 쇠락의 길을 걷게 된다. 1899년 경인철도 개통 이후 인천서 서울까지 이동 시간이 1시간 40분 내외로 단축되자 대불호텔을 찾는 투숙객도 줄었다. 결국 1918년 대불호텔은 개장 30년 만에 중국인에게 매각되고 1919년부터는 중화루(中華樓)라는 이름의 중국 음식점으로 재탄생했다. 베이징 요리 전문점으로 창업한 중화루는 공화춘·동흥루와 함께 인천 3대 중국요릿집으로 명성을 떨치며 성업을 누렸다.

하지만 중화루도 1960년대 이후 청관거리가 쇠퇴하면서 경영난을 겪다가 1970년대 초 폐업했다. 이후에는 간판만 걸고 월셋집으로 사용되다가 1978년 7월 철거되면서 한국 최초의 서양식 호텔 건물은 역사 속으로 사라지게 됐다.

대불호텔이 세상의 빛을 다시 본 것은 2011년 상가 건물 터파기 진행 중 호텔 지하 저장시설로 추정되는 벽돌 구조물이 발견되면서부터다. 문화재청은 대불호텔 터 보존을 권고했고, 인천 중구청은 56억원을 들여 해당 부지에 3층 규모의 호텔 건물을 재현해 2018년 3월 '대불호텔 전시관'을 개관했다.

인천 중구문화재단 김선영 학예사는 "최초의 대불호텔은 현재 전시관 옆자리에 2층의 일본식 목조가옥 형태였다가 현재 전시관 자리에 3층의 서양식 벽돌건물로 신축됐다"고 설명했다. 전시관 1층에서는 발밑의 투명 유

대불호텔 전시관 전시실

대불호텔전시관 내부

229

리창을 통해 130년이 넘은 대불호텔 지하 구조 흔적을 볼 수 있다. 2층에는 대불호텔의 객실 모습이 재현됐다. 대불호텔 내부 사진 등 고증자료가 남아 있지 않아 완벽한 재현은 어려웠지만, 고풍스러운 침대와 의자, 화려한 문양의 다기와 커피 메이커 등을 갖춰 방문객이 개화기 호텔 모습을 연상할 수 있도록 꾸며졌다. 3층은 대불호텔 연회장을 재현했고, 국내에서 가장 오래된 것으로 추정되는 피아노도 전시돼 있다. 이 피아노는 이영근 한국사법교육원 이사장이 기증한 것으로, 일련번호를 보면 미국 소머사가 1876~1900년에 제작한 것으로 추정된다.

3층에서는 가상 피팅기를 이용해 근대 의상과 드레스를 가상으로 착용해 기념사진을 찍을 수 있다. 스마트폰으로 '인천e지' 앱을 내려받으면 AR(증강현실) 서비스를 통해 19세기 후반 호텔 내부에서 호텔리어의 안내를 받는 듯한 경험도 만끽할 수 있다. 운영시간은 오전 9시~오후 6시(월요일 휴관). 관람료는 성인 1천원, 청소년 700원, 어린이 무료다.

자료: 연합뉴스(2022.7.16.)

(4) 호텔의 분류

호텔은 경영형태, 호텔입지, 숙박기간, 요금지불 방식에 따라 다양하게 분류된다. 이러한 다양한 분류는 호텔사업의 다양성과 복합성 때문이다.

호텔은 경영형태에 따라 위탁경영(혹은 경영협약적 경영), 프랜차이즈, 리퍼럴 조직 경영으로 분류된다. 위탁경영(경영협약적 경영: Management contract)은 일정한 대가를 지불하는 소유주와 계약된 회사 간의 경영계약이다. 위탁경영회사는 호텔경영을 책임지지만 자본 또는 운영자본에 투자하지 않기 때문에 위험이나 손실에 대해서도 책임을 지지 않는다. 계약회사는 경영계약에 의하여 총매출 및 영업이익에 일정한 수수료(예) 총매출액의 2~5% 혹은 객실영업에 대한 이익의 8~10%)를 받는 경영형태이다. 힐튼호텔과 쉐라톤호텔이 여기에 속한다.

프랜차이즈(Franchise)는 가맹사업자(가맹본부: Franchisor)가 다수의 가맹점 계약자(가맹점: Franchisee)에게 자기의 상표와 상호 등을 사용하여 상품판매, 용역제공 등 일정한 영업활동을 하도록 하고 가맹 계약자는 가맹사업자로 부터 받은 권리 및 영업상 지원의 대가로 일정한 경제적 이익을 지급하는 거래관계를 말한다. 가맹점 계약자가 가맹사업자로 부터 받게 되는 권리와 면허자격을 프랜차이즈라고 한다. 대표적인 예로는 Hilton, Marriott, Sheraton, Westin, Hyatt, Inter-Continental 호텔 등이 있다.

리퍼럴 조직 경영(Referral group management)은 독립호텔들이 체인호텔에 대항하기 위해 상호연합하는 형태이다. 체인호텔들은 전문화된 경영, 시장개척, 공동 예약시스템을 통해 빠르게 성장을 하고 있는 반면, 단독경영 호텔은 높은 경비지출과 마케팅 능력의 한계를 벗어나지 못해 많은 어려움에 직면하게 되었다. 이에 단독경영 호텔들은 체인호텔에 대항하기 위해 상호협력을 목적으로 한 연합조직을 결성하게 되는데 이것이 리퍼럴 조직 경영호텔이다. 대표적 예로는 Best Western Hotel이 있다.

이외에도 호텔은 호텔입지, 숙박기간, 요금지불 방식에 따라 분류된다. 이를 요약하면 〈표 7-5〉와 같다.

표 7-5 **호텔의 분류**

분류		내용
입지	메트로폴리탄 호텔 (Metropolitan hotel)	대도시에 위치하면서 수천 개의 객실을 보유하고 있고 동시에 대연회장, 전시장, 그리고 주차장 등을 모두 갖춘 호텔
	다운타운 호텔(Downtown hotel)	도심의 비즈니스 센터와 쇼핑센터 등의 중심가에 위치한 호텔(조선호텔, 롯데호텔, 프라자호텔 등)
	서버번 호텔 (Suburban hotel)	도시를 벗어나 한산한 교외에 건립되어 전원 분위기를 만끽할 수 있는 호텔
	컨트리 호텔 (Country hotel)	산간에 세워지는 호텔로서 골프, 스키, 등산, 등의 레크리에이션 기능을 하는 호텔
	에어포트 호텔 (Airport hotel)	공항 근처에 위치하면서 비행기 사정으로 출발 및 도착이 지연되어 탑승을 기다리는 손님과 승무원들이 이용하기에 편리한 호텔로 에어텔(Airtel)이라고도 함
	시포트 호텔 (Seaport hotel)	항구부근에 위치하고 있으면서 여객선의 출입으로 인한 승객과 선원들이 이용하기에 편리한 호텔
	터미널 호텔 (Terminal hotel)	철도역, 공항터미널, 또는 버스터미널 근처에 위치하는 호텔
	하이웨이 호텔 (Highway hotel)	고속도로변에 세워진 호텔로 자동차로 여행하는 사람을 위한 시설로 모텔과 유사한 호텔
숙박기간	트랜지언트 호텔 (Transient Hotel)	보통 1~3일간의 단기숙박객이 주로 이용하며 교통이 편리한 곳에 위치(시티호텔, 다운타운 호텔이 여기에 해당)
	레지덴셜 호텔 (Residential Hotel)	주택용 형식의 호텔로서 아파트와 다른 점은 호텔식의 메이드 서비스 제공, 최소한 식음료 서비스를 제공하는 식당이 있음
	퍼머넌트 호텔 (Permanent Hotel)	레지덴셜 호텔과 유사하나 아파트식의 장기체재객을 전문으로 하는 호텔. 최소한의 식음료 시설과 메이드 서비스 제공

분 류		내 용
요금지불방식	유럽식 요금제도 호텔 (European plan hotel)	객실요금만을 계산하는 요금제도를 가진 호텔
	미국식 요금제도 호텔 (American plan hotel)	호텔의 객실요금에다 아침, 점심, 저녁식사 비용이 포함된 1박3식의 요금제도를 가진 호텔로 full pension이라고도 불림
	대륙식 요금제도 호텔 (Continental plan hotel)	호텔의 객실요금에다 조식비용만이 포함된 요금제도를 가진 호텔로 주로 유럽에 많음

자료: 저자 정리

(5) 호텔업의 특성

❶ 인적 서비스의 높은 의존성

호텔운영은 인적 서비스의 의존도가 매우 높다. 호텔업은 노동집약적 산업이기 때문에 고객의 다양한 욕구충족을 위해 전문인력을 확보하는 것이 매우 중요하다. 호텔상품은 음식, 음료, 객실, 기타 부대시설이지만 호텔에 대한 고객의 태도를 결정하는 것은 고객이 받는 서비스이다.

❷ 연중무휴 영업

호텔기업은 연중무휴의 영업을 한다. 고객은 집을 떠나 호텔에서 휴일을 즐기거나 업무를 하는 사람들이다. 이로 인해 연중무휴로 운영하는 특성을 가지고 있다.

❸ 높은 고정자산

호텔기업은 건물과 시설 자체가 하나의 상품으로 간주되기 때문에 고정자산의 비중이 높다. 제조업의 경우 고정자산의 구성비율이 40% 정도인 데 반해, 호텔의 고정자산 비율은 80%에 이른다. 그러므로 건물의 설계나 시설의 정도가 호텔상품 가치에 결정적인 요인으로 작용한다.

❹ 상품의 비이동성

호텔상품은 고객이 직접 현장을 방문해야 판매가 이루어지므로 고객을 따라 이동하면서 판매할 수는 없다. Startler는 호텔을 건축함에 있어 첫째도, 둘째도, 셋째도 중요한 것이 위치라고 주장하였다. 호텔은 한 번 자리를 잡으면 그 위치를 변경할 수 없기 때문이다. 이러한 상품의 비이동성을 극복하기 위해 체인경영이 적극 활용되고 있다.

❺ 비저장성(소멸성)

호텔상품은 시간적·양적·장소적 제약을 많이 받는다. 호텔상품의 가치는 24시간이 지나면 소멸되고 오늘 팔지 못한 객실을 재고로 두었다가 다음 날 다시 팔 수 없다. 일반상품은 수요가 증가하면 대량생산으로 수요와 공급의 균형을 유지할 수 있지만 호텔상품은 초과예약(Overbooking)의 범위도 5~10%에 한정되어 있다. 호텔상품은 생산(주문)과 소비가 동시에 발생하기 때문에 소비자가 직접 현장에 와서 그 즉시 이용하거나 구매하지 않으면 안 된다.

❻ 계절성

호텔상품은 성수기와 비수기에 따라서 많은 영향을 받는다. 특히, 휴양지 호텔에서는 수요와 공급의 불균형이 심각하다. 우리나라의 경우 일반적으로 도심지나 번화가에 위치한 호텔들은 계절적 영향을 적게 받고 있다.

3. 관광객이용시설업

(1) 관광객이용시설업 개념

관광객 이용시설업은 관광객을 위하여 운동, 오락, 음식 또는 휴양 등에 적합한 시설을 갖추어 관광객에게 이용하게 하는 업이다. 전문휴양업, 종합휴양업, 자동차야영장업, 관광유람선업, 관광공연장업, 외국인관광도시민박업, 외국인전용 관광기념품 판매업 등으로 구분되어 있었다. 2014년 7월 외국인전용 관광기념품판매업이 관광객이용시설업에서 제외되었고 2020년 4월 한옥체험업이 관광편의시설업에서 관광객이용시설업으로 변경되었다(표 7-6 참조).

🎈 표 7-6 **관광객이용시설업 분류 및 정의**

구 분	정 의
전문휴양업	관광객의 휴양이나 여가선용을 위하여 숙박업 시설이나 휴게음식점영업, 일반음식점영업 또는 제과점영업의 신고에 필요한 시설을 갖추어 관광객에게 이용하게 하는 업. 종이미술관, 장흥자생수목원, ㈜서울랜드
종합휴양업 (제1종 & 제2종)	관광객의 휴양이나 여가선용을 위하여 숙박시설 또는 음식점시설을 갖추고 전문휴양시설 중 두 종류 이상의 시설을 갖추어 관광객에게 이용하게 하는 업(제1종 종합휴양업). 롯데월드, ㈜한화호텔앤드리조트, 한국민속촌, 남이섬,
야영장업 (일반 & 자동차)	야영장비 등을 설치할 수 있는 공간을 갖추고 야영에 적합한 시설을 함께 갖추어 관광객에게 이용하게 하는 업(일반야영장업)
관광유람선업 (일반관광유람선업 & 크루즈업)	해운법에 따른 순항 여객운송사업이나 복합 해상여객운송사업의 면허를 받은 자가 해당 선박 안에 숙박시설, 위락시설 등 편의시설을 갖춘 선박을 이용하여 관광객에게 관광을 할 수 있도록 하는 업(크루즈업)
관광공연장업	관광객을 위하여 적합한 공연시설을 갖추고 공연물을 공연하면서 관광객에게 식사와 주류를 판매하는 업
외국인관광 도시민박업	주민이 자신이 거주하고 있는 주택(단독주택, 다가구주택, 아파트, 연립주택, 다세대주택)을 이용하여 외국인 관광객에게 한국의 가정문화를 체험할 수 있도록 적합한 시설을 갖추고 숙식 등을 제공하는 업.
한옥체험업	한옥에 숙박체험에 적합한 시설을 갖추고 관광객에게 이용하게 하거나 전통놀이 및 공예 등 전통문화 체험에 적합한 시설을 갖추어 관광객에게 이용하게 하는 업

자료: 「관광진흥법」 시행령 바탕으로 정리

(2) 관광객이용시설업 등록현황

관광객이용시설업의 전체 등록업체 수는 매년 증가해 왔다. 2021년 12월 말 기준 등록현황을 보면, 전문휴양업 103개, 종합휴양업 28개, 야영장업 2,863개, 관광유람선업 47개, 관광공연장업 10개, 외국인관광도시민박업 1,874개, 한옥체험업 1,508개 등 총 6,433개 업체이다. 연도별 관광객이용시설업의 등록현황은 〈표 7-7〉과 같다.

표 7-7　**관광객이용시설업체 등록현황**　　　　　　　　　　　　　(단위: 업소 혹은 개소)

구 분	2016	2017	2018	2019	2020	2021
전문휴양업	81	83	93	98	101	103
종합휴양업	23	24	28	27	28	28
야영장업	1,666	1,998	2,214	2,356	2,528	2,863
관광유람선업	33	40	49	39	38	47
관광공연장	5	5	6	8	11	10
외국인관광 도시민박업	1,471	n/a	1,811	2,049	1,943	1,874
한옥체험업 (20.4.28.부터 관광객이용시설업으로)	-	-	-	-	1,389	1,508
계	3,279	2,159	4,201	4,577	6,038	6,433

자료: 문화체육관광부(2022~2017). 2021~2016년 기준 관광동향에 관한 연차보고서

4. 국제회의업

(1) 국제회의 개념

　1996년 「국제회의산업 육성에 관한 법률」이 제정되어 국제회의산업 발전의 법률적 근거를 마련하였으며, 1998년 종전의 국제회의용역업을 국제회의기획업으로 변경하고 국제회의시설업을 추가하여 국제회의업으로 확대하였다. 국제회의업을 관광사업으로 포함시킨 배경은 국가 간 활발한 인적교류로 인해 국제회의의 규모가 확대되고 있어 국제회의를 관광과 연계하여 발전시키기 위함이다. 국제회의기획업은 대규모 관광수요를 유발하는 국제회의의 계획·준비·진행 등 필요한 업무를 행사 주관자로부터 위탁받아 대행하는 업을 말하고, 국제회의시설업은 대규모 관광수요를 유발하는 국제회의를 개최할 수 있는 시설을 설치·운영하는 업을 말한다.

　국제회의는 국제기구, 국가마다 그 기준을 〈표 7-8〉과 같이 달리하고 있다. 따라서 국제회의 개최실적은 어느 기준을 적용했느냐에 따라 많은 차이가 나게 된다. 가장 대표적인 것이 국제협회연합(UIA)에 의한 기준이며 우리나라도 이에 따른다. 국제협회연합은 국

제회의를 국제기구가 주최하거나 후원하는 회의로서 국제기구에 소속된 국내지부가 주최하는 국제적인 규모의 회의로 규정하고 있다.

표 7-8 **국제회의 실적인정 기준**

구 분		내 용
국제회의산업 육성에 관한 법률	국제기구나 국제기구에 가입한 기관 또는 법인·단체 주최 회의	• 5개국 이상의 외국인 참가 • 전체 참가자가 300명 이상, 그 중 외국인 참가자가 100명 이상 • 3일 이상 진행
	국제기구에 가입하지 아니한 기관 또는 법인·단체 주최 회의	• 회의 참가자 중 외국인이 150명 이상 • 2일 이상 진행
	코로나19에 따른 국제회의산업 육성에 관한 법률개정 시행령	• 2020.4.13.~2022.6.30 내 개최 회의 • 전체 참가자가 100명 이상, 그중 외국인 참가자가 50명 이상(온라인 참가자 포함) • 1일 이상 진행
국제협회연합(UIA: Union of International Associations)	A Type	국제기구 또는 단체가 주관하거나 후원하는 회의
	B Type	• A-Type에는 해당하지 않지만 그 성격이 국제적 성격을 띠는 회의로, 국내기구 또는 단체와 국제기구 또는 단체의 국내지부가 주최하는 회의 중 다음 조건을 만족하는 회의 1. 전체 참가자수가 300명 이상이거나 전시회 동반 2. 참가자 중 외국인이 40% 이상 3. 참가국수 5개국 이상 4. 회의기간이 3일 이상이거나 알려지지 않은 경우
	C Type	• A-Type에는 해당하지 않지만 그 성격이 국제적 성격을 띠는 회의로, 국내기구 또는 단체와 국제기구 또는 단체의 국내지부가 주최하는 회의 중 다음 조건을 만족하는 회의 1. 전체 참가자수가 250명 이상이거나 전시회 동반 2. 회의기간이 2일 이상이거나 알려지지 않은 경우
국제컨벤션협회(ICCA: International Congress and Convention Association)		• 협회에서 주최 • 정기적으로 개최 • 참가자 50명 이상 • 3개국 이상을 순회하는 회의

자료: 한국관광공사(2022). 2021년 국제회의 개최실적 조사. p. 5~7

(2) 국제회의업 등록현황 및 국제회의 유치실적

국제회의업 등록업체 수는 2016년 700개에서 2021년 1,201개로 71.6%로 증가하였다(표 7-9 참조). 이러한 추세는 국제회의의 성공적 개최와 무관하지 않아 보인다. 글로벌 MICE 시장 또한 꾸준히 성장할 것으로 전망된다. 글로벌 시장조사업체 Research & Market에 따르면, 세계 MICE 시장 규모는 2030년 1조 5,623억 달러(약 2,021조원)에 달할 것으로 예상하고 있는데, 이는 2022년 8,764억 달러(약 1,134조원) 대비 약 두배로 성장하는 것이다(그림 7-6 참조).

표 7-9　국제회의업체 등록현황　　　　　　　　　　　　　　　　(단위: 업소 혹은 개소)

구 분	2016	2017	2018	2019	2020	2021
국제회의업 (국제회의기획업 & 국제회의시설업)	700	890	886	1,040	1,110	1,201

자료: 문화체육관광부(2022~2017). 2021~2016년 기준 관광동향에 관한 연차보고서

그림 7-6　전 세계 MICE산업 시장규모

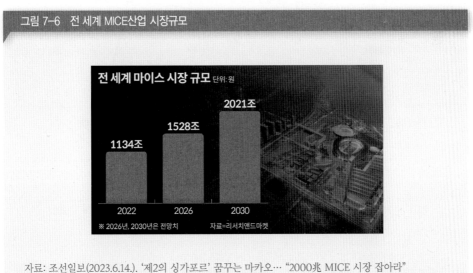

자료: 조선일보(2023.6.14.). '제2의 싱가포르' 꿈꾸는 마카오… "2000兆 MICE 시장 잡아라"

UIA 기준으로 2021년 세계 국제회의 개최 건수는 2020년 대비 52.6%(2,231건) 증가한 6,473건이다(한국관광공사, 2022). ICCA 기준(오프라인+온라인+하이브리드)으로는 총 5,311건으로 전년 대비 55.5%(1,896건) 증가하였다. UIA와 ICCA 기준 자료를 바탕으로 연도별 추이를 보면 비슷한 흐름을 보여 주고 있다(그림 7-7 참조).

2021년 국가별로 살펴보면(UIA: A+B Type 기준), 미국이 512건으로 세계 1위를 차지하였고, 다음으로 한국(473건, 2위), 일본(408건, 3위), 벨기에(385건, 4위), 프랑스(273건, 5위) 등의 순으로 나타났다(표 7-10 참조). ICCA기준으로는 148건으로 11위이다.

도시별 순위(UIA: A+B Type 기준)는 벨기에의 브뤼셀(319건, 1위), 한국의 서울(265건, 2위), 일본의 도쿄(258건, 3위) 순이다. ICCA기준으로는 서울이 64건을 유치해 5위로 뒤쳐진다. 상위 10위 도시 중 서울, 도쿄, 싱가포르를 제외하고는 모두 유럽권 도시들이다.

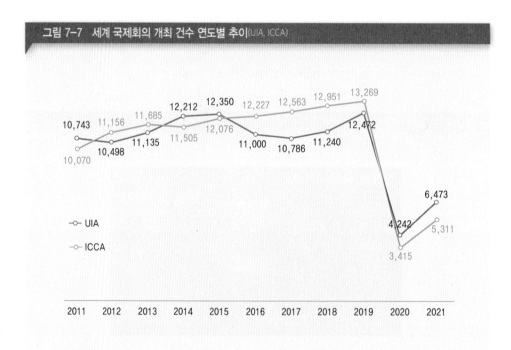

그림 7-7　세계 국제회의 개최 건수 연도별 추이(UIA, ICCA)

자료: 한국관광공사 MICE 지식마당(https://k-mice.visitkorea.or.kr/mice)
　　1) UIA(A type + B type): 보고서에 기재된 국가별 개최 건수는 도시별 개최 건수를 기반으로 산출한 것임. 복수의 도시에서 개최된 행사의 경우 각각의 도시별로 인정하기 때문에 UIA 발간 보고서 내의 국가별 개최 건수와는 상이함.
　　2) ICCA: 온라인 + 오프라인 + 하이브리드

🎈 표 7-10 **주요 국가 및 도시별 국제회의 개최 건수 및 순위**   (단위: 건)

국가명	국가별 3개년 개최건수			도시명	도시별 3개년 개최건수		
	2019	2020	2021		2019	2020	2021
미국	750	438	512	브뤼셀	963	290	319
대한민국	1,113	256	473	서울	609	150	265
일본	719	225	408	도쿄	305	122	258
벨기에	1,094	338	385	빈	325	109	195
프랑스	665	141	273	파리	405	61	153
영국	418	183	232	싱가포르	1,205	780	134
오스트리아	417	135	228	런던	217	101	101
독일	418	162	223	제네바	173	77	87
싱가포르	1,205	780	134	바르셀로나	160	44	67
총 건수	12,472	4,242	6,473				

자료: 한국관광공사(2022). 2021년 국제회의 개최실적 조사
주: UIA(A + B Type) 기준

(3) 국제회의 분류

❶ 주최자(Organizer)에 따른 분류

주최자에 의한 회의는 협회회의(Association meeting)와 기업회의(Corporate meeting)로 나누어진다. 협회회의는 각종 협회가 관심분야에 대한 회의나 정기적인 총회 등을 개최하는 경우를 말하며, 주로 학술이나 산업 등의 정보전달을 위해 개최되는 회의이다. 예를 들면, 한국관광학회, 한국관광레저학회, 대한경영학회, 태평양·아시아 관광협회(PATA), 미주여행업협회(ASTA) 등에 의한 총회 등이 있다. 협회회의는 참석자의 참석 여부는 자발적으로 이루어지며 비용에 민감한 성격을 가지고 있어 적극적인 홍보 및 프로모션이 필요하다는 특징이 있다.

한편, 기업회의는 기업의 임직원들을 대상으로 판매나 기술훈련, 동기유발 등의 목적으로 하는 내부회의와 기업과 관련된 외부인사를 대상으로 하는 신제품 설명회, 주주총

회, 기자회견, 전시회 등의 외부회의가 있다. 기업회의의 참여는 의무적(내부 회의 경우)이고 회의에 관한 촉진활동은 비교적 중요하지 않다는 특징이 있다.

❷ 회의형태에 따른 분류

회의형태에 따른 종류는 매우 다양하며 유사한 것도 많다(표 7-11 참조). 가장 대표적인 형태가 컨벤션과 콘그레스이다. 컨벤션(Convention)은 가장 흔히 사용되는 회의분야의 용어로서 다양한 분야(주로 산업이나 무역)에서 특정한 주제에 관심사를 가진 참가자들의 모임을 의미한다(황희곤·김성섭, 2010). 콘그레스(Congress)는 컨벤션이나 콘퍼런스와 유사한 용어로 주로 대규모 국제회의를 의미하며 유럽이나 영국식 영어권에서 주로 사용되는 용어이다(이장춘·박창수, 2001).

💡 표 7-11 **회의형태에 따른 분류**

회의 형태	정 의
회의 (Meeting)	비슷한 관심사를 가진 개인이나 집단이 모여 의견을 교환하는 가장 일반적으로 사용되는 용어
컨퍼런스 (Conference)	컨벤션과 유사한 의미로 컨벤션에 비해 토론회가 많이 열리고 주로 과학이나 기술 분야에 관련되는 학술적인 주제를 가지고 지식획득과 관련 문제해결을 위한 회의(Astroff & Abbey, 1998)
포럼(Forum)	특정주제에 대해 전문가들이 사회자의 주재하에 서로 다른 견해를 청중 앞에서 전개하는 공개토론회를 말하며 청중도 의견을 자유롭게 발표 가능
심포지움 (Symposium)	포럼과 유사한 형태의 회의로서 제시된 문제나 안건에 관하여 전문가들이 연구결과를 중심으로 청중 앞에서 벌이는 공개토론을 말하나 청중의 질의 기회는 제한됨(Astroff & Abbey, 1998)
패널 (Pannel)	사회자의 주도하에 발표자가 전문적 의견을 발표하는 일종의 공개토론회로서 청중도 의견을 발표할 수 있음. 청중의 참여 기회가 제한적이라는 면에서 심포지움과 유사하며, 청중에게 의견발표 기회가 주어진다는 점에서 포럼과 유사
세미나 (Seminar)	주로 교육적인 목적을 갖고 진행하는 회의로서 참가자와 발표자가 단일한 또는 특정 주제에 대해 발표와 토론함
워크샵 (Workshop)	주로 어떤 문제해결을 위해 특정 주제를 가지고 새로운 지식, 기술, 아이디어, 정보 등을 다루는 단기간의 집중적인 교육프로그램

5. 카지노업

(1) 카지노업 개념

카지노업이란 전용영업장을 갖추고 주사위, 트럼프, 슬롯머신 등 특정한 기구 등을 이용하여 우연의 결과에 따라 특정인에게 재산상의 이익을 주고 다른 참가자에게 손실을 주는 행위 등을 하는 업을 말한다(관광진흥법 제조 제1항). 카지노는 외국인 관광객을 유치하고 외화수입을 확대하는 등 관광산업 진작의 일환으로 도입되었다.

국내 카지노의 설립근거는 1961년 11월에 제정된 「복표발행 현상 기타 사행행위 단속법」이며, 1962년에 동법을 개정하여 외국인을 상대로 하는 오락시설로서 외화획득에 기여할 수 있다고 인정될 때 이를 허가할 수 있게 규정하였다. 처음에는 카지노업을 사행사업으로 간주하여 경찰청에서 관리하였으나 1994년 관광산업으로 전환되었다. 카지노업은 내국인 출입을 허용하지 않는 것을 기본으로 하고 있다. 예외적으로 「폐광지역개발지원에 관한 특별법」에 의거 폐광지역의 경제활성화를 위해 강원랜드 카지노는 내국인도 출입이 가능한 카지노로 허가되어 2000년 10월 개장하였고 2045년까지 한시적으로 운영될 예정이다.

(2) 카지노업 등록현황 및 실적

2022년 말 기준 17개 카지노업소가 영업 중이며, 이 중 1개 업체는 내국인 대상(강원랜드)이고 나머지 업체는 외국인 대상으로 영업을 하고 있다. 외국인전용 카지노는 1967년 인천 올림포스 카지노 개설을 시작으로 전국에 16개 업체가 운영 중에 있다. 지역별로는 서울 3개소, 부산 2개소, 인천 1개소, 강원 1개소, 대구 1개소, 제주 8개소이다.

2021년 기준 카지노업 종사원 수는 6,688명(외국인 전용 카지노 4,751명, 강원랜드 카지노 1,937명. 호텔 및 리조트 직원을 제외한 순수 카지노업 종사자 수)이다(문화체육관광부, 2022). 2021년 카지노업체 총 매출액은 1조 1,799억 원(외국인 전용 카지노 4,049억 원, 강원랜드 카지노 7,750억 원)이고 입장객은 155만 명(외국인전용 71만 명, 강원랜드 84만 명)이며, 16개 외국인전용 카지노의 외국인 관광객 대비 카지노 이용객 점유율은 73.3%이다.

카지노 산업은 여행수지 개선에 크게 기여하는 고부가가치 산업이다. 국내 16개 외국인 전용 카지노 사업자들은 관광외화 수입의 6%를 차지하며, 사업체 한 곳당 관광 외화

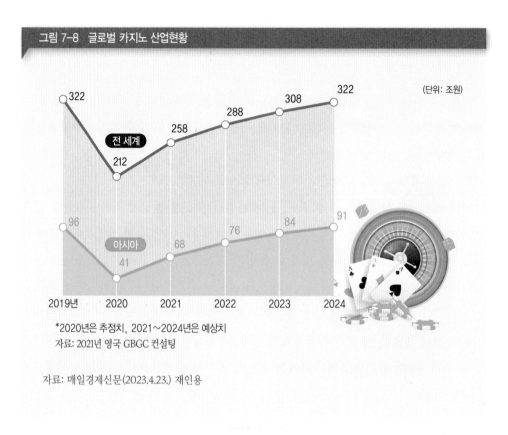

그림 7-8   글로벌 카지노 산업현황

(단위: 조원)

전 세계

322
212
258
288
308
322

아시아

96
41
68
76
84
91

2019년   2020년   2021년   2022년   2023년   2024년

*2020년은 추정치, 2021~2024년은 예상치
자료: 2021년 영국 GBGC 컨설팅

자료: 매일경제신문(2023.4.23.) 재인용

수입은 일반관광 사업자들의 129배에 달한다(매일경제신문, 2023.4.23.). 또한, 순수 인적 서비스 산업인 만큼 여타 수출 산업보다 외화획득률이 높은 고부가가치 산업이다. 전 세계 카지노시장에서 한국의 점유율은 0.7%에 불과하지만, 이를 2.5%로 3배 이상만 늘려도 외화수입이 30억달러 이상 증가하고 이로 인한 경상수지 증가효과는 55억달러까지 높아진다(매일경제신문, 2023.4.23.). 〈그림 7-8〉에처럼 글로벌 카지노 시장은 지속적으로 성장할 것으로 전망된다.

(3) 카지노사업의 특성

❶ 높은 진입장벽

카지노업은 도박활동이 가져오는 부정적 영향을 배제하기 위해 여전히 강력한 규제대상 산업이다. 1980년대 이후 카지노의 합법화 추세에도 불구하고 카지노의 도입을 완전히 금지하는 국가가 대다수이며 일단 카지노 영업을 허용한 경우에도 다양한 규제가 이루어지고 있다. 우리나라는 문화체육관광부로부터 사업허가를 받아야 영업할 수 있다.

❷ 높은 경제적 파급효과

카지노의 도박적 성격으로 인한 위험성에도 불구하고 많은 나라에서 카지노의 합법화가 진전되는 것은 바로 높은 경제적 파급효과 때문이다. 카지노산업의 외화가득률(93.7%)과 수출산업의 외화가득률(반도체: 39.3%. TV: 60.0%. 승용차: 79.5%)을 고려하여 카지노 외화수입의 수출가치를 비교해 볼 때, 카지노 외래객 1명의 유치는 반도체 76개 또는 컬러 TV 4대를 수출한 것과 동일하며, 카지노 외래객 11명 유치는 승용차 1대를 수출한 것과 동일한 효과를 갖는다(김종범, 2013). 뿐만 아니라 카지노산업은 연중무휴 영업을 하고 인적 서비스 중심 산업이므로 타 산업보다 3배 이상의 고용효과를 가진다.

❸ 풍부한 잠재수요

카지노업의 경우 대규모의 잠재수요를 보유하고 있다는 점을 들 수 있다. 많은 여가학자들이 제시하듯이 인간은 누구나 도박심리를 지니고 있어 성별이나 연령을 불문하고 도박행위에 참가하려는 의도가 강하다는 점이다.

❹ 매력적 관광자원

카지노는 관람이나 자연경관 감상 등의 정적인 활동에서 벗어나 직접 체험하고 즐기는 동적인 활동경험을 제공한다. 카지노업은 옥내의 실내 유기장에서 이루어지는 영업으로 악천후 시에 야기되는 옥외관광상품의 대체상품으로서 상품의 한계가 거의 없다고 할 수 있다. 또한 24시간 영업으로 야간 관광상품으로도 이용되는 강점을 가지고 있다.

❺ 오락적 기능

종래의 도박시설이나 관련 서비스 제공기능에서 벗어나 다양한 오락기능이 첨가된 종합적인 서비스 기능을 제공하고 있다. 이러한 성향은 카지노의 도박적인 성격을 약화시키는 반면, 다양한 계층의 여가욕구를 종합적으로 수용하는 대중 여가시설로서의 위치를 강화시키고 카지노 합법화의 정당성을 제고시키고 있다.

6. 유원시설업

(1) 유원시설업 개념

유원시설업은 유기시설 또는 유기기구를 갖추어 이를 관광객에게 이용하게 하는 업으로서 1999년 관광사업으로 전환되었다. 유원시설업은 종합유원시설업, 일반유원시설업, 기타 유원시설업 등 3개의 업종으로 분류된다. 종합유원시설업은 대규모의 대지 또는 실내에 안전성 검사 대상 유기기구 6종류 이상을 설치·운영하는 업을 말하고, 일반유원시설업은 안전성 검사 대상 유기기구 1종류 이상을 설치·운영하는 업이며, 기타 유원시설업은 안전성 검사 대상이 아닌 유기기구를 설치·운영하는 업을 말한다.

(2) 유원시설업 등록현황 및 실적

유원시설은 제일모직(에버랜드), 롯데월드와 같은 대형 종합 유원시설부터 키즈카페, 캠핑장 등 중·소규모 시설까지 포함한다. 2021년 기준 종합 유원시설업 48개, 일반유원시설업 353개, 기타 유원시설업 2,144개 등 총 2,545개의 업체가 지정되어 있다(표 7-12 참조). 대표적 유원시설업체로는 제일모직, 롯데월드, 어린이대공원, 디즈니월드, 유니버셜 스튜디오, 도쿄 디즈니랜드 등 글로벌 기업이 있다.

유원시설업은 코로나19 사태에 따른 사회적 거리 두기로 실적이 매우 부진하였다. 2019년 유원시설업은 2,822개 업소가 등록되었으나 2020년 2,630개, 2021년 2,545개

표 7-12 **유원시설업체 등록현황**   (단위: 업소 혹은 개소)

구 분	2016	2017	2018	2019	2020	2021
종합유원시설업	40	43	46	43	48	48
일반유원시설업	294	314	300	324	356	353
기타유원시설업	1,220	1,808	2,058	2,455	2,226	2,144
계	1,554	2,165	2,404	2,822	2,630	2,545

자료: 문화체육관광부(2022~2017). 2021~2016년 기준 관광동향에 관한 연차보고서

로 줄었다. 특히 매출은 더 크게 감소하였는데 2019년 21,337억 원에서 2021년 6,156억 원으로 71.1%나 감소했다.

　세계 테마파크 산업은 2019년까지 매년 성장해 왔으나 코로나로 인해 2020년부터 방문객 수가 급감하였다. 세계테마엔터테인먼트협회(TEA: Themed Entertainment Association)와 글로벌 컨설팅업체 아에콤(Aecom)이 입장객 수를 기준으로 매년 발표하는 '세계 25대 놀이·테마파크' 순위에서 에버랜드(16위)와 잠실 롯데월드(17위)가 포함됐다(표 7-13 참조). 세계 상위 25개 테마파크의 방문객 수는 2019년 253.7백만 명에서 2020년 83.3백 만 명, 2021년 141.4백만 명, 2022년 198.7백만 명으로 감소하였다.

표 7-13　**세계 테마파크 입장객 수 현황**　(단위: 천 명)

구 분	2019	2020	2021	2022
1. 디즈니월드 매직킹덤	20,963	6,941	12,691	17,130
2. 디즈니랜드	18,666	3,674	8,573	16,881
3. 도쿄 디즈니랜드	17,910	4,160	6,300	12,000
4. 도쿄 디즈니씨	14,650	3,400	5,800	10,100
5. 유니버설 스튜디오 재팬	14,500	4,901	5,500	12,350
6. 디즈니월드 애니멀킹덤	13,888	4,166	7,194	9,027
7. 디즈니월드 EPCOT	12,444	4,044	7,752	10,000
8. 창롱오션킹덤	11,736	4,797	7,452	4,400
9. 유니버설 스튜디오	11,483	3,675	8,589	10,900
10. 상해 디즈니랜드	11,210	5,500	8,480	5,300
16. 에버랜드	6,606	2,760	3,710	5,770
17. 롯데월드 어드벤처	5,953	1,560	2,460	4,520
상위 25개 업체 합계	253,724	82,258	141,350	198,696

주: 위 보고서에서 코로나로 입장객의 방문이 지역별 편차가 심해 순위는 2019년 입장객 기준으로 하였음
자료: Themed Entertainment Association(TEA) & and the Economics practice at AECOM. Global attractions attendance report, p.14~15.

7. 관광편의시설업

(1) 관광편의시설업 개념

관광편의시설업은 위의 관광사업 이외에 관광진흥에 이바지할 수 있다고 인정되는 사업이나 시설 등을 운영하는 업을 말한다. 2019년부터 관광연관 업종을 포괄할 수 있는 관광지원서비스업이 신설되고, 2020년부터 한옥체험업은 관광편의시설업에서 관광객

💡 표 7-14 **관광편의시설업 종류**

구 분	정 의
관광유흥음식점업	관광객이 이용하기 적합한 한국 전통분위기의 시설을 갖추어 그 시설을 이용하는 자에게 음식을 제공하고 노래와 춤을 감상하게 하거나 춤을 추게 하는 업
관광극장유흥업	관광객이 이용하기 적합한 무도(舞蹈)시설을 갖추어 그 시설을 이용하는 자에게 음식을 제공하고 노래와 춤을 감상하게 하거나 춤을 추게 하는 업
외국인전용 유흥음식점업	외국인이 이용하기 적합한 시설을 갖추어 외국인만을 대상으로 주류나 그 밖의 음식을 제공하고 노래와 춤을 감상하게 하거나 춤을 추게 하는 업
관광식당업	관광객이 이용하기 적합한 음식제공시설을 갖추고 관광객에게 특정 국가의 음식을 전문적으로 제공하는 업
관광순환버스업	버스를 이용하여 관광객에게 시내 및 그 주변 관광지를 정기적으로 순회하면서 관광할 수 있도록 하는 업
관광사진업	외국인 관광객과 동행하며 기념사진을 촬영하여 판매하는 업
여객자동차 터미널시설업	여객자동차터미널사업의 면허를 받은 자가 관광객이 이용하기 적합한 여객자동차터미널시설을 갖추고 이들에게 휴게시설·안내시설 등 편익시설을 제공하는 업
관광펜션업	숙박시설을 운영하고 있는 자가 자연·문화 체험관광에 적합한 시설을 갖추어 관광객에게 이용하게 하는 업
관광궤도업	궤도사업의 허가를 받은 자가 주변 관람과 운송에 적합한 시설을 갖추어 관광객에게 이용하게 하는 업
관광면세업	보세판매장의 특허를 받은자 혹은 면세판매장 지정을 받은자가 판매시설을 갖추고 관광객에게 면세물품을 판매하는 업
관광지원서비스업	주로 관광객 또는 관광사업자 등을 위하여 사업이나 시설 등을 운영하는 업으로서 관광관련 산업으로 분류한 쇼핑업, 운수업, 숙박업, 음식점업, 문화·오락·레저스포츠업, 건설업, 자동차임대업 및 교육서비스업 등

자료: 자료: 「관광진흥법」 시행령 바탕으로 정리함

이용시설업으로 변경되어 현재「관광진흥법」으로 지정된 관광편의시설업(2021.12월 준)은 관광유흥음식점업, 관광극장유흥업, 외국인전용유흥음식점업, 관광식당업, 관광순환버스업, 관광사진업, 여객자동차터미널시설업, 관광펜션업, 관광궤도업, 관광면세업, 관광지원서비스업, 기타관광편의시설업(제주) 등 12가지이다(표 7-15 참조).

관광지원서비스업은 환경변화에 대응하여 새로운 유형의 관광사업체를「관광진흥법」으로 포괄하고자 관광편의시설업의 하위업종으로 신설되었다. 지금까지「관광진흥법」으로 포괄되지 못했던 렌터카 업체, 기념품점, 항공사, 환전소, 관광벤처기업 등이 이에 해당한다. 기타관광편의시설업은 제주특별자지도 관광진흥 조례에 의거 패러세일링, 스킨스쿠버, 윈드서핑, 수상오토바이, 모터보트, 사륜형 자동차(ATV), 카트 시설 또는 체험장을 갖추고 그 시설을 이용하는 관광객에게 오락을 제공하는 업을 말한다.

(2) 관광편의시설업 등록현황

2021년 기준 관광편의시설업으로 지정된 업체는 총 3,462개로 전년대비 190개 업체가 증가하였다(표 7-15 참조). 관광편의시설 업종에서 관광식당이 1,816개 업체로 52.5%를 차지하여 가장 많다. 그리고 관광지원서비스업은 2021년 12월 말 기준 전국에 293개 업체가 지정받아 운영 중이며, 기타관광편의시설업은 제주도에 16개 업체가 운영 중이다.

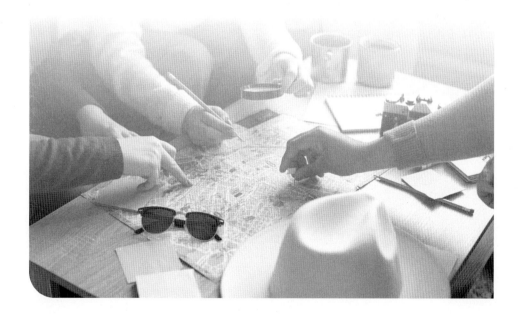

표 7–15   **관광편의시설업체 등록현황**   (단위: 업소 혹은 개소)

구 분	2016	2017	2018	2019	2020	2021
관광유흥음식점업	14	14	8	12	15	10
관광극장유흥업	192	157	143	131	126	111
외국인전용유흥음식점업	432	384	375	356	348	339
관광식당업	1,538	1,529	1,654	1,721	1,838	1,816
관광순환버스업 (16년까지 시내순환관광업으로 사용)	50	50	51	55	56	58
관광사진업	12	15	17	20	19	18
여객자동차터미널시설업	2	2	2	2	2	2
관광펜션업	473	514	559	605	563	701
관광궤도(삭도)업	13	10	13	18	19	19
관광면세업	18	36	39	62	77	78
관광지원서비스업(19.7.10.부터 신설)	–	–	–	17	193	293
기타 관광 편의시설업(제주)	–	3	4	14	16	17
한옥체험업 (20.4.28.부터 관광객이용시설업으로 변경)	1,175	1,264	1,307	1,359	–	–
계	3,919	3,978	4,172	4,372	3,272	3,462

자료: 문화체육관광부(2022~2017). 2021~2016년 기준 관광동향에 관한 연차보고서

토 론 주 제

1. 관광사업 분류체계의 문제점

2. 관광사업과 일반사업과의 유사점과 차이점

3. 관광사업과 관광산업의 차이점

4. 자연재해의 해외 관광사업 영향

5. 연도별 관광사업 비교분석을 통한 문제점

6. 미래의 호텔사업

7. 미래의 여행업

참 고 문 헌

김경환·차길수(2002). 호텔경영학. 현학사. 김광근 외(2007). 최신관광학. 백산출판사.

김상훈(1989). 관광학개론. 빅밸출판사.

김종범(2013). 카지노산업의 위해성과 경제적 효과에 관한 연구. 사회과학연구, 25(2), 125-149.

김진섭(1991). 현대관광사업론. 형설출판사.

매일경제신문, 2023.4.23.). 日 관광산업의 대공습… '76조 카지노 잭팟' 빼앗길판. https://www.mk.co.kr/news/culture/10719464

문화체육관광부(2017). 2016 관광사업체 기초통계조사 보고서.

문화체육관광부(2017). 2016년 기준 관광동향에 관한 연차보고서

문화체육관광부(2017). 2016년 기준 관광동향에 관한 연차보고서

문화체육관광부(2018). 2017 관광사업체 기초통계조사 보고서.

문화체육관광부(2018). 2017년 기준 관광동향에 관한 연차보고서

문화체육관광부(2019). 2018 관광사업체조사 보고서.

문화체육관광부(2019). 2018년 기준 관광동향에 관한 연차보고서

문화체육관광부(2020). 2019 관광사업체조사 보고서.

문화체육관광부(2020). 2019년 기준 관광동향에 관한 연차보고서

문화체육관광부(2021). 2020 관광산업조사 PART 2(관광진흥법 기준 보고서).

문화체육관광부(2021). 2021년 기준 관광동향에 관한 연차보고서

문화체육관광부(2022). 2021년 기준 관광동향에 관한 연차보고서

문화체육관광부(2022). 2021 관광산업조사 PART II(관광진흥법 기준 보고서).

박호표(2004). 신관광학의 이해. 학현사.

삼성경제연구소(2010.9). CEO 인포메이션

손해식(1982). 관광사업에 있어서 마아케팅 적용상의 문제. 관광학연구, 6, 58-60..

여행신문(2021.4.19.). 60년 역사 일반여행업 대신 '종합여행업'.
    https://www.traveltimes.co.kr

연합뉴스(2022.7.16.). 한국 호텔 역사의 시작… 대불호텔.
    https://www.yna.co.kr/view/AKR20220715070400065?input=1195m

이장춘·박창수(2001). 국제회의론. 대왕사

정경훈. 박호래(1994). 호텔경영론, 형설출판사.

정익준(1997). 관광사업론. 형설출판사

조선일보(2023.6.14.). '제2의 싱가포르' 꿈꾸는 마카오…
    2000兆 MICE 시장 잡아라. https://biz.chosun.com/distribution/channel/
    2023/06/14/YDJ3XXWNNVENLLKJMCNUGEXEWY/

한국관광공사 MICE 지식마당. 2021 국제회의 개최실적이 전해주는 국내 MICE업계 시사
    점. https://k-mice.visitkorea.or.kr/mice_intelligence_KR/study_Tp2.kto

한국관광공사(2021). 여행업의 넥스트레벨. 데이터앤투어리즘 3호.

한국관광공사(2022). 2021년 국제회의 개최실적 조사.

한국문화관광연구원(2001). 카지노업의 전망과 향후 발전을 위한 정책방안

한국문화관광연구원(2011). 유원시설업 진흥을 방안 연구

한국문화관광연구원(2015). 국제회의도시 평가제도 도입방안

한국일보(2022.11.24.). 겨울인데 눈이 안 오네"… 알프스 관광산업 '붕괴 위기. https://
    m.hankookilbo.com/News/Read/A2022112310210002578?t=20221124043159

황희곤·김성섭(2010). 미래형 컨벤션산업론. 백산출판사

Astroff, M, T., & Abbey, J. R. (1998). Convention management & Service(5th ed.).
    American Hotel & Motel Association.

Boniface, B., & Cooper, C. (2009). Worldwide destinations: The geography of travel &
    tourism(5th ed.). Butterworth-Heinemann.

Gee C. Y., Makens J. C., Choy D. J. (1997). The travel industry(3rd ed.). International
    Thomson Publishing Inc., New York.

Glücksmann, R. (1930). Die Leher von Fremdenverkehr Belin. Glcksmann, R. (1935).
    Allgemeine Fremdenverkehrskunde.

McIntosh, R. W. (1977). Tourism: Principles, practices, philosophies (second ed.)",
Grid.

Medlik, S. and V.T. C. Middletown, Colombus.

Themed Entertainment Association(TEA) & and the Economics practice at AECOM.
Global attractions attendance report.

CHAPTER 08

마케팅조사와
수요예측

학습목표

· 마케팅조사의 중요성을 설명할 수 있다.

· 1차 자료와 2차 자료의 차이점을 설명할 수 있다.

· 확률적 표본조사와 비확률적 표본조사의 차이점을 구분할 수 있다.

· 표본조사방법의 유형별 장단점을 설명할 수 있다.

· 관광수요 예측의 중요성을 설명할 수 있다.

· 관광수요의 예측기법들의 장단점을 평가할 수 있다.

Principles Of Tourism

급변하는 환경에서 기업이 성공적으로 생존하기 위해서는 실질적인 접근방식이 필요하다. 실질적인 접근방식을 제시하기 위해서는 기업경영에 영향을 미치는 고객, 경쟁자, 정부정책 등의 다양하고 복잡한 환경에 대한 정확한 이해가 필요하고, 이를 위해 마케팅조사의 필요성이 강조된다. 마케팅조사를 통해 기업은 정확하고 신속한 의사결정을 내릴 수 있게 된다. 마케팅조사의 한 영역인 관광수요 조사는 관광서비스 기업이 경영을 효율적으로 하는데 필요한 과정이다. 본 장에서는 관광마케팅조사에 대한 기초로서 마케팅조사의 개념, 마케팅조사의 절차, 그리고 수요예측에 대해 학습한다.

제1절 _ 마케팅조사의 이해

관광서비스 기업이 직면하고 있는 문제가 발견되면 경영자(혹은 의사결정자)는 조사를 통하여 문제의 원인을 파악하고자 노력한다. 마케팅조사는 주관적 편견과 이해관계를 배제하고 검증할 수 있도록 과학적으로 이루어져야 한다. 마케팅조사는 시장상황을 판단하는 데 필요할 뿐만아니라 정부정책의 변경과 경쟁회사의 신제품 출시와 같은 외부환경의 변화에 대응하기 위해서도 필요하다. 본 절에서는 마케팅조사의 개념, 마케팅조사의 특성, 그리고 시장조사와 마케팅조사의 차이점에 관해 살펴보고자 한다.

1 마케팅조사의 개념

마케팅조사(Marketing research)는 마케팅 활동의 일부분이다. 따라서 먼저 마케팅의 개념을 이해하는 것이 필요하다. Kotler(2000)는 마케팅을 개인과 조직이 제품과 가치를 창조하고 고객들과의 교환을 통하여 그들의 필요와 욕구를 충족시키는 관리적 과정으로 정의하였다. 미국 마케팅학회(American Marketing Association, 2008)는 개인과 조직의 목적을 충족시켜주는 교환을 창출하기 위해 아이디어, 제품·서비스의 개념구성과 개발, 가격결정, 촉진 및 유통을 계획하고 실행하는 과정으로 정의하였다.

마케팅조사는 기업에 시장정보를 제공하는 데 필요한 자료의 수집방법을 계획하고, 수집자료를 분석하여 그 결과와 시사점을 의사결정자에게 전달하는 것이다(미국마케팅학회, 1987). 기업은 시장정보를 통해 시장기회와 문제를 발견할 수 있으며, 마케팅 실행과 그 평가가 가능하며, 마케팅 성과를 감시할 수 있게 된다.

마케팅조사는 문제발견(혹은 확인)을 위한 조사와 문제해결을 위한 조사로 분류된다(그림 8-1 참조). 즉, 마케팅조사는 새로운 문제를 발견하거나 의사결정자가 문제를 확인하기 위해 수행되기도 하고, 특정 문제를 해결하는 방안을 찾기 위해 수행되기도 한다. 문제발견을 위한 조사는 현재 명확히 드러나지 않더라도 이미 존재하거나 발생할 수 있는 문제를 찾기 위한 조사로서 시장잠재력 조사나 시장점유율 조사 등이 있다. 문제해결을 위한 조사는 문제를 이미 알고 있거나 선행조사에서 문제점을 발견하였을 때 그 문제를 해결하기 수행하는 조사이다. 대표적으로 마케팅 믹스에 관련한 조사가 이에 해당한다.

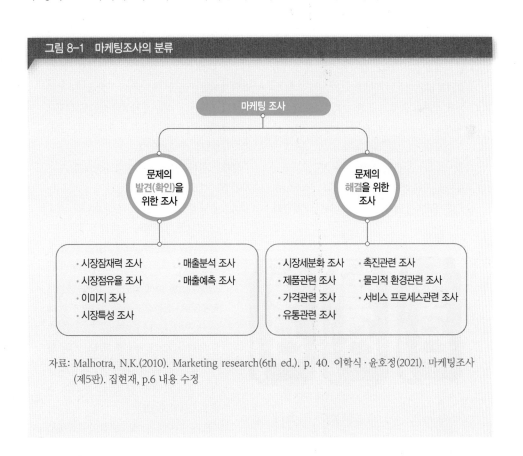

그림 8-1 마케팅조사의 분류

자료: Malhotra, N.K.(2010). Marketing research(6th ed.). p. 40. 이학식·윤호정(2021). 마케팅조사 (제5판). 집현재, p.6 내용 수정

사례 8-1　사용자 조사는 꼭 필요할까요?

서비스 출시 전에는 고객조사가 반드시 필요할까요?

이에 대한 대표적인 실패 사례로 '코카콜라 뉴 코크'를 들 수 있다. 1980년대 콜라 전쟁이 치열하던 시점에, 신제품으로 개발 중이던 코카콜라 뉴 코크는 블라인드 테스트에서 코카콜라와 펩시콜라를 압도하는 결과를 보인다. 그러나 이러한 서비스 출시 전의 고무적인 고객조사 결과에도 불구하고, 1985년 제품이 시장에 출시된 직후에 바로 고객의 외면을 받게 된다. 뿐만 아니라 기존 코카콜라가 단종된다는 소식에 고객들의 강한 항의와 함께, 기존 코카콜라의 사재기 현상도 나타나기도 한다. 결국 코카콜라 뉴 코크는 코크 II로 개명되었다가, 1992년에는 단종되는 것으로 일단락되었다.

위 사례와 같이 서비스 출시 전에 고객 조사가 유효하지 않은 이유는 무엇일까요?

첫째, 서비스 출시 전 고객이 평가하는 대상물이 완전하지 않을 수 있다는 것을 들 수 있다. 서비스 출시 전, 프로토타입(Prototype)을 이용해 고객 조사를 하는 것을 현업에서는 수용도 조사라고 부르는데, 모든 컨셉을 실제 제품이나 서비스 수준으로 개발하여 평가하기에는 비용이나 시간과

자료: 한국일보(2022.7.23.). 코카 콜라의 흑역사… '뉴 코크'를 아시나요. 재인용

같은 리소스가 많이 소요되기 때문에, 이를 프로토타입으로 구현한 후 수용도 조사를 통해 고객에게 평가를 받는다.

이때 사용되는 프로토타입은 실제 구현된 서비스와의 그 완성도에서 차이가 있을 수밖에 없다. 뿐만 아니라 수용도 조사를 통해 고객의 긍정적 반응이 있었던 컨셉은 선별하여 양산 단계를 거치게 되는데, 이때 개발 이슈나 현실성 등을 고려하다 보면 초기의 이상적인 면은 퇴색한 전혀 다른 형태가 되기도 한다.

둘째, 서비스 출시 후 고객이 서비스를 직간접적으로 경험하는 총체적인 경험을 대변하기 어렵다는 것을 들 수 있다. 예를 들면, 코카콜라 사례와 같이 블라인드 테스트에서는 단지 내용물인 콜라의 맛에만 한정해서 신제품의 시장에서의 성공 여부를 가늠했다, 이는 포장이나 브랜드와 같은 시각적이거나 심리적인 요인 등에 대해서는 고려하지 못한다는 한계점을 지닌다.

셋째, 적합한 고객 조사 방법을 선정하고, 그 조사를 잘 수행하기 어렵다는 것을 들 수 있다. 이는 서비스 출시 전의 수용도 조사뿐만 아니라, 서비스 기획 초기 단계에 고객의 잠재된 니즈를 발굴할 때도 동일하게 적용될 수 있다. 예를 들면, 신규 기회영역이나 잠재된 니즈를 발굴할 때에 일반 소비자를 대상으로 FGD나 심층 인터뷰를 한다면 뻔히 아는 내용만 나오기 일수이다, 그러기보다는 얼리어답터나 특이한 사용을 하는 사용자와 같이 Outlier를 대상으로 인터뷰하는 것이 인사이트를 발굴하는 데에 더욱 효과적일 수 있다.

또한, 단순히 고객의 의식의 수준에서

언어로 표현되는 데이터를 수집할 수 있는 인터뷰뿐만 아니라 에스노그라피(Ethnography)와 같이 언어로 표현되지 않는 고객의 행동을 심층적으로 관찰하고 분석하는 방법을 병행해서 활용하는 것이 더욱 적절할 수 있다. 수용도 조사에서 단순히 설문지를 통해 주관적인 선호도 점수를 받는 것보다는, 반응시간이나 뇌파(EEG), 시선 추적과 같은 방법으로 객관적인 데이터를 함께 측정하는 것이 더욱 정확한 고객의 반응을 알 수 있다. 그렇지만, 이러한 정교한 고객 조사 방법은 높은 비용과 긴 조사 일정이 요구되는 것과 같은 현실적인 부담을 야기할 수 있다.

자료: 오의택(2023.4.17.). MOBINSIDE. 일부 발췌

② 마케팅조사의 특징

마케팅조사는 불확실성을 제거하고 신속하고 정확한 의사결정이 가능하도록 자료를 수집·분석하여 시사점을 의사결정자에게 제공하는 행위 혹은 기능이다. 이러한 정의는 다음의 세 가지 특징들을 함축하고 있다.

첫째, 마케팅조사는 체계적으로 수행되어야 한다(강기두, 2018). 조사 혹은 연구(Research)란 개념은 과학적인 절차와 논리적인 원칙을 바탕으로 기존의 지식을 강화하거나 새로운 지식(혹은 사실)을 만들어 내려는 활동을 의미한다. 따라서 조사는 계획적으로, 철저하게, 그리고 일정한 원리에 따라 이루어져야 한다.

둘째, 마케팅조사는 포괄적인 활동이다(강기두, 2018). 다시 말해 마케팅조사는 자료를 수집하여 분석하고, 결과와 시사점을 도출하고, 그리고 이를 의사결정자에게 보고하는 활동까지 포함하는 포괄적 활동이다. 비록 마케팅조사가 포괄적 활동이지만 마케팅 과정에서 효과적으로 활용될 수 있도록 의사결정자에게 가치 있는 정보를 제공하기 위한 활동이어야 한다.

마지막으로, 마케팅조사는 기업에 시장정보를 제공한다(이학식·윤호정, 2021). 가령 고객, 서비스, 경쟁사 등에 대한 정확한 조사 없이는 문제파악은 물론 새로운 시장기회를 발견하기 매우 어렵다. 마케터들은 마케팅조사를 통해 고객과의 연결 고리를 찾고자 많은 노력을 한다. 오늘날의 고객들은 과거보다 시장에서 더 많은 정보, 선택권, 그리고 기업(혹은 타인)과 대화할 수 있는 힘을 갖게 되었다. 따라서 이들에 대한 정보수집이 기업의 마케팅 활동의 중요한 일부분이 되고 있다.

3 시장조사와 마케팅조사

시장조사(Market research)는 마케팅조사(Marketing research)의 한 부분이지만 일부 학자나 실무자들은 혼용해서 사용하는 경우가 많다. 마케팅조사와 시장조사는 그 의미와 범위에 있어 차이가 있으므로 이에 대한 정확한 이해가 필요하다.

두 개념의 차이는 우선 그 의미에서 찾을 수 있다. Gordon과 Langmaid(2017)는 그들의 저서 『Qualitative market research: A practitioner's and buyer's guide』에서 시장조사를 일정한 질문절차를 통해 제품이나 서비스의 소비자 또는 최종 사용자의 행동과 태도에 관한 정보를 수집하는 프로세스라 정의하였다. 한편, 미국 마케팅조사협회(MRA: Marketing Research Association)는 마케팅조사를 비즈니스 관련 의사결정과 경영관리를 성공적으로 하기 위해 정보를 수집하고, 분석 및 해석하는 과정으로 정의하였다(Burns, Veeck, & Bush, 2019). 두 정의에서 보듯이 마케팅조사의 개념이 더 포괄적임을 알 수 있다.

두 개념은 조사의 범위에서도 차이가 존재한다. 시장조사는 일정한 제품이나 서비스의 특정 시장에 대한 정보를 발견하는 것이다(Burns et al., 2019). 즉, 시장조사는 제품 혹은 서비스를 위한 시장규모, 위치 또는 구성요소를 규정하기 위해 사용되는 과정으로 보는 것이다. 마케팅조사는 시장조사보다는 더 큰 범위의 의미로서 회사의 전략적 의사결정을 위해 제품과 서비스를 마케팅하는 데 있어 객관적이며 체계적인 방법으로 자료를 수집, 기록, 분석하여 결과물과 시사점을 보고하는 활동(혹은 기능, 혹은 과정)이다.

제2절 _ 마케팅조사의 절차

마케팅조사의 목표는 소비자를 만족시켜 주는 서비스 혹은 제품을 제공함으로써 소비자에게 가치와 편익을 제공해 성공적인 마케팅 결과를 끌어내는 것이다. 이를 위해 실제 시장상황을 파악하고 창의적 아이디어를 창출하며, 이를 과학적으로 검증해 올바른 마케팅 의사결정에 도움이 되는 객관적이고 정확한 정보를 수집해야 한다. 그러기 위해서

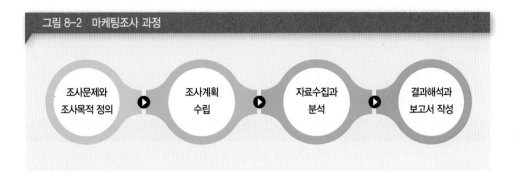

그림 8-2 마케팅조사 과정

조사문제와
조사목적 정의
▶
조사계획
수립
▶
자료수집과
분석
▶
결과해석과
보고서 작성

는 체계적인 절차에 의해 마케팅조사가 이루어져야 한다. 〈그림 8-2〉와 같이 마케팅조사는 크게 4가지 과정으로 이루어지는데 본 절에서는 이에 대해 학습한다.

1 조사문제와 조사목적의 정의

1. 조사문제 정의

마케팅조사의 첫 단계는 조사문제의 정의이다. 조사문제의 정의는 조사의 성공여부를 판단하는 데 매우 중요하다. 조사문제를 파악하는 데 있어 마케팅 관리자와 조사자는 서로 긴밀하게 접촉해야 한다. 마케팅 관리자(혹은 의사결정자)는 의사결정에 어떤 정보가 필요한지를 가장 잘 알고 있고 조사자는 마케팅조사의 절차 및 정보수집 방법을 가장 잘 이해하고 있기 때문이다.

조사문제의 정의는 매우 어려운데, 그 이유는 무엇인가 잘못되고 있다는 것을 알지만 구체적 원인을 모르는 경우가 많기 때문이다. 조사문제를 정확히 정의하기 위해서는 조사 참여자들이 증상이 아닌 실제문제에 초점을 맞추어야 한다. 그리고 정보가 어떻게 사용될 것인지를 예측해 보아야 한다. 〈표 8-1〉은 조사문제와 조사목적을 설정한 예시이다.

2. 조사목적의 정의

조사문제를 정의한 후 마케팅 관리자와 조사자는 상호협조하여 조사목적을 정해야 한다. 조사목적은 조사과정에서 어떤 과업이 수행되어야 하는가에 대한 지침서 역할을 하

므로 문제해결에 필요한 정보를 제공할 수 있도록 구체적으로 설정해야 한다(이학식·윤호정 2021).

💡 표 8-1 **조사문제와 조사목적의 예**

구 분	예 시
조사문제 (문제상황)	A 여행사는 최근 코로나 회복 이후 여행객의 증가에도 영업이익의 하락(문제의 징후)으로 어려움을 겪고 있다. 경영자들은 온라인 서비스 품질 저하가 주요한 원인(문제)일 그것으로 판단하고 있다.
조사목적	A 여행사의 매출과 영업이익 증대를 위하여 A 여행사와 경쟁 여행사들에 대한 플랫폼 서비스의 품질개선 관련 정보를 획득하는 데 목적을 둔다. 이를 위하여 다음의 자료를 수집하고 분석한다. • 플랫폼 서비스 품질속성 파악(예 정보품질, 플랫폼의 유연성, 고객 서비스 등) • 가장 중요시되는 속성 • 각 속성에 따라 A 여행사와 경쟁 여행사들에 대한 소비자 평가 • 소비자들의 인구통계적 특성(성별, 여령, 소득, 직업 등) • 소비자들의 선호도(A 여행사 vs 경쟁 여행사) → 위 자료로부터 플랫폼 서비스 품질개선을 위한 정보를 추출한다

 사례 8-2 마케팅조사 이해

환경분석을 위해서 가장 필수적인 것이 마케팅조사다. 먼저 마케팅조사에 대한 이해를 돕기 위해 멀고 먼 남태평양제도 어느 섬에 신발을 판매하고자 하는 한 신발회사 이야기이다. 그 회사는 시장조사를 위해 해외 거래를 많이 해본 '바이어(Buyer)'를 섬에 보냈는데, 그는 조사를 대강하고 나서 곧바로 다음과 같은 이메일을 보냈다.

"이 섬의 사람들은 신발을 신고 다니지 않습니다. 그래서 여기에는 신발시장이 없습니다." 미심쩍었던 회사는 다음으로 '영업직원(Salesman)'을 보냈는데, 그는 다음과 같은 정반대의 이메일을 보냈다. "이 섬의 사람들은 신발을 신고 다니지 않습니다. 그래서 여기에는 앞으로 엄청난 시장이 있을 것입니다."

이렇게 조사자에 따라 정반대의 의견으로 갈려

국가가 망할 지경에 처했던 상황을 우리는 조선시대 역사에 서도 발견할 수 있다. 임진왜란 이전, 당시 일본은 도요토미 히데요시가 어지러웠던 일본을 통일하고 자신의 힘을 과시하려던 때였다. 도요토미 히데요시는 조선은 물론 명나라까지 공격할 생각을 갖고 있었으나 조선은 일본의 침략에 대비하지 못하고 동서로 갈려 당파싸움이 더욱 치열하기만 했다.

그러다 일본의 심상치 않은 상황에 대해 알아보기 위해 서인 황윤길과 동인 김성일을 일본 통신사로 파견했지만, 일본을 살피고 돌아왔던 신하들의 입장은 일본이 '침략한다'와 '침략하지 않는다'로 나뉘어졌고 결국 받아들여진 것은 침략하지 않을 것이라는 동인 김성일의 주장이었다.

당시 김성일이 당파싸움 때문에 일부러 거짓 보

고를한 것은 아니었다고 한다. 다만, 사대주의와 일본을 왜구로 업신여겼던 그의 관점이 똑같은 상황을 봐도 다른 조사결과를 만들었던 것이다. 7년간의 전쟁이라는 참극이 있었는데도 불구하고 조선의 사대주의자들은 정신을 못 차렸다. 임진왜란 후에 왕이 된 광해군은 세작(스파이)들을 통해 후금(청)의 세력이 강해지는 것을 감지하고 명과 함께 중립정책을 통해 팽팽한 양다리 외교를 했다. 광해군이 수시로 후금과 교류하며 국가 간 정세를 객관적으로 잘 파악했기 때문이었다.

그러나 명나라 사대주의자들은 오랑캐인 후금과 교류를 하는 것은 임진왜란 때 조선을 구해준 명에 대한 배신이라며 이를 반대했다가 결국엔 인조반정을 일으켜 광해군을 몰아냈고 명에 충성하고 후금을 배척하는 외교를 하여 병자호란을 야기시켰다. 잘못된 관점과 조사로 인해 또 한 번 나라가 망할 지경에 이른 것이다. 결국 인조는 남한산성에서 항쟁하다가 항복하고 삼전도의 굴욕을 당했다. 이런 역사적 사실에서도 우리는 제대로 된 조사와 객관적 사실에 입각한 관점이 얼마나 중요한지를 알 수가 있다.

그럼 홍콩의 신발회사는 어떤 결론을 내렸을까? 상반되는 보고를 접한 회사는 다시 세 번째 사람을 보냈는데, 이번에는 '마케터(Marketer)'였다. 이 마케팅 전문가는 부족의 추장과 원주민들을 면밀히 면담해 마침내 다음과 같은 이메일을 보냈다.

"이곳 사람들은 신발을 신지 않습니다. 그래서 그런지 그들은 발병을 앓고 있습니다. 제가 추장에게 신발을 신으면 발병을 없애는 데 큰 도움이 된다는 것을 알려주자 그는 열광했습니다. 그는 부족의 70% 정도가 한 켤레에 10달러 가격이면 신발을 살 것으로 추산했습니다. 따라서 우리는 첫해에 5,000켤레의 신발을 팔 수 있을 것으로 예상됩니다. 신발을 섬으로 가져오고 유통체계를

갖추는 데 드는 비용은 켤레당 6달러 정도가 들것이므로 우리가 이곳에 투자하면 첫해에 2만 달러의 수익을 올릴 것입니다. 이는 우리에게 20%의 투자수익률(ROI)을 가져다줄 텐데 이는 우리의 정상적인 ROI 15%를 초과하는 수치입니다. 이 시장에 들어오면 생길 높은 가치의 미래 수입은 말할 필요가 없으므로 얼른 이 사업을 추진할 것을 권고합니다."

사례를 보았듯이 시장을 바라보는 관점에 따라 시장조사의 프로세스와 결과도 달라진다. 또 이번 사례를 통해 논리적인 시장조사에 대해 훈련된 사람과 그렇지 않은 사람의 차이를 볼 수도 있다. 결국, 마케터는 단순히 눈으로 보이는 시장 상황을 보고 판단한 것이 아니라 진정으로 고객이 원하는 마음속 깊은 니즈에 대해서도 파악하여 막연한 가능성이 아니라 수치로 표현된 수요예측과 사업성 검토까지 했다.

여러분이 CEO라면 누구 말을 신뢰하겠는가? 당연히 마케터 의견을 듣고 사업을 하는 것이 맞을 것이다. 그러나 아무리 마케팅조사를 했다고 하더라도 조사자 또는 해석자의 주관적 관점이 개입된다면 잘못된 조사의 결과를 초래할 수가 있다. 그래서 마케팅조사에는 다음과 같은 두 가지 키워드를 명심해야 한다.

GIGO(Garbage-In Garbage-Out)

불필요한 정보가 너무 많아지면 의미는 더욱 적어 지듯이 정보는 어떻게 모으고 사용하느냐에 따라 독이 되기도 하고 득이 되기도 한다. 이런 측면에서 올바른 정보 파악을 위해 무척 중요하게 생각하는 말이 바로 'Garbage-In, Garbage-Out'이다. 즉, 쓰레기를 넣으면 쓰레기가 나온다는 말이다. 모든 정보는 인풋(Input)에 의한 아웃풋(Output)으로 나타난다. 결과에는 원인이 있듯이 모든 정보에는 데이터가 있고 잘못된 데이터의 입

력은 잘못된 정보를 초래하고 잘못된 의사결정과 판단을 가져온다.

집을 지을 때도 설계도가 필요하고 이에 따라 땅을 파고 기초를 다지듯이 정보를 수집하기 위해서도 전략의 초기 계획단계부터 추구하는 목적이 무엇인지가 명확히 파악되어 조사가 설계되어 쓰레기가 아닌 양질의 데이터가 확보되어야 한다.

Let Data Talk

어떤 주장이 힘을 얻고 상대방을 설득하기 위해서는 막연한 주장이 아니라 숫자가 뒷받침해 줘야 한다. 숫자는 말에 신뢰라는 힘을 준다. 계급장이 짓누르는 파워에 밀리더라도 소신있게 자신의 주장을 발표할 수 있는 힘이나 잘못된 주장을 잘못된 것이라고 진정으로 말할 수 있는 용기, 상급자 입장에선 부하직원의 발표가 옳거나 그른지 판단할 수 있는 통찰력도 모두 숫자로 이루어진 논리적인 뒷받침 아래서 가능한 일이다. 확실한 근거를 갖고 있다면 두려울 것이 없다. 빠른 의사결정에 강한 실행이 남아 있을 뿐이다. 결국 이 모든 건 올바른 마케팅조사가 이루어져야 가능한 일인 것이다.

자료: Cosmetic Insight(2021.10.12.). 일부 내용 발췌

2 조사계획의 수립

1. 조사유형의 결정

조사유형은 다양한 기준에 의해 분류될 수 있다. 대표적으로 조사목적, 시간적 차원, 그리고 자료형태에 따라 구분할 수 있다(그림 8-3 참조). 조사목적에 따라 탐색조사, 기술조사, 인과관계조사, 시간적 차원에 따라 횡단조사와 종단조사, 그리고 자료형태에 따라 정량적 조사와 정성적 조사로 나누어진다.

(1) 조사목적에 따른 조사유형

❶ 탐색조사(Exploratory research)

탐색조사는 조사문제가 불명확할 때 기본적인 통찰과 아이디어를 얻기 위해서 또는 조사자가 주어진 문제영역에 대해 잘 모를 때 실시한다(Kotler & Armstrong, 2016). 탐색조사를 통해 문제를 구체화하고 명확하게 할 수 있으며, 상황에 대한 이해나 실행가능한 대안을 파악할 수 있다. 대표적 탐색조사 기법으로는 문헌조사, 심층면접법, 표적집단면접법이 있다(이학식·윤호정, 2021).

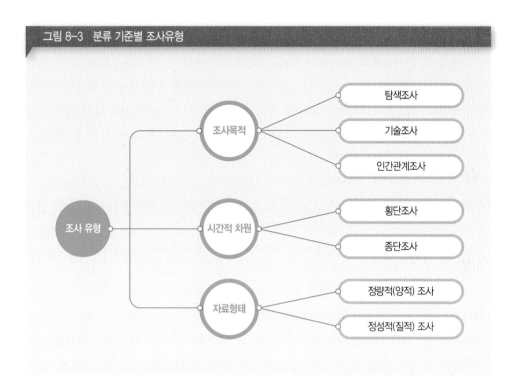

그림 8-3 분류 기준별 조사유형

문헌조사는 기업이 처한 문제점을 파악하기 위하여 기존에 공개된 2차 자료를 검토하는 것을 말한다. 예를 들어, 기업내부 자료, 과거에 수행된 마케팅조사자료, 일간지나 경제신문 등에 게재되었던 기사, 협회지, 학술문헌, 통계자료 등이 있다. 문헌조사의 장점으로는 저렴한 비용, 단기간에 많은 기록 확보, 다양한 의견 및 지식확보를 들 수 있다. 단점으로는 상반된 내용이 많을 경우 혼란 가중, 타당도와 신뢰도 검증의 한계, 그리고 최신성 반영의 부족 등이 있다.

심층면접법(In-depth interview)은 연구자가 1명의 피면접자를 대상으로 깊이 있는 대화를 통해 자료를 수집하는 방법이다. 이 방법은 연구자가 자세히 질문할 수 있고, 조사대상자와 정서적인 교감으로 내면의 심층적인 반응까지 유도할 수 있다는 장점이 있다. 하지만 조사대상자의 수가 적기 때문에 결과를 일반화하기 어렵고, 연구자의 편견과 주관적인 해석이 개입될 가능성이 있고 시간과 비용이 많이 든다.

표적집단면접(FGI: Focus group interview)은 1명의 사회자(Moderator)의 진행하에 6~12명의 참여자가 주어진 주제를 토론하는 방식으로 보통 1시간 30분에서 2시간 정도 소요된다. 장점

은 자유로운 분위기에서 응답을 강요당하지 않으므로 솔직하고 정확한 의견을 표명하므로 새로운 아이디어 창출에 도움이 되고, 전문가들의 토론참여로 전문 정보획득이 가능하고, 조사의뢰자의 참여(일방거울이 설치된 룸에서 지켜봄)로 의사결정에 큰 도움이 될 수 있다. 하지만 제한된 수의 조사대상자의 참여로 일반화 가능성이 낮고, 참여자에 대한 높은 보상으로 많은 비용이 소요되며, 수집된자료에 대한 주관적 해석이 이루어지는 단점이 있다.

❷ 기술조사(Descriptive research)

시장의 상황파악(예 소비자의 인구통계적 특성이나 태도)을 위해 수집한 자료를 분석하고 그 결과를 기술하는 조사로서 기업들이 가장 자주 이용하는 방법이다(Kotler & Armstrong, 2016). 기술조사를 통해 경영자는 소비자, 경쟁자, 표적시장, 기타 관심사항에 대해 이해할 수 있게 된다. 대표적 방법으로는 패널조사가 있으며 설문조사, 실험조사, 그리고 관찰조사를 통해 자료를 수집하고 통계적 방법에 따라 분석이 이루어진다.

패널조사(Panel survey)란 조사단위를 동일표본으로 유지하고 장기간 반복추적하는 조사를 말한다. 고정된 조사대상의 전체를 패널이라 하며 패널 구성원은 개인 소비자, 가구, 혹은 점포 등이 될 수 있다. 패널조사는 동일표본을 유지하므로 다른 변수의 영향을 통제할 수 있어 기업의 경영전략이나 사회현상으로 인한 변화를 정확하게 측정할 수 있다. 그러나 표본의 이탈로 장기간 동일표본을 유지하기 어렵고 무응답이 있는 경우 동일표본에 대한 시계열 자료를 축적하기 어렵다.

❸ 인과관계조사(Causal research)

인과관계조사는 원인(독립변수)과 결과(종속변수) 간의 관계를 규명하기 위하여 사용된다. 즉, 두 개 이상의 변수 간의 인과관계를 밝히는 것이다. 예컨대, 항공사 기내서비스 품질이 향상되면 승객 만족도가 증가될 것인가와 같은 질문에 답하기 위한 조사이다. 여기서 독립변수(Independent variable)는 기내서비스 품질이고 종속변수(Dependent variable)는 승객만족이 된다. 주의할 점은 기내서비스 품질(독립변수)은 승객만족(종속변수)에 영향을 미치는 여러 원인들 중 하나라는 점이며, 두 변수 간의 관계는 확률적 관계이며, 변수들 간의 인과관계는 추론(Infer)이라는 점이다. 추론이란 표본의 변수값으로 모집단의 변수값에 관한 결론(일반화: Genralization)을 내리는 것을 의미한다. 따라서 추론은 틀릴 가능성이 있다.

(2) 시간적 차원에 따른 조사유형

❶ 횡단적 조사(Cross-sectional research)

횡단적 조사는 일정시점에서 특정 표본이 가지고 있는 특성을 단 1회 조사로 파악하는 것이다. 일정시점에서 조사가 진행되기 때문에 정태적이고 반복측정을 진행하지는 않는다는 특징이 있다. 여기서 횡단이라고 하는 이유는 다른 연령, 교육수준, 소득수준, 브랜드 태도, 인식 등을 가진 사람들이 폭넓게 표본으로 추출되기 때문이다. 연구대상이 지리적으로 넓게 분포되어 있고 연구대상의 수가 많으며, 많은 변수에 대한 자료를 수집해야 할 필요성이 큰 경우 효과적이다. 대표적 방법으로는 변수와 다른 변수 간의 상관성을 파악하는 상관관계조사(예 서비스 가격 - 매출)가 있다.

횡단적 조사는 특정 시점에서 연구를 진행하기 때문에 자료수집에 있어 노력과 시간이 종단연구에 비해 적게 소요되고 설문조사와 같이 동시에 대규모 표본조사가 가능하다는 장점이 있다. 하지만, 조사시점과 조사대상자가 달라서 특성의 변화를 측정하기 어렵고 조사시점의 변화에 따라 측정의 동질성을 확보하기가 어렵다.

❷ 종단적 조사(Longitudinal research)

하나의 연구대상에 대해 시간 간격을 두고 2회 이상 조사하는 방법이다. 즉, 둘 이상의 시점(예 2023년 1월 vs 2024년 1월)에서 동일한 분석단위를 연구하는 것으로서 어떤 연구대상의 동태적인 변화 및 발전과정의 계속적 연구에 적합하다. 이처럼 일정한 시간적 간격을 두고 측정하는 종단적 조사는 동태적이고 장기간 반복해서 측정을 진행한다는 특징이 있다. 대표적 종단적 조사방법으로 코호트조사와 패널조사가 있다.

두 연구는 연구대상이 시간의 흐름에 따라 변화·발전하는 모습을 연구하는 종단적 연구라는 점에서 유사하다. 하지만, 코호트조사(Cohort study)는 동일한 경험을 한 집단을 대상으로 두번 이상의 다른 시기에 걸쳐 비교, 연구하는 방법이다. 코호트란 공통적인 특성을 가진 사람들의 집단, 즉 동일시점에 특정한 사건을 경험한 사람들을 일컫는 말이다. 패널조사(Panel research)는 동일한 사람을 대상으로 긴 시간 동안 지속적으로 필요로하는 정보를 획득하기 위한 조사이다.

(3) 자료형태에 따른 조사유형

❶ 정량적 조사(Quantitative research)

연구하고자 하는 연구대상의 속성을 가능한 수치 데이터로 표현하고 그들의 관계를 통계분석을 통하여 밝혀내는 조사방법이다. 대표적 방법으로는 설문조사, 면접, 내용분석 등이 있다. 설문조사는 대규모 표본에서 데이터를 수집할 수 있으므로 정량적 조사를 위한 훌륭한 도구이다.

장점으로는 효과적인 데이터 분석과 결과의 일반화를 들 수 있다. 정량적 조사는 보통 표본을 기반으로 하므로 통계적으로 유효한 결과를 도출할 수 있으며 도출된 결과를 모집단에 일반화할 수 있다. 또한, 통계분석을 신속하게 할 수 있는 수치 데이터가 포함된다는 점이다. 하지만 조사대상의 특정 측면에 초점을 맞추는 경우가 많아서 연구대상 전체 현상에 대해 심층적인 이해를 하기 어렵다. 그리고 수치 데이터를 기반으로 하므로 측정오류나 부정확성이 발생할 수 있다.

❷ 정성적 조사(Qualitive research)

정성적 조사는 수치가 아닌 자료를 수집하도록 설계된 조사방법이다. 즉, 글, 그림, 소리, 사진, 토론, 대화 등의 질적 표현에 의한 자료를 수집하고 이를 해석하는 방법이다. 이 조사는 비통계적이며 구조화되지 않았거나 반구조화되어 있으며 '왜'라는 질문에 답하는 연구설계를 기반으로 수집된 데이터에 의존한다. 정성적 조사방법은 일반적으로 인터뷰나 포커스 그룹과 같은 직접적인 관찰을 포함한다.

장점으로는 조사대상자의 경험, 태도, 관점에 대해 풍부하고 상세한 데이터를 수집할 수 있어 깊이 있는 결과를 도출할 수 있다. 하지만 정성적 조사는 때때로 작은 표본 크기에 의존하기 때문에 결과의 일반화 가능성이 제한적이다. 또한, 주관적인 데이터 해석이 수반되므로 연구자의 편견이나 개인적인 관점에 의해 영향을 받을 수 있고, 심층적인 데이터 수집 및 처리가 포함되므로 시간이 많이 소요될 수 있다. 뿐만 아니라 정성적 데이터에는 사진이나 오디오 녹음과 같은 텍스트가 아닌 자료가 포함된 경우가 많아 복잡하고 분석하기 어려운 경우가 많다.

2. 자료수집 방법

마케팅조사를 위해서는 가장 우선적으로 자료(Data)를 수집해야 한다. 자료는 분석과정을 통해 가공되어 최종적으로 의사결정에 유용하게 사용되는 정보(Information)가 된다. 따라서 마케팅조사의 가장 근간이 되는 것은 자료이다. 여기서는 자료의 종류와 자료의 수집방법에 관해 설명하고자 한다.

(1) 자료의 종류

자료에는 1차 자료(Primary data)와 2차 자료(Secondary data)가 있다. 1차 자료는 연구자가 직접 조사를 통해서 수집한 자료이고, 2차 자료는 이미 여러 공신력 있는 기관이나 정부, 언론, 조사기관, 논문, 연구발표 등에서 나온 자료이다. 1차 자료와 2차 자료의 차이점을 요약하면 〈표 8-2〉와 같다.

1차 자료는 고객의 사용태도, 가격 민감도, 광고 콘셉트 등의 정보조사를 통해 획득된다(Kotler, Bowen, & Makens, 2010). 1차 자료 수집은 큰 비용과 시간이 소모되기 때문에 조사를 시

💡 표 8-2 **1차 자료와 2차 자료의 차이점**

구 분	1차 자료	2차 자료
개념	• 현재 수행중인 의사결정문제를 해결하기 위해 연구자가 직접 수집하는 자료	• 다른 목적을 위해 이미 수집된 자료로서 직·간접적으로 조사목적에 도움이 되는 기존의 모든 자료
수집목적	• 당면한 조사문제 해결	• 다른 조사문제 해결
수집과정	• 상당한 노력 필요(고관여)	• 신속하고 쉬움(저관여)
수집비용	• 높음	• 낮음
수집시간	• 장기	• 단기
수집방법	• 대인면접법, 우편조사법, 전화면접법, 인터넷조사법	• 기존문헌 검토

자료: 이학식 · 윤호정(2021). 마케팅조사(제5판). 집현재, p.83. 내용 수정

작하기 전에 마케팅 의사결정에 꼭 필요한지, 해결해야 할 문제가 무엇인지, 조사의 목적이 명확한지, 어떤 소비자의 의견이 필요한지 등을 자세히 검토해야 한다. 따라서 1차 자료를 수집하기 전에 먼저 기존에 나와 있는 자료, 즉 2차 자료가 있는지 파악하는 것이 중요하다. 2차 자료는 기업 내외부에서 이미 간행된 정보, 언론기사, 정부기관의 발표자료나 연구보고서, 연구논문, 동종업계 경쟁사 고시자료, 각종 협회의 발표자료, 전문조사업체의 조사자료(Euro Monitor, Nielsen Data, TNS) 등이 있다. 이들 자료를 구입하거나 인터넷을 통해 무료로 공개된 자료를 내려받아 활용할 수도 있다(Kotler, Bowen, & Makens, 2010).

(2) 자료의 수집방법

마케팅조사에서 수집하는 자료는 1차 자료와 2차 자료가 있다. 여기서는 1차 자료의 수집방법에 관해 설명하고자 한다. 대표적 1차 자료의 수집방법에는 설문조사(서베이법), 실험조사, 관찰조사가 있는데 여기서는 전자 두 가지에 대해 학습하고자 한다.

❶ 설문조사

설문조사(Survey research)는 조사자가 조사대상자로부터 알아내고자 하는 것을 질문하여 이에 대한 응답을 통해 자료를 도출하는 방법으로 기술조사 방법 중 가장 많이 활용된다(Kotler & Armstrong, 2016). 질문방법은 크게 개방형 질문과 선택형 질문으로 구분된다. 전자는 선택대안을 제시하지 않고 응답자가 적절한 답을 자유롭게 서술하도록 하는 질문이며, 후자는 응답자가 선택할 수 있는 대답을 미리 나열해 주고 그중에서 선택하도록 하는 질문이다(표 8-3 참조).

설문조사의 장단점을 요약하면 〈표 8-4〉와 같다. 장점으로는 광범위한 지역과 큰 표본에 대해 조사가능하고, 조사시간과 비용이 절약되며, 익명으로 응답하므로 비밀이 보장되어 솔직한 대답을 얻는데 용이하고, 응답자가 편리한 시간에 대답이 가능하다는 점을 들 수 있다. 단점으로는 응답자가 질문내용을 잘못 이해하더라도 설명할 수 없고, 응답을 누락시켜 불완전하게 기재된 질문지가 발생할 수 있으며, 응답을 회피할 때 답변을 유도할 수 없어 응답률이 낮다는 점을 들 수 있다.

설문자료(설문지 혹은 질문지)는 접촉방식에 따라 대인인터뷰, 전화인터뷰, 우편설문조사, 웹사이트(예 구글폼 설문지, 서베이 몽키), 컴퓨터 등을 이용해 수집할 수 있다. 컴퓨터를 이용한 자료

표 8-3 **개방형과 선택형 질문의 예**

질 문		예 시
개방형 질문 유형	유형1	함평나비축제에 관해 흥미 있는 점이 있다면 무엇입니까? 답:
	유형2	A 항공사를 이용하신 후 좋았던 점과 불편했던 점을 한 가지씩만 말씀하여 주시기를 바랍니다. ① 좋았던 점: ② 불편했던 점:
선택형 질문 유형	유형1	귀하께서 가장 최근(3개월 이내)에 이용하신 항공회사를 다음 보기 중에서 선택하여 주시기를 바랍니다( ). (복수 선택 가능) ① 대한항공 ② 아시아나항공 ③ 일본항공 ④ 중국동방항공
	유형2	다음의 콘도나 리조트 중 직접 이용해 보신 경험이 있는 곳을 모두 표시해 주십시오. ( ) 금호콘도 ( ) 한국콘도 ( ) 대명콘도 ( ) 한화콘도 ( ) 일성콘도 ( ) 클럽 하일라 ( ) 시조마을 ( ) 코레스코
	유형3	귀하께서 최근 이용하신 리조트의 서비스 만족도는 어느 정도입니까? ① 불만족 ② 조금 불만족 ③ 보통 ④ 조금 만족 ⑤ 만족
	유형4	A 리조트의 서비스에 대해 동의하시는 곳에 V표 해 주십시오. -5 -4 -3 -2 -1 친절한 직원 +1 +2 +3 +4 +5 -5 -4 -3 -2 -1 현대식 시설 +1 +2 +3 +4 +5 -5 -4 -3 -2 -1 신속한 서비스 +1 +2 +3 +4 +5 -5 -4 -3 -2 -1 시설의 청결성 +1 +2 +3 +4 +5

자료: 저자 정리

수집에는 컴퓨터 지원 전화 인터뷰(CATI: Computer-Assisted Telephone Interview), 완전 자동 서베이(CATS: Completely Automated Telephone Survey), ONLINE 인터뷰가 있다. CATI는 조사자가 컴퓨터를 사용하여 자동으로 전화를 걸고 질문하는 방식이고, CATS는 전체 서베이 과정이 컴퓨터에 의해 진행되는 방식이며, ONLINE 인터뷰는 응답자가 자신의 응답을 온라인으로 하는 방식이다. 각 조사법의 장단점을 요약하면 〈표 8-5〉와 같다.

💡 표 8-4 **설문조사의 장단점**

장 점	단 점
• 큰 규모의 표본조사와 일반화 가능성	• 설문지 개발이 어려움
• 조사시간과 비용절약	• 자료수집에 장시간 소요
• 익명 응답이므로 솔직한 대답을 얻는데 용이	• 낮은 응답률
• 자료수집 용이	• 응답자가 질문내용을 잘못 이해하더라도 설명할 수 없음
• 응답자가 편리한 시간에 대답 가능	• 응답의 정확성이 떨어짐
• 객관적 해석 가능(정량적 자료는 통계기법에 의해 분석되므로 객관적 해석 가능)	• 질문에 대한 응답의 누락 가능성
• 다양한 차이분석 가능(⑩ 성별, 나이, 소득수준, 교육수준별 온라인 구매선호도 차이분석)	• 응답자의 심층적인 내면상태를 파악할 수 있는 자료를 얻기 어려움

자료: 이학식·윤호정(2021). 마케팅조사(제5판). 집현재, p.106. 내용 수정

💡 표 8-5 **접촉방식에 따른 설문조사법의 장단점**

장 점	장 점	단 점
대인인터뷰 -방문인터뷰	• 상대적으로 높은 응답률 • 적합한 응답자 선정 • 애매모호한 질문에 대해서 명확히 할 수 있음 • 시각자료 사용가능	• 응답자 접촉범위의 한계 • 면접원 통제가 어려움 • 높은 자료수집 비용
전화인터뷰	• 신속한 조사진행 • 비교적 저렴한 비용 • 넓은 접촉범위	• 시각자료 사용불능 • 긴 질문 사용의 어려움 • 인터뷰 수락률이 낮음
우편 설문조사	• 응답자의 편리한 시간, 자기 속도에 의한 응답 • 익명보장 • 넓은 접촉범위 • 사적질문에 가장 적합 • 가장 저렴한 비용	• 설문조사에 적합한 사람이 응답하는지 파악하기 어려움 • 자료의 회수기간이 오래 걸림 • 낮은 회수율 • 애매모호한 질문의 설명 불가능 • 탐사질문 불가능
웹사이트 자료수집	• 사용 편리성(설문을 URL, 이메일 등 링크로 전송) • 신속한 자료수집 • 조사기간 단축과 비용절감	• 특정 조건의 응답자에게만 응답을 받고 싶을 때 부적합 • 낮은 응답률
컴퓨터 이용 자료수집	• 신속한 자료수집 • 익명보장으로 민감한 질문 가능	• 높은 시스템 구축비용 • 낮은 응답률

자료: 이학식·윤호정(2021). 마케팅조사(제5판). 집현재, p.113. 내용 수정 보완

❷ 실험조사

실험조사(Experimental research)는 실제상황에서 연구자가 어떤 행위(처치)를 하고 그 결과를 조사하는 것이다(이학식·윤호정, 2021). 실험조사에서는 실험집단과 통제집단 두 집단을 설정하고 실험집단에 대해서는 실험적 처치(Experimental treatment, 조작)를 한다. 그리고 실험적 처치를 하지 않은 통제집단과 비교하여 두 집단 간에 어떤 차이가 보이면 이를 실험적 처지의 결과로 간주한다. 실험조사 과정을 도식화해 보면 〈그림 8-4〉와 같으며 단계별 주요 내용을 설명하면 다음과 같다.

- 1단계 – 연구대상의 배치 이는 연구대상을 무작위로 실험집단과 통제집단으로 설정하는 것이다. 예를 들면, 관광전공 대학생들의 전공선택 만족도 조사를 한다고 가정하자. A 대학교 관광경영 전공 재학생 50명이 있다면 25명은 실험집단에 그리고 25명 통제집단으로 무작위로 배정하는 것이다.

- 2단계 – 종속변수의 사전검사 실험조사에서 사용되는 변수에는 종속변수와 독립변수가 있다. 독립변수를 처치변수 혹은 원인변수라고도 한다. 이 단계에서는 관광

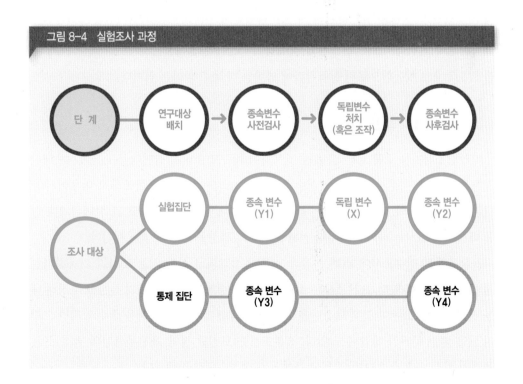

그림 8-4 실험조사 과정

전공 대학생들의 전공선택 만족도가 실험집단과 통제집단 사이에 차이가 있는지 조사하는 것이다(Y1과 Y3 비교).

- 3단계 – 실험집단의 독립변수에 대한 처치(Treatment)　통제집단에는 변화를 주지 않고 실험집단에만 독립변수를 제공한다. 대학생들의 전공만족도 조사에서 실험집단에 대한 독립변수 처치의 예로서 지도교수의 전공지도나 상담을 들 수 있다. 지도교수의 전공진로 지도나 상담은 학생들의 전공만족도에 큰 영향을 미칠 수 있다. 여기서 종속변수에 영향을 미칠 수 있는 다른 외생변수는 엄격히 통제된다.

- 최종단계 – 독립변수의 처치에 의한 종속변수의 변화조사　만약 전공만족도가 통제집단(Y4)보다 실험집단(Y2)이 높다면 그 원인은 독립변수 처치(예 지도교수 상담)에 의한 것으로 해석하게 된다.

실험조사의 장점으로는 연구자의 의도에 따라 독립변수를 처치하면서 효과를 관찰할 수 있어 명확한 인과관계를 규명할 수 있고, 실험조건을 연구자가 임의로 조작하여 원하는 방향으로 진행시킬 수 있고, 실험상황을 다시 조성하게 되면 반복적으로 같거나 유사한 연구를 반복 수행이 가능함으로 연구의 보편성과 일반성을 높일 수 있다. 단점으로는 실험환경이 인위적이므로 현실성이 결여될 수 있고, 실험대상자가 연구자의 기대에 따라 의도적으로 행동함으로써 실험결과에 영향을 미칠 수 있다는 점이다.

3. 조사대상의 결정

마케팅조사자는 보통 표본(Sample)을 조사하여 대규모 소비자 집단(모집단, Population)에 대한 결론을 내린다. 대부분의 조사는 전수조사(예 인구주택조사)가 아닌 표본조사로 이루어진다. 표본조사는 관심의 대상이 되는 전체 모집단 중 일부(표본)를 선택하고 그 선택된 일부만을 대상으로 조사를 하여 이로부터 전체 모집단의 특성을 추정해 내는 것이다.

표본조사는 전수조사에 비해 시간과 비용이 절감되고 심도 있는 조사가 가능하다는 점 등에서 장점이 있다. 표본조사는 소수의 표본을 통해 전체 모집단의 특성을 추정해 내는 것이므로 그 표본이 전체 모집단을 잘 대표할 때는 효과적으로 사용될 수 있지만 그렇지 않을 때는 문제가 생길 수도 있다. 표본조사는 모집단 정의, 표본추출단위 결정, 표본 프레임 선정, 표본추출 방법, 그리고 표본크기 결정순으로 진행된다.

사례 8-3　MZ세대가 몰려있는 곳…기업들 SNS로 달려간다.

"여기서 편하게 쇼핑하세요"… SNS, 숨은 '쇼핑 맛집' 부상

요즘 소비자들은 SNS에서 쇼핑을 한다. 이는 전 세계적 추세이다. 메타(옛 페이스북) 내부 데이터에 따르면 매월 3억 명 이상이 인스타그램을 포함한 메타 생태계 속에 마련된 '가게(숍)'를 방문한다. 특히 한국은 인스타그램 쇼핑기능을 이용하는 사람이 가장 많은 국가 중 하나다. 인스타그램에서 제품 상세 페이지를 조회하는 사람 비율은 한국이 다른 국가 평균대비 3배 높고, 인스타그램의 쇼핑광고를 보고 제품정보를 조회하거나 광고를 클릭하는 사람 비율도 다른 국가 대비 2배가량 더 높은 것으로 나타났다.

현재 인앱결제 등 인스타그램의 라이브 커머스 기능은 한국에서 사용할 수 없는데도 한국에서 인스타그램 쇼핑기능을 통해 제품정보를 조회하는 사람이 2020년 전년 동기 대비 87% 증가하는 등 영향력이 빠르게 늘고 있는 추세다. 브랜드와 제품에 대한 정보를 얻는 채널로 활용하고 있다는 얘기다. 기업들이 고객소통 채널을 넘어 고객의 구매경험을 강화하는 쇼핑채널로 소셜미디어를 활용하는 이유다.

요즘 세대, 전화보다 '메시지' 선호… SNS 챗봇 잘 쓰면 고객 마음 얻는다

이와 함께 젊은 세대들은 전화보다 메시지로 비즈니스 상대와 교감하는 것을 선호한다. 메타가 한국인을 대상으로 진행한 설문에 따르면 기업과 소통수단으로 메시징 애플리케이션(앱)을 선호하는 비중은 MZ세대가 전체 응답자 대비 28%포인트 더 높은 것으로 나타났다.

인스타그램 내부자료에 따르면 인스타그램을 사용하는 사용자 중 비즈니스를 팔로우하는 사람이 90%를 넘고, 메시징 앱을 통해 비즈니스와 연락을 주고받고 싶다고 응답한 사람은 75%에 달하는 것으로 나타났다. 소비자들은 다이렉트메시지(DM)를 통해 소통할 준비가 돼 있다는 얘기다.

그동안 기업과의 연락은 구매 이후 문제가 발견됐을 때에만 한다고 생각했지만 요즘엔 추세가 180도 바뀌었다. 구매 전 또는 구매 중에도 회사와 메시징으로 연락을 주고받는 고객이 60%를 넘는다. 특히 연락을 주고받는 과정에서 고객경험은 구매 여부뿐 아니라 충성고객이 될지에도 영향을 줄 수 있는 중요한 요소다. 주요 대기업들이 메시징에 집중해야 하는 이유다.

가상 쇼룸이 더 좋은 MZ… AR·VR 마케팅은 최고의 선택

인공지능(AI)을 기반으로 한 고도화된 알고리즘을 비롯해 증강·가상현실(AR·VR) 등 기술은 소셜미디어 속 이커머스 생태계를 확장시키는 요소다. 칸타프로필 조사에 따르면 제품이나 서비스를 살펴보기 위해 AR·VR를 이용해본 소비자 중 44%는 코로나19 이후 처음으로 이를 접했다고 답했다. 인스타그램 같은 소셜미디어 플랫폼 기업은 AR 사용을 적극 독려하고 있다. 이미 가전, 패션, 뷰티 등 다양한 기업에서 AR 기술을 활용해 마케팅을 진행하고 있다.〈후략〉

자료: 매일경제신문(2012.12.3). 일부 내용 발췌

(1) 모집단 정의

모집단(Population)이란 자료수집의 대상이 되는 사람, 기업, 사물 등의 집합체를 의미한다. 마케팅조사자 입장에서 보면 모집단은 연구결과를 적용할 표적시장을 의미한다(안광호, 2017).

(2) 표본추출단위 결정

표본추출단위(Sampe unit)란 조사대상이 누구인가를 결정하는 것이다. 즉, 표본추출 과정에서 선택의 대상(표본대상)이 될 수 있는 모집단의 구성원을 의미한다. 조사대상이 항상 명확한 것은 아니다. 가령, 가족여행에 관한 의사결정에 관한 연구에서 누군가를 조사해야 하지만 남편, 아내, 자녀, 여행사 등 누구를 결정해야 하는지 명확하지 않다. 이의 결정은 어떤 정보가 필요한지 그리고 누가 필요한 정보를 가지고 있는지를 알아야 가능하다.

(3) 표본프레임 선정

표본프레임(Sample frame)이란 모집단 내에 포함된 조사대상자들의 명단이 수록된 리스트이다. 즉, 연구모집단의 목록이다. 예를 들어, 호텔관광학부 학생명부에서 표본을 선정한다면 그 명부가 표본프레임이 된다.

(4) 표본추출 방법

❶ 확률적 표본추출법(Probability sampling)

확률적 표본추출법은 모집단에 속한 사람들이 표본으로 선택될 확률(기회 혹은 무작위)을 모두에게 동일하게 부여하는 표본추출법이다. 확률적 표본추출법은 모집단에 속한 사람들의 추출확률을 사전에 알 수 있는 무작위성(Randomness)이 기본원리이다. 대표적 방법으로 단순무작위(단순임의) 표본추출법이 있다.

❷ 비확률적 표본추출법(Non-probability sampling)

비확률적 표본추출법은 표본으로 뽑힐 가능성이 모집단의 모든 일원에게 동일하게 주어지지 않는다. 그러므로 무작위성도 보장되지 않고 이에 따라 표본의 대표성이 보장되지 않는다. 확률적 표본추출법에 비해 훨씬 간편하고 경제적이지만 표본추출에 조사자의 주관이 개입되어 표본자료로부터 분석된 결론을 모집단으로 일반화하는데 한계가 있다. 대표적 방법으로는 편의표본추출법이 있다.

확률적 표본추출법과 비확률적 표본추출법의 장단점이 뚜렷이 존재하지만 모두 유용한 표본추출방법이다. 비확률적 표본추출법은 주로 과학적인 조사나 실험에 앞서 대상을 탐색하고 가설을 수립할 목적으로 많이 사용된다(Kotler & Armstrong, 2016). 확률적 표본추출법은 조사결과에 대한 과학적인 근거를 마련하고 추정으로 발생한 오차를 보다 객관적(오차의 계량화)으로 나타내기 위해 주로 사용된다. 두 방법의 차이점을 정리하면 〈표 8-6〉과 같다.

💡 표 8-6 **확률적 표본추출법과 비확률적 표본추출법의 차이점**

구 분	확률적 표본추출법	비확률적 표본추출법
개념	• 모집단의 모든 사람들이 표본으로 추출될 확률이 알려져 있고 표본으로 추출될 확률이 동일함	• 모집단의 모든 사람이 표본으로 추출될 확률이 알려지지 않고 표본으로 추출될 확률이 동일하지 않음
모집단 리스트	• 필요함	• 필요하지 않음
표본추출방법	• 무작위 표본추출	• 편의적 표본추출
장점	• 표본의 대표성이 높기 때문에 표본분석 결과의 일반화 가능 • 표본오차의 계량화로 추정 가능	• 비용과 시간이 적게 듦 • 사용하기 간편함
단점	• 시간과 비용이 많이 소요	• 표본의 대표성이 낮기 때문에 표본분석 결과의 일반화 제약 • 표본오차 추정 불가능

(5) 표본 크기

표본의 크기(Sample size)를 결정하기 위해서는 다양한 요인들을 고려해야 한다. 가장 기본적으로 표본의 대표성과 예산의 제약을 고려하여 결정하게 된다. 표본크기 결정 시 고려사항으로는 문제의 중요성, 조사성격, 변수 수, 분석의 정교성, 모집단 특성, 그리고 비용과 시간이다. 이에 대한 내용을 정리해 보면 〈표 8-7〉과 같다.

표 8-7 **표본크기 결정 시 고려사항**

구 분	내 용
문제의 중요성	조사문제가 중요할수록 많고 정확한 정보가 필요하므로 큰 표본이 요구된다.
조사의 성격	기술조사와 인과관계조사를 위해서는 큰 표본이 필요하나 탐험조사는 비교적 작은 표본으로도 가능하다.
변수의 수	변수의 수가 많을수록 큰 표본이 필요하며 표본추출 오류는 표본을 크게 함으로써 줄일 수 있기 때문이다.
분석의 정교성	정교한 분석이 필요할수록 표본이 커야 한다.
모집단의 특성	모집단의 특성이 다양할수록 큰 표본이 필요하다.
비용과 시간	표본이 크면 시간과 비용이 많이 소요되므로 사용가능한 시간과 비용을 고려해서 표본의 크기를 결정해야 한다.

자료: 이학식·윤호정(2021). 마케팅조사(제5판). 집현재, p.238~239. 내용 정리

3 자료수집과 분석

조사계획이 수립되었으면 조사자는 그 계획을 실행에 옮겨야 한다. 즉, 자료를 수집하고 분석해야 한다. 자료수집은 마케팅조사자가 직접 하는 경우도 있지만 외부 전문기관에 의뢰하는 때도 많다. 마케팅조사 과정 중 자료수집 단계에 가장 큰 비용이 소요되고 오류가 발생할 가능성이 높다. 조사자는 응답자를 접촉하는 과정에서 응답자가 협조하지 않거나 왜곡된 응답을 하는 문제점은 물론 인터뷰시 면접원들이 할 수 있는 실수에 대해 사전에 대책을 수립해야 한다(Kotler & Armstrong, 2016). 조사목적에 부합되는 자료를 수집하고 나면 분석을 위해 코딩작업을 진행하게 된다. 이어서 마케팅조사자는 적합한 통계기법을 활용하여 그 자료를 분석한다.

4 결과해석 및 보고서 작성

마케팅조사의 마지막 단계는 결과를 해석하고, 결론을 도출하며, 경영자에게 마케팅 전략에 활용할 수 있는 시사점을 도출하고 보고서를 작성하는 일이다. 적절한 시사점을 도출하기 위해서는 마케팅조사자는 통계적 분석방법에 대한 이해는 물론 마케팅 현장에 대한 충분한 이론적 배경과 실무적 경험이 필요하다. 보고형태는 전화, 차트, 슬라이드, 강연 등에 이르기까지 다양하나 슬라이드나 차트를 통해 발표를 하는 것이 일반적이다.

제3절 _ 수요예측

수요예측은 특정 제품 및 서비스에 대해 소비자가 언제, 얼마나, 무엇 때문에 구매할 것인가를 예측하는 것이므로 중요한 기업경영 활동 중의 하나이다. 또한, 수요를 예측하는 일은 기업의 신제품이나 서비스 개발 혹은 철수, 신시장 진입, 제품이나 서비스의 리뉴얼 등 마케팅 의사결정에 중요한 정보를 제공한다. 수요는 경제적 요인, 사회·문화적 요인, 정치적 요인, 개인적 요인 등 다양한 요인들에 의해 따라 변화하기 때문에 정확하게 예측하기는 매우 어려운 일이다. 본 절에서는 수요의 개념, 관광수요의 특징, 그리고 관광수요의 예측방법에 대해 설명한다.

① 수요의 개념

수요(Demand)란 소비자가 제품이나 서비스를 구입하고자 하는 추상적인 욕구이고 이것이 '몇 개'의 형태로 양적 표현이 된 것이 수요량이다(Mankiw, 2006). 따라서 수요량(Quantity demanded)은 소비자가 값을 치르고 구입할 의사와 능력이 있는 재화의 양을 뜻한다. 재화의 가격이 상승하면 그 재화의 수요량은 감소하고 가격이 하락하면 수요량은 증가하는데 이를 수요의 법칙(Law of demand)이라고 부른다.

수요예측은 특정 제품이나 서비스가 언제(시기), 얼마나(양) 고객으로부터 수요(demand)가 있을 것인가를 미리 추정하는 것이다. 따라서 수요예측의 역할은 불확실한 여건을 전제로 기업의 미래지향적 의사결정을 효과적으로 실현하기 위한 여건변화에 대한 정보를 제공하는 데 있다. 예를 들면, 관광서비스 기업의 산출물인 서비스에 대해 미래에 기대되

는 시장수요(예 수량, 시기, 품질, 장소 등)를 추정하는 것이다. 예측과 추측의 개념이 혼동되어 사용되는 경우가 있으나 개념의 차이는 명확하다. 예측(Forecasting)은 과거의 자료나 정보를 이용하여 미래에 일어날 변화 또는 결과를 추정한다는 의미이나 추측(Prediction)은 과거의 자료가 아닌 단순히 주관적인 요소에 입각하여 미래를 추정하는 것이다.

② 수요예측의 중요성

수요예측이 왜 중요할까? 관광수요 예측은 관광서비스 기업의 모든 경영활동의 기본계획이 되기 때문이다. 기업경영 측면에서 보면 수요예측에 근거하여 판매예측을 하게 된다. 판매예측은 기업의 미래 판매량을 추산하는 것으로 그 기업의 각종 계획수립에 기초가 된다. 서비스의 판매는 수익을 수반하기 때문에 판매예측은 현금유입의 예측에 이용되어 재무계획을 수립하는 데 도움을 준다. 즉, 판매예측은 생산계획, 인력을 채용하는 인력계획, 원자재를 구입하고 시설을 확장하는 데 따른 현금지출에 관한 재무계획의 수립에 필요한 자료를 제공한다. 이처럼 예측된 수요를 바탕

으로 각종 계획이 수립되므로 수요예측은 경영활동의 중요한 기능이 되고 있다.

기업의 수요예측은 다음과 같이 크게 두 분야에 대해 주로 이루어진다(양윤재, 2010). 첫째, 현재 생산하고 있는 제품이나 서비스에 대한 수요예측이다. 이러한 수요예측의 결과를 토대로 기업은 미래 판매예측의 기초자료로 활용하거나 시장에서 현재 사업을 유지하거나 철수를 결정하기 위한 기반 자료로 활용한다.

둘째, 신시장 진출, 신제품 출시, 혹은 리뉴얼 제품 혹은 서비스에 대한 수요예측이다. 기업들은 이러한 수요예측 결과를 바탕으로 시장진출을 결정하고 투자규모를 결정한다. 리뉴얼을 포함한 신상품이나 서비스에 대한 수요예측 목적은 수요잠재력을 파악하여 마케팅 자원투입을 위한 의사결정을 하기 위함이다.

3 관광수요의 형태

1. 유효수요(Effective demand)

유효수요(有效需要)의 개념은 케인즈의 거시경제학에서 비롯되었다. 유효수요는 사람들은 돈을 쓸 일이 있어야 쓰지 아무데나 쓰지 않는다는 원리를 바탕으로 하고 있다. 유효란 실제 효력이 있거나 효력이 발생하도록 실현하는 것을 의미한다. 따라서 유효수요는 관광을 하려는 욕구와 욕망이 있는 상태에서 이를 충족시킬 실질적 대상물을 구매(예 항공기 티켓)하여 그 욕구와 욕망을 충족시킬 수 있는 효력을 가진, 즉 실질적 구매능력을 가진 수요이다. 간단히 말하면 단순히 물건을 사고 싶어하는 욕구가 아니라 실제로 그 재화를 구매할 능력이 있는 것을 말한다.

2. 잠재수요(Latent demand)

잠재수요(潛在需要)는 사람들에게 내재(內在)하여 있으나 현실적으로 나타나고 있지 않은 수요를 말한다. 따라서 개인적 제약요건이 없어지고 또 관광지와 관련된 여건(예 관광시설, 교통조건, 관광정보체계)이 주어진다면 여행에 참가할 수 있는 수요이다. 잠재수요의 추정은 기존의 관광수요 예측에 있어 소홀히 취급되어 왔고 유효수요의 추정은 중시되어 왔다. 현대사회는 국민복지를 우선하는 정책으로 개인적 능력(예 여행경비, 여가시간, 관광욕구)과 관광여건이 계속 증진되고 있기 때문에 잠재수요는 중요한 의미를 지닌다.

4 관광수요의 특징

관광수요의 특징으로 수요의 계절성, 환경 민감성, 수요의 가격탄력성 등 세 가지를 들 수 있다. 첫째, 수요의 계절성이다. 계절성(Seasonality)이란 수요가 특정시기에 편중되는 현상으로 관광 성수기와 비수기를 의미한다. 우리나라 4계절은 관광의 매력요인으로 작용도 하지만 관광서비스 산업의 경쟁력을 약화시키는 요인으로도 작용한다.

둘째, 환경의 민감성이다. 관광객의 관광활동은 자연적, 사회적, 정치적 환경 등에 매우 민감하게 반응한다. 예를 들어, 관광 송출국과 관광 수용국 사이의 호혜적 관계의 유

지는 관광의 촉진요소가 되지만 그렇지 못한 경우에는 그 반대의 경우가 된다. 그 이유는 관광객이 관광에 자유로운 환경을 제공받지 못할 것이라는 선입견을 가지게 되고 여행에 대한 불안감을 느끼게 되기 때문이다.

셋째, 수요의 가격탄력성이 크다는 점이다. 즉, 수요의 가격 탄력성이 큰 서비스는 가격이 내릴 때(오를 때) 그보다 더 큰 비율로 수요량이 증가(감소)한다는 것을 의미한다(아래 수식 참조). 일반적으로 관광서비스에 대한 수요의 가격탄력성은 1보다 크다. 수요의 가격탄력성이 크다는 것은 관광기업이 매출액을 한층 더 증가시킬 수 있다는 것을 의미한다. 이는 숙박시설 등에서 할인가격 내지 단체할인 요금을 가능하게 하는 근거가 된다.

$$수요의\ 가격탄력성 = \frac{수요량의\ 변동률(\%)}{가격변동률(\%)} = \frac{\dfrac{변화\ 후\ 수량 - 변화\ 전\ 수량}{변화\ 전\ 수량}}{\dfrac{변화\ 후\ 가격 - 변화\ 전\ 가격}{변화\ 전\ 가격}}$$

5 수요의 예측방법

수요예측 방법에는 정성적 방법(Qualitative method)과 정량적 방법(Quantitative method)이 있다. 어떤 수요예측 방법이 좋을 것인가 하는 문제는 예측방법의 특징, 정확도, 이용분야, 필요한 자료준비, 수요예측의 시간 등에 따라 다르다.

1. 정성적 수요예측 방법

정성적 또는 질적 기법은 개인의 주관이나 판단 또는 여러 사람의 의견에 입각하여 수요를 예측하며 주로 중·장기예측에 많이 사용된다. 이 방법은 수요를 결정짓는 여러 요인이 불안전하거나, 시계열이 존재하지 않거나, 신뢰성이 낮을 때, 그리고 필요한 정보가 부족할 때 연구자의 주관적인 경험을 바탕으로 미래의 가상상태를 결정하는 것이다(Archer, 1987). 비교적 간편하고 사용하기 쉬운 반면에 연구자의 주관적인 판단이나 편견이 개입되어 객관성이 부족하고 미래 예측의 정교함이 높지 못하다는 단점이 있다(김경동·이온죽, 1986). 대표적인 정성적 방법에는 역사적 유추법, 패널동의법, 델파이법, 판매사원 의견 종합법 등이 있다(Archer, 1987).

(1) 역사적 유추법(Historical analogy)

이는 과거의 모습이나 현상이 미래에도 유사하게 나타날 것이라는 가정하에 미래를 예측하는 방법이다. 활용할 수 있는 자료의 부족이나 자국의 경우에 처음으로 등장하는 상황이 발생했을 때 타국의 과거 사례나 경험에서 적절한 판단의 기준을 제공해 줄 수 있다. 하지만 인과적인 것이 아닌 피상적으로 유사한 것을 기초로 하면 유·추론할 때 위험할 수 있다.

(2) 패널동의법(Panel consensus)

소비자, 영업사원, 관련 전문가, 혹은 경영자들을 모아서 패널을 구성하고 이들의 의견을 모아서 예측치로 활용하는 방법이다. 여러 사람의 상호 의견교환을 사용하므로 한 사람의 편견을 배제할 수 있다는 장점이 있지만 영향력 있는 회의주도자 수명에 의해서 회의결과와 결정이 좌우될 수 있다는 단점이 있다.

(3) 델파이법(Delphi technique)

이는 미래상황에 대하여 전문가나 담당자로 구성된 위원회를 구성하고 개별적 질의를 통해 의견을 수집하여 이를 종합·분석·정리하고 의견이 일치될 때까지 개별적 질의과정을 되풀이하는 방법이다. 따라서 델파이 방법은 설정한 문제나 주제에 대해서 전문가 집단의 연속적인 응답을 통한 의견일치를 예측이나 진단으로 활용하는 조사방법이다(그림 8-5 참조). 기본적인 데이터가 부족하거나 계량화하기 어려운 문제에 대해 유용하다(최혜경, 2001). 그러나 전문가들의 책임감이 적어지고 좋은 의견과 잘못된 의견이 동일한 비중으로 평가되므로 명확하게 해석하기 어려운 점이 있다.

(4) 판매사원 의견종합법(Composite of sales force opinion)

자사 판매원들에게 각자 담당하는 지역의 수요를 예측하도록 하고 이러한 지역수요의 예측값들을 합해서 전체의 수요로 간주하는 방법이다. 현실감 있는 자료를 얻을 수 있고

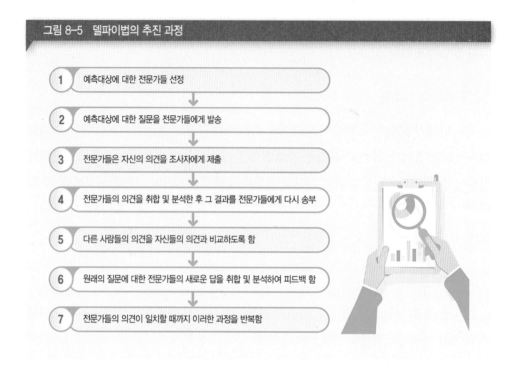

그림 8-5 델파이법의 추진 과정

1. 예측대상에 대한 전문가들 선정
2. 예측대상에 대한 질문을 전문가들에게 발송
3. 전문가들은 자신의 의견을 조사자에게 제출
4. 전문가들의 의견을 취합 및 분석한 후 그 결과를 전문가들에게 다시 송부
5. 다른 사람들의 의견을 자신들의 의견과 비교하도록 함
6. 원래의 질문에 대한 전문가들의 새로운 답을 취합 및 분석하여 피드백 함
7. 전문가들의 의견이 일치할 때까지 이러한 과정을 반복함

신속하다는 장점이 있다. 하지만 판매원들이 실제보다 과대 또는 과소 예측하려는 경향이 있고, 판매원들은 소비자들의 구매의도는 파악할 수 있지만 구매의도를 가진 소비자가 실제로 구매하지 않는 경우도 많기 때문에 정확도는 떨어질 수 있다. 또한, 판매원들의 최근의 경험에 따라서 예측치가 크게 차이가 날 수 있다.

2. 정량적 수요예측 방법

이는 계량적인 자료들을 이용하여 관광수요를 예측하는 방법이다. 정량적 수요예측 방법에는 대표적으로 이동평균법과 회귀분석이 있다. 이들 예측방법의 개념과 장·단점을 살펴보면 다음과 같다.

(1) 이동평균법(Moving average method)

이 방법은 예측하고자 하는 기간의 직전 일정 기간의 실제 수요를 단순 평균으로 수요를 예측하는 방법이다(수식 참조). 평균값을 취하는 이유는 과거 실제 수요의 불규칙적인 변동(급증 혹은 급감)을 제거하기 위한 것이다. 이 방법을 효과적으로 사용하기 위해서는 평균에 사용할 최적의 기간(n)을 결정하는 것이 중요하다. 과거 실적 기간이 너무 짧으면 수요예 측값이 추세에 민감하게 반응하고, 기간을 길게 하면 우연 요인이 많이 상쇄되어 안정적 인 예측치를 얻을 수 있지만 수요의 실제 변화에 늦게 반응한다는 단점이 있다.

$$F_t = \frac{A_{t-1} + A_{t-2} + \cdots + A_{t-N}}{N}$$

여기서 F_t = 기간 t의 수요예측치
A_t = 기간 t의 실제수요
N = 이동평균기간

사례

다음은 A사의 1월에서 7월까지 카지노 방문객 수 현황이다. 이 회사의 8월의 카지노 방문객 수요를 이동 평균법을 이용해 예측해 보자. 단, 이동평균 기간은 직전의 4(N)로 한다.

월	1	2	3	4	5	6	7	8
카지노 방문객 수(백만)	10	12	10	10	8	12	14	?

8월 $(F_t) = \dfrac{10 + 8 + 12 + 14}{4} = 11$백만 명

(2) 회귀분석(Regression analysis)

종속변수와 독립변수 사이에 원인과 결과의 관계가 존재한다는 가정하에 두 변수의 관계가 선형관관계(Linear relationship), 즉 직선의 비례관계가 있다고 가정하고 선형관계를 방 정식으로 나타낸 것이다(그림 8-6 참조). 관광수요 예측 때 관광수입을 종속변수로, 소득수준 과 소비자 물가지수 및 환율, 항공료 등을 독립변수로 사용하여 이들의 인과관계를 규명 한다. 이 모형은 중장기 예측에 유용하지만 중요변수를 포함하지 않거나 독립변수 간의 높은 상관관계와 같은 문제가 발생할 수 있다(최혜성, 2001; 이성태, 2007).

관·광·학·원·론

그림 8-6 회귀방정식과 추정 회귀식

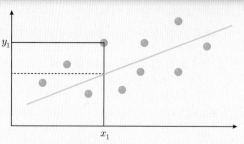

$$\hat{Y} = a + bX$$

$\hat{y} = a + bx \,(a = \hat{y}$의 절편, $x = 0$에서 $\hat{y}$의 값, b: 기울기)

$$a = \frac{\sum_{i=1}^{n} y_i - b\sum_{i=1}^{n} x_i}{n}$$

$$b = \frac{n\sum_{i=1}^{n} x_i y_i - \sum_{i=1}^{n} x_i \sum_{i=1}^{n} y_i}{n\sum_{i=1}^{n} x_i^2 - \left(\sum_{i=1}^{n} x_i\right)^2}$$

· a: 상수, b: 회귀계수
· 두 계수의 값이 결정되면 독립변수인 X와 종속변수의 예측치인 Y의 관계가 정확하게 나타난다.

토 론 주 제

1. 마케팅조사와 시장조사의 역학관계

2. 마케팅조사의 성공과 실패 사례

3. 관광수요와 일반 제조품에 대한 수요와의 차이점

4. 관광수요의 독특한 특성에 따른 관광기업의 전략

5. 관광수요에 영향을 미치는 요인

6. 정성적 수요예측 기법과 정량적 수요예측 기법의 관계

7. 관광수요 예측방법별 장단점

참 고 문 헌

강기두(2018). 서비스마케팅(4판). 도서출판 북넷, 서울.

김경동·이온죽(1986). 사회조사연구방법, 박영사.

매일경제신문(20121.12.3). MZ세대가 몰려있는 곳…기업들 SNS로 달려간다. https://www.mk.co.kr/news/it/10125041

안광호(2017). 고객지향적 마케팅. 도서출판 북넷.

양윤재(2010, 11). 고객 파고든 수요예측, 미래 성공의 실천전략. 동아비즈니스리뷰, 69호, Issue 2.

오의택(2023.4.17.). 사용자 조사는 꼭 필요할까요? MOBINSIDE. https://www.mobiinside.co.kr/2023/04/17/user-research/

이강욱 외(2006). 관광수요예측 가이드라인 설정 연구. 한국문화관광정책연구원.

이성태(2007). 관광수요예측. 문화관광연구원.

이학식·윤호정(2021). 마케팅조사(제5판). 도서출판 집현재, 서울.

최혜경(2001). 관광수요예측기법에 관한 연구. 관광품질시스템연구, 7(3), 290-310.

American Marketing Association(1987, September 11). AMA Adopts New Code of Ethics. Marketing News 1, 10.

American Marketing Association(2008, January 15). Definition of marketing. Marketing News, p.28-29.

Archer, B. (1987). Demand forecasting and estimation in travel, tourism, and hospitality research. John & Wiley & Sons.

Burns, A.C., Veeck, A., & Bush, R. F.(2019). 마케팅조사론(남인우·전주언 공역). 시스마프 레스. Marketing research(2017, 8th Ed.), Pearson.

Cosmetic Insight(2021.10.12.). 마케팅조사 이해. https://www.cosinkorea.com/news/ article.html?no=40983

Gordon, W., & Langmaid, R.(2017). Qualitative market research: A practitioner's and buyer's guide. Routledge, New York, NY.

Kotler, P. (2000). Marketing management: Millennium edition(10th ed.). Upper Saddle River, N.J.: Prentice Hall.

Kotler, P., & Armstrong, G.(2016). 마케팅 원리(안광호·유창조·전승우 공역). 서울: 시그 마프레스. Principles of marketing(15th ed.), Pearson.

Kotler, P., Bowen, J., & Makens, J. (2010). 호텔·외식·관광 마케팅(김영태·최현정 공역). ㈜피어슨에듀케이션코리아. Marketing for hospitality and tourism (6th ed.), Pearson.

Mankiw, N. G. (2006). Principles of economics (3rd ed.). Thomson Learning.

관 광 학 원 론

CHAPTER **09**

관광마케팅

· 마케팅 콘셉트의 발전과정을 설명할 수 있다.

· 관광마케팅의 특징이 무엇인지를 설명할 수 있다.

· 내·외부환경 분석을 평가하여 SWOT를 작성할 수 있다.

· 시장세분화의 개념 및 다양한 기법을 설명할 수 있다.

· 표적시장 선정의 전략을 설명할 수 있다.

· 마케팅 믹스 전략을 수립할 수 있다.

Principles Of Tourism

1910년 미국에서 등장한 마케팅은 환대산업을 포함한 관광산업에서 중추적인 경영역할을 담당하고 있다. 마케팅은 환경의 변화를 기업조직에 연계시키는 중요한 메커니즘이다. 의사소통 수단의 발전과 교통수단의 발전은 기업 간 경쟁을 심화시켰고 경쟁의 심화는 마케팅 활동의 중요성을 배가시켰다. 이 장에서는 일반적 의미의 마케팅과 관광마케팅의 차이, 마케팅 발전과정, 관광마케팅 환경분석, 그리고 관광마케팅 전략수립에 대해 학습한다.

제1절 _ 마케팅의 의미

마케팅은 서비스나 제품 생산자가 서비스 또는 제품을 소비자에게 유통시키는 데 관련된 모든 경영활동이라고 할 수 있다. 대부분 마케팅이라 함은 매매를 지칭하는 경우가 많은데 마케팅은 매매 자체만을 가리키는 판매보다 훨씬 넓은 의미를 지니고 있다. 오늘날 마케팅은 기업의 마케팅 활동이 기업존속과 성장의 핵심이 되고 있다. 본 절에서는 일반적인 마케팅의 개념, 마케팅 관련 기초개념, 그리고 마케팅 컨셉의 변천 등에 대해 살펴본다.

1 마케팅의 의미

소비자의 욕구가 다양화·고급화 되어감에 따라 자기회사 제품이나 서비스를 선택하도록 하기 위한 마케팅 노력이 중요시 되고 있다. 오늘날 기업은 소비자의 욕구를 정확히 파악하고 이를 충족시켜 주는 제품이나 서비스를 개발(Product)하고, 합리적인 가격(Price)을 설정하고, 이를 고객에게 효과적으로 알리고(Promotion), 고객이 편리하게 구매(Place)할 수 있도록 하여야 성공을 보장받을 수 있다. 이러한 일련의 과정이 바로 마케팅이다.

Kotler(2000)는 개인과 집단이 제품과 가치를 창조하고 타인들과의 교환을 통하여 그들의 욕구와 욕망을 충족시키는 사회적 또는 관리적 과정으로 마케팅을 정의하였다. 미국

마케팅학회(American Marketing Association)는 개인과 조직의 목적을 충족시켜 주는 교환을 창출하기 위해 아이디어, 제품이나 서비스에 대한 구상, 가격결정, 촉진 및 유통의 과정을 계획하고 실행하는 과정으로 정의하였다. 이 정의에 따르면 마케팅 활동의 근본은 고객만족을 위해 서비스 제공자가 사고하고 행동하는 것으로 풀이된다.

② 마케팅의 기초개념

마케팅의 본질을 이해하기 위해서는 필요, 욕구, 수요, 시장, 제품, 그리고 교환의 기초개념을 이해하는 것이 중요하다. 가장 기초적인 개념은 인간의 필요(본원적 욕구)와 욕구(구체화된 욕구)이다. 필요(Needs)란 어떤 기본적인 만족이 결핍된 상태를 말하며, 욕구(Wants)[1]란 필요를 만족시켜 주는 수단에 대한 구체화된 바램을 말한다. 이러한 인간의 욕구는 마케팅의 기본으로서 그 출발점이 된다. 이는 자발적인 의지에 의해서 발생되지만 마케터의 마케팅 활동과 같은 자극에 의해 창출될 수도 있다.

두 번째는 수요의 개념이다. 인간의 욕구는 그 대상에 따라 무한하지만 욕구충족을 위한 수단(예 재무적 상태)은 사람에 따라 다르다. 또한, 소비자가 어떤 제품에 대한 욕구가 있더라도 그에 따른 구매력과 구매의지가 뒷받침되어야 하는데 이를 수요(Demand)라고 한다.

세 번째는 시장의 개념이다. 자사제품에 대한 수요가 있는 사람들의 집합 혹은 사람들이 원하는 욕구의 집합을 시장(Markets)이라고 한다. 시장은 이미 자사제품을 구입하고 있는 사람들과 향후 구입가능성이 있는 잠재고객을 포함한다.

네 번째는 제품의 개념이다. 소비자는 개인의 욕구를 충족시키기 위하여 유형의 제품과 무형의 서비스를 포함하는 상품을 구매하고 사용한다. 그러나 소비자가 본질적으로 구매하고자 하는 것은 제품과 서비스로부터 얻게 되는 가치(효용), 즉 편익(Benefit)이기 때문에 제품과 서비스는 편익들의 집합체라고 할 수 있다. 마케팅 믹스에서 제품(Product)은 기업의 관점에서 본 것이고 이를 고객의 관점에서 보면 편익이 되는 것이다.

마지막으로 교환이다. 교환은 다음의 세 가지 조건이 충족될 때 성립한다. 우선 교환당사자(서비스 제공자와 구매자)의 필요나 욕구가 존재해야 교환이 발생한다. 그리고 교환에 참

---

1) 욕망으로 표현하기도 한다.

여하는 당사자들이 교환을 통해 가치를 향상시킬 수 있다는 확신이 있어야 교환이 발생한다. 그리고 교환이 성공적으로 이루어지기 위해서는 당사자들 간에 원활한 커뮤니케이션이 이루어져야 한다.

③ 마케팅 콘셉트의 발전

시대의 변천과 더불어 마케팅은 기업의 시장지향성에 따라 생산지향성, 판매지향성, 마케팅지향성, 사회지향성으로 발전되어 왔다(그림 9-1 참조). 이러한 단계를 거치는 동안 기술의 발전, 생산성 향상, 경쟁의 심화, 시장의 확대 등과 같은 요인들에 의해 마케팅에 대한 사고가 변해왔다.

1. 생산지향성(Production orientation)

초기의 마케팅 관리철학으로서 소비자들은 주어진 제품들 중 폭넓게 이용할 수 있고 가격이 싼 제품을 선호한다고 보는 개념이다. 이 개념은 산업혁명으로 시작되어 1920년

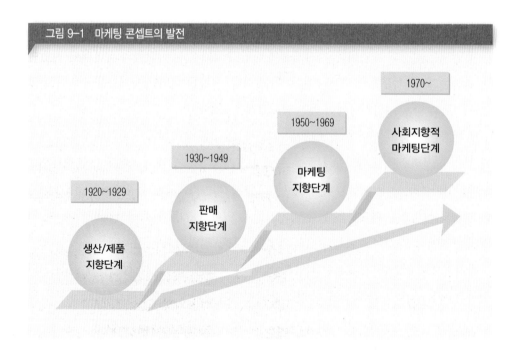

그림 9-1 마케팅 콘셉트의 발전

대까지 지속되었다. 이 시기는 수요가 공급을 초과하던 시기라 가능한 많은 제품을 생산하는 것이 경영의 중요한 목표가 되었다. 생산지향성 개념을 반영한 대표적 경영사례가 미국의 포드자동차 회사인데, 이 회사는 검은색에 한하여 고객들이 원하는 어떠한 색상도 제공 가능하게 하였다. 그러나 이 개념은 제품개선이 소비자의 관점이 아닌 기업의 연구 · 개발의 관점에서 이루어졌다는 점이다.

2. 판매지향성(Sales orientation)

1930년대 이후 표준화된 대량생산 체제에 돌입하면서 시장상황이 판매자 혹은 생산자 시장에서 구매자(소비자) 중심으로 바뀌게 되었다. 이러한 시장환경에서 기업은 자사제품의 판매증대를 위해 광고와 판매촉진을 강화하고 판매원의 노력을 기울일 수밖에 없었다. 이 시기에 기업은 고객의 필요와 욕구의 충족보다는 더 많은 제품을 팔아 경쟁에서 이기는 것을 최우선시 하였다.

판매지향성은 위험을 수반할 수 있는데, 그 이유는 판매개념은 장기적이고 수익성 있는 고객관계 구축보다는 일회성 위주의 거래에 초점을 맞추기 때문이다. 〈그림 9-2〉에서처럼 판매지향성 개념은 기업이 시장(고객)이 원하는 제품을 만들기보다는 이미 만든 제품을 적극적인 영업활동을 통해 이익을 창출하는 것에 목표를 두고 있다. 판매원의 노력이 고객만족이 아닌 판매증대에 맞추어져 있어 기업에 부정적인 결과를 초래할 수 있다.

3. 마케팅지향성(Marketing orientation)

마케팅 활동의 중심에 고객을 위치시키는 관리철학을 말한다. 즉, 기업이 고객의 욕구 파악에서부터 충족에 이르는 전 과정을 기업의 관점이 아닌 고객의 관점에서 접근하는 것을 말한다. 이러한 기업을 고객지향적이라 한다(안광호, 2017).

〈그림 9-2〉는 판매지향성과 마케팅지향성의 차이점을 비교하여 준다. 판매지향성은 기업의 시각을 취하고 있다. 즉, 공장에서 생산된 기존 제품을 가지고 적극적 판매활동과 촉진활동을 하면 매출과 이익이 실현된다는 믿음이다. 판매지향성 개념은 누가 왜 구매하는지에 대한 관심보다는 매출증대에만 노력을 기울인다. 이에 반해 마케팅지향성은

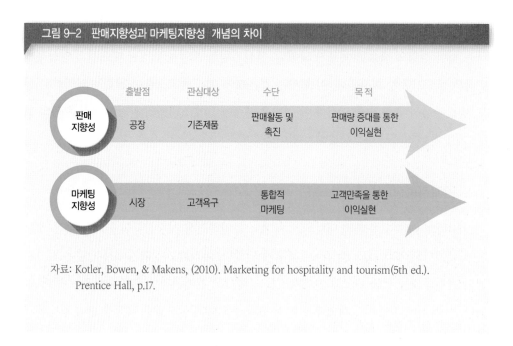

그림 9-2 판매지향성과 마케팅지향성 개념의 차이

	출발점	관심대상	수단	목적
판매지향성	공장	기존제품	판매활동 및 촉진	판매량 증대를 통한 이익실현
마케팅지향성	시장	고객욕구	통합적 마케팅	고객만족을 통한 이익실현

자료: Kotler, Bowen, & Makens, (2010). Marketing for hospitality and tourism(5th ed.).
Prentice Hall, p.17.

고객의 관점에서 보는 것이다. 다시말해, 시장에서 고객욕구 파악으로부터 출발하여 욕구충족을 위해 모든 유형의 마케팅 활동을 통합하고, 이러한 노력을 통해 고객을 만족을 시키고 고객들과의 지속적인 관계구축을 통해 이익을 획득한다.

4. 사회지향성(Social orientation)

기업이 이윤을 창출함에 있어 고객만족과 사회 전체의 이익을 동시에 고려해야 한다는 관리철학이다. 사회지향성 마케팅에서 조직은 고객만족과 이윤추구는 물론 사회의 복지를 향상시키는 데 있어서 경쟁사보다 효율적으로 충족시키도록 한다. 사회지향성 개념은 친환경적 제품생산은 물론 기업의 사회적 책임을 강조하는 개념이다. 적절한 예로는 음주운전, 알코올 중독, 미성년자의 음주 등을 반대하는 광고를 들 수 있다(Morrison, 2002). 요즘 관광 기업들은 사회지향 마케팅의 일환으로 사회공헌 활동을 적극적으로 펼치고 있다(사례 9-1 참조).

사례 9-1   쉼없이 돌아가는 카지노처럼… 활기찬 동행 이어가는 GKL

외국인 전용 카지노 세븐럭을 운영하는 그랜드 코리아레저(GKL)는 지난 2005년 설립 이후 국내의 경제적, 사회적 약자와 다문화 가정 등을 대상으로 기부금 지원과 봉사활동을 꾸준히 펼쳐왔다. 2014년에는 공익법인 GKL사회공헌재단을 설립해 국내 관광·문화공헌 사업과 해외 교육·환경 지원 사업 등을 지원하고 있다. 실효성이 높은 사회공헌 활동을 위해 △부산진구 사회안전망 구축 삼고(庫) 사업 △GKL 온(溫) 지원사업 △발달장애예술인 그림공모전 △환경개선 사업 △응급처치 교육 재능기부 등 다양한 활동을 전개하고 있다.

GKL 온(溫) 지원사업 3기

GKL은 전문 멘토링과 사업개발비 지원을 통해 사회적 경제기업의 지속가능성을 높이고 있다. GKL은 사업개발비 지원을 통해 코로나19로 어려운 상황에 직면한 기업들이 새로운 시도를 할 수 있었고 지원받은 대다수 기업들이 고용과 매출로 이어지는 성과를 거뒀다. GKL 멘토단은 구매·판로지원, 정보기술(IT), 마케팅, 사회공헌 분야 등 폭넓은 분야에 대한 자문을 제공해 실제 지원기업들의 성장에 도움이 됐다.

발달장애 예술인 그림공모전

한국장애인개발원과 GKL은 '사회적 가치 실현과 일자리 창출을 위한 업무협약'을 지난 2018년에 체결하고, 중증장애인 일자리 창출을 위한 상호 노력, 중증장애인 자립기반 마련을 위한 상호노력 등에 대한 협력을 통해 사회적 가치실현을 추진해 왔다. 이 사업을 통해 발달장애인의 예술적 재능 발휘의 장을 마련하고 대국민 홍보를 통한 장애인식 개선을 도모하고자 했다.

부산진구 사회안전망 삼고(庫) 사업

경제적으로 어려움을 느끼는 부산진구민 누구나 자산조사 없이 즉시 지원받아 위기상황을 해소하고 이용자에 대한 2차 지원을 연계해 촘촘한 복지안전망을 구축하기 위해 추진하고 있다. 부산진구 시니어클럽과 협업해 '진구네곳간 꾸러미(식료품 꾸러미)' 제작 및 지원으로 부산진구 겨울철 복지사각지대 발굴에 기여했다. 특히 60명의 지역노인이 꾸러미 제작에 동참함으로써 노인 일자리 창출에 기여했다.

환경개선에도 '앞장'

GKL은 도심관광지 환경정화 플로깅, 폐플라스틱 리사이클링 등 환경개선에도 앞장서고 있다. GKL 꿈·희망 봉사단은 강남 탄천(1사 1하천), 강북 청계천(청계아띠 협약)과 부산 남포동 관광거리 등 지속적인 도심관광지 환경정화 활동을 실시하고 있다. 폐플라스틱 리사이클링은 GKL 꿈·희망 봉사단과 GKL EYES(온라인 시민참여 혁신단)이 함께 폐플라스틱 뚜껑 등을 수거해 치약 튜브짜개, 칫솔꽂이 등 기념품을 제작했으며, 제작된 기념품은 캠페인 참여 직원 및 국민, ESG실천활동 협력 학교 등에 배포했다.

응급처치 교육 재능기부

GKL은 서울 강남구 수서복지관 키움센터에서 초등학생을 대상으로 안전사고에 대처할 수 있는 응급처치 교육을 실시했다. 응급처치강사 자격증을 보유한 강남코엑스점 CS팀 직원이 강사로 나서 응급상황 발생시 대처 방법 등 이론교육에 이어 심폐소생술(CPR) 마네킹을 이용한 심폐소생술 실습과 자동제세동기(AED) 사용실습, 기도폐쇄 응급처치(하임리히법) 실습 순으로 진행했다.

자료: 파이낸셜뉴스(2023.4.3.). 일부 발췌

제2절 _ 관광마케팅의 의미

서비스산업이 마케팅을 이용하는 데 있어 제조업에 비해 상당히 뒤쳐져 있다. 그 주된 이유는 산업의 전반적인 기술발전이 제조업보다 늦게 일어났기 때문이다(Morrison, 2002). 제조업 마케팅과 관광서비스 마케팅이 여러 측면에서 유사점도 있지만 차이점도 존재하고 있다. 다양한 차이점이 존재하는 근본 이유는 서비스가 가지는 독특한 특성(예 무형성) 때문이다. 본 절에서는 관광마케팅의 개념과 관광마케팅의 특징을 설명하고자 한다.

① 관광마케팅의 개념

관광마케팅은 관광을 대상으로 하는 마케팅이다. 세계관광기구(1975)는 관광마케팅을 최대의 편익을 얻으려는 관광조직의 목적에 맞게 관광수요 측면에서 시장조사·예측·선택을 통하여 자사의 관광상품을 시장에서 가장 좋은 위치를 차지하도록 노력하려는 경영철학으로 정의하였다. Wahab(1976)은 국내관광 전문가와 관광사업체들이 잠재관광객과 그 욕망을 파악·확인하고 관광지와 커뮤니케이션을 유지하는 관리과정으로 정의하고 있다. 이와 같이 관광마케팅은 관광조직(기업)이 관광객의 필요와 욕구를 충족시켜주기 위해 마케팅 수단을 효과적으로 활용하는 조직활동 내지 경영철학이라 정의할 수 있다.

❷ 관광마케팅의 특징

기업경영은 인사, 재무, 생산, 마케팅과 같은 분야들이 맞물려 이루어지지만 실제로 기업의 목표인 이윤의 추구를 위해선 마케팅 영역이 매우 중요한 위치를 점하고 있다. Kotler 등(2003)은 유형의 상품과 비교해 4가지 서비스 특성, 즉 무형성(Intangibility), 비분리성(Inseparability), 이질성(Heterogeneity) 그리고 소멸성(Perishability)을 제시하였다. 서비스 마케팅 관리자는 이러한 서비스의 네 가지 특성에 관심을 갖지 않으면 안된다.

1. 무형성

무형성이란 볼 수도 만질 수도 없음을 의미한다. 관광서비스는 일반 제조품과는 달리 실체가 없어 구매 이전에 사전탐색이 불가능하다. 이에 따라 선택의 위험이 높고 품질의 측정 또한 어려우며 경쟁사가 쉽게 모방하는 단점을 지닌다. 뿐만 아니라 서비스의 무형성은 이용 또는 구매하는 사람들에게 불안감을 제공(불확실성)하는 특성을 가지고 있다.

고객이 심리적으로 느끼는 불확실성을 극복하기 위한 대응전략은 다양하다. 예를 들어, 제주도 3박 4일 관광상품이나 서울-런던 간 항공기 탑승티켓의 구입은 사전에 시험해 볼 수 없는 무형의 성질을 지니고 있다. 무형의 관광상품은 영화, 비디오, 슬라이드, 사진, 팸플릿, 브로슈어 등의 수단을 통해 관광객에게 구체화(유형화)시킬 수 있다. 서비스 제공자는 고객에게 대한 서비스의 불확실성(예 서비스제공자의 전문성)을 감소시키기 위해 면허(위생관련 면허 취득)나 유명인을 광고모델로 활용하여 서비스를 유형화하고 무형적 서비스에 대한 확신을 증가시켜야 한다.

2. 생산과 소비의 비분리성

유형적 상품은 제조되고 조립된 후 물리적으로 운반되고 판매 혹은 저장되지만, 대부분의 관광상품은 먼저 판매되고 그 다음에 생산과 소비가 동시에 발생한다. 즉, 고객이 주문을 해야만 생산이 이루어지기 때문에 관광상품의 경우 생산의 연속성이 발생하게 된다. 예를 들어, 관광객은 자신이 구매하는 서비스를 경험하기 위해서는 비행기를 타야 하고, 호텔에 숙박해야 하며, 레스토랑을 방문해야 한다. 레스토랑에서 고객이 올 때까지 종업원이 준비하고 대기하는 시간은 생산이 이루어지는 시기가 아니라 생산을 준비하는 단계이며 고객이 식사를 주문할 때 비로소 생산이 이루어진다.

생산과 소비가 동시에 발생하므로 서비스 품질은 고객과의 짧은 만남의 순간에 결정된다. 따라서 고객접점에서의 효과적인 상호작용이 매우 중요하다. 이에 대한 관광기업의 대응전략으로 가장 중요한 것은 직원의 훈련과 교육이다. 서비스 제공자의 숙련도가 서비스의 품질을 좌우하는 데 결정적인 영향을 미친다. 그리고 고객관리를 통해 고객의 욕구를 사전에 파악함으로써 고객과 만남에서 서비스 실패를 줄일 수 있다.

3. 이질성

서비스의 이질성(혹은 변동성)이란 서비스를 전달하는 사람과 장소 그리고 시간, 서비스 전달자의 숙련도와 전문성, 서비스를 제공받는 고객, 환경 등에 따라 서비스의 품질이 다르게 지각된다는 의미이다. 서비스의 이질성을 일으키는 데는 몇 가지 원인이 있다. 서비스는 생산과 소비가 동시에 일어나기 때문에 품질을 관리하는 데에는 한계가 있다. 또한, 성수기에는 일관성 있는 서비스 품질을 고객에게 제공하는 데 어려움이 있다. 서비스 이질성은 서비스 제공자와 고객의 기대가 서로 다르기 때문에도 발생할 수 있다. 가령, 고객이 스테이크를 미디엄(Medium)으로 주문하면서 고객은 완전히 익은 것으로 기대할 수 있는 반면에 주방에서는 고기에 핑크빛을 띠는 것으로 정의할 수 있다.

이러한 서비스의 특성을 해결하기 위해서는 서비스 품질의 수준을 일정수준 이상으로 유지하되 고객의 욕구에 대응하는 맞춤 서비스 제공이 필요하다(사례 9-2 참조). 또한, 직원교육과 훈련을 통해 일정수준 이상의 표준화된 서비스를 제공하는 것도 서비스 이질성을

초개인화

Netflix의 '90초 룰'이라는 말을 들어본 적이 있는가? 고객이 시청 여부를 판단하는 데 하나의 썸네일 당 평균 1.8초가 걸리며, 90초 이내에 볼만한 콘텐츠를 찾지 못하면 화면에서 나가버린다고 한다. 모든 것이 90초 안에 승부가 결정되기 때문에 넷플릭스는 회사의 모든 역량을 개인 맞춤형 추천 시스템에 집중한다. 최근에는 고객이 구체적으로 무엇을 원하는지를 정확하게 알아내어 고객들이 생각하고, 주문하고, 대기하는 불편을 없애주는 이른바 '초개인화(Hyperpersonalization)' 서비스를 찾아볼 수 있다.

기존 개인화 서비스와는 다르다.

초개인화는 사용자의 구체적인 행동 패턴을 AI 알고리즘을 이용해 분석하고 예측해 최적화된 서비스를 제공한다.

종전의 개인화 서비스가 비슷한 유형의 사람을 묶어 맞춤형 광고나 고도화된 타겟팅을 하는 것이라면, 초개인화 서비스는 고객 한 사람의 기분이나 상황 또는 맥락에 따라 서로 다른 서비스를 제공한다. 아마존이 '0.1명을 위한 Segmentation'을 한다는 것도 바로 이런 의미와 같다. 개인화는 축적된 데이터를 토대로 고객의 니즈를 파악하고 제안한다면, 초개인화는 더 나아가 고객의 상황과 미래 행동까지도 예측해 '고객도 모르는 고객이 원하는 것', 즉 고객의 잠재적 니즈를 먼저 제안할 수 있다.

최근에는 초개인화를 흔히 인문학적 멀티페르소나(Multi-persona) 관점에서 비교하기도 한다. 요즘 유행하는 '본캐(본래 캐릭터)'와 '부캐(부캐릭터)'라는 말이 보여주는 것처럼 인간은 더 이상 하나의 단위로 존재하지 않는다. 시간과 장소, 상황에 따라 다양한 정체성을 가진 복합적인 개체로 살고 있다. 따라서 개인별 상황과 맥락에 맞게 시간, 장소, 상황을 모두 분석해 고객이 원하는 제품과 서비스를 제공해야 한다.

초개인화 시대가 본격화되면서 100명의 고객으로 100개의 시장을 만들던 시대가 저물고, 이제는 100명의 고객으로 1,000개의 시장을 형성하는 새로운 퀀텀 점프가 가능하게 되었다. 이러한 초개인화가 가능한 배경에는 실시간 데이터, 인공지능, 고급 예측 분석 등 디지털 기술의 눈부신 발전이 큰 몫을 했다.

내 취향에 맞는 특별한 경험

시장은 '소품종 대량생산'이 아닌 '다품종 소량생산' 시대로 옮겨가고 있고, 개성과 취향이 중요시되는 개인화에 대한 수요가 증가하고 있다. McKinsey에 따르면 71%의 소비자가 기업에서 개인화된 경험을 제공해 줄 것이라고 기대했으며, 76%의 소비자는 그렇지 않았을 때 짜증이 난다고 대답했다.

소비활동에서 MZ세대 중심으로 자신의 가치관과 개성이 뚜렷하게 나타나고 있다. 이들은 본인 취향에 맞는 상품을 사기 위해 '오랜 시간'과 '많은 비용'을 감수하기도 하고, 예약해서라도 원하는 상품을 구매한다. MZ세대는 자신만의 데이터를 바탕으로 자신에게 필요한 광고를 요청하

Amazon	Stitch Fix

아마존은 소비자가 특정 물건을 주문하게 될 날짜를 예측, 인접 지역에 물품을 미리 배치해 배송하는 등 초맞춤화된 서비스를 제공한다.

와인 시음 및 구매 경험 등의 데이터를 수집해 와인을 보내주는 네이키드 와인

는 등 초개인화의 수혜자가 되기를 자청하기도 한다. 종전에는 기업이 소비자에게 제공하는 정보를 광고성 스팸이라 여겨 귀찮아했지만, 이제 이들은 다양한 브랜드와 적극적으로 정보를 공유하고 소통한다.

초개인화 경험을 제공하는 글로벌 기업

Amazon의 예측 배송 시스템은 고객 경험의 혁신을 가져왔다. 종전에는 고객이 구매를 시작해야 제품이 여러 단계를 통해 고객에게 배송되었다면, 이제는 예측을 기반으로 고객이 주문하기 이전에 가까운 물류창고로 제품을 보내 당일 배송받을 수 있도록 했다. 고객이 제품을 검색하고, 비교하고, 장바구니에 담는 모든 행동과 패턴을 AI로 인지·학습하고 구매 확률을 분석한 것이다. 결과적으로 0.1명 단위로 고객을 세분화해 고객이 제품을 기다리는 시간을 줄여주었다.

Stitch Fix는 스타일리스트와 추천 알고리즘을 통해 원하는 스타일의 옷을 배송하는 구독 모델형 기업이다. 고객이 스타일 프로필만 채우면 인공지능이 추천 목록을 작성하고, 스타일리스트는 이 중 최종 다섯 벌을 선정해 배송한다. 옷을 고르

는 귀찮은 일을 대신해 주는 등 고객 경험을 혁신한 것이다.

퍼스널한 경험으로 경쟁력을 갖추어야

미래의 초개인화는 나도 모르는 내 취향을 읽어 뜻밖의 경험을 제공하게 될 것이다. 아침에 일어나 옷장 앞에 서면 오늘 입어야 할 옷을 골라주고, 어디론가 떠나고 싶은 날일 때면 여행 예약을 알아서 척척 해줄 수 있다. 퇴근 후 집에 오면 연락하기로 한 친구의 전화번호가 TV 모니터에 띄워져 있고, 좋아하는 음료도 배달되어 있을 수 있다.

고객은 더 이상 제품에 자신을 맞추지 않고, 자신의 라이프에 맞춰주는 제품을 적극 이용할 것이다. 앞으로 기업이 주목해야 하는 것은 제품 자체가 아니라 제품을 통해 고객이 갖게 되는 '퍼스널한 경험'이다. 이를 위해 기업은 구체적 맥락 기반의 추천 리스트와 함께 고객이 예상하지 못한 목록을 제공하고, 고객이 소비자 경험의 일부 영역에 참여하도록 하는 등 특별한 감동을 주어야 한다. 초개인화 시대에는 고객을 입체감 있게 바라보고, 고객 개개인에게 최적화된 경험을 제공하는 것이 기업의 경쟁력이 될 것이다.

자료: 미래에셋증권 매거진(2023.1.3.). 일부 내용 발췌

극복하는 좋은 방법이 된다.

4. 소멸성(혹은 비저장성)

서비스는 생산 즉시 판매·소비되지 않으면 재고로 저장할 수 없는 특성이 있는데, 이 것이 소멸성 혹은 비저장성이다. 예를 들어, 생일이나 결혼기념일 파티는 오직 정해진 시 간에만 가치를 지닌다. 항공기 좌석이나 호텔객실은 당일 관광상품으로 생산하여 판매 되고 이 중 일부 판매되지 않은 항공기 좌석이나 호텔객실은 그대로 소멸된다.

이러한 문제점을 해결하기 위해서는 수요를 조절할 능력을 배양하는 것이 가장 중요 하다. 수요조절을 위한 방안으로서 첫째, 서비스 가격의 차별화를 들 수 있다. 즉, 성수기 에는 고가격 전략 그리고 비수기에는 저가격 전략을 펼치는 것이다. 둘째, 비수기 수요의 개발이다. 이를 위해서 비수기를 위한 패키지 상품을 개발한다든지, 새로운 서비스를 제 공한다든지, 가격을 대폭 할인하는 것이다. 셋째, 예약 시스템을 도입하는 것이다. 예약 시스템의 도입을 통해 주말에 집중되는 예약손님을 주중으로 분산시킬 수 있다.

제3절 _ 관광마케팅 환경분석

마케팅 환경은 기업측면에서 볼 때 통제 가능한 요인(환경)과 통제 불가능한 요인(환경)들 이 존재하는데, 전자와 관련되어서는 내부환경 분석 그리고 후자와 관련되어서는 외부 환경 분석을 하게 된다. 본 절에서는 마케팅 환경의 유형, 외부환경 분석, 내부환경 분석, 그리고 SWOT 분석기법을 중심으로 설명한다.

1 마케팅 환경의 유형

마케팅 환경(Marketing environment)은 기업의 마케팅 목표달성에 영향을 미치는 기업 내·외 부요인이다. 환경은 기업의 경영활동에 위협요인으로 작용할 뿐만 아니라 시장규모를 확

그림 9-3 마케팅 환경요인

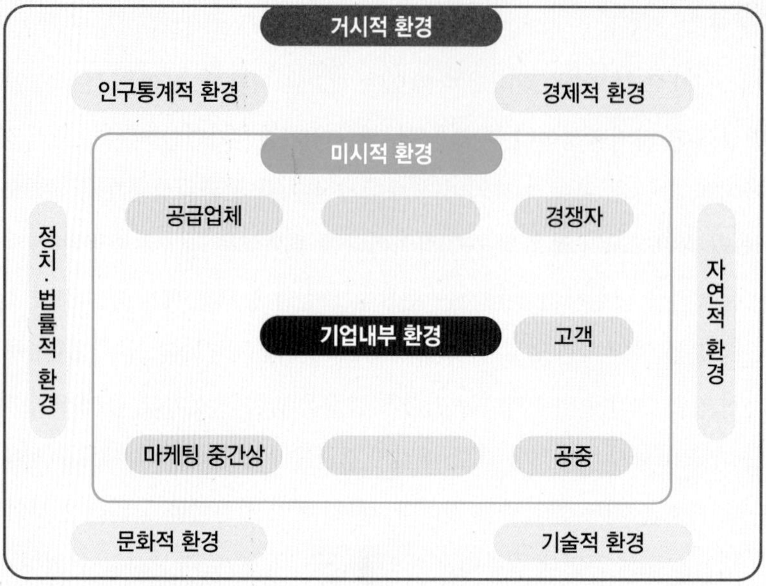

자료: 안광호(2017). 고객지향적 마케팅. 도서출판 북넷. p.44. 내용 수정

대해 주는 기회도 제공하기 때문에 마케팅 관리자의 환경에 대한 이해는 매우 중요하다.

마케팅 환경은 〈그림 9-3〉에 제시된 것과 같이 거시적 환경(Macro environment), 미시적 환경(Micro environment), 기업내부 환경(Internal environment) 등 세 가지로 구성되어 있다. 일반적으로 거시적 환경과 미시적 환경을 통합해 외부환경으로, 그리고 기업의 내부 구성환경을 내부환경이라 칭한다. 여기서는 외부환경과 내부환경 두 가지로 분류해서 설명하고자 한다.

1. 외부환경 분석

외부환경이란 기업경영에 직·간접으로 영향을 미치는 모든 형태의 상황들을 외부환경이라고 한다. 외부환경에는 인구통계적 환경, 자연적 환경, 정치·법률적 환경, 사회적 환경, 경제적 환경, 기술적 환경, 그리고 미시적 환경이 있다. 이 환경은 기업을 둘러싼 외부요인(혹은 상황)으로 모든 기업에게 광범위하게 영향을 미친다.

외부환경 분석의 목적은 기업활동에 직·간접적으로 영향을 미치는 변화요소의 분석을 통하여 기회(Opportunity)와 위협(Threat)을 발견하고 변화에 신속하게 대응함으로써 효과적인 마케팅 활동을 수행하기 위함이다. 기업은 기회요인을 통해서 자신의 계획을 세울 수 있으며 위협요인을 사전에 방지하고 기업의 이익에 위협이 되는 요인을 제거할 수 있다. 외부환경(거시환경 + 미시환경)을 구성하는 세부 요소를 정리하면 〈그림 9-4〉와 같다.

2. 내부환경 분석

내부환경(혹은 미시환경) 분석이란 자사의 경영자원을 분석하는 것이다. 내부환경 분석의 목적은 관광기업이 보유한 내부자원과 능력을 평가하여 강점(Strength)과 약점(Weakness)을 파악하는 것에 있다. 내부자원은 크게 재무자원(현금보유액, 신용, 자본조달능력 등), 물적자원(공장, 설

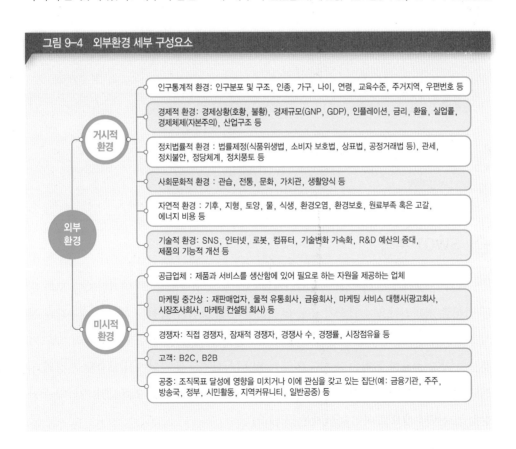

그림 9-4 외부환경 세부 구성요소

거시적 환경
- 인구통계적 환경: 인구분포 및 구조, 인종, 가구, 나이, 연령, 교육수준, 주거지역, 우편번호 등
- 경제적 환경: 경제상황(호황, 불황), 경제규모(GNP, GDP), 인플레이션, 금리, 환율, 실업률, 경제체제(자본주의), 산업구조 등
- 정치법률적 환경: 법률제정(식품위생법, 소비자 보호법, 상표법, 공정거래법 등), 관세, 정치불안, 정당체계, 정치풍토 등
- 사회문화적 환경: 관습, 전통, 문화, 가치관, 생활양식 등
- 자연적 환경: 기후, 지형, 토양, 물, 식생, 환경오염, 환경보호, 원료부족 혹은 고갈, 에너지 비용 등
- 기술적 환경: SNS, 인터넷, 로봇, 컴퓨터, 기술변화 가속화, R&D 예산의 증대, 제품의 기능적 개선 등

외부 환경

미시적 환경
- 공급업체: 제품과 서비스를 생산함에 있어 필요로 하는 자원을 제공하는 업체
- 마케팅 중간상: 재판매업자, 물적 유통회사, 금융회사, 마케팅 서비스 대행사(광고회사, 시장조사회사, 마케팅 컨설팅 회사) 등
- 경쟁자: 직접 경쟁자, 잠재적 경쟁자, 경쟁사 수, 경쟁률, 시장점유율 등
- 고객: B2C, B2B
- 공중: 조직목표 달성에 영향을 미치거나 이에 관심을 갖고 있는 집단(예: 금융기관, 주주, 방송국, 정부, 시민활동, 지역커뮤니티, 일반공중) 등

비, 입지 등), **인적자원**(직원경험, 훈련, 지능 등), **기술자원**(생산기술, 노하우, 정보력 등), **조직자원**(보고체계, 통제, 조직 문화 등)을 포함한다.

내부자원들이 지속적 경쟁우위를 유지하려면 자원으로서의 독특한 특성을 지녀야 한다. Barney(1991)는 자원의 특성을 유용성, 희소성, 불완전 모방성, 불완전한 대체성의 4가지로 분류하였다(이를 자원기반이론 Resource Based Theory 이라 말한다). 자원의 4가지 특성 모두가 갖추어 질 때 지속적 경쟁우위가 있는 자원으로 여겨진다(표 9-1 참조). 기업의 지속적 성공은 일시적 경쟁우위를 가지는 것이 아니라 지속적 경쟁우위를 가질 때 가능하다.

표 9-1 **자원의 특성과 경쟁우위**

자원의 특성				경쟁지위
유용성	희소성	불완전한 모방성	불완전한 대체성	
×	×	×	×	경쟁열위
○	×	×	×	동등한 경쟁
○	○	×	×	일시적 경쟁우위
○	○	○	×	동등한 경쟁
○	○	○	○	지속적 경쟁우위

자료: Barney(1991). Firm resources and sustained competitive advantage. Journal of Management, 17, 98-120. 저자 구성

2 SWOT 분석

SWOT는 강점(Strength), 약점(Weakness), 기회(Opportunity), 위협(Threat)의 머리글자를 모아 만든 단어로 경영전략을 수립하기 위한 분석도구이다. 강점과 약점은 기업의 내부환경 분석을 통해, 그리고 기회와 위협은 기업의 외부환경 분석을 통해 도출하게 된다. SWOT 분석의 가장 중요한 목적은 거시환경 분석 및 미시환경분석 결과에서 도출된 시장의 기회와 위협을 내부환경 분석의 결과에서 도출된 장·단점과 비교·조화시켜 기업의 목표설정 및 전략수행으로 이어 나아가는 데 있다.

〈사례 9-3〉은 한국 맥도날드의 SWOT 분석사례이며 이를 통해 맥도날드의 현재 경쟁력 정도와 미래성장 가능성을 엿볼 수 있다. 〈그림 9-5〉에서 보는 바와 같이 SWOT의 조합에 따라 공격적 전략(SO), 방향전환 전략(ST), 다극화 전략(WO) 그리고 방어 전략(WT)으로 나누어진다.

- SO전략　기회를 활용하기 위해 강점을 이용하는 공격적 전략으로서 시장기회 선점 전략, 시장 혹은 제품다각화 전략이 있다.
- ST전략　위협을 회피하기 위해 강점을 이용하는 방향전환 전략으로서 전략적 제휴가 있다.
- WO전략　약점을 극복함으로써 기회를 활용하는 다극화 전략으로 시장침투 전략이 있다.
- WT전략　위협을 회피하고 약점을 최소화하는 방어전략으로서 집중화 전략이 있다.

그림 9-5　SWOT 분석

	기회(O)	위협(T)
강점 (S)	SO전략(공격적) 기회를 활용하기 위해 강점을 사용하는 전략	ST전략(방향전환) 위협을 회피하기 위해 강점을 사용하는 전략
약점 (W)	WO전략(다극화) 약점을 극복함으로써 기회를 활용하는 전략	WT전략(방어) 위협을 회피하고 약점을 최소화하는 전략

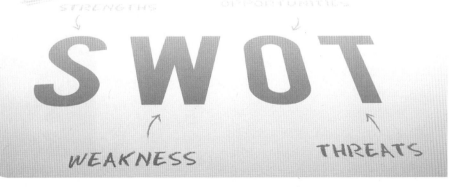

 사례 9-3 새 주인 찾는 맥도날드, 암초는 여전

글로벌 패스트푸드 최강자 맥도날드는 높은 인지도로

국내 버거 프랜차이즈 중 가장 많은 매출액을 기록한 플레이어다.

자료: 한국 맥도날드 홈페이지

강점: 높은 인지도와 마케팅 역량

올해 35주년을 맞은 한국맥도날드는 햄버거하면 바로 떠오를 만큼 인지도가 높은 브랜드다. 시그니처 '빅맥'을 비롯해 시즌별 다양한 신제품 출시는 물론 '맥모닝(아침메뉴)', '맥커피(음료)', '맥런치(점심할인)' 등 선제적인 캠페인과 프로모션을 시도한 국내 버거시장 대표 주자로 꼽힌다. 매출 역시 버거 브랜드 중 가장 높다. 본사 기준 매출액은 8,678억 원(2021년 기준)으로 버거킹(6,784억 원), 맘스터치(3,009억 원) 등 경쟁사를 압도한다. 맥도날드는 400여 매장을 운영 중이다. 직영점 비중은 80% 이상인데 가맹점까지 포함하면 연매출 1조 원에 이른다.

약점: 1,000억대 적자, 위생 리스크

맥도날드의 지난 3년간(2019~2021) 누적된 영업손실은 1,200억 원가량이다. 작년 손실까지 포함하면 1,400억 원 안팎의 적자가 난 셈이다. 맥도날드는 고객중심 활동과 전략적인 투자에 따른 부득이한 손실이라고 말하지만, 일각에선 '외화내빈(겉은 화려해 보이나 속은 가난함)' 아니냐는 지적들이 나오는 게 사실이다.

지속된 위생·안전성 이슈 또한 약점으로 작용한다. 지난해 백종헌 의원실(국민의힘)이 식품의약품안전처로부터 받은 자료에 따르면, 한국맥도날드는 국내 상위 10개 프랜차이즈 업체 중 비위생 적발도 1위(2017~2022년 상반기 누계)를 기록했다. 직영점 매출이 상당히 높지만 이물질의 혼입 논란 등이 꾸준히 발생했다.

기회: 일상이 된 비대면… 오랜 노하우

코로나19 이후 배달 문화가 일상화 된 점은 맥도날드의 경쟁력을 더욱 돋보이도록 한다. 맥도날드는 이미 2007년 자체 배달 주문 플랫폼 '맥딜리버리'를 도입하면서 15년 이상의 배달 노하우를 갖고 있다. 경쟁사 대부분 코로나19를 기점으로 배달 인프라에 투자한 것과 비교하면 선견지명이 있었던 것이다. 1992년에는 국내 외식업계 최초의 드라이브 스루(DT) 방식인

자료: 동아일보(2018.9.27.)

'맥드라이브'를 도입했다. 최근에는 2대 차량이 동시에 맥드라이브를 이용할 수 있는 '탠덤 DT', 드라이브 스루 고객을 위한 '하이패스' 결제 시스템 등을 적용하며 비대면·디지털 혁신 면에서도 충분한 경쟁력을 쌓았다.

위협: 포화된 버거 시장, 흑자전환 요원

국내 버거시장은 맥도날드 등 기존 대중적인 브랜드뿐만 아니라 SPC 쉐이크쉑을 시작으로 bhc

자료: 녹색경제신문(2022.4.26.). 재인용

슈퍼두퍼, 고든램지 버거 등 프리미엄 플레이어까지 속속 가세했다. 내달엔 한화그룹 오너 3남인 김동선 한화갤러리아 전략본부장 주도로 미국의 3대 버거 중 하나인 파이브가이즈가 서울 강남에 문을 연다. 덕분에 국내 버거시장 규모는 유로모니터 기준 2013년 약 1조 9,000억 원에서 지난해약 4조 원으로 두 배가량 커졌다.

다만 플레이어 난립에 따른 치열한 경쟁과 함께 낮은 취식 경험 및 이익률 등은 국내 버거시장의 위기 요소다. 버거 프랜차이즈 트렌드 리포트에서 햄버거의 월평균 취식 빈도는 3.3회다. 열흘에 약 한 번꼴이다. 한식·카페·중식 등보다 이용 횟수가 적다. 또 작년 기준 주요 버거 브랜드 영업이익률은 롯데리아 0.22%, 버거킹 1.04%, KFC 2.71%다. 국내 최다 매장을 보유한 맘스터치가 15.8%로 그나마 높다. 버거 브랜드들이 M&A 매물로 쏟아졌지만 외면 받는 이유다.

자료: 신아일보(2023.5.5.). 일부 내용 발췌

제4절 _ 관광마케팅 전략수립

마케팅 전략수립은 시장세분화(Segmentation), 표적시장 선정(Targeting), 그리고 포지셔닝(Positioning)으로 구분된다. 이를 STP 전략이라고도 한다. 이들 과정을 조직화 하면 〈그림 9-6〉과 같다. 기업은 하나의 제품이나 서비스를 모든 고객의 욕구를 만족시킬 수 없다. 따라서 다양한 욕구를 가진 소비자들끼리 묶어서 시장을 세분화하고, 효과적으로 접근할 수 있는 시장에 집중이고, 이들에게 우호적인 이미지를 포지셔닝하는 STP전략을 적절히 수립해야 한다.

① 시장세분화

1. 시장세분화 의미

시장세분화(Market segmentation)란 전체시장(기존 및 잠재시장 포함)을 일정기준에 따라 동일한 특성을 갖는 고객집단으로 구분하여 자사가 제공하는 제품이나 서비스에 가장 적합한 고객집단을 선정하는 것이다. 시장세분화의 목적은 소비자 욕구파악, 새로운 마케팅 기회의 포착, 효과적 마케팅 믹스 활용, 그리고 각 세분시장의 반응특성에 따른 효율적 자원할당을 하기 위이다. 예를 들면, 여행시장을 가족여행, 스포츠관광, 개별여행(FIT), 패키지여행 등으로 세분화할 수 있다.

2. 시장세분화 기준

(1) 지리적 시장세분화(Geographic segmentation)

국가, 도, 도시, 군과 같이 지리적 단위로 시장을 세분화하는 것을 말한다. 기업은 하

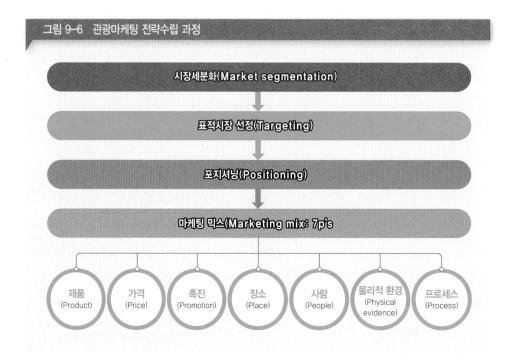

그림 9-6 관광마케팅 전략수립 과정

시장세분화(Market segmentation)

표적시장 선정(Targeting)

포지셔닝(Positioning)

마케팅 믹스(Marketing mix: 7p's)

| 제품
(Product) | 가격
(Price) | 촉진
(Promotion) | 장소
(Place) | 사람
(People) | 물리적 환경
(Physical evidence) | 프로세스
(Process) |

나 또는 몇 개의 지역에서 영업활동을 할 수 있지만 지리에 따른 기본적인 욕구와 선호도의 차이에 주의해야 한다. KFC는 중국에서 닭고기 조각, 북경오리 소스, 오이 및 파를 넣은 'Dragon twist'라는 샌드위치를 만들어 지역의 입맛에 맞추었다(Kotler et al., 2010). 미국의 Maxwell house 커피는 전국적으로 제품을 판매하고 있으나 맛은 지역적으로 차별성을 두고 있다. 강한 커피를 좋아하는 서부지역에는 진한 커피를 팔고 동부지역에는 그보다 약한 커피를 판매한다(김윤태(2017.8.23.).

지리적 시장세분화의 장점은 지리적 근접으로 관리가 용이하고, 공통된 문화를 공유하는 경우가 많고, 지역경제 공동체로 묶여 있는 경우가 많아 한 국가로의 진입이 쉽다는 점이다. 또한, 지리적 변수는 추상적이지 않고 확실하게 그룹화될 수 있어서 다른 세분화방법보다 이용하기 편하다. 하지만, 지역적으로 멀리 떨어져 있더라도 소비자의 생활, 문화에서 큰 차이가 없을 경우에는 지리적 기준만을 가지고 시장세분화를 하는 것은 부적절할 수 있다(예 멕시코와 북미, 동남아시아와 극동지역 등).

(2) 인구통계적 시장세분화(Demographic segmentation)

이는 연령, 성별, 가족구성원 수, 가족생활주기, 소득, 직업, 교육, 종교, 인종, 국적 등의 인구통계적 변수에 기초하여 시장을 세분화하는 것이다. 일반적으로 소비자들의 욕구는 인구통계적 기준에 따라 나누어진다. 가령, 10대, 20대, 30대, 40대 등 나이대에 따라 소비자들의 관심과 욕구가 다르게 나타난다. 맥도널드는 어린이용으로 장난감이 포함된 즐거운 식사메뉴를 제공하고 있으며, 이러한 장난감은 때때로 시리즈 일부로 되어 있어 그 세트 전부를 모으기까지 어린이들이 다시 찾아가는 동기부여가 되고 있다.

인구통계적 변수는 시장을 세분화하는 데 가장 널리 이용되고 있다. 그 이유는 소비자의 욕구, 선호도, 사용빈도와 같은 변수들은 인구통계적 변수들과 높은 관련성을 가지고 있기 때문이다(Kotler et al., 2010). 또한, 다른 변수에 비해 측정하기 쉽다는 장점이 있다. 하지만, 제품이나 서비스의 구매행동에 대한 예측력이 낮아 탐색수준의 정보를 제공한다는 단점이 있다.

(3) 심리특성적 시장세분화(Psychographic segmentation)

소비자가 동일한 인구통계적 집단에 속하더라도 서로 다른 특성을 가질 수 있어 마케

터는 시장세분화 시 심리특성적 기준을 잘 파악해야 한다. 이 방법은 사회계층, 라이프스타일, 성격 등에 기초하여 시장을 세분화하는 것을 말한다. 사회계층에 따라 소비자가 구매하는 제품, 행동, 습관 등이 다르게 나타나므로 시장세분화를 하는 데 적절한 기준이 된다. 라이프스타일도 시장세분화의 중요한 변수이며, 이를 측정하는 대표적 방법이 AIO(Activities, Interests, Opinions)이다. 이는 소비자의 라이프스타일을 일상의 행동, 주변 사물에 대한 관심, 그리고 사회적 이슈나 문제에 관한 의견 등의 3가지 차원에서 파악하는 방법이다(표 9-2 참조).

표 9-2 **라이프스타일 측정에 사용되는 AIO 변수**

라이프스타일 차원		
활동(Activities)	관심(Interests)	의견(Opinions)
일, 취미, 사회활동, 휴가, 오락, 클럽 활동, 쇼핑, 스포츠, 지역사회활동 등	가족, 가정, 직업, 지역사회, 여가 활동, 유행, 음식, 매체, 성취 등	사회적 문제, 정치, 사업, 경제, 교육, 제품, 미래, 문화 등에 대한 스스로의 의견

자료: Josep & Plumer(1974). The concept and application of lifestyle segmentation. Journal of Marketing, 38(Jan.), p.34.

General Food의 카페인 없는 커피 Sanka는 라이프스타일을 이용해 카페인 있는 커피와 차별화하여 또 다른 커피시장을 점유하고 있다(김윤태, 2017.8.23.). Sanka는 그동안 정체되고 낡은 이미지로 인해 시장점유율이 한정되어 있었다. 그러나 빠른 물결 위에서 카약을 타는 것과 같은 모험적인 장면을 광고에서 강조함으로써 건강하고 적극적인 라이프스타일의 음료라는 이미지를 심어주는 데 성공하였다.

심리특성적 변수에 의한 시장세분화는 시장에 대한 구체적 정보를 얻을 수 있으므로 세분시장에 대해 더 깊게 이해할 수 있다는 장점이 있다. 하지만 사회계층이나 라이프스타일과 같은 개념은 추상적이어서 객관적인 측정이 어렵다는 한계가 있다.

(4) 구매행동적 시장세분화(Buying behavioral segmentation)

위의 세 가지 시장세분화는 소비자의 특성에 따라 시장을 구분하는 것이다. 마케터들은 소비자의 행동변수가 시장을 세분화하는 데 가장 좋은 출발점이라 믿는다. 구매행동적 시장세분화는 특정 제품에 대한 소비자의 행동에 따라 시장을 세분화하는 방법으로 사용상황, 추구하는 편익, 사용경험(경험유무준, 과거와 현재), 사용량(소량, 중량, 다량), 상표충성도(상, 중, 하), 태도(호의적, 부정적) 등의 변수를 사용한다.

사용상황에 의한 시장세분화의 예로서 오렌지 주스와 우유 그리고 이온음료를 들 수 있다. 주스나 우유는 아침에 빵과 함께 소비되고, 포카리스웨터나 파워에이드 같은 이온음료는 운동경기 후 주로 소비된다. 빼빼로데이, 밸런타인데이, 화이트데이의 경우도 사용상황에 따른 세분화의 한 예이다. 편익추구의 사례로는 항공사를 들 수 있다. 항공사는 비즈니스 여행자를 대상으로 서비스, 편리성, 정시출발과 같은 편익을 내세우고 순수 관광객에게는 광고, 가격, 매력적인 목적지를 강조한다.

구매행동적 세분화는 소비자가 서비스나 제품구매를 위해 움직이는 행동, 즉 언제, 어디서, 무엇을, 어떻게, 왜, 누가 등을 기준으로 나누는 것이기 때문에 소비자를 더 잘 이해할 수 있다. 이에 마케터는 소비자가 구매할 가능성이 높은 제품이나 서비스에 집중할 수 있어 마케팅 활동을 효과적으로 수행할 수 있게 된다.

② 표적시장 선정

1. 표적시장 의미

시장세분화가 완료되면 표적시장(혹은 목표시장: Targeting)을 설정해야 하는데 이는 마케팅 효과를 거두기 위함이다. 표적시장은 세분시장 모두가 될 수도 있고 하나의 세분시장만이 될 수도 있다. 표적시장을 선정하기 위해서는 시장규모, 경쟁강도, 경쟁우위(예 원가 등), 자사의 자원 등을 고려하여 결정해야 한다.

2. 표적시장 선정전략

(1) 비차별적 마케팅 전략

비차별적 마케팅 전략(Undifferentiated marketing strategy)은 세분시장의 차이를 무시하고 전체

세분시장에 대해 하나의 마케팅 믹스 프로그램을 실행하는 것으로 단일표적시장 전략이라고도 한다(그림 9-7 참조). 이러한 전략은 관광객의 행동이나 구매동기 등이 비슷하다는 가정하에서 채택하는 전략으로서 동질적인 단일제품을 도입할 때 적합하다. 장점으로는 적은 마케팅 믹스 비용이 소요되고 표준제품의 대량생산에 의한 규모의 경제로 비용을 절감할 수 있다는 점이다. 그러나 표적시장 내의 목표고객 모두를 만족시키기 힘들어 시장이 또다시 세분화되어 다른 경쟁제품이 나타날 수 있고 이로 인해 시장점유율이 낮아질 수도 있다.

그림 9-7 비차별화 마케팅 전략

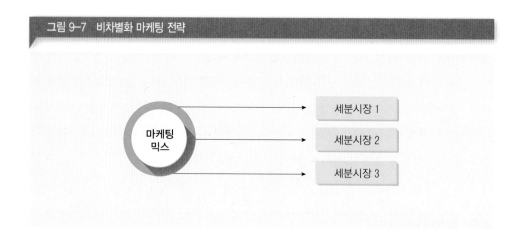

(2) 차별적 마케팅 전략

차별적 마케팅 전략(Differentiated marketing strategy)이란 세분화된 시장의 특성에 맞도록 각각 다른 마케팅 믹스 프로그램을 실행하는 전략으로 다수 표적시장 전략이라고도 한다(그림 9-8 참조). 이는 몇 개의 표적시장을 정한 후 각각 차별화된 마케팅 믹스를 적용하므로 다양한 고객을 만족시킬 수 있다는 장점이 있다. Luxury hotel 시장에 Sofitel 브랜드, 3 star hotel 시장에 Novotel 브랜드, 2 star hotel 시장에 Ibis 브랜드, Limited service hotel 시장에 Formula one & Motel 6 브랜드, 그리고 Extended-stay hotel 시장에 Hotelia 브랜드를 진출시킨 프랑스 Accor Hotel이 좋은 예이다. 한편, 차별화 마케팅 전략은 세분시장의 수가 많기 때문에 마케팅 믹스를 수행하기 위한 생산원가, 일반관리비, 판매촉진비, 재고관리비 등 비용이 증가하는 단점이 있다.

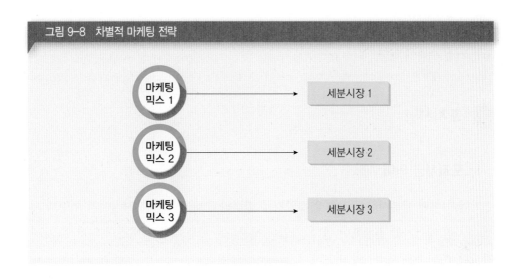

그림 9-8 차별적 마케팅 전략

(3) 집중적 마케팅 전략

집중적 마케팅 전략(Concentrated marketing strategy)은 여러 세분시장 중에서 기업 자신에게 가장 큰 경쟁우위를 제공하는 하나의 세분시장을 선정하여 마케팅 믹스 프로그램을 실행하는 전략이다(그림 9-9 참조). 이 전략은 특화된 시장에 경영자원을 집중하기 위해 사용한다. 따라서 기업의 자원이 제한되어 있는 경우에 가장 적합하다. 설정된 시장에 맞는 전문적인 마케팅 믹스로 고객의 욕구를 만족시켜 특정시장에서 시장점유율을 높일 수 있다는 장점은 있으나, 특정 세분시장에만 전적으로 의존할 경우 시장환경 변화에 민감하게 영향을 받아 위험성이 높다는 단점이 있다. 미국의 Fours Seasons Hotel은 특급 호텔시장(Luxury market)에만 진출하여 강력한 시장위치를 확보하였고 생산, 유통, 판촉 활동의 전문성

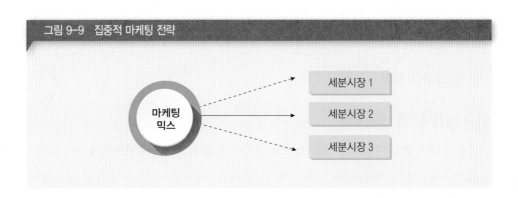

그림 9-9 집중적 마케팅 전략

향상으로 비용을 크게 절감하였다. 하지만 시장의 기호변화 및 경쟁자 진입 시 위험의 정도는 커질 수밖에 없다.

③ 포지셔닝

1. 포지셔닝 의미

기업이 어떤 세분시장에 진출할 것인가를 결정하고 나면 그 세분시장에서 어떤 위치를 차지할 것인가를 결정해야 한다. 기업이 제공하는 제품 혹은 서비스의 위치(Position)란

경쟁사 제품 혹은 서비스와 비교하여 상대적으로 고객의 마음속에서 차지하고 있는 위치이다. 따라서 포지셔닝(Positioning)은 고객의 마음속에 자사 제품, 서비스, 그리고 회사 이미지 등을 소비자 마음속에 경쟁사의 것과 차별적으로 인식시키는 것이다.

효과적 포지셔닝이 되려면 경쟁회사의 제품이나 서비스에 없는 독특한 기능과 편익을 고객의 마음속에 인식시키는 것이 중요하다. 포지셔닝 분석을 통하여 마케터는 자신과 경쟁자들 사이의 경쟁구조를 파악할 수 있게 된다. 관광서비스 상품은 무형적인 특성으로 인해 포지셔닝하기가 매우 어려운데, 이는 포지셔닝 전략이 타 산업에 비해 더 중요하다는 것을 시사한다.

2. 포지셔닝 전략

(1) 속성에 의한 포지셔닝

이는 자사 브랜드를 중요한 제품 혹은 서비스 속성과 연계시키는 전략이다. 즉, 자사의 제품이나 서비스가 표적시장의 소비자가 중요시하는 속성을 가장 잘 제공해 주는 제품

이라는 인식을 심어주는 전략이다. 예를 들어, 농심의 신라면은 매운맛을 강조하고 파리 바게뜨는 신선함을 강조하고 있다.

자료: 농심몰(https://nongshimmall.com/)   자료: 파리바게트 홈페이지(https://www.paris.co.kr/)

(2) 가격 대비 품질에 의한 포지셔닝

소비자는 가격 대비 품질을 중요시한다. 즉, 가성비를 이용한 포지셔닝이다. 소비자는 가격이 조금 비싸더라도 품질이 다른 제품보다 우수하면 구매욕구를 가지며, 반대로 품질이 조금 부족해도 회사의 브랜드나 이미지가 보완해 준다면 비싸더라도 구매한다. 파스퇴르 우유는 고품질 고가격으로 우유시장에서 고급 우유로 자리잡았고, 농심에서는 고급라면(신라면 블랙)을 개발하여 인스턴트 라면이라는 분야에 고급라면 카테고리를 만들어 그 속에 스스로를 위치시켰다.

자료: 경향신문(2021.8.4.)   자료: 농심몰(https://nongshimmall.com/)

(3) 편익에 의한 포지셔닝

소비자가 제품을 사용하는 데 장애가 되는 요인을 제거하고 소비자의 편익을 극대화하여 포지셔닝하는 전략이다. 일회용 커피믹스와 컵라면이 대표적인 예이다. 휴대가 간편하고 손쉽게 커피를 탈 수 있는 일회용 커피믹스는 소비자에게 일반 인스턴트 커피와는 다른 편익을 제공하여 기존 커피와 차별화를 시켰다. 컵라면은 즉석에서 간단히 끓여 먹을 수 있는 편익을 제공함으로써 기존 라면과 차별화가 부각되었다.

| 자료: 동서식품 홈페이지(dongsuh.co.kr) | 자료: 오뚜기 홈페이지(ottogi.co.kr) |

(4) 이용자에 의한 포지셔닝

이는 제품이나 서비스가 특정 사용자에게 적합하다고 강조하여 포지셔닝하는 전략이다. Marriott 호텔은 비즈니스 여행객을 대상으로 포지셔닝하는 데 반해, Holiday Inn은 휴가여행객을 대상으로 포지셔닝하고 있다(이유재, 2019). 제일제당은 숙취해소 음료 '컨디션'을 출시하면서 술을 많이 마시면서도 긍정적인 이미지를 주려고 노력하는 소비계층을 모색하였다. 시장조사 결과 접대가 많은 비즈니스맨을 타겟으로 삼아 포지셔닝하여 성공하였다. 미국의 밀러 맥주가 노동자 계층을 대상으로 한 밀러 시간(Miller time) 캠페인 또한 이용자에 의한 포지셔닝의 한 예이다.

(5) 사용상황에 의한 포지셔닝

제품이나 서비스의 적절한 사용상황 묘사를 통해 포지셔닝하는 전략이다. 동아 오츠

자료: 메리어트호텔 홈페이지(marriott.com/ko)

자료: 홀리데이인 익스프레스 서울 홍대 홈페이지
(ihg.com/holidayinnexpress)

카에서 만든 '컨피던스'는 친구들과 뛰어 놀면서 마시는 '놀이음료'라는 신개념을 도입하여 자사제품을 포지셔닝 했다. Reebok이 만든 구두 '락포트(Rock Port)'는 마라톤을 완주하는 모습을 묘사함으로써 마라톤을 완주할 만큼 편안하고 가벼운 구두임을 내세우고 있다(매일경제신문, 1998.4.8.).

자료: 서울경제TV(2023.7.6.).

자료: 동아오츠카 홈페이지(donga-otsuka.co.kr)

3. 포지셔닝 맵

관광기업이 포지셔닝 전략을 효과적으로 수행하기 위해 유용하게 사용할 수 있는 도구가 포지셔닝 맵(Positioning map)이다. 이는 관광객의 마음속에 자리잡고 있는 자사 서비스와 경쟁 서비스의 위치를 2-3차 공간에 작성한 지도로 고객의 지각에 의해 도식화된 각 서비스의 위치를 말한다(그림 9-10 참조). 포지셔닝 맵은 자사 서비스의 현 위치 파악은 물론 경쟁자 및 경쟁상황을 파악하는 데도 유용하다. 또한, 경쟁 서비스나 자사 서비스가 소구하지 않은 틈새시장(Niche market)을 알려줌으로써 새로운 서비스의 개발 기회를 제공한다.

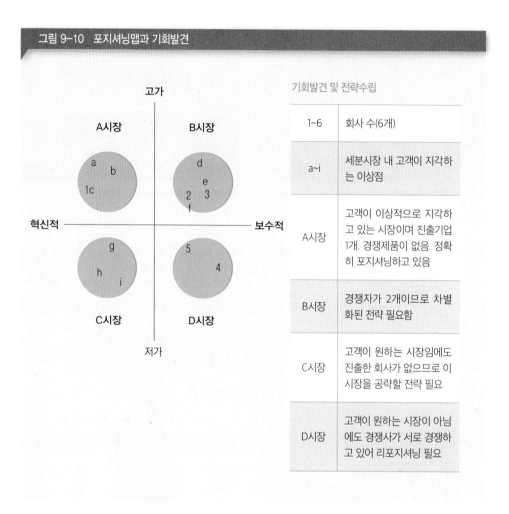

그림 9-10 포지셔닝맵과 기회발견

기회발견 및 전략수립	
1~6	회사 수(6개)
a~i	세분시장 내 고객이 지각하는 이상점
A시장	고객이 이상적으로 지각하고 있는 시장이며 진출기업 1개. 경쟁제품이 없음. 정확히 포지셔닝하고 있음
B시장	경쟁자가 2개이므로 차별화된 전략 필요함
C시장	고객이 원하는 시장임에도 진출한 회사가 없으므로 이 시장을 공략할 전략 필요
D시장	고객이 원하는 시장이 아님에도 경쟁사가 서로 경쟁하고 있어 리포지셔닝 필요

4 마케팅 믹스

STP 전략을 실행하기 위한 실행계획이 마케팅 믹스(Marketing mix)이다. 따라서 마케팅 믹스는 목표시장 내에서 강력한 포지션을 구축하는 데 활용되는 전술적인 도구이다. 마케팅 믹스의 개념은 1964년 Borden에 의해서 제창되었으며 그 후 맥카시(1960)에 의해서 일반화되었다. 전통적으로 마케팅 믹스는 4개의 변수(4P's), 제품(Product), 가격(Price), 유통(Place), 촉진(Promotion)을 말한다. 마케팅 믹스는 기존 4P가 눈에 보이지 않는 무형의 제품인 서비스를 분석하기에 충분하지 않아 Booms와 Bitner(1981)가 사람(Peopl), 물리적 환경(Physical evidence), 서비스 프로세스(Process)의 3P를 추가하여 7P를 서비스 마케팅 믹스의 개념으로 재정리하였다.

관광서비스 마케팅에서는 서비스의 특성을 고려하여 기존 4P에다 새로운 요소를 추가해 설명하고 있지만 학자들마다 추가하는 요소들에 있어서는 차이가 있다. 예를 들면, Morrision(1989)은 종사원(People), 패키징(Packaging), 프로그래밍(Programming), 파트너십(Partnership) 등 4가지를 추가하여 8P를 제시하였다. 본 교과서에서는 서비스 특성을 고려하여 기존 4P에 사람, 물리적 환경, 프로세스의 3P를 더해 7P에 대해 설명한다.

1. 제품믹스(Product mix)

제품은 마케팅 믹스 중에서 가장 기본적인 도구로서 관광기업이 표적시장에 내놓는 유·무형적 제공물을 의미한다. 관광기업 제공물 중에서도 서비스가 가장 중요하기 때문에 교통, 숙박, 위락시설 및 레크리에이션 활동을 묶는 패키지 형태로 많이 판매되고 있다.

Kotler(2016)에 따르면 제품은 세 가지 수준, 즉 핵심제품(Core product), 유형/실제제품(Tangible product) 그리고 확장제품(Augmented product)으로 구성되어 있다(그림 9-11 참조). 왜 관광객이 여행상품을 구매하는가? 왜 호텔에 숙박하는가? 왜 레스토랑에서 식사하는가? 핵심제품은 관광객이 그 제품(예 호텔, 레스토랑)으로부터 원하는 편익이다. 즉, 관광객이 가지고 있는 다양한 욕구충족, 즉 관광객의 문제를 해결해 주는 개념이다. 호텔의 경우는 편안한 수면, 레스토랑의 경우는 배고픔의 해결이다. 유형제품은 추구하는 편익을 구체적인 물리적 속성(특성)들의 집합으로 유형화시킨 것이다. 그리고 확장제품은 유형제품에 다양한 서비스들이 부가된 것이다.

2. 가격믹스(Price mix)

가격이란 소비자가 소유 또는 사용하게 된 상품이나 서비스가 제공하는 편익을 교환하는 대가로 지불하는 가치(Value)이다. 예를 들면, 항공료, 호텔 객실료, 패키지 여행요금 등이 그것이다. 가격은 구매자가 상품을 선택할 때 중요한 결정요인이 되며 기업의 입장에서는 가격은 이익의 원천이다. 따라서 가격은 이용객을 만족시키면서 동시에 설정된 이윤목표도 달성시킨다.

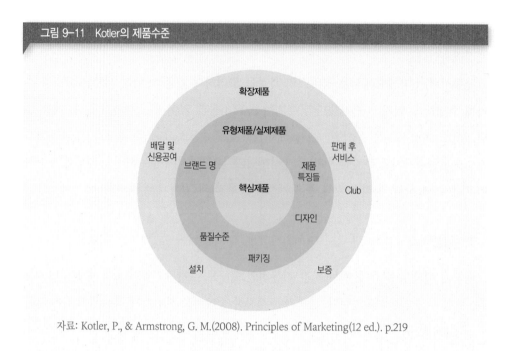

그림 9-11　Kotler의 제품수준

자료: Kotler, P., & Armstrong, G. M.(2008). Principles of Marketing(12 ed.). p.219

가격은 구매결정 시 가장 민감하게 반응하는 요소이다. 관광기업이 환경의 변화에 대처함에 있어 제품이나 유통경로와 같은 마케팅 믹스는 단기간에 대응하기 어렵지만 가격을 통한 대응전략은 비교적 즉각적으로 취할 수 있다. 이처럼 대응시간이 적게 걸리는 특성으로 인해 가격은 가장 강력한 마케팅 수단이 될 수 있다.

3. 유통믹스(Place mix)

유통이란 기업의 제품과 서비스가 소비자에게 전달되는 경로를 말한다. 유통의 핵심은 고객들에게 언제 어디서 어떻게 제품과 서비스를 전달할 것인지에 관한 문제로 소비자들이 접근하기 편리한 곳에 있는 것이고, 특정 제품이나 서비스의 흐름을 돕기 위해 이루어지는 일련의 유기체적 경로이다.

관광산업에 있어서 유통구조의 특징은 두 가지로 요약될 수 있다. 첫째, 유통구조가 비교적 간결하다. 관광기업은 주로 무형적인 서비스상품을 판매하기 때문에 고객정보를 바탕으로 간결하게 처리되는 전달서비스 과정을 갖는다. 둘째, 유통경로가 다양하다(예 여행사). 그 이유는 비교적 간단한 시장진출 요건 때문에 많은 중개업자가 참여하게 되고, 상품의 재고가 불가능하기 때문에 적시적소에 상품을 제공하기 위해 다양한 유통경로가 요구된다. 오늘날 호텔산업이나 외식산업에 있어서 가장 폭넓게 사용되는 유통전략은 프랜차이징이다.

4. 촉진믹스(Promotion mix)

촉진이란 관광서비스를 구매하도록 관광서비스의 가치에 대하여 정보를 제공하거나 설득하는 관광기업의 마케팅 노력이다. 서비스에 대한 메시지를 전달하기 위한 주요 촉진수단으로는 광고, PR, 인적판매, 판매촉진 등이 있다.

광고(Advertisement)는 재화나 서비스의 판매를 촉진하기 위하여 특정 광고주가 비용을 지불하고 대중매체를 통하여 전달하는 비인적인 커뮤니케이션이다. PR(Public Relations: 공중관계)은 기업이 자사의 이미지에 영향을 미치는 여러 형태의 공중(대중)과 상호 호혜적인 관계를 수립하고 유지하는 기능을 말한다. PR의 한 요소로 인식되고 있는 홍보는 공중매체에 소개되는 특정기업 또는 제품에 관한 보도로서 비용을 지불하지 않는 커뮤니케이션이다. 인적판매(Personal selling)는 판매원이 직접 고객과 대면하여 자사의 제품이나 서비스를 구입하도록 권유하는 커뮤니케이션 활동을 말하는데, 이는 고객의 반응에 맞추어 즉석에서 커뮤니케이션할 수 있는 융통성이 있으나 비용이 많이 든다. 마지막으로, 판매촉진(Sales promotion)은 인적판매, 광고, 홍보를 제외한 촉진활동으로서 무료견본, 경품, 구매시점 전시, 추첨행사, 리베이트, 상품전시, 박람회 등을 포함한다.

5. 사람(People)

여기서 사람(인적요소)은 서비스 생산 및 전달하는 직원(내부고객)뿐만 아니라 소비자(외부고객)까지 포함한다. 마케팅의 대부분은 소비자에 대해 설명하고 있으므로 여기서는 직원에 대해 초점을 맞추고자 한다. 서비스는 직원의 행위를 통해 고객들에게 전달되기 때문에 직원은 서비스의 생산자이자 전달자이다. 기업의 비즈니스 가치는 제품 및 서비스 자체는 물론 직원에 의해서도 증가하기 때문에 서비스 마인드가 있는 직원들을 확보해야 한

다. 이에 서비스기업들이 인적자원의 중요성을 인식하고 이들에 대한 교육훈련을 끊임없이 강조하고 있다. 최근에 많은 기업들이 서비스 품질의 일관성과 생산성 향상을 위해 자동화된 설비를 통해 직원의 역할을 대신하고 있지만 이러한 노력이 고객만족이라는 목표와 상충될 수 있다.

6. 물리적 증거(Physical evidence)

서비스는 눈에 보이지 않기 때문에 물리적(유형적) 증거를 통해 서비스 기업과 그 기업이 제공하는 서비스 품질을 고객들에게 전하려고 한다. 물리적 증거란 서비스가 제공되고 기업과 고객의 상호작용이 일어나는 환경을 의미한다. 이는 무형적인 서비스를 전달하는 데 이용되는 모든 유형적인 요소를 포함한다. 〈그림 9-12〉처럼 물리적 증거는 물리적 환경(Physical environment)과 기타 유형적 요소(Other tangibles)로 구성된다(Bitner, 1992). 물리적 환경은 서비스스케이프(Servicescape)라고도 하는 데, 이는 인위적 환경을 뜻한다. 이러한 물리적 증거는 고객의 인지적·정서적·심리적 반응을 불러 일으켜 구매행동에 영향을 미치게 된다. 또한, 서비스 품질에 대한 증거(단서)로서 고객의 기대에 영향을 미치게 된다.

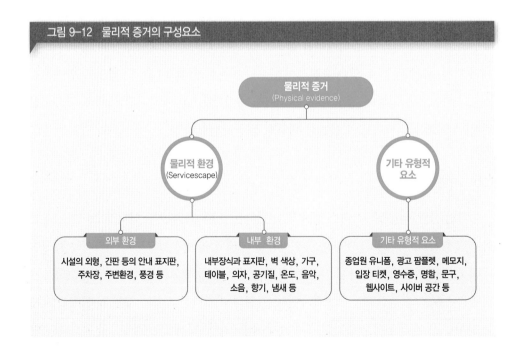

그림 9-12 물리적 증거의 구성요소

7. 서비스 프로세스(Service Process)

서비스 전달과정은 서비스를 제공하는데 필요한 절차와 서비스가 전달되는 제반 활동의 흐름이다. 서비스는 하나의 과정을 통해 생산되고 고객에게 전달되므로 서비스의 전달과정과 서비스 그 자체를 분리하는 것은 불가능하다. 따라서 서비스의 효율성을 높이고 고객만족을 증대하기 위한 서비스 생산 및 전달시스템 설계가 중요하다. 고객이 서비스 생산과정에 참여하기 때문에 적정한 서비스 전달단계의 수와 고객들의 참여수준을 결정하는 것도 서비스 품질을 유지하는데 중요하다. 특히 서비스 전달과정에서 서비스 접점관리가 중요한데 서비스 접점 하나하나가 서비스 품질에 절대적 영향을 미치기 때문이다.

토론주제

1. 마케팅의 문제점

2. 제조기업과 서비스기업 마케팅의 유사점과 차이점

3. 관광서비스기업에 있어서 마케팅의 역할

4. 관광서비스기업의 마케팅 전략의 특징

5. 시장세분화 방법의 장단점 비교 분석

6. 호텔과 외식기업이 이용하는 대표적 촉진 수단과 이유

참고문헌

김윤태(2017.8.23.). 시장세분화 사례. MOBEINSIDE.

　　https://www.mobiinside.co.kr/2017/08/23/marketing-story-segmentation/

매일경제신문(1998.4.8.). 구두신고 마라톤 완주 락포트 제품 이색홍보.

　　https://www.mk.co.kr/news/economy/1916376

미래에셋증권 매거진(2023.1.3.). 나보다 나를 더 잘 아는 맞춤 서비스의 등장.

　　https://magazine.hankyung.com/money/article/202301252786c

신아일보(2023.5.5.). 새 주인 찾는 맥도날드, 암초는 여전.

　　http://www.shinailbo.co.kr/news/articleView.html?idxno=1698577

안광호(2017). 고객지향적 마케팅. 도서출판 북넷.

이유재(2019). 서비스마케팅. 학현사.

이학식·현용진(1994). 마케팅. 법문사.

파이낸셜뉴스(2023.4.3.). 쉼없이 돌아가는 카지노처럼… 활기찬 동행 이어가는 GKL.

　　https://www.fnnews.com/news/202304031849294415

파이낸셜 뉴스(2009.6.21). 위기극복의 롤모델 , 펩시·GE·닌텐도.

　　http://www.fnnews. com/

한국경제매거진(2023.1.25.). 나보다 나를 더 잘 아는 맞춤 서비스의 등장.

　　https://magazine.hankyung.com/money/article/202301252786c

Barney, J. B. (1991). Firm resources and sustained competitive advantage. Journal of
　　Management, 17, 99-120.

Bitner, M. J.(1992). Servicescapes: The impact of physical surroundings on customers and employees. Journal of Marketing, 56(April), 57-71.

Booms, B.H., & Bitner, M.J. (1981) Marketing strategies and organization structures for service firms. Marketing of Services, American Marketing Association, Chicago, p. 47-51.

Cooper, C., Fletcher, J., Gilbert, D., Wanhill, S., & Shepherd, R. (1998). Tourism principle and practice(2nd ed). Addison Wesley Longman Publishing.

Gee, C. Y., Makens, J. C., & Choy, D. (1997). The travel industry (3th ed). Van Nostrand Reinhold.

Gronroos(1990). Service management and marketing. Lexington, MA: Lexington Books.

Gronroos. (1987). Developing the service offering-A source of competitive advantage. Journal of Marketing, 38(1), 33-37

Holloway, C. (1998). The business of tourism(5th ed). Addison Wesley Longman Ltd.

Josep & Plumer(1974). The concept and application of life style segmentation. Journal of Marketing, 38(1), 33-37. In Add Value to Service, C. Surprenant(ed.), (Chicago: American Marketing Association).

Kotler, P. (2000). Marketing management: Millennium edition (10th ed.). Upper Saddle River, N.J.: Prentice Hall.

Kotler, P., & Armstrong, G.(2016). 마케팅 원리, Principles of marketing(15th ed.)(안광호·유창조·전승우 공역). 서울: 시그마프레스.

Kotler, P., Bowen, J., & Makens, J. (2010). Marketing for hospitality and tourism (5th ed.). Prentice Hall.

Kotler, P., Bowen, J., & Makens, J. (2010). 호텔·외식·관광 마케팅(김영태·최현정 공역). ㈜피어슨에듀케이션코리아. Marketing for hospitality and tourism (6th ed.), Pearson.

McCarthy, E. J. (1960). Basic marketing. A managerial approach.

Morrison, A, M.(2002). Hospitality and travel marketing(3rd ed.). Thomson Learning, New York.

Plumer, J. T. (1974). The concept and application of life style segmentation. Journal of Marketing, 38(January), p.33-37.

Powers, T. (1997). Marketing hospitality(2nd ed.). John Wiley & Sons, Inc.

Smith, S. L. (1994). Tourism product. Annals of Tourism Research, 21(3), 582~595, SRI International, Menlo, CA.

Wahab, S. (1976). Managerial aspects of tourism. Turin, Italy: Center International de Perfectionment Professional et Technique.

CHAPTER **10**

관광인적자원관리

- 관광서비스 기업의 인적자원관리의 특징을 설명할 수 있다.
- 직무분석의 목적과 기법을 설명할 수 있다.
- 효과적인 인적자원 모집과 교육훈련을 설명할 수 있다.
- 인사고과 및 임금관리의 목적과 방법을 설명할 수 있다.
- 이동 및 배치관리의 의미와 목적을 설명할 수 있다.

Principles Of Tourism

조직의 경영목표를 달성하는 데 가장 중요한 역할을 하는 것은 인적자원이다. 과거에는 기업들이 대량생산이나 기술을 통하여 경쟁을 했다면 오늘날에는 인적자원을 효과적으로 관리함으로써 경쟁우위를 도모하는 시대가 되었다. 창의적인 지식을 많이 보유한 기업만이 글로벌 경쟁사회에서 최고의 기업으로 생존할 수 있게 되었으며, 그 지식의 자산이 바로 인적자원이다. 인적자원관리는 인적자원을 확보·개발·활용·평가·보상·유지하는 데 관련된 계획적인 의사결정으로서 조직의 목표달성에 기여하는 과정이라고 할 수 있다. 본 장에서는 이들 인적자원관리 활동의 내용을 설명한다.

제1절 _ 관광서비스 기업의 인적자원관리

차별성 있고 경쟁력 있는 상품이나 서비스를 창출하는 데 있어 인적자원이 가장 핵심적인 역할을 수행한다. 가장 중요한 역할에 비해 생산성 측면은 매우 미흡하다. 서비스산업 비중은 확대되고 있는데 생산성이 향상되지 않는다면 국가경쟁력은 후퇴할 수밖에 없다. 본 절에서는 관광서비스 기업에 있어 인적자원관리의 중요성과 가치창출 능력을 높이기 위한 인적자원관리 방안을 살펴본다.

1 관광서비스 기업의 인적자원관리 중요성

인적자원은 사회가 지식을 매체로 하는 소프트웨어 중심의 기술사회가 되면서 단순한 노동력을 의미하는 인력이라는 용어와 동의어로 빈번하게 사용되고 있다. 인적자원관리(HRM: Human resource management)는 조직의 목표를 달성하기 위하여 인적자원의 확보, 개발, 보상, 유지, 이직 및 통합을 여러 환경적 조건과 관련하여 계획, 조직, 지휘 및 통제하는 관리체계라고 정의할 수 있다(신유근, 1984). 일반적으로 인적자원관리는 개인과 조직 및 사회의 목표달성을 위한 활동도 포함하고 있으나 여기서는 조직에 초점을 맞추고자 한다. 인적자원관리를 효과적으로 이행하기 위해서는 무엇보다 조직에서의 인재양성이 중요하다(사례 10-1 참조).

관광서비스 산업은 인적자원에 대한 의존성이 매우 높기 때문에 인적자원의 역할이 기업성패에 큰 영향을 미친다. 제조업체와는 달리 관광서비스 기업들에게는 눈에 보이지 않는 무형의 서비스 품질이 경쟁력의 중요한 요소이다. 하지만 우수한 품질의 인적 서비스가 동반되지 않으면 양질의 상품과 서비스가 생산될 수 없으며 나아가 경쟁력을 상실하게 된다.

관광서비스 분야 종사자들은 하나의 관광상품이다. 다시 말해, 관광종사자들은 관광서비스를 친절하고 효과적으로 고객에게 제공해 주는 역할도 수행하지만 이들의 서비스 전문성과 호의적인 태도나 행동 등은 고객에게 차별화된 상품의 하나로 인식된다.

2 관광서비스 기업의 인적자원관리

서비스의 부가가치 창출은 기술혁신, 시설개량, 자본확충, 인적자원 능력 등 다양한 분야에서 이루어질 수 있다. 이 가운데 인적자원관리가 상대적으로 중요한 의미를 갖는다. 왜냐하면, 인적자원관리는 인력모집, 교육훈련, 보상, 성과평가 등의 영역에서 직원들의 동기부여를 촉진하여 생산성을 향상시키기 때문이다. 여기서는 서비스 혁신사례를 토대로 제시된 서비스 생산성 향상과 부가가치 창출을 위한 3가지 인적자원관리 방안을 요약하여 소개한다(양동훈, 2009). 또한 관광서비스 분야의 중요한 이슈인 감정노동자 관리에 대해서도 설명한다.

1. 명령과 통제로부터의 탈피

서비스업은 제조업과 구별되는 독특한 인적자원관리 방식이 필요하다. 서비스의 생산성과 품질이 우수한 서비스 기업들의 공통점은 전통적인 명령과 통제중심의 관리방식에서 벗어나고 있다는 점이다(Lashley, 1998). 명령과 통제중심의 관리는 표준화된 서비스에 적합하며 현장직원들의 업무권한이 줄어든다는 특징이 있다. 업무권한이 상층부에 집중되어 있으면 현장직원들은 고객서비스를 신속하게 제공하기 힘들다. 따라서 현장직원들의 동기부여 혹은 자율성은 매우 낮은 수준을 보이게 된다.

제조업에서 근무하는 종업원들은 유형적 요소들을 투입하기 때문에 직무감독이나 관

의류 디자이너 랠프 로런, 기업용 솔루션 업체인 오러클의 최고경영자(CEO) 래리 엘리슨, 유명 미식축구 감독 빌 윌시, '스타워즈'를 만든 영화감독 조지 루커스. 이 사람들의 공통점은 무엇일까. 부와 명예를 쌓았고 자신의 분야에서 놀라운 성공을 거둔 이들이라는 것 외에 하나의 공통점이 더 있다. 바로 자신의 성공에만 머물지 않았다는 점이다. 그들은 미래의 리더를 찾아내고 성장시키는데도 탁월한 성과를 냈다. 즉, 그들에게 배운 수많은 제자까지 놀라운 성과를 냈다는 얘기다.

시드니 핀켈스타인 다트머스대 경영대학원 교수는 이들을 그냥 '보스'가 아닌 '슈퍼보스'라고 지칭했다. 그리고 다행히도 탁월한 인재를 육성하는 이들의 능력은 노력을 통해 길러질 수 있다고 강조했다. 핀켈스타인 교수가 하버드비즈니스리뷰(HBR) 2016년 1·2월호에 슈퍼보스가 되는 방법을 자세히 실었다. 본보가 발행하는 HBR 한국어판(HBR Korea)에 실린 주요 내용을 요약한다.

관습에 얽매이지 않는다

슈퍼보스는 아주 강한 자신감이 있으며 상상하는 능력이 뛰어나다는 공통점을 갖고 있다. 그래서 이들은 기존 관행에 얽매이지 않는다. 전통적인 채용 절차를 무시하고 파격적인 방식으로 인재를 채용하는 것도 이런 성향 때문이다.

로런은 면접을 할 때 지원자에게 '입고 있는 옷이 무엇이며, 왜 그 옷을 입고 있는지'에 대해 물었다. 미국 부동산업계의 거물인 빌 샌더스는 지원자들과 하이킹을 하면서 누구와 같이 일하고 싶은지를 결정했다. 이런 독특한 방식을 통해 슈퍼보스들은 아주 재능이 뛰어난 사람을 찾았다.

슈퍼보스들은 특히 전문적인 기술이나 과거 업계 경력이 전혀 없더라도 잠재력이 높은 인재들에게 기꺼이 기회를 줬다. 로런은 디자인 경험이 전

혀 없는 패션모델을 여성복 디자인 책임자로 임명하기도 했다. 디자인 경험은 없지만 그 패션모델은 자신이 입고 있는 옷을 제대로 이해하고 있기 때문에 얼마든지 아름다운 옷을 만들 수 있다고 판단한 것이다. 거대 보건의료기업 HCA의 CEO 토미 프리스트는 물리치료사에게 회사 고위 간부 자리를 주기도 했다. 그들은 '인재는 어떠해야 한다'는 선입견이 없기 때문에 여성과 소수집단에 대해 훨씬 개방적이라는 공통점도 가진다.

슈퍼보스들은 또 사람에 맞춰 업무를 할당한다. 심지어는 새로 고용한 이들에게 맞춰 조직에 변화를 주기도 한다. 윌시가 북미프로미식축구 신시내티 벵골스의 보조코치였을 때 주전 선수가 부상으로 쓰러진 적이 있다. 주전 선수는 팔힘이 강한 반면, 후보 선수는 패스의 정확성이 뛰어났다. 이에 윌시는 짧은 패스 전략을 고안해 팀을 승리로 이끌었다. 루커스는 직원들에게 특정한 직무를 부여하지 않았다. 그 대신 프로젝트마다 다른 업무를 배정했다.

이직에 관대하다

똑똑하고, 창의적이고, 유연한 사람들은 빠른 속도로 경력을 쌓아간다. 어떤 사람들은 수시로 회사를 옮기기도 한다. 일반적인 CEO들은 직원들의 이직을 반기지 않는다. 하지만 슈퍼보스들은 다르다. 어떤 직원이 다른 회사로 자리를 옮기면 또 다른 좋은 인재를 찾을 기회가 왔다고 생각한다.

다큐멘터리 채널인 디스커버리 커뮤니케이션스 창립자 존 헨드릭스의 사례를 살펴보자. 그는 자신의 회사에서 중요한 역할을 맡고 있는 리처드 앨런이 경쟁사인 내셔널지오그래픽으로부터 스카우트 제의를 받은 사실을 알게 됐다. 헨드릭스는 앨런이 회사에 남아주기를 바랐지만 붙잡지는

않았다. 헨드릭스는 오히려 '경쟁 기업을 이끄는 좋은 친구를 갖게 될 것'이라고 생각했다.

슈퍼보스의 이런 태도는 여러모로 이점을 가져온다. 조직 안에서뿐만 아니라 조직 밖의 사람들도 슈퍼보스를 지지하게 된다. 그래서 슈퍼보스는 유능한 인재를 모집하기 위해 애쓸 필요가 없다. 부하 직원들이 성공하면 슈퍼보스의 명성이 더욱 높아져 재능을 가진 인재들이 몰려들기 때문이다.

리더십을 실천한다

슈퍼보스는 어려움이 있더라도 목표를 달성할 수 있다는 낙관적인 태도를 갖고 있다. 그들은 직원들에게 엄청난 성과를 요구하면서 동시에 자신감과 할 수 있다는 의지를 불어넣는다. 1980년대 루커스필름그래픽 그룹의 젊은 직원이었던 마이클 루빈은 이렇게 기억했다. "22세 때 루커스로부터 미래의 세상이 어떻게 바뀔지에 대한 이야기를 들었다. 그 이야기는 나에게 큰 영향을 미쳤고, 그로 인해 내 인생이 변했다."

슈퍼보스는 직원들의 업무를 잘 파악하고 있다. 그렇다고 해서 직원을 통제하지는 않는다. 오히려 그들을 믿고, 놀라울 만큼 높은 수준의 자율성을 제공한다. 하지만 필요할 때는 스승의 역할을 자처하면서 후배들에게 유용한 피드백을 제공했다. 조종사 자격증을 가진 HCA의 프리스트는 회사 행사가 있을 때 부하 직원과 함께 비행기를 타며 개별적인 지도를 해줬다. 전통적 작업장에서 볼 수 있는 장인 및 수습생과 유사한 관계를 유지하는 사례도 많다. 아주 숙련된 공예가처럼, 슈퍼보스는 후배들이 실무 경험을 많이 할 수 있게 유도하는 한편 그들의 발전 과정을 감독하면서 유용한 교훈을 제공한다. 그들은 업무뿐만 아니라 리더십과 인생에 대한 교훈도 함께 제공한다. 프리스트는 목표 설정 방법부터 자신을 갈고 닦는

훈련의 중요성까지, 후배들에게 모든 조언을 아끼지 않았다.

계속 교류한다

슈퍼보스는 후배들에게 장기적인 조언을 제공해 준다. 후배들이 조직을 떠난 이후에도 계속해서 연락하며 그들을 도와준다. 광고제작 감독이었던 켄 시걸은 1990년대 중반 미국 광고계의 거물 제이 치아트 밑에서 3년을 일했다. 하지만 직업을 바꿀 때마다 치아트에게 전화해 의견을 나눈다.

또 사업 기회에 대해서도 적극적으로 논의한다. 프리스트는 HCA에서 자신과 일했던 많은 간부들이 의료 서비스 사업을 시작할 때 투자를 하거나 스스로 고객이 됐다. 미국의 TV 예능 프로그램인 '새터데이 나이트 라이브(SNL)'를 만든 유명 연출가 존 마이클도 마찬가지다. 그는 SNL 스타였던 지미 팰런, 세스 마이어스, 프레드 아미센, 티나 페이의 영화와 TV쇼에 출연하면서 성공을 적극 지원했다.

누구라도 노력하면 이들처럼 이상적인 리더가 될 수 있다. 특별한 능력을 갖고 있는 사람을 찾고, 업계 경력이 없더라도 잠재력이 높은 인재를 발탁하려는 노력부터 시작해 보자. 부하 직원들과 좀 더 자주 현장에 가 보자. 조직의 성과도 높이고 인재도 잘 키울 수 있다.

자료: 동아일보(2016.2.1).

리가 쉽다. 하지만 서비스업은 제조업과 달리 직무수행 과정에서 정신적인 무형의 요소(예 친절한 응대와 미소)가 많이 투입된다. 따라서 종업원들이 직무를 어떻게 수행하고 있는지 관찰하기 어렵고 관리나 통제도 쉽지 않다.

명령과 통제 스타일은 종업원의 내적인 동기부여에 부정적 영향을 끼치기 때문에 생산성을 떨어뜨린다. McGregor와 같은 경영학자는 참여와 자율을 보장해 주면 직원의 내적 심리상태에 변화가 일어나 동기부여가 된다고 주장하였다. 스타벅스 사례(사례 10-2 참조)에서 보듯이 명령과 통제가 판을 치던 전통적인 경영관리 기법으로는 직원의 자율성과 참여는 거의 불가능하다.

 사례 10-2 신뢰의 비밀… 스타벅스가 공짜 카푸치노를 주는 까닭은?

미국의 커피전문점 스타벅스는 종업원들이 마음대로 공짜 커피를 제공할 수 있다. 금전등록기가 고장나거나 어떤 이유로 고객들이 불편을 겪을 때다. 스타벅스 본사가 별도로 이런 지침을 내린 것은 아니다. 아주 오래전부터 종업원들은 완전히 자율적으로 이런 결정을 내릴 수 있다. 금전등록기를 고칠 때까지 수백 잔의 커피를 공짜로 내놓아도 본사가 질책하는 법도 없다.

명령과 통제가 판을 치던 전통적인 경영관리 기법으로는 도저히 설명할 수 없는 경우다. 지위와 권한이 정확하게 일치하는 피라미드 조직에서는 있을 수 없는 일이다. 조직을 관리하는 것은 도심에서 자동차를 운전하는 것과 다를 게 없다. 갑자기 가속하거나 방향을 바꾸면 사고 위험이 높아지듯이 조직도 안정적으로 운용하지 못하면 팀워크가 깨지고 업무 효율도 떨어진다. 가속 액셀을 밟듯이 조직에 큰 변화를 줄 때는 구성원들의 준비와 자발적인 참여가 중요하다. 피라미드를 대체한 현대의 네트워크 조직은 상호 신뢰를 토대로 관계를 구축한다. 신뢰는 단순히 사람과 사람 사이의 믿음을 일컫는 것이 아니다. 조직에 대한 믿음과 가치를 공유하는 과정이다. 그 힘으로 조직에 대한 헌신적 노력이 뒤따라야 한다. 생각과 행동 하나하나에 공통의 가치와 목표의식이 투영돼 있어야 한다.

〈중략〉 그렇다면 상하 간의 신뢰는 어떻게 싹트는가. 권한과 책임을 과감하게 위임해야 한다.

고객불편 느낄 땐 무료로 커피 제공

그들에겐 커피를 팔아야 할 책임도

자신의 방식대로 팔 권한도 함께 있다

믿지 못하는 데 어떻게 맡기냐고? 세기의 경영자 잭 웰치는 영혼까지 들먹이며 이렇게 얘기했다. "앞으로 몇 십 년 뒤 모든 경영잡지들은 GE에 대해 이런 평가를 내려줬으면 좋겠다. 모든 종업원들이 창조적인 사람이 될 자유를 갖고 있고, 모든 사람이 최고로 능력을 발휘할 수 있는 장소로 말이다. 자신들이 하는 일이 참으로 중요하다는 느낌을, 월급봉투로써, 또 그들의 영혼으로 보상받을 수 있는 그런 기업으로…" 권한 위임은 개인적 차원에서 먼저 시작된다. 자신에 대한 믿음, 상대방의 역량에 대한 믿음, 다른 동료들이 기꺼이 도와주고 협력할 것이라는 믿음에서 나온다. 이는 직원들에게 자신의 가치를 확인시켜주는 강력한 도구다.

물론 믿음이 부족하면 권한 위임이 제대로 될 수가 없다. 하지만 권한 위임이 안 되는 대부분의 이유는 믿음의 문제가 아니다. 실제 권한은 자신이 틀어쥐고 책임과 업무 영역만 정해주는 경우가 많기 때문이다. 권한 없이 책임만 넘겨받은 사람은 사후 문책이 두려워 제대로 일을 해내기 어렵다. 권한이 없는데 어떻게 일을 진행하고 협력자를 끌어 모을 것인가. 권한을 넘기더라도 일이 최종적으로 잘못되기 전에 미리 나서서 조언을 해서도 안 된다. 만약에 중간에 섣불리 개입한다면 부하들이 스스로 성장하고 발전할 수 있는 기회를 막아버릴 공산이 크다.

〈중략〉 성공적인 권한 위임으로부터 얻을 수 있는 결과는 다시 신뢰의 확대다. 신뢰는 조직 내 유대감을 낳고, 유대감은 조직을 더욱 효율적으로 결집시킨다. 스타벅스 종업원들은 회사가 제시하는 비전과 가치, 자신들이 해야 할 역할을 잘 이해하고 구현했다. 커피를 팔아야 하는 책임과 자신의 방식대로 커피를 팔 수 있는 권한을 동시에 갖고 있었다. 당신이 그런 경험을 했다면 또 다시 스타벅스를 찾지 않겠는가.

자료: 한국경제신문(2008.10.22.)

2. 직원만족도 개선

두 번째 방안은 직원만족도 개선이다. 〈그림 10-1〉은 종업원이 일과 회사에 대해 갖게 되는 태도가 서비스 만족도에 미치는 영향을 도식화한 내용이다. 직원이 일과 회사에 만족할 때 높은 품질의 서비스를 제공할 의욕을 갖게 되며, 이는 소비자의 만족도 향상으로 이어진다. 회사가 직원들의 일상적인 문제와 욕구 그리고 어려움 등에 관심을 갖고 회사의 비전에 대한 직원의 공감대를 유도하면 직장 만족도는 높아진다. 직원의 공감대 향상을 위해 마이크로소프트는 전 직원이 참여해 의견을 제시하고 이를 관리자가 귀담아 듣

는 회의를 정기적으로 열고 있다. 휴렛팩커드(HP)도 정기적인 설문조사를 통해 직원들의 관심사를 점검하고 이에 적절히 대응하고 있다.

직원의 만족도를 높여 서비스 품질을 개선한 대표적 사례는 미국의 소매업체 Sears사다. Sears는 1992년 2,000개의 소매점(백화점)과 30만 명의 종업원을 거느린 대규모 조직이었다. 하지만 재정적자가 늘어나면서 Sears는 Saks(잡화그룹)사의 Arthur Martinez를 최고경영자로 영입하고 조직의 턴어라운드(Turnaround: 기업회생)를 시도하였다. 그가 생각한 조직 혁신모델은 직원-고객-이익모형(Employee-customer-profit model)으로 〈그림 10-1〉과 동일하다. Martinez는 현장직원들에게 보다 많은 권한을 주고 직원들과의 면담을 강화하고 그리고 현장관리자의 리더십을 개선함으로써 고객 만족도를 높였다.

직원만족도를 높이기 위해 Sears는 직원들이 일하면서 성장하고 능력을 개발할 수 있도록 업무환경을 조성해주고, 직원들의 아이디어를 업무현장에 적용하고, 현장직원들에게 보다 많은 권한을 주는 노력을 지속적으로 전개했다. 그 결과 1993년 Sears의 순이익은 약 7억 5,000만 달러 증가했고 매출액은 9% 늘어났다. Sears가 자체적으로 조사한 성과지표에 따르면, 직원만족도 5점의 증가가 1.3점의 고객만족도 증가를 가져온 것으로 나타났다. 나아가 직원만족도가 5점 증가할 때마다 회사수입은 약 0.5% 단위로 상승했다.

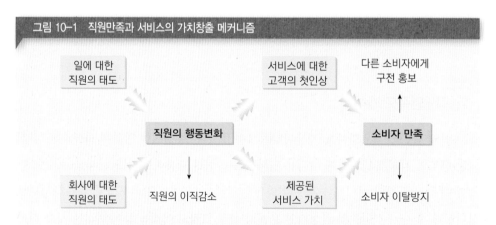

그림 10-1 직원만족과 서비스의 가치창출 메커니즘

자료: Rucci, A., Kirn, S. P., & Quinn, R. T.(1998). The employee-customer profit chain at Sears. Harvard Business Review(January-February), 76(1), 82-97.

3. 인사관리 서비스의 내부통합과 아웃소싱

인적자원관리의 세 번째 방안은 비용의 효율성을 높이고 이를 위해 인적자원관리 서비스를 조직내부에서 공유하는 방식과 조직외부로 서비스의 일부를 아웃소싱하는 것이다. 인적자원관리를 내부적으로 공유하기 위해서는 인사관리 서비스센터를 구축하면 가능하다. 다시 말해 복리후생, 보상과 급여관리, 교육훈련 및 인력개발활동, 인사기록, 채용 등의 업무를 한곳에 모아 중앙의 인사서비스 센터를 통해 제공하는 것이다.

인적자원관리 서비스 중에서 표준화가 가능하고 일상적이고 행정적인 업무를 중앙의 서비스 센터가 처리하면 비용을 대폭 줄일 수 있다. 이런 업무가 조직 내 여러 사업부 에 분산되면 인력 및 업무의 중복으로 비용이 낭비될 수 있다. 인적자원관리 서비스 센터는 인터넷 기술을 활용해 모든 직원들에게 쉽게 서비스를 제공할 수 있다. 또한, 각 사업부로 분산됐던 역량이 한곳에 모여 높은 수준의 전문서비스를 제공할 수 있다. Northern Telecom(NT: 캐나다)은 퇴직관련 업무, 인사기록, 휴가 및 급여, 인사정책에 대한 질의응답, 교육훈련 신청등록, 사내모집 공고 등의 업무를 표준화하여 사내의 인적자원관리 서비스 센터가 담당하도록 했다.

또 다른 방식으로는 인사관리 서비스를 아웃소싱하는 것이다. 인적자원관리 서비스의 아웃소싱은 인적자원관리 서비스의 전문성이 부족할 때나 아웃소싱의 비용 효율성이 더 높을 때 이뤄진다. 인적자원관리 서비스 아웃소싱의 주요 영역은 복리후생, 인사정보시스템, 채용, 재취업, 배치전환 등 거의 모든 서비스로 확산되고 있다(The Outsourcing Institute, 2000).

4. 감정노동자 관리

감정노동자란 배우가 연기하듯이 고객의 감정에 맞추기 위하여 자신의 감정을 자제하고 통제하는 일을 일상적으로 수행하는 노동자를 말한다. 감정노동은 근로자들의 감정을 억제함으로써 실제 감정으로부터 소외시켜 직무 스트레스를 유발하고 정신적, 육체적 건강에 심각한 손상(예: 우울증, 고혈압, 수면장애, 음주, 도박 중독)을 야기한다. 특히, 서비스에 대한 고객의 요구수준이 높아지면서 가중된 대인업무 스트레스와 열악한 처우는 이러한 상황을 점점 악화시키고 있다.

2021년 한국의 전체 임금노동자 10명 중 4명이 감정노동자로 분류된다(김종진·윤자호·정성진, 2021). 감정노동을 많이 수행하는 주요 직업군은 음식서비스, 영업 및 판매직, 미용, 숙박, 여행, 오락, 스포츠 관련직이다(한국직업능력개발원, 2013). 특히, 대면 감정노동자들은 고객들과 직접 대면하면서 고객들의 욕구를 충족시킨다. 직무차원에서 고객이 요구하는 적절한 감정표현을 규정하여 이를 준수할 것을 요구할수록 기업의 성과는 향상되므로 조직의 입장에서는 이를 규정하고 따를 것을 요구하게 된다(Morris & Feldman, 1996).

기업들은 감정노동자 스트레스의 효과적 관리를 위해 다양한 대응방법을 강구하고 있다. 예를 들어, 롯데백화점은 '감정 해우소'(감정을 배출할 수 있는 창구)와 여성전용 흡연실을 운영하고 있고, 현대백화점은 휴게실에 직원의 의견을 수렴하기 위해 '빨간 우체통'을 설치 운영하고 있다(주진모, 2013). 제주항공은 대면과 모바일을 통해 심리상담 프로그램인 '감성톡톡'을 운영하고 있다. 미국 아메리칸 익스프레스는 보험설계사의 '감성역량'을 향상시키는 교육훈련을 실시하며, 현대카드는 직원에게 무리한 요구나 폭언 등을 일삼는 고객에게는 응대를 중단하는 '직원보호제도'를 실시하고 있다.

 제2절 _ 직무분석

직원의 능력을 개발하여 효과적으로 활용하기 위해서는 무엇보다도 직원 개개인이 담당하고 있는 직무가 어떠한 내용과 성격을 가지고 있으며 직무를 훌륭하게 수행할 능력과 자질은 무엇인지를 파악하여야 한다. 또한, 해당 직무가 다른 직무와 비교하여 상대적 가치가 있는지를 평가해야 하며, 직무환경의 변화에 대응하여 직무를 재설계하는 것이 필요하다. 이를 이해하기 위해 직무분석이 필요하다. 본 절에서는 직무분석의 목적, 직무기술서와 직무명세서의 차이점에 대해 알아본다.

1 직무분석의 개념

직무의 내용을 밝히는 직무분석(Job analysis)은 1930년대에 이르러 널리 보급되었다. 직무분석은 Talor의 시간연구(Time study)와 Gilbreth의 동작연구(Motion study)로부터 비롯되었다. 직무란 한 사람이 수행하는 유사 업무의 묶음단위이다.

직무분석이란 직무에 관한 정보를 수집·분석하여 직무내용을 파악하고(업무분석), 각 직무의 수행에 필요한 숙련·노력·책임·작업조건 등의 여러 요인을 서술하여(요건분석) 이를 조직적으로 기록·제시하는 일련의 과정이다(송병식, 2008). 〈표 10-1〉은 관광산업에 있어 다양한 직무를 소개하고 있다.

💡 표 10-1 **관광산업의 직무 예**

산 업	주요 직무
호텔업	프론트 데스크, 벨서비스, 비즈니스센터 담당, 룸메이드, 웨이터/웨이터리스, 바텐더, 캡틴, 주방장, 소믈리에, 매니저 등
외식업	매장매니저, 호스트, 서버, 바텐더, 메뉴개발 담당자, 조리보조 등
여행업	발권담당, 항공사 관리담당, 현지수배담당, 영업담당, 현지 가이드, 인솔자, 항공사 티켓관리담당, 인바운드 담당 등
카지노업	딜러, 플로어 퍼슨(floor person), 핏보스, 머신 어텐던트(machine attendant), 안내데스크, 영업판촉, 모니터요원, 보안요원, 환전, 캐셔 등
컨벤션업	프로젝트 매니저, 마케팅/유치담당, 학술담당, 등록담당, 수송/의전담당, 전시담당, 홍보담당 등

자료: 한국직업능력개발원(2005). 호스피탈리티 산업의 직업구조 특성과 인적자원개발 전략보고서 2005-13. pp.99-152.

2 직무분석의 목적

1. 채용·선발과 승진관리

기업은 직무분석을 통하여 인력수급계획을 수립하고 이에 따라 채용을 실시하게 된다. 그리고 직무기술서와 직무명세서의 직무요건을 활용하여 해당 직무에 적합한 인재를 선발한다. 직무분석은 각 직무를 원활히 수행함에 있어서 업무의 지식정도, 근무경력,

신체조건 등 객관적인 정보를 제공해 주기 때문에 이를 기초로 하여 승진의 기준을 설정할 수 있도록 해준다(Miner, 1973; 藤田忠, 1965).

2. 교육훈련

특정한 직무에 어떤 자질과 역량이 필요한가에 따라 적합한 교육훈련 프램이 실시되어야 한다. 각 직무의 특성과 자질이나 역량을 파악하지 못한다면 경영목표 달성을 위한 교육훈련의 효율성은 저하되고, 그 직무의 기능 및 기술축적에 요구되는 전문적이고 체계적인 교육훈련은 기대하기 어렵게 된다(Miner, 1973).

3. 직무평가

직무분석은 직무를 수행하는데 필요한 지식, 능력, 숙련, 책임 등 직무의 내용과 특성을 비교 평가할 수 있는 정보를 제공한다. 이러한 정보는 근로자와 회사에게 해당 직무의 성과가 무엇인지 인식하게 하고 정확한 성과의 측정을 가능하게 한다.

4. 인사평가

인사평가를 하기 위해서는 평가기준의 확립이 필요하다. 평가기준을 만들기 위해서는 먼저 개개의 직무는 어떠한 내용과 성질을 가지고 있으며 그 직무를 수행하기 위해서는 어떠한 지식, 숙련 등의 능력이 필요한지를 결정하여야 하는데 직무분석은 이러한 정보를 제공해 준다.

5. 보상관리

직무분석은 공정하고 합리적인 보상관리를 할 수 있도록 기초정보를 제공해 준다. 직무급 또는 직능급에 필요한 각 직무의 수행과정에서 각 직무의 조직내 상대적 가치를 결정하고 이를 인사평가에 반영한다. 이를 바탕으로 조직구성원에 대해 보상을 결정한다(Miner, 1973; 藤田忠, 1965).

6. 업무개선

직무분석을 실시하고자 하는 근본적인 이유는 사람보다 직무(일) 중심으로 업무의 체계를 개선하고 변화시키기 위해서이다. 이는 사람 중심보다 직무중심으로 조직을 운영하기 위함이다(Miner, 1973; 藤田忠, 1965).

7. 책임 및 권한의 명확화

기업경영을 계획적, 능률적으로 수행하기 위해서는 개별 직원의 직무와 직무를 수행하는데 필요한 권한과 책임을 명확하게 하여야 한다. 직무분석은 직원의 권한과 책임을 명확히 하는 자료를 제공하게 된다(송병식, 1998).

8. 안전관리

기업이 생산성을 증대시키기 위해서는 직원의 안전과 후생관리를 위해 꾸준히 노력해야 한다. 직무분석을 통해 각각의 직무가 가지고 있는 위험성, 작업환경의 유해성, 노동의 강도, 직업병 등을 파악하여 사전에 관리해야 한다. 또한, 안전사고에 대비한 안전시설, 안전교육 훈련 및 안전관리 홍보물(포스터, 표어) 등은 특정 직무에 적합하게 해야 한다.

③ 직무기술서와 직무명세서

1. 직무기술서

직무기술서(Job description)는 과업 중심적 직무분석으로서 직무분석의 결과로 얻어진 직무에 관해 직무요건(직무의 내용·성격·수행방법)을 일정한 양식에 기록·정리한 문서이다. 직무기술서는 주로 구성원의 입사교육과 기타 교육훈련, 업적평가 등에 기본자료로 사용된다. 직무기술서의 기재사항은 매우 포괄적인데 직무명칭, 직무개요, 책임, 기계, 도구 및 장비, 사용될 원료와 형태, 감독내용, 작업조건, 위험 등이 포함된다.

2. 직무명세서

직무명세서(Job specification)는 직무수행에 필요한 종업원의 자격요건을 일정한 양식에 기록한 문서이다. 따라서 직무명세서는 각 직무에 필요한 인적요건을 보다 상세히 기록한 것으로 주로 모집과 선발에 사용된다. 직무명세서 기재사항은 직무명칭, 성별 및 연령, 경험 및 숙련도, 작업자 체격, 작업자의 정서적 성격 및 정신적 능력, 커뮤니케이션의 기술, 필요한 능력과 수준 등이 있다.

직무분석의 결과를 종합하여 정리 및 기록한다는 점은 두 문서의 공통점이라 말 할 수 있다. 하지만 직무내용과 직무요건 등 직무의 특성을 중점적으로 설명하는 직무기술서와 달리 직무명세서는 직무의 특성 보다는 직무에 대한 인적요건에 큰 비중을 둔다는 것이 차이점이다. 직무기술서와 직무명세서의 차이점을 정리해 보면〈표 10-2〉와 같다.

표 10-2 **직무기술서와 직무명세서의 차이점**

직무기술서(Job description)	직무명세서(Job specification)
직무관련 사항(과업, 업무, 책임)	사람관련 사항(지식, 기술, 능력)
· 직무의 명칭 및 담당부서 · 직무내용의 요약 · 직무수행 단계 · 다른 직무와의 연계성 · 직무진행 요건 및 진행방법 · 직무의 진행에 대한 구체적인 내용	· 직무에 대한 지식, 기술 · 담당자의 성격 · 담당자의 능력 및 적성 · 경험 및 경력 · 직무 자격요건 · 태도 및 가치관

 제3절 _ 모집과 선발

모집이란 필요로 하는 인력을 조직으로 끌어들이는 과정을 의미한다. 따라서 모집은 조직의 목적달성에 기여할 수 있는 내외인력의 원천을 개발하고 이들 인력으로 하여금 조직에서 일할 기회를 부여하는 과정이다. 모집을 하고 나면 모집된 인적자원 중에서 조직에서 가장 적합한 지원자를 선택하게 되는데 이것이 선발이다. 본 절에서는 모집의 의의 및 중요성, 모집방법, 그리고 선발개념과 결정요인에 대해 살펴보기로 한다.

① 모집의 중요성

모집(Recruitment)은 선발을 전제로 일정한 직무를 맡을 수 있는 자격을 가진 지원자들을 발굴하여 조직에 유인하는 과정이다. 따라서 모집활동은 조직 전반에 대한 일반적인 정보제공으로부터 시작하여 구체적인 모집광고와 지원서의 접수에 이르기까지 여러 가지의 활동으로 구성된다.

모집활동은 다음 두 가지 측면에서 그 중요성을 설명할 수 있다. 조직의 인력수요는 항상 변하기 때문에 인력조달이 적기에 이루어져야 한다. 퇴직, 이직, 직장사고 등으로 인한 자연적인 인력감소는 물론 조직의 성장과 새로운 기술의 도입 등 조직의 변화와 더불어 인력규모와 구성도 함께 변한다. 새로운 지식과 기술 그리고 능력을 갖춘 새로운 인력은 내부인력으로만 충당하기 어렵다. 이로 인해 외부로부터의 인력조달이 필요하며 따라서 모집활동이 중요해진다. 모집방법이 잘못되어 모집활동이 부실하게 전개될 경우 자격수준이 낮은 지원자가 선발될 수 있어 결과적으로 신규인력의 직무능력에 부정적 영향을 미친다.

② 모집방법

1. 사내모집원

각 부서로부터 필요인원에 대한 채용요구가 있게 되면 소요인력을 모집하는 공급원을 먼저 사내에서 찾는 것이 가장 용이한 방법이다. 사내공급원에는 종업원의 배치전환(Transfer)이나 승진 등을 통하여 자격을 갖춘 인력을 조달한다든가 아니면 현재의 직위에서 승급(Upgrading)시켜 조달하거나 또는 정리해고 중인 종업원을 불러들이는 방법이 있다. 사내모집원에 의한 모집방법은 직원의 사기를 진작시키며, 모집 및 교육훈련에 따른 비용과 시간을 절약할 수 있으며, 종업원의 능력평가가 용이하여 보다 효율적이라는 장점

이 있다. 하지만 연고관계로 인하여 창조성과 노력이 부족할 가능성이 있으며 성장기에
많은 결원직을 충원할 유능한 자격자가 부족한 경우가 있을 수 있다는 단점이 있다.

2. 사외모집원

사외공급원을 통해 인력을 모집하는 방법에는 광고, 인턴십, 추천제 등 여러 가지가 있
다(표 10-3 참조). 사외모집 원천의 장점으로는 새로운 분위기 유발, 특수한 인재채용, 교육 및
훈련비 절감을 들 수 있다(임창희, 2014). 하지만 직원의 적응기간이 오래 걸리고, 내부인의
사기저하가 초래되며, 평가의 정확성이 낮을 수 있다는 단점이 있다.

3 선발의 개념과 기준

1. 선발의 개념

선발(Selection)이란 모집활동을 통하여 접수된 지원자들 중에서 직무요건에 가장 적합한
인적요건을 갖춘 사람을 뽑는 것을 말한다. 인재를 잘못 채용하면 경제적·비경제적 손
실이 막대하기 때문에 선발에 대한 결정은 매우 중요하다. 따라서 기업들은 직원선발을
자본투자결정과 같이 전문스태프의 도움을 받아서 하는 경우가 많다.

2. 선발기준

선발을 결정할 때 고려되는 요인으로는 지원자의 교육정도, 경험정도, 신체적 특성, 개
인특성과 성격 등을 들 수 있다. 지원자의 교육수준(양적 측면)과 교육형태(질적 측면)는 입사 후
담당할 직무성과와 직결된다. 과거의 직무경험은
미래의 직무성과에 영향을 미치며 선발한 후 지원
자의 인적요건과 직무요건에 조화를 이룰 수 있는
지를 판단하게 된다. 또한, 개인의 성격이 직무성
과와 조직성과에 영향을 미치기 때문에 정교하게
개발된 성격검사가 선발방법으로 채택되고 있다.

🎈 표 10-3 **사외모집원에 의한 모집방법**

모집방법	내용 혹은 방법
광고(Advertising)	TV, 인터넷, 신문, 전문잡지, 지역정보지 등의 광고수단을 이용하는 것
교육기관 (Educational institutions)	각종 직업훈련기관, 전문대학, 대학 같은 교육기관과 유기적인 관계를 맺으면서 소요 인력의 확보를 도모하는 것
리크루트 (Recruiter)	기업이 직접 대학이나 지역별로 방문하여 취업설명회 등의 홍보를 통하여 자사의 비전을 제시하고 필요한 인재 발굴
인턴십 (Internship)	대학생들을 일정기간 자사 현업부서에 배치하여 현장실습의 기회를 제공한 뒤 특별한 하자가 없을 경우 정식직원으로 채용하는 제도
추천제	주로 특정 분야의 특수 기능을 가진 인재를 필요로 할 때 활용
고용대행기관 (Employment agency)	기업에서 필요로 하는 인력을 경우에 따라서는 고용대행기관을 통하여 모집하는 것

3. 선발절차

선발절차는 선발관리를 합리적으로 하기 위해 일련의 과정에 순서를 정하는 것을 말한다. 선발과정을 구성하는 각 단계나 절차 및 순서는 조직에 따라 다를 뿐만 아니라 충원되는 직무의 수준과 유형에 따라 달라질 수 있다. 따라서 각 단계의 효율성과 선발비용을 고려하여 해당 기업의 특성에 적합한 선발절차를 선택하여야 한다. 일반적 인력의 선발절차는 지원서 제출, 선발시험, 면접, 이력조사, 신체검사, 선발결정 등으로 집약될 수 있다.

제4절 _ 교육훈련

교육은 장기적인 관점에서 조직 구성원의 자질 및 능력향상을 강조하는 반면, 훈련은 주로 단기적인 직무성과 향상을 목적으로 한다. 교육훈련은 직원들의 직무수행능력을 향상시켜 서비스품질, 고객만족, 그리고 고객충성도에 대한 향상으로 이어져 궁극적으

로 기업의 재무적 성과(예 이익)를 향상시키게 된다. 오늘날 관광기업들은 직원의 교육훈련을 통해 적극적으로 인적자원을 개발하고 있다. 본 절에서는 교육훈련의 개념, 교육훈련의 목적, 그리고 교육훈련의 유형 및 방법에 대해 살펴본다.

① 교육훈련의 개념 및 목적

교육훈련(Education and training)이란 직원의 지식과 기능을 향상시키고 기업환경에 적응하는 태도를 길러 맡은 직무를 효과적으로 수행할 수 있도록 원조하기 위하여 계획된 조직적인 활동이다. 교육훈련은 교육과 훈련의 두 용어의 혼합어이다. 교육은 '아는 힘'(지식)을 얻는 활동으로서 주로 상위직을 대상으로 하는 전인적 성장을 시도하는 데 반하여, 훈련은 주로 하위직을 대상으로 '할 수 있는 힘'(기능)을 가르치는 활동이다.

교육은 직원의 일반적인 지식, 태도, 기능을 육성하는 것으로 능력개발을 목적으로 한다. 이에 반하여 훈련은 특정 직무를 수행하는 데 필요한 기술을 향상시키기 위하여 문제해결, 태도, 관행, 행동을 변경하는 것으로서 실제 직무수행에 있어서 부족한 점이나 개선할 점에서 출발한다. 두 용어의 차이점을 비교 설명하면 〈표 10-4〉와 같다.

교육훈련의 목적을 기업 측면에서 본다면 환경변화에 대한 적응능력과 업무능률을 향상시키고 이를 계속적으로 발휘될 수 있도록 양질의 인재를 육성하는 일이다. 서비스 기업의 상품적 가치와 품격은 직원의 서비스에 의해 좌우된다. 한편, 종업원 측면에서 본다면 교육훈련의 목적은 개인의 성취동기를 부여하고 나아가 인간적인 완성을 위한 성장과 이에 따르는 처우의 향상이라 할 수 있다.

표 10–4 **교육과 훈련의 차이점**

구분 영역	교 육	훈 련
주요 대상	관리직(상위층)	비관리직(하위층)
내용	이론 및 개념적 사상	기술 및 기계작업 능력
목표	인간적·보편적·장기적 목표(일반적 지식)	기업 특유의 단기적 목표(직무와 관련된 특수목적)
기간	장기	단기
강조점	정신적 의미	육체적·기술적 의미

2 교육훈련 유형

교육훈련의 유형에는 여러 가지가 있다. 일반적으로 교육대상자(피교육자), 교육장소, 교육훈련의 내용과 방법, 교육훈련의 시기 등의 기준에 따라 분류된다. 여기서는 교육훈련 대상자와 교육훈련 장소에 의한 분류를 살펴본다.

1. 대상자에 의한 분류

대상에 의한 분류라 함은 교육훈련을 받는 대상자를 중심으로 한 분류로서 신입사원 교육훈련과 현직원 교육훈련이 있다. 신입사원 교육훈련은 오리엔테이션, 기초직무훈련, 그리고 실무훈련 등의 세 단계로 구분할 수 있다. 현직원을 대상으로 하는 교육훈련은 일반직원 교육훈련, 하위감독자 교육훈련, 중간관리자 교육훈련, 그리고 최고경영자 교육훈련 등을 포함한다. 현직원 교육훈련은 현직원의 자질을 높임으로써 작업능률을 올리는 동시에 부서내 종업원 간에 호환적 직무수행 능력을 향상시키고 미래 관리자 혹은 리더를 양성하는데 도움이 된다.

2. 장소에 의한 분류

(1) 직장내 교육훈련(OJT: On the job training)

각 부서장인 직속 상위자의 책임하에 직무수행 과정에서 부하 종업원들을 직접적·개별적으로 실무적인 지식·기능·태도에 대하여 교육훈련하는 방법이다. OJT의 장점은 훈련이 실제적이고, 용이하며, 상위자나 동료 간의 이해와 협조정신을 강화시키고, 교육훈련 비용이 저렴하다는 점이다. 하지만 훌륭한 직속상사가 반드시 훌륭한 교관이 되는 것은 아니며, 다수의 피교육자를 동시에 교육훈련하기 어렵고, 통일된 내용과 동일수준의 교육훈련을 하기 어렵다는 단점이 있다.

(2) 직장외 교육훈련(Off JT: Off the job training)

Off - JT는 OJT의 단점을 보완하기 위해 회사에서 하던 일을 잠시 중단하고 연수원이나 전문교육기관에서 교육을 실시하는 방식이다. 장점으로는 다수의 피교육자에게 통일

된 내용을 동시에 훈련할 수 있으며, 현장을 떠나 있어 교육훈련에만 전념할 수 있으며, 피교육자 간의 경쟁의식으로 교육훈련의 효과가 높다는 점이다. 단점은 작업시간의 감소와 교육훈련 결과를 즉시 현장에서 활용하기가 어렵다는 점이다. 전문강사와 교육장이 필요하므로 교육비용이 많이 들고 많은 준비 등으로 시간과 경비가 증가하게 된다.

③ 교육훈련 방법

교육훈련의 내용이 훌륭하더라도 훈련방법이 적절하지 못하면 교육훈련의 효과는 반감된다. 교육훈련방법은 교육훈련의 목적, 대상자, 교육자, 교육기간 및 장소 등에 따라 알맞게 적용되어야 한다. 대표적 방법으로 강의식, 회의식, 사례연구, 역할연기(Role playing), 브레인스토밍(Brainstorming), 직무순환 등이 있다. 이들 훈련방법의 개념을 정리해 보면 〈표 10-5〉와 같다.

표 10-5 **교육훈련 방법과 내용**

교육훈련 방법	훈련내용
강의식 방법	일정한 장소에 집합된 피교육자를 대상으로 교육자가 강단에서 일방적으로 강의하고 피교육자는 이것을 청강하는 방법
회의식 방법	훈련참가자가 일정한 장소에 모여서 주제에 관한 각자의 견해, 지식, 경험 등을 발표 및 교환하고 문제점 등에 대하여 토의하는 방식
직무순환	종업원의 직무영역을 변경시켜 다방면의 경험, 지식 등을 쌓게 하는 훈련방법
사례연구	실제사례를 선정하여 훈련 참가자들에게 소개하고 토론하도록 함으로써 문제해결능력을 배양시키는 방법
역할연기	주제에 대하여 피훈련자로 하여금 실제로 경험하게 하는 훈련방법
비즈니스 게임	모의 경영상태를 설정하고 게임을 통하여 경영상의 의사결정에 대해 훈련하는 방법
브레인스토밍	기존의 관념에 사로잡히지 않고 자유로운 발상으로 아이디어나 의견을 내도록 하는 훈련방법
감수성 훈련	대인관계 속에서 정신적인 갈등이나 대립의 해결과정을 통해서 자기통찰을 하는 훈련방법
시청각 훈련	비디오, VCD, DVD, 슬라이드, 오디오, 사진, 괘도, 모형, 도표 등의 시청각 교재를 사용하여 교육훈련하는 방법

제5절 _ 인사고과와 임금관리

인사고과는 조직구성원이 조직의 목표달성에 얼마나 기여했는지를 평가하는 인적자원관리 기능으로서 조직구성원의 보상과 동기부여 그리고 능력개발에 중요한 영향을 미친다. 오늘날 인사고과는 조직을 활성화시키는 데 가장 중요한 인적자원관리의 기능으로서 인식되고 있다. 하지만 오랫동안 많은 노력에도 불구하고 정확하고 공정한 평가를 위한 완전한 평가도구는 존재하지 않는다. 본 절에서는 인사고과, 임금관리, 그리고 복리후생에 대해서 살펴본다.

1 인사고과

1. 인사고과의 개념

인사고과와 관련한 용어는 다양하게 사용되고 있다. 우리나라에서는 근무평정, 성적평정, 업적평정, 인사고과, 인사평가 등으로 불리고 있다. 용어의 차이는 있지만 인사고과란 조직에서 구성원 개개인의 태도나 자질, 능력과 업적 등을 평가하는 방법을 제도화한 것으로서 조직구성원이 보유하고 있는 현재적·잠재적 가치를 체계적으로 평가하는 것을 의미한다.

2. 인사고과 목적

일반적으로 인사고과의 주요 목적은 다음의 다섯 가지로 나누어 설명할 수 있다. 첫째, 경영전략과의 연계성이다. 인사고과는 조직의 전략적 목표를 조직구성원의 직무수행 활동과 연계시켜 성공적인 경영전략 수행을 위하여 요구되는 행동과 성과를 이끌어 내는 것이다. 둘째, 성과향상이다. 평가결과를 당사자 등에게 피드백함으로써 구성원의 동기부여는 물론 업적과 태도 그리고 능력이 개선되어 궁극적으로 기업의 성과를 향상시키게 된다. 셋째, 조직구성원의 능력개발이다. 조직의 기대수준에 얼마나 근접한지를 알려

줌으로써 조직구성원 스스로 자기개발을 유도하는 역할을 하게 된다. 넷째, 공정한 보상 및 상벌결정을 학기 위함이다. 조직은 평가결과를 기준으로 급여, 상여, 승격, 승진, 징계, 강등 등을 결정하게 된다. 마지막으로, 적정배치 및 이동을 위함이다. 인사고과는 인적자원의 특성, 가치, 역량, 성과 등의 중요한 정보를 제공한다. 이러한 자료를 토대로 어떤 종류의 인력이 부족하고 남는지를 알 수 있어 효과적인 인력의 수급계획을 수립할 수 있다.

3. 인사고과 원칙

(1) 타당성

타당성(Validity)은 평가(고과)하고자 하는 요소들을 얼마나 정확한 방법으로 평가하는가를 의미한다. 그러기 위해서는 〈표 10-6〉에서와 같이 평가요소의 선정이 평가목적과 일치해야 한다. 인사고과의 타당성은 다음의 방법으로 증대시킬 수 있다. 첫째, 목적별로 인사고과를 수행하는 것이다. 인사고과의 목적은 모집선발, 임금, 교육훈련, 배치전환, 배치 및 승진, 동기유발 등 여러 가지가 있을 수 있는데 평가의 목적에 적합한 평가요소를 중심으로 평가하여야 한다. 둘째, 평가집단을 세분화하는 것이다. 전체 구성원을 평가하기 위한 공통항목도 필요하지만 직종별·직급별·사업장별로 세분화하여 다양한 각 집단에 적합한 차별화된 평가요소를 적용하여야 한다.

(2) 신뢰성

신뢰성(Reliability)이란 어떤 사람이 평가하더라도 일관성 있는 결과가 얻어지는 것(객관성 혹은 일관성)을 의미한다. 신뢰성을 증대시킬 수 있는 방안으로 첫째, 인사고과의 목적에 따라

표 10-6 **인사고과의 목적과 고과요소의 연계**

인사고과의 목적	고과(평가)요소
임금결정	업적
교육훈련 및 인적자원 개발	약점, 적성, 잠재력
모집선발(채용결정) 관리	잠재력, 태도
배치 및 승진결정	능력, 적성

자료: 임창희(2004). 신인적자원관리, 명경사, p.6.

상대평가와 절대평가를 적절히 배합하여 활용하는 것이다. 둘째, 고과결과의 공개이다. 평가의 결과를 당사자에게 피드백하여 그 결과가 편파적으로 행하여지지 않았음을 입증해야 한다. 셋째, 다면평가를 하는 것이다. 다양한 사람(상사, 부하, 동료, 외부전문가, 고객 및 공급업자 등)들이 고과자가 되어 평가한다면 신뢰성은 높아진다. 마지막으로, 인사고과자는 객관적인 사실을 바탕으로 피고과자를 평가해야 신뢰성이 향상된다.

(3) 수용성

수용성(Acceptability)은 피고과자들이 인사고과의 목적, 필요성, 과정, 그리고 결과를 이해하고 적법한 것으로 받아들이는 정도를 말한다. 수용성을 증대시키기 위해서는 조직구성원을 참여시켜야 한다. 즉, 고과요소와 고과방법을 선정할 때 직원들을 참여시키고 최종 확정된 다음에 이를 공개해서 공론화한다. 또한, 고과제도에 대해 직원들을 이해시키고 정확한 평가를 할 수 있도록 평가자들을 충분히 교육훈련시켜야 한다.

(4) 실용성

실용성(Practicability)이란 고과방법이 실제 조직에서 적용되었을 때 비용대비 효과가 어느 정도인지에 관한 것이다. 실용성을 증대시키기 위해서는 고과목적에 적절한 고과요소와 방법을 선정하여 시간과 비용을 절감해야 한다. 그리고 고과의 결과로 능력자와 무능력자, 우수자와 비우수자를 구별할 수 있는 변별력이 있어야 한다. 마지막으로 고과절차와 방법이 쉽고 간단명료해야 한다.

4. 인사고과 방법 분류

(1) 고과주체에 의한 분류

인사고과는 평가주체에 따라 다양하다. 직속상사가 부하를 평가하는 상사고과, 피고과자의 지시·감독하에 있는 부하가 상사를 평가하는 부하고과, 같은 부서 혹은 관련 부서의 동료가 동료를 평가하는 동료고과, 피고과자 자신이 자기 자신을 평가하는 자기고과, 외부인에 의한 고과 등으로 구분할 수가 있다.

(2) 고과시기에 의한 분류

인사고과는 시기별로 크게 정기고과와 부정기고과로 분류할 수 있다. 예를 들면, 입사 후 수습기간 종료 시, 배치전환 시, 상사 교체 시, 교육훈련 참가자 선발 시, 인센티브 책정 시, 6개월 혹은 1년 단위로 정기적 또는 상시적으로 할 수 있다.

(3) 피고과자 비교 여부에 의한 분류

피고과자들의 상호 비교의 유무에 따라 절대평가와 상대평가로 나누어진다. 인사관리 상의 선별이 주목적이라면 상대고과의 형태가 적합하며, 개개인의 능력개발과 직무개선 을 목표로 하는 고과라면 절대고과의 형태가 바람직하다. 상대고과 방법은 절대고과에 비하여 평가가 용이하며 관대화 경향이나 중심화 경향과 같은 개인 간의 오차를 제거할 수 있다는 장점이 있다. 한편, 절대고과 방법은 상대고과에 비하여 많은 시간과 비용 그 리고 노력이 소요되지만 종업원 개개인의 능력 및 장단점을 효과적으로 파악할 수 있고 그 결과를 개인에게 피드백하여 개인의 능력을 육성할 수 있다는 장점이 있다. 조직의 특 성과 인사관리상의 목적을 감안하여 절대고과와 상대고과의 방법을 조화시켜 적절하게 활용하는 것이 중요하다.

5. 인사고과 오류

올바른 인사의 출발점은 공정한 인사고과이다. 하지만 어떠한 인사고과의 방법을 활 용한다 하더라도 주관적 판단과 편견이 있을 수밖에 없다. 이와 같은 인사고과의 한계 와 함께 나타나는 오류를 고과오류라고 한다. 대표적으로 후광효과(Halo effect), 관대화경향 (Leniency tendency), 그리고 중심화경향(Central tendency)이 있다.

- 후광효과 피고과자의 어느 한가지 특성에 대한 평가가 다른 특성의 평가에 영향을 미치는 오류
- 관대화 경향 피고과자에 대해 지나치게 관대하게 평가하는 것으로 실제 부하의 성과, 능력, 태도에 비해 고과자가 높은 점수를 줄 때 발생하는 오류
- 중심화 경향 고성과자와 저성과자 간 엄격한 구분이 가능함에도 피고과자들에게 비슷비슷하게 점수를 부여함으로써 발생하는 오류

2 임금관리

임금은 노동제공에 대한 대가로서 근로기준법에는 '사용자가 근로의 대상으로 근로자에게 임금, 봉급, 기타 어떤 명칭으로든지 지급하는 일체의 금품'이라고 규정하고 있다. 유사용어로 보수 또는 보상(Compensation)이 있는데 이는 임금, 상여금, 복리후생을 포함하는 개념으로서 서구사회에서 주로 사용한다. 임금관리는 임금수준, 임금형태 그리고 임금체계의 관리 3가지 요소를 포함한다.

1. 임금수준 관리

임금수준 관리는 조직구성원들에게 지급하는 평균임금이 동종업계와 비교하여 어느 정도인지에 관련한 문제이다. 임금수준은 기업의 지급능력, 사회적 균형 그리고 생계비 보장에 따라 결정된다(그림 10-2 참조).

첫째, 기업의 지급능력이다. 기업이 임금으로 얼마나 지급할 수 있는가의 가능성을 의미한다. 이는 기업이 최대한으로 지급할 수 있는 금액이라는 것보다 얼마나 지급하는 것이 정상적이며 또한 기업경영상 허용될 수 있는가의 문제이다. 기업의 지급능력을 파악하는 주요한 지표로는 기업의 생산성과 수익성을 들 수 있다. 둘째, 임금은 조직구성원이 생계를 유지하고 생활을 보장할 수 있는 수준이 되어야 한다. 임금이 생계비에 미달되면 종업원은 직무에 충실할 수 없으며 또한 작업능률도 향상될 수 없기 때문에 기업의 발전

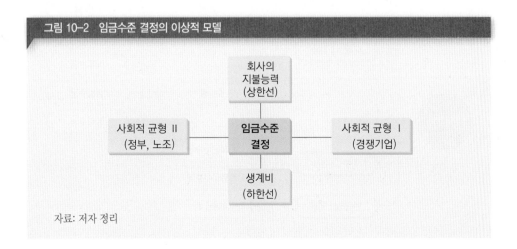

그림 10-2 임금수준 결정의 이상적 모델

자료: 저자 정리

은 물론 노동력의 재생산도 기대하기 어렵다. 셋째, 사회적 균형에 맞추어 임금수준을 결정하는 것이다. 즉, 사회적 균형에 의한 임금수준의 결정은 노동력의 수요공급에 따른 사회일반의 임금수준 내지 동일업종의 임금수준, 노사 간의 단체교섭력 및 정부의 방침이나 법(예 최저 임금법) 등을 감안하는 것이다.

2. 임금체계 관리

임금체계는 임금(기본급)이 어떻게 결정되고 구성되는지를 의미한다. 임금체계 중에서 임금관리에 가장 큰 영향을 미치는 것이 기본급인데 기본급을 어떠한 기준에 의하여 정하는가가 매우 중요하다.

〈그림 10-3〉과 같이 기본급에는 연공급, 직무급, 직능급이 있다. 연공급은 연령, 근속연수, 학력, 성별, 경력 등 인적요소를 중심으로 임금을 결정하고, 직무급은 직무의 중요도, 난이도, 책임도 등 직무의 상대적 가치를 평가하고 그 결과에 따라서 임금을 결정한다(동일직무 동일임금). 직능급은 종업원이 직무를 통하여 발휘하고(보유능력) 또 발휘될 것으로 기대하는 직무수행능력(잠재능력)을 기준으로 임금을 결정하는 것이다(동일능력 동일임금).

그림 10-3　임금체계

3. 임금형태 관리

임금형태는 임금의 산정 및 지급방법을 의미한다. 흔히, 시급제, 일당제, 월급제, 연봉제 등으로 구분하는 것을 말한다. 이러한 임금형태를 고정급제라고 하는데 수행작업의 양이나 질과는 관계없이 단순히 근로시간을 기준하여 임금을 산정·지불하는 방식이다. 임금형태의 다른 유형은 성과급제이다. 이는 노동의 성과를 측정하여 그 결과에 따라 임금을 산정하는 것이다.

③ 복리후생 관리

1. 복리후생 개념

기본임금과 수당 그리고 성과급과 인센티브 이외에 구성원들의 경제적 안정과 생활의 질을 향상시키기 위한 간접적인 보상을 복리후생(Benefits)이라고 부른다. 전통적으로 복리후생은 부가급부(Fringe benefit) 또는 보완급부(Supplementary benefit) 개념 하에 기본임금에 추가적인 혜택으로 취급되어 왔으나, 근래에 와서 복리후생이 차지하는 비중이 커짐에 따라서 부가급부 개념 보다 포괄적인 복리후생 개념으로 변해가고 있다.

복리후생은 여러 측면에서 그 중요성을 살펴 볼 수가 있다. 우선 경제적 측면에서의 복리후생은 우수한 인재를 확보하고 조직성과 향상을 위해 필수불가결한 요소이다. 인건비의 통제는 복리후생비의 통제 없이는 불가능하며 인건비는 가격경쟁력에 영향을 주는 중요 요소이다. 사회적 측면에서 복리후생은 평등한 임금제공과 행복한 가족생활 유지를 위해 중요하다.

2. 복리후생의 종류

복리후생의 종류와 범위는 점점 확대되어 가고 있다. 복리후생은 크게 법정복리후생과 법정외 복리후생으로 구분된다. 대표적 법정복리 후생으로는 4대보험, 즉 국민건강보험, 산업재해보상보험, 고용보험, 국민연금이 있다. 법정외 복리후생으로는 경제적 복리후생(교육비, 급식비, 융자 등), 건강과 여가복리후생(체력단련실, 의료실), 휴가 등이 있다. 〈사례 10-3〉

은 국내 관광서비스업계의 차별적인 복리후생 프로그램을 소개하고있다.

사례 10-3   월급에 알파를 더하는 사내복지 – 유연근무부터 맥주파티까지 일할 맛 납니다.

하나투어: 편한 곳이 당신의 일터

하나투어는 유연근무제를 시행해 직원들의 편의성을 높이고 있다. 전체 직원 2,571명 중 시차출퇴근, 재택근무, 스마트세일즈 등을 활용해 568명이 유연근무제도를 활용하고 있다. 시차출퇴근제도는 출퇴근시간을 자율적으로 선택하는 제도로 8 to 5, 9 to 6, 10 to 7 등으로 출퇴근 시간을 선택할 수 있다. 스마트세일즈는 영업직무 직원에 해당하며 사무실 출근 후 거래처로 이동하는 것이 아니라 바로 현장 출근할 수 있도록 배려한다. 또 주 1일(월4~5회)에 한해 사무실이 아닌 장소에서 근무할 수 있는 재량근무제도를 시행 중이다.

모두투어: 너와 나의 연결고리

창업 때부터 우리사주제도를 도입해 직원 간의 적극적인 소통을 위해 멘토링 제도도 운영하고 있다. 신입사원의 회사 적응과 타 부서 조직원들과의 교류를 장려하기 위함이다. 또 야구, 마라톤, 여행, 사진 등 사내 동호회 활동도 적극적으로 지원한다. 모두투어는 직원들의 개성과 취향을 존중하기 위해 복지카드 제도를 운영한다. 점심 식사, 교통비 등도 가능해 직원들의 활용도가 크고, 각종 포상도 복지 포인트로 제공해 추가로 얻을 수 있다. 이밖에도 직무순환제, 유연근무제, 고충처리제도, 경력개발제도, 교육 등 다양한 제도를 통해 직원들의 복지에 힘쓰고 있다.

여행박사: 뭘 좋아할지 몰라 다 준비했어

여행업계에서 복지하면 빠트릴 수 없는 곳, 여행박사다. 홈페이지에 올라와 있는 복지 리스트

여행박사는 28가지에 달하는 복지제도를 운영 중이며, 그 중 사택, 해외워크숍, 자율출근제, 라운지 제도 등의 호응도가 높다.

만 해도 무려 28가지에 달하며, 지난해는 대선 투표 독려금, 새해 첫 출근 세뱃돈 이벤트 등 다양한 이벤트로 직원들의 사기 진작에 힘썼다. 그 중에서도 직원들의 많은 사랑을 받고 있는 제도로는 사택 이용제, 해외워크숍, 자율출근제, 라운지 제도, 금요일 휴무제 등이 있다. 더불어 소통 멘토링비, 장기근속 포상, 마라톤·골프 기록 보상 등 포상과 상여금 제도를 운영 중이며, 자기계발, 경조사 지원 등 직원들에게 유용한 여러가지 제도를 운영하고 있다.

내일투어: 도심 속의 정원

내일투어는 쾌적한 업무 공간과 휴식 공간을 위한 인테리어에 중점을 뒀다. 특히 지하 1층과 5층 야외 옥상은 사무실 속 힐링 공간으로 활용하고 있다. 지하 1층은 향긋한 커피와 여행 가이드북, 에세이 등 300여권을 소장한 내일도서관이 있다. 야외 옥상은 도심 속 정원으로 꾸며 회의, 외부 손님 방문, 점심 도시락, 저녁 회식 등 다양한 이벤트에 활용돼 인기가 높다. 또 매 층마다 여직원 전

도심 속 정원이 콘셉트인 5층 야외 옥상은 직원들의 만족도가 높다.

용 파우더룸이 있다. 1년에 5회, 항공권을 10% 금액에 제공하며, 가족에게는 항공권을 원가로 판매한다. 장기근속자에게는 마일리지 100만원, 매월 각각 최다인원·최대매출 기준으로 판매왕을, 월간 목표 달성 팀 중 최대목표초과팀을 드림팀으로 선정해 직원들의 사기를 북돋운다.

제주항공: 복지도 사회적 책임과 함께

항공업계 최초로 제주항공은 사회환원의 일환으로 자회사형 장애인 표준사업장 '모두락'을 설립했다. 모두락은 김포공항에 위치해있으며, 장애인과 사회복지사를 고용해 임직원에게 네일아트, 커피, 마사지 등을 유료로 서비스하고 있다. 객실승무원, 예약센터 상담원 등 감정 소모가 심한 직원들을 위해 대면과 모바일을 통해 심리상

주항공은 '모두락'을 운영하며 직원 복지와 사회적 책임 모두를 다하고 있다

담 프로그램인 '감성톡톡'을 운영하고 있다. 매년 여름엔 아이스크림과 수박, 겨울엔 찐빵, 어묵 등 계절에 맞는 간식을 마음껏 즐길 수 있도록 구비해둔다.

여기어때: 짧고 굵게 일해요

워크 & 라이프 밸런스를 지향하는 여기어때는 복지 7대장을 직원들에게 제공하고 있다. 우선 주

여기어때는 직원들의 삼시세끼를 책임지는데 음식도 허투루 제공하지 않는다

35시간 근무제로 월요일은 1시 출근, 점심시간은 90분간 누릴 수 있다. 식사의 경우 삼시세끼를 무료 지원하는 '맛젊식당'과 저렴한 메뉴와 편안한 공간을 제공하는 '젊다방'이 있다. 맛젊식당에서는 신선한 채소, 지방이 적은 단백질, 거친 통곡식 등 건강한 로하스(LOHAS) 식단과 일본식 도시락 벤또, 치킨 등 다양한 메뉴로 사원들의 입맛을 돋우고, 커피와 휴식공간은 젊다방이 책임진다. 또 전국 숙소 예약이 가능한 50만원 상당의 여가비도 지원하며 주말과 휴일에 법인차량을 무료로 사용할 수 있다. 이외에 무제한 도서구입비 지원, 피트니스 지원 등이 주요 복지로 꼽히며 입사 후 3년마다 10일의 휴가와 100만원 휴가비를 지원한다.

자료: 여행신문(2018.7.9.). 일부 내용 발췌

제6절 _ 이동 및 배치

조직의 발전과 성장을 위해서는 조직구성원의 내면적인 잠재력을 최대한 발휘할 수 있도록 그 사람을 적재적소에 배치시키는 것이 중요하다. 급변하는 환경에 능동적으로 대처하고 적응하기 위해서는 능력주의적인 인사관리와 이에 따른 적절한 인사이동이 필연적이다. 이에 본 절에서는 인적자원관리의 중요한 기능인 인사이동의 개념과 목적, 배치전환, 승진 등에 대해 살펴본다.

1️⃣ 인사이동

1. 인사이동의 개념

인사이동(Change of jobs)이란 직원이 조직에 고용되어 특정 직무에 배치된 후에 여러 가지 여건변화에 따라 수직적·수평적으로 배치상의 변화를 가져오는 인적자원관리상의 절차를 의미한다. 이동관리에는 동일수준의 다른 직무로 횡적인 재배치를 하는 경우, 능력의 향상에 따라 높은 수준의 직무로 이동되는 경우, 기업운영상의 여건변화에 따라 직무로부터 떠나는 경우 등 여러 가지가 있다.

2. 인사이동의 목적

기업경영에 있어서 인사이동을 실시하는 주요한 목적은 크게 다섯 가지다. 첫째, 적재적소를 위한 재배치이다. 기업의 고용정책과 선발방법이 아무리 잘 되었다고 할지라도 처음의 배치가 적성이나 능력 및 직무요건에 부합되지 못하였을 경우에는 인사이동을 시켜 적재적소주의를 실현하여야 한다. 둘째, 인재육성이다. 기업은 필요로 하는 인재 양성을 위해 직무순환 등의 인사이동을 통해 다양한 실무경험을 제공한다. 셋째, 근로의욕의 고취이다. 동일한 직무에 장기간 근무함으로써 능력정체 현상이 나타나거나, 종업원 상호 간에 불화가 있거나, 사기가 저하된 경우에는 인사이동을 통해 조직활동을 원활하게 하고 사기를 높일수 있다. 넷째, 공정한 처우의 실현이다. 직원이 특정한 직무에 배치된 뒤에 그 능력이 계속 신장되었을 경우에는 보다 상위직위로 이동시켜 공정한 처우를 받을 수 있게 하여야 한다. 마지막으로, 조직계획의 변동에 신속한 대응이다. 기업이 성장·발전함에 따라 조직계획, 즉 생산계획 및 판매계획 등이 변경되거나 또는 새로운 직무를 설정할 경우에는 이에 대응한 정원의 수정이 필요하게 되어 이에 따른 인사이동이 있어야 한다.

② 배치전환

배치전환(Transfer)이란 종업원이 새로 담당할 직무가 임금수준이나 지위·책임·권한에 있어서 종전의 직무와 차이가 없는 수준에서 수평적으로 인사이동하는 것을 말한다. 배치전환은 조직차원과 개인차원의 목적에 의해 이루어진다. 조직차원에서 배치전환은 생산성 향상과 조직활성화이다. 작업여건의 변화에 적절히 적응하고, 자발적인 직무수행과 능력을 증진하며, 그리고 조직 내 파벌주의와 매너리즘을 방지함으로써 조직의 성과를 향상시키는 것이다. 개인적 차원에서의 배치전환은 조직구성원의 동기부여와 직무만족 향상을 위해서 이루어진다. 즉, 잘못된 배치를 시정하고, 작업의 단조로움을 해소하며, 그리고 직원의 창의적 활동기회를 부여할 수 있다.

③ 승진

승진(Promotion)이란 수직적·상향적으로 이동하는 것을 말한다. 승진은 직무서열 또는 자격서열의 상승을 의미하므로 지위의 상승과 함께 보수, 권한, 책임의 확대가 수반된다. 승진(승격승진)은 승급과는 구분되는데, 승급(Upgrading)이란 승진과는 달리 소폭적인 승진의 의미를 갖는다. 즉, 어떤 개인이 직위(Position)상의 변동은 없이 호봉의 상승만이 있을 경우이다.

승진은 조직구성원의 능력과 기술을 충분히 발휘할 수 있게끔 동기를 유발시킨다. 승

진은 또한 개인의 성공에 대한 기대감이 충족됨으로써 사기가 높아질 수 있고, 유능한 인재의 이직을 막을 수 있으며, 리더십을 갖춘 인재의 양성을 가능하게 한다. 승진은 개인의 경력발전에도 중요한 기여를 하는데, 승진을 통해 경력목표의 달성과 자기성장을 확인할 수 있고 직업에 대한 보람도 찾을 수 있기 때문이다.

토론주제

1. 관광서비스 기업의 인적자원관리 특징

2. 관광서비스 기업의 인적자원관리 방안별 장단점

3. 관광서비스 기업의 교육훈련 특징

4. 관광서비스 기업의 적절한 임금수준

5. 관광서비스 기업의 이동 및 배치관리 특징

참고문헌

김종진·유자호·정성진(2021). 감정노동 제도화 현황과 개선과제 검토. 한국노동사회연구소, 152호.

동아일보(2016.2.1.). 선입견 빼고 재능만 본다… 인재 키우는 '슈퍼보스' http://news. donga.com/3/all/20160201/76236027/1 재인용

송병식(1998). 국제품질보증인증제도에 관한 연구. 제주대학교 관광산업연구소, 산경논집(제12집), pp. 201~249.

송병식(2008). 창조적 인적자원관리. 도서출판청람.

신유근(1984). 인사관리, 경문사.

양동훈(2009 May. 1). 동아비즈니스리뷰, Mayl, 82-85. 몰입형 서비스 조직을 만드는 3가지 방법. p.82-85.

여행신문(2018.7.9.). 월급에 알파를 더하는 사내복지- 유연근무부터 맥주파티까지 일할 맛
　　납니다.https://www.traveltimes.co.kr/news/articleView.html?idxno=104354

임창희(2004). 신인적자원관리. 명경사.

임창희(2014). 인적자원관리 · 비엔엠북스.

주진모(2013. 7). 직원의 감정노동 스트레스, 조직이 관리해야 한다. 월간 신한리뷰.

한국경제신문(2008.10.22). 뜨는 조직 지는 조직. 스타벅스가 공짜 카푸치노를 주는 까닭은?

한국직업능력개발원(2005). 호스피탈리티 산업의 직업구조 특성과 인적자원개발 전략(보고
　　서(2005-13), pp.99-152.

한국직업능력개발원(2013.4.30.). 감정노동의 직업별 실태. KRIVET Issue Brief, 26호.

藤田忠(1965). 職務分析 と勞務管理. 白桃書房.

Finkelstein, S.(2016.January-February). Secrets of the superboss. Harvard Business
　　Review, 104-107.

Lashley, C.(1998). Matching the management of human resource management
　　to service operations. International Journal of Contemporary Hospitality
　　Management, 10(1), 24-33.

Miner, J. B.(1973). Personnel and industrial relations(2nd ed.). New York: Macmillan
　　co.

Noe, R. A., Hollenbeck, J. R., Gerhart, B., & Wright, P. M.(2000). Human resource
　　management: Gaining a competitive advantage(3rd ed.). NY: McGraw-Hill.

Morris, J. A., & Feldman, D. C.(1996). The dimension, antecedents, and consequences
　　of emotional labor. Academy of Management Review, 21(4), 986-1010.

Pearson, A. E.(1987). Muscle build the organization. Harvard Business Review(July-
　　August), p. 49-55.

Rucci, A., Kirn, S. P., & Quinn, R. T.(1998). The employee-customer profit chain at
　　Sears. Harvard Business Review(January-February), 76(1), 82-97.

회계 및 재무관리

학습목표

· 회계의 의미 및 중요성을 기술할 수 있다.

· 회계정보 이용자별 필요정보를 설명할 수 있다.

· 재무제표의 기능과 특징을 설명할 수 있다.

· 재무관리의 기능과 목적을 설명할 수 있다.

· 재무비율을 계산하고 결과를 해석할 수 있다.

· 자본조달 방법을 설명할 수 있다.

Principles Of Tourism

기업은 매일 수많은 재무적 사건이나 거래에 봉착하게 된다. 사업에 성공하기 위해서는 기초적인 회계용어를 알아야 할 뿐만 아니라 회계계정들이 어떻게 관리되어야 하는지 이해해야 한다. 기업이 제공하는 회계정보는 경영자나 기업 이해관계자들이 올바른 의사결정을 내리는 데 있어 없어서는 안 된다. 회계가 기업의 돈이 어떻게 쓰였는지를 기록하는 일이라면, 재무는 자금을 어떻게 사용 및 조달할 것인지 그리고 관리할 것인지에 관한 것이다. 건전한 재무상태는 기업의 안정적이고 건전성을 대변해 주므로 적절한 재무관리 업무가 이행되어야 한다. 제1절과 제2절에서는 회계의 개념 및 목적, 회계유형, 재무제표 등에 대해서 그리고 제3절에서 제5절까지는 재무관리 목표와 재무비율 분석, 그리고 자본조달 방법에 대해 설명한다.

제1절 _ 회계의 개념 및 목적

일정한 기록의 원칙을 회계원리라 부른다. 회계기록은 기업의 내·외부 이해관계자들이 합리적 의사결정을 하는 데 절대적인 영향을 미친다. 여기서 이해관계자는 정보이용자라고도 불리며 해당 경제주체와 관련된 모든 사람들을 총칭한다. 본 절(節)에서는 회계의 개념과 회계의 목적이 무엇인지 살펴본다. 또한 회계에는 어떤 종류가 있는지 그리고 각 종류별 특징은 무엇인지 이해하고자 한다.

1 회계의 개념

기업과 비영리기관과 같은 경제주체는 자신들의 거래내역을 정해진 원칙에 따라 기록하게 되는데, 이것이 회계이다. 기업은 회계를 통해 자신의 이해관계자들과 의사소통을 하게 된다. 회계는 영리를 추구하는 민간기업뿐 아니라 교회, 학교, 정부기관 같은 비영리조직에서도 작성한다. 회계는 공공재(公共財)이기 때문에 정확하고 투명하게 관리되지 않으면 회계정보 이용자들에게 심각한 피해를 입히게 된다(사례 11-1 참조).

소유·경영 미분리 기업 '감사인 지정' 확대를 회계법인 재무·인사 컨설팅 금지
범위 확대해 기업 - 감사인 유착관계 근절·회계 투명화해야 감사인 업무
가중시키는 감사시기 분산도 필요

건전한 자본시장의 근간인 투명한 회계에 대한 책임은 회계사들에게만 있지 않다. 사회 전체가 회계 감사를 공공재로 인식하고 고민해야 한다. 정부·기업·시민 사회는 회계사들이 독립적으로 감사할 수 있는 토양을 마련해주고, 회계사들은 책임감을 가져야 한다. 최근 문제가 불거진 부실 감사를 살펴보면, 결국 가장 중요한 것은 회계사들이 기업의 눈치를 보지 않고 감사를 할 수 있는 환경을 마련해주는 것이다.

외부감사인 지정 범위 넓혀야

현행 자유수임제는 회계법인들이 감사용역을 따내기 위해 과다 경쟁을 하도록 만들고, 결과적으로 감사의 질을 떨어뜨린다. 전문가들은 시장 실패를 보완하고 기업들의 회계 감사에 대한 인식을 제고하기 위해 현재 1%를 조금 웃도는 '감사인 지정제'를 보다 강화시켜야 한다고 주장한다. 감사인 지정제란 공정한 감사가 필요한 기업에 대해 금융당국이 외부감사인을 직접 지정해주는 제도다.

지난해 10월 초 동양그룹 기업어음(CP)과 회사

채 투자 피해자들이 서울 여의도 금융감독원 앞에서 항의시위를 벌였다. 정치권은 동양그룹 사태의 재발을 막기 위해 재무구조개선약정을 체결하거나 부채비율이 높은 기업에 대해 감사인 지정제를 확대하는 방안을 발의했다.

회계법인의 한 대표는 "선진국에서는 지난 2008년 리만사태 이후 시장 실패를 보완하기 위해 공적 성격을 가진 법인이나 상장 법인에 대한 지정제를 확대하는 방향으로 가고 있다."고 말했다. 반면 우리나라의 감사인 지정 비중은 갈수록 줄고 있다. 금융감독원에 따르면 작년말 기준 감사인이 지정된 곳은 전체 외부 감사 대상 기업 2만 2,331개 중 1.2%(273곳)에 불과했다. 2005년에는 3.3%였다. 특히 소유와 경영이 분리 안 된 기업과 소액주주의 피해가 발생할 수 있는 상장사, 불특정 다수의 예금주 및 거래자들이 피해를 볼 수 있는 금융사에 대한 지정제를 확대할 필요성이 있다는 지적이다. 〈중략〉

기업 - 감사인 유착 관계 끊어야

기업과 감사인 간의 유착 관계 근절을 위한 노력도 필요하다. 특히 회계법인이 재무·인사 등에 관한 컨설팅과 감사 용역을 동시에 맡을 경우 회계사들의 독립성이 약해질 개연성이 커 컨설팅 업무의 금지 범위를 확대해야 한다는 목소리도 높다.

현재 우리나라는 △회계기록과 재무제표 작성 △내부감사업무 대행 △재무정보체제 구축 또는

외부감사인 지정 비율
(단위: %)

3.31 — 2005
1.88 — 2007
1.57 — 2009
1.30 — 2011
1.22 — 2013

자료: 금융감독원

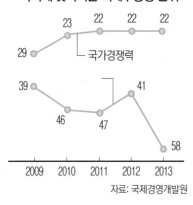

국력에 못미치는 회계투명성 순위

국가경쟁력
29 — 2009
23 — 2010
22 — 2011
22 — 2012
22 — 2013

39 — 2009
46 — 2010
47 — 2011
41 — 2012
58 — 2013

자료: 국제경영개발원

운영 △회사의 자산·자본 매도를 위한 가치평가 등 4가지 컨설팅 업무에 대해 제한을 두고 있다. 황 교수는 "모든 컨설팅을 막는 것은 회계법인의 기업에 대한 경제적 의존도를 더 높이는 결과를 초래할 수 있어 국제적인 규범에 따라 컨설팅 금지 범위를 확대해야 한다."고 조언했다. 실제 미국은 우리나라가 금지하고 있는 컨설팅을 포함해 △유가증권의 평가 △보험계리 △관리조직 및 인사 △회계감독위원회가 금지한 용역 등 컨설팅 금지 범위가 넓다. 국내 한 대형 회계법인의 대표도 "피감 기업에 대한 비감사서비스 제공에 제한을 두면, 감사 투명성도 높아지고 경쟁 완화로 저가 수수료 경쟁이 개선될 수 있다."고 조언했다.

 기업도 회계 전문가를 채용해 회계에 대한 전문지식을 키워야 한다. 강성원 한국공인회계사회 회장은 "감사를 나가 보면 재무제표가 엉터리인 경우가 허다하다."며 "재무제표의 완결성이 높아지면 회계사들이 대신 작성할 이유도 없고, 시간을 가지고 제대로 감사를 할 수 있다."고 지적했다. 〈중략〉

자료: 서울경제(2014.2.20.)

 회계(Accounting)란 경영자나 이해관계자들(예 주주, 종업원, 고객, 투자자, 은행 등)과 같은 정보이용자들이 올바른 의사결정을 할 수 있도록 필요한 재무적 사건이나 거래를 기록, 분류, 요약, 해석하는 일련의 과정을 의미한다(Nicles, McHugh, & McHugh, 2010). 여기서 재무적 거래는 재화(Goods)와 서비스의 구매나 판매, 보험의 구매, 급여지급, 자재의 사용 등을 포함한다. 따라서 회계는 재무적 성격을 갖는 거래를 화폐단위로 기록, 분류, 요약, 해석하는 기술이다.

 회계자료의 처리과정과 그 결과물을 나타내면 〈그림 11-1〉과 같다. 회계 입력 자료는 매출, 구매, 급여관련 등의 자료를 말하며 정보처리는 거래내용을 화폐가치로 측정하여 기록·분류·요약하는 과정을 의미한다. 그리고 산출물은 회계보고서의 작성과 해석을 의미한다.

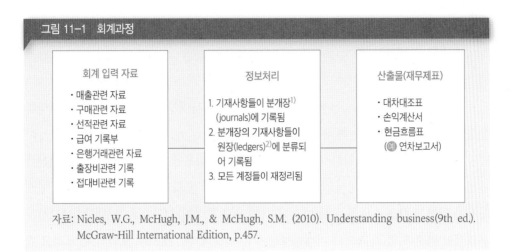

그림 11-1 회계과정

회계 입력 자료	정보처리	산출물(재무제표)
・매출관련 자료 ・구매관련 자료 ・선적관련 자료 ・급여 기록부 ・은행거래관련 자료 ・출장비관련 기록 ・접대비관련 기록	1. 기재사항들이 분개장[1] (journals)에 기록됨 2. 분개장의 기재사항들이 원장(ledgers)[2]에 분류되 어 기록됨 3. 모든 계정들이 재정리됨	・대차대조표 ・손익계산서 ・현금흐름표 (예 연차보고서)

자료: Nicles, W.G., McHugh, J.M., & McHugh, S.M. (2010). Understanding business(9th ed.). McGraw-Hill International Edition, p.457.

② 회계의 목적

회계정보 이용자들은 회사의 경영활동과 관련하여 자신들의 목적에 맞는 다양한 정보를 원한다. 회사는 회계정보 이용자들의 다양한 목적을 충족시켜 주기 위해 신뢰할 수 있는 정보를 제공해야 한다. 예를 들면, 경영자는 회사 재무상태를 이해하기 위해 그리고 투자자는 투자결정을 위한 회계정보를 주로 이용한다. 각각의 회계정보 이용목적을 요약하면 〈표 11-1〉과 같다.

표 11-1 **이해관계자별 회계정보 이용목적**

이해관계자	주요 관심사항	회계정보 이용목적
주주	배당	경영자의 업무평가
경영자	회사실적	경영상태와 재무상태 파악, 의사결정에 활용
채권자	자금대여	자금회수 능력
투자자	신용등급	투자의사결정, 투자분석, 신용평가
정부	세금징수	조세정책 등과 같은 각종 정책수립
공급자	외상/신용거래	신용거래 결정
고객	A/S	지속적 고객관리
종업원	임금 혹은 성과금	임금협상

1) 차변과 대변으로 구분하여 계정과목과 금액을 거래발생 순서로 기입하는 장부
2) 각 계정과목을 모은 장부로서 회사는 이를 이용하여 재무제표를 작성한다.

③ 회계의 분류

1. 관리회계

관리회계(Managerial accounting)는 주로 경영진과 같은 회사내부 정보이용자들에게 경영활동을 계획하거나 통제하는 데 유용한 정보를 제공한다(표 11-2 참조). 즉, 관리회계는 생산, 마케팅, R&D, 구매, 기타 다양한 기능을 수행하기 위해 비용을 책정하여 보고하고, 예산을 편성하고, 주어진 예산안에서 잘 통제되고 있는지 여부를 확인하고, 그리고 세금을 최소화하기 위해 전략을 수립하는 데 이용된다. 따라서 관리회계를 위해 작성하는 보고서는 통일적인 기준이 없고, 과거와 미래정보는 물론 비화폐적인 정보도 포함하며, 그리고 필요시 작성되는 것이 특징이다.

표 11-2 **회계의 분류와 특징**

구 분	관리회계	재무회계	세무회계
목적	내부 정보이용자(경영자)의 관리적 의사결정에 유용한 정보제공	외부의 회계정보이용자의 의사결정에 유용한 정보제공	정부의 재정자원 확보를 위해 해당 기업의 과세표준과 세액 결정
이용자	경영자, 내부 관리자	이해관계자(주주, 채권자, 정부, 투자자, 고객)	국세청, 세무서
보고양식	일정양식이 없음	재무제표	세무 관련 신고서식
작성기준	통일적 기준 없음	회계원칙(기업회계 기준)	세법 기준(법인세, 소득세, 부가가치세 등)
보고시기	수시	정기적(분기, 반기, 또는 회계연도말)으로 작성하여 공시	보통 1년 단위
정보범위	과거 및 미래정보	과거정보	과거 정보
정보형태 및 특성	화폐 및 비화폐 정보, 적시성 중요	화폐정보, 정확성 중요	
공시의무	없음	있음	조세납부와 관련된 정보 제출

자료: 조동성(2010). 21세기를 위한 경영학. 도서출판 서울경제경영, p.506 수정사용

2. 재무회계

　재무회계(Financial accounting)는 주로 회사 외부의 이해관계자들에게 재무정보를 제공하는 역할을 한다. 이 정보는 기업의 주주, 경영진, 종업원 뿐만 아니라 채권자와 노동조합, 고객, 투자, 정부기관, 일반 대중에게도 제공된다. 외부 정보이용자는 기업이 수익성이 있는지, 각종 비용을 부담할 능력이 있는지, 부채 규모는 얼마나 되는지와 같은 재정 사항들에 관심이 있다. 이러한 관심에 대한 답은 정확한 회계원칙에 의거하여 작성되는 재무제표(대차대조표, 손익계산서, 현금흐름표)를 통해 보고된다. 또한, 재무회계는 관리회계와는 달리 주로 과거정보와 화폐정보를 포함하며 그리고 정기적으로 작성되는 것이 특징이다.

3. 세무회계

　세무회계(Tax accounting)는 기업의 재무회계를 바탕으로 정부(국가)의 재정자원을 조달하기 위해 과세표준과 세액을 결정하기 위한 정보를 제공한다. 세무회계는 세법에 그 근거를 두고 있으며 세무회계처리 및 각종 신고서를 작성해야 한다. 세무회계에 관한 실무를 처리하기 위해서는 기업회계 뿐만 아니라, 소득세법, 법인세법, 부가가치세법, 조세특례제한법, 상속세 및 증여세법, 국세기본법 등을 기준으로 작성하여야 한다.

제2절 _ 재무제표

　기업은 자신의 재무성과와 재무상태 변동 등에 정보를 포함하는 재무보고를 하게 된다. 재무보고의 핵심수단이 재무제표이다. 주주(소유주), 채권자, 은행, 노동조합, 종업원, 국세청 등 기업의 내·외부 이해관계자들 모두 재무제표에 많은 관심을 가진다. 재무제표는 기업의 재무 건전성과 안전성을 나타내는 중요한 요소이다. 재무제표는 대차대조표, 손익계산서, 그리고 현금흐름표 세 가지로 구분된다.

1️⃣ 대차대조표

대차대조표(Balance sheet)는 일정시점(재무상태 작성일)에서 기업의 자산, 부채, 자본 세 가지 재정상태를 제공하는 정태적 보고서이다. 이들 요소는 기업의 유동성, 수익성과 위험성 등을 평가하는 데 유용한 정보를 제공한다. 대차대조표는 한 쪽(차변:借邊)에는 기업의 자산을 그리고 다른 쪽(대변:貸邊)에는 부채와 자본의 합을 나타내는데 그 둘의 균형(Balance)을 보여주기 때문에 대차대조표라고 불린다.

가령, ㈜가나다라 여행사가 뉴욕에 신규로 직영 여행소매점을 개설하였다고 가정해보자. 그 여행사가 신규 대리점 개설을 위해 사용 가능한 자금이 얼마나 있는지 알고 싶을 때 가장 좋은 방법은 대차대조표를 살펴보는 것이다. 현재 부채가 5천만 원이고 현금을 1억 원 소유하고 있다고 가정할 때 기본 회계공식은 다음과 같다. 그리고 대차대조표에 기재되는 주요 회계항목을 〈표 11-3〉을 기초로 설명하면 다음과 같다.

$$자산 \quad = \quad 부채 \quad + \quad 자본$$
$$150,000,000 = \quad 50,000,000원 \quad + \quad 100,000,000원$$

1. 자산

자산(資産: Assets)이란 미래의 경제적 효익을 제공할 수 있는 잠재력을 가진 자원이다. 자산은 유동자산, 고정자산 그리고 무형자산으로 구분된다. 대차대조표에서는 자산의 유동성이 높은 순서대로 나열된다(유동자산 - 고정자산 - 무형자산 순). 유동자산(예 현금, 유가증권, 미수금 재고자산)은 1년 이내에 현금화되거나 또는 정상적인 영업 순환과정에서 단기간 내에 직접 또는 간접으로 현금화될 수 있는 자산을 말한다.

고정자산이라 함은 1년 이내에 현금화되지 않는 자산을 말한다. 고정자산은 투자자산, 유형자산, 무형자산으로 구분된다. 투자자산은 투자목적으로 보유하는 자산(예 토지, 건물 등), 유형자산은 영업활동을 위해 소유하고 있는 유형의 자산(예 토지, 건물, 선박 등)을 말한다. 무형자산은 영업권, 특허권, 상표권 등과 같이 형태는 없으나 기업의 영업활동을 유지할 수 있도록 도와주는 자산을 말한다.

표 11-3 **대차대조표 예시**

베리 베지테리언
대차대조표 (단위: 원)※
2010년 12월 31일

자산
① 유동자산
현금 15,000
매출채권 300,000
받을 어음 50,000
재고자산 335,000
유동자산 합계 600,000
② 고정자산
토지 40,000
건물 200,000
감가상각 누계액 -90,000
110,000
차량 및 운반구 120,000
감가상각 누계액 -80,000
40,000
장비 및 부착물 26,000
감가상각 누계액 -10,000
16,000
고정자산 합계 206,000
③ 무형자산
영업권 20,000
무형자산 합계 20,000

총 자산 826,000

부채와 자본
④ 유동부채
매입채무 40.000
미지급 어음(2011년 6월 만기) 8,000
미지급 세금 150,000
미지급 급여 90,000
유동부채 합계 288,000
⑤ 비유동부채
미지급 어음(2015년 3월 만기) 35,000
사채(2020년 12월 만기) 290,000
비유동부채 합계 325,000

총 부채 합계 613,000
⑥ 자본
일반 주식(1,000,000주) 100,000
이익잉여금 113,000
총 자본 합계 213,000

부채와 자본의 합계 826,000

자료: Nicles, W.G., McHugh, J.M., & McHugh, S.M.(2010). 경영학의 이해, Understanding business(9th ed.)
　　　(권구혁 외 6인 공역). 서울: ㈜생능, p.514 재인용.
※ 단위가 달러로 표기되어 있으나 이해의 편의성을 위해 원화로 표기하였음.

2. 부채

부채(Liabilities)는 기업이 가지고 있는 총자산 중에서 타인 혹은 타기관으로부터 빌려온 재산이다. 즉, 기업이 장래에 타인에게 갚아야 할 채무이다. 부채도 1년 안에 상대방에게 갚을 의무가 있는 유동부채(예 단기차입금, 단기 매상매입금, 미지급금, 선수금 등)와 1년 이상의 기간에 대가를 지불할 의무가 있는 고정부채(예 장기차입금, 지급어음, 사채 등)로 구분된다.

3. 자본

자본(Owner's equity)이란 사업을 시작하기 위해서 또는 사업 중에 사업주가 투자하는 돈을 말한다. 자산총액에서 부채총액을 차감한 잔액으로 순자산이라고 한다. 자본은 그 발생 원천에 따라 자본금, 자본잉여금, 이익잉여금으로 분류된다. 잉여금은 회사가 영업활동을 통해 벌어들인 이익을 필요한 곳에 모두 사용하고도 회사 안에 남아 있는 돈이다. 자본금은 소유주나 주주들이 기업에 투자한 원금을, 자본잉여금은 영업활동 외의 활동, 즉 자본거래에 의해 발생한 잉여금(예 주식발행을 통한 증자)을, 그리고 이익잉여금은 영업활동에 의해 발생한 이익으로 배당하지 않고 내부에 유보한 잉여금을 의미한다. 자본잉여금과 이익잉여금을 합친 것이 사내유보금이다.

2 손익계산서

손익계산서(Income statement)란 일정기간 동안 기업의 비용, 지출, 세금 이후의 이익에 관한 정보를 나타내는 재무제표로서 기업의 미래 현금흐름과 수익 창출능력 예측 및 과세 자료에 관한 근거를 제공한다(표 11-4 참조). 손익계산서는 사업이 실제로 이익을 내고 있는지 또는 손실이 나고 있는지를 보여준다. 손익계산서는 주주, 채권자, 투자자, 종업원, 정부 등이 필요로 하는 가치 있는 재무정보를 포함하고 있다. 손익계산서에 기록되는 항목은 크게 수익, 매출원가, 총이익, 영업비용, 당기순이익 등 다섯 항목이다.

1. 수익

수익(Revenues)이란 기업의 경영활동에 있어서 재화나 서비스의 판매 혹은 제공으로 얻어지는 대가이다. 수익과 매출은 다르므로 동의어로 사용하지 말아야 한다. 수익은 매출(Sales)과 수입(Income)의 합계이다. 매출은 재화나 서비스를 판매해서 번 돈이다. 기업은 예금이자, 임대료, 특허 등으로 돈을 버는데 이것이 수입이다. 따라서 수익에 포함된 매출은 순매출의 의미를 지니며 총매출이라고도 한다. 〈표 11-4〉에서 수익은 720,000원이고 순매출은 700,000이다.

2. 매출원가

매출원가(Cost of goods sold)는 판매된 상품의 비용 또는 제품생산에 쓰인 원자재나 물품비용을 의미하며, 매입비용, 운송료, 저장비용 등을 포함한다. 〈표 11-4〉에서 매출원가는 410,000원이다.

3. 매출 총이익

매출 총이익(Gross profit)은 순매출에서 매출원가를 차감한 금액이다. 총이익이란 기업이 상품의 매매를 통해 얼마나 벌어들였는가를 나타낸다. 총이익이 기업의 운영성과에 대해서 모든 것을 말해 주지 않기 때문에 손익계산서는 기업이 실현한 순이익 혹은 순손실을 나타내야 한다. 순이익 혹은 순손실은 총이익에서 영업비용를 차감한 것이다. 〈표 11-4〉에서 매출 총이익은 순매출 700,000에서 매출원가 410,000원을 차감한 290,000원이다.

4. 영업비용

영업비용(Operating expenses)은 사업운영과 관련된 비용으로 임차료, 관리비, 급여, 공급물품, 보험, 감가상각비 등을 포함한다. 감가상각(Depreciation)은 유형자산의 추정된 사용 가능 잔존기간이 줄어듦에 따라 자동적으로 가치가 줄어드는 것을 의미한다. 영업비는 크게 판매비와 일반관리비의 두 가지로 나뉜다. 판매비는 기업제품과 서비스에 대해 광고하고 배포하는 마케팅과 관련된 비용(영업사원 급여, 광고비, 물품비 등)이다. 일반관리비는 기업의 관리비(사무실 종업원 급여, 감가상각비, 보험료, 임차료 등)이다.

표 11-4 **손익계산서 예시**

베리 베지테리언
손익계산서
(2010.1.1.~2010.12.31.)

(단위: 원)※

① 수익		
총 매출	720,000	
매출할인	-20,000	
순매출		700,000
② 매출원가		
기초 재고	200,000	
당기 매입	400,000	
운송료	40,000	
순매입	440,000	
매출 가능 재고자산원가	640,000	
기말 재고자산	-230,000	
당기 매출원가		-410,000
③ 매출 총 이익		290,000
④ 영업비용		
판매비용		
영업사원 급여	90,000	
광고비	18,000	
소모품	2,000	
총 판매비용	110,000	
일반관리비		
급여	67,000	
감가상각비	3,500	
보험	1,500	
임차료	40,000	
	112,000	
총 영업비용		222,000
세전이익		68,000
법인세		19,000
⑤ 당기순이익		49,000

자료: Nicles, W.G., McHugh, J.M., & McHugh, S.M.(2010). 경영학의 이해, Understanding business(9th ed.) (권구혁 외 6인 공역). 서울: ㈜생능, p.517 재인용.
※ 단위가 달러로 표기되어 있으나 이해의 편의를 위해 원화로 표기하였음.

5. 당기순이익

모든 비용을 차감하면 기업의 세전 순이익이 산출되며, 세금(법인세)을 제하면 당기순이익(Net income)이 된다. 당기순이익은 재무제표의 손익계산서에 나오는 기업의 경영 성적표이자 기업의 영업활동 및 비영업활동을 통해 얻은 순이익을 나타내는 지표이다. 이는 기업의 경영 효율성 등을 파악하는 데 유용한 정보이다.

③ 현금흐름표

기업의 현금흐름은 주로 세 가지 활동, 즉 영업활동, 투자활동, 재무활동에서 일어난다(표 11-5 참조). 현금흐름표(Statement of cash flows)는 기업이 일정기간 동안에 얼마의 현금을 조달하였고 얼마의 현금을 운용하였는가를 나타내는 회계보고서이다(표 11-6 참조). 대차대조표는 일정시점의 기업 재정상태를 나타내기 때문에 일정기간 동안에 발생한 자산과 부채의 변동의 원인과 결과는 설명하지 못한다. 손익계산서는 발생주의에 근거하여 인식·측정한 것이기 때문에 수익과 비용은 곧 자금의 유입과 자금의 유출을 의미하지는 않는다.

현금흐름 분석의 중요성은 크게 네 가지로 살펴볼 수 있다. 첫째, 분석대상 기업의 미래 현금흐름에 관한 정보를 제공한다. 둘째, 영업활동에서 발생한 순현금흐름과 당기순이익의 차이 및 그 이유에 관한 정보를 제공한다. 셋째, 기업의 부채상환능력과 배당금지급능력을 알 수 있다. 마지막으로, 기업의 투자활동과 재무활동으로 인한 현금흐름을 검토함으로써 일정기간 동안 자산이나 부채가 증가하거나 감소하게 된 이유를 더 잘 파악할 수 있게 한다.

표 11-5 **활동영역별 현금거래 내역**

활동영역	현금거래 내역
영업활동	제품과 서비스의 생산과 판매와 관련된 현금흐름
투자활동	투자자산과 고정자산의 취득과 처분과 관련된 현금흐름
재무활동	새로운 채권이나 주식을 발행하여 유입된 현금, 과거 발행 채권의 상환, 배당지급 등에 사용된 현금

표 11-6 **현금흐름표 예시**

베리 베지테리언
현금 흐름표 (단위: 원)
(2010.1.1.~2010.12.31.)

① 영업활동 현금흐름

고객에게 받은 현금	700,000	
직원과 납품업체에 지급한 현금	(56,000)	
이자비용	(64,000)	
법인세	(19,000)	
이자수익과 배당금	20,000	
순영업활동 현금흐름		52,000

② 투자활동 현금흐름

공장매각을 통한 현금유입	4,000	
설비구입에 따른 현금지출	(23,000)	
순투자활동 현금흐름		(19,000)

③ 재무활동 현금흐름

단기사채의 발행을 통한 현금유입	2,000	
당기 부채의 상환	(8,000)	
배당금 지급	(15,000)	
순재무활동 현금흐름		(21,000)
단기 현금증감		12,000
기초 현금잔고		3,000
기말 현금잔고		15,000

자료: Nicles, W.G., McHugh, J.M., & McHugh, S.M.(2010). 경영학의 이해, Understanding Business(9th ed.)
(권구혁 외 6인 공역). 서울: ㈜생능, p.521 재인용.

제3절 _ 재무관리

재무관리는 기업이 필요로 하는 자금을 효과적으로 조달하고 그리고 조달된 자금을 효율적으로 운용하는 것과 관련된 이론 및 기법을 연구하는 학문이다. 기업의 목표를 달성하기 위해서는 기업의 내외 재원을 효율적으로 관리해야 한다. 생산, 판매, 마케팅의 효율성에도 불구하고 원칙 없는 재무계획은 기업의 실패를 의미한다. 본 절(節)에서는 재무관리가 무엇이며, 주요 기능에는 어떤 것들이 있는지, 그리고 재무관리의 목표는 구체적으로 무엇인지에 대해 설명한다.

1 재무관리 개념

재무(Finance)란 기업의 투자자금을 조달하고 그 자금을 관리하는 활동이다. 재무관리 (Financial management)는 기업의 재무활동에 관한 의사결정과 실행 및 통제하는 일이다. 재무관리는 회계학과 밀접한 관계에 있다.

재무관리는 회계와 두 가지 측면에서 차이가 있다. 회계는 과거의 회계자료를 수집하여 재무제표 등과 같은 회계정보를 만들어 내는 반면, 재무관리는 이러한 정보를 이용해서 미래의 투자결정과 관련된 문제를 다룬다. 그리고 재무관리는 기업의 성과 평가기준으로 시장가치 개념을 따르는 데 비해서 회계는 원가개념을 따른다는 것이다.

2 재무관리 기능

1. 투자결정 기능

투자결정 기능은 기업이 어떤 자산을 보유하여 사업을 수행할 것인지 그리고 얼마만큼의 자금을 어느 자산에 투자할 것인가에 관한 의사결정을 말한다(장영광, 2005). 대차대조표의 차변은 기업의 자산을 나타내고 있는데 이는 자금의 운용결과를 나타낸다. 즉, 기업

이 어떤 사업을 수행함에 있어 취득해야 할 자산의 종류와 규모에 대해 어느 정도의 규모로 투자할 것인가에 대한 의사결정이다. 이는 기업의 미래 수익성, 성장성, 영업위험에 직접 영향을 미친다.

2. 자본조달결정 기능

이는 자산보유에 소요되는 자본을 어떤 방법으로 조달할 것인가를 결정하는 기능이다(장영광, 2005). 자본조달결정은 투자에 필요한 자본을 어떤 원천(자기 혹은 타인)에서 얼마만큼씩 조달할 것인가에 대한 의사결정으로 기업의 자본구조, 재무위험, 자본비용에 직접 영향을 미친다. 대차대조표의 대변은 자산투자를 위해 기업이 조달한 자금의 형태(자기자본과 타인자본)를 나타낸다.

3. 현금흐름의 배분결정 기능

기업이 창출한 현금을 어떻게 배분하는가에 대한 의사결정으로서 현금은 지급이자, 법인세, 배당, 유보 등의 형태로 배분된다(김동훈·홍순구·박경욱, 1998). 현금이 창출되면 기업은 우선 채권자에게 이자를 지급하고 나머지 현금은 일정비율의 법인세 납부에 사용된다. 지급이자와 법인세를 납부하고 남은 현금은 주주들에게 배당하거나 기업 내부에 유보하게 된다.

③ 재무관리 목표

재무관리의 기능을 효율적으로 수행하기 위해서는 재무관리의 목표를 분명히 설정해야 한다. 재무관리는 기업의 활동을 자금의 측면에서 다루기 때문에 재무관리의 목표는 결국 기업의 목표와 일치한다. 기업의 재무관리 목표는 기업가치 극대화와 이익 극대화 등 두 가지로 살펴 볼 수 있다(장영광, 2005).

1. 기업가치의 극대화

기업가치는 기업이 벌어들일 미래의 현금을 시간과 환경의 불확실성을 고려하여 현재의 가치(Present value)로 나타낸 것이다. 기업의 가치는 대차대조표의 차변과 대변의 관점에서 각각 설명될 수 있다. 대차대조표의 차변에서 보면 기업의 가치는 기업의 총자산을 의미한다. 이는 기업이 어떤 자산에 투자하였는지를 나타낸다.

한편, 대차대조표의 대변에서 보면 기업의 가치는 총자산(대변)이 누구의 소유인가를 설명해 준다. 즉, 기업이 투자를 위해 조달한 자금이 자기자본(주식)인지 타인자본(부채)인지를 나타낸다. 그러므로 기업가치에 대한 권리는 자기자본 소유주인 주주와 타인자본 소유주인 채권자 모두 가지게 된다. 결국 기업가치의 극대화는 주주와 채권자를 동등하게 기업가치의 소유주로 인정하여 주식가치와 채권가치를 극대화한다는 것을 의미한다.

2. 자기자본 가치의 극대화

자기자본 가치의 극대화는 기업의 가치 소유주로 주주만을 인정하는 것이다. 그 이유는 자기자본과 타인자본이 근본적으로 그 성격이 다르기 때문이다. 채권자의 입장에서 보면 부채는 약정된 이자와 원금을 받는 것이기 때문에 그 가치는 영업성과와 상관없이 일정한 값을 갖게 된다. 기업가치가 부채와 자기자본의 합계로 이루어지기 때문에 부채의 가치가 일정한 상수값을 갖는다면 기업가치의 극대화는 결국 자기자본 가치의 극대화로 귀결된다. 또한 자기자본의 가치는 주가와 발행 주식수의 곱으로 산출되는데 발행 주식수는 일정하기 때문에 주가를 극대화시키는 것이 곧 자기자본을 극대화시키는 것이 되며, 이는 결국 주주의 부를 극대화하는 것이 된다.

 제4절 _ 재무비율 분석

재무비율 분석은 재무제표상에 표기된 각 항목의 수치를 다른 항목의 수치로 나눈 것으로서 기업의 재무상태와 경영성과를 평가하기 위함이다. 비율분석(Ratio analysis)은 재무제표에 포함된 유용한 정보를 쉽게 파악할 수 있는 효과적 수단으로 활용되고 있다. 이에는 유동성, 부채(레버리지), 수익성, 활동성, 성장성, 시장가치, 현금흐름 비율분석 등이 있다.

여기서는 기초적인 전자 네 가지에 대해 살펴본 후 환대산업 특성을 반영하는 운영비율을 살펴본다.

1 유동성 비율

유동성 비율(Liquidity ratio)은 단기부채 상환을 위해 자산을 1년 이내 현금화시킬 수 있는 기업의 능력을 측정한다. 단기부채는 정해진 시점에 돈을 돌려받기 원하는 채권자들에게 중요하다. 대표적으로 유동비율이 있다. 유동비율은 기업의 유동자산/유동부채의 비율이며 이 정보는 대차대조표에서 찾아볼 수 있다.

〈표 11-3〉 대차대조표에서 베리 베지테리언의 유동자산과 유동부채가 각각 600,000원과 288,000원이므로 유동비율은 208%(혹은 2.08)가 된다. 즉, 유동자산 208원 중 100원의 유동부채를 가지고 있는 셈이다(혹은 유동자산 2.08원마다 1원의 유동부채를 가지고 있다). 일반적으로 유동비율이 200%이거나 그 보다 높은 경우 안전한 수준으로 평가된다.

$$\text{유동비율} = \frac{\text{유동자산}}{\text{유동부채}} \times 100\% = \frac{600,000}{288,000} \times 100\% = 208\%$$

2 부채비율

부채비율(Leverage(debt) ratio)은 한 기업이 영업활동을 하는 데 있어 타인자본에 얼마만큼 의존하고 있는지를 측정한다. 따라서 이 분석은 기업의 장기채무에 대한 안전도를 평가하는 데 유용한 정보를 제공해 준다. 이에 대한 정보는 대차대조표에서 찾아볼 수 있다. 이 비율이 100% 이상이면 기업에 자본보다 부채가 많다는 뜻이다. 베리 베지테리언 회사는 부채비율이 287%이므로 자본에 비해 부채를 2.87배 더 가지고 있다(표 11-3 참조).

$$\text{부채비율} = \frac{\text{총부채}}{\text{자기자본}} \times 100\% = \frac{613,000}{213,000} \times 100\% = 287\%$$

③ 수익성 비율

수익성 비율(Profitability ratio)은 일정기간 기업의 총괄적인 경영성과를 나타내는 비율로서 자산이용의 효율성과 이익창출 능력을 평가할 수 있는 지표이다. 즉, 한 기업이 이익을 얻기 위해 다양한 자원들을 얼마나 효율적으로 사용하는지를 측정한다. 수익성을 평가하는 주요 비율분석은 매출이익률(Return on sales)과 자기자본이익률(Return on equity: ROE)이 있다.

매출이익률은 이익을 얼마나 창출하고 있는지 알아보기 위함이다. 매출이익률은 손익계산서(표 11-4 참조)에서 기업의 당기순이익을 순매출과 비교하여 계산한다. 해당 회사의 매출이익률은 7%이다. 이 기업은 매출이익률 7%(290,000 = 700,000 − 410,000)로도 나머지 모든 비용(판매비용 + 일반 관리비 + 세금)을 지불할 수 있음을 나타낸다. 비용이 290,000원 이하이면 이 기업은 흑자를 기록하게 된다.

$$\text{매출이익률} = \frac{\text{당기순이익}}{\text{순매출}} \times 100\% = \frac{49,000}{700,000} \times 100\% = 7\%$$

시장에서 위험이 높으면 투자자는 자신들의 투자에 대해서 더 높은 수익을 기대한다. 이에 대한 정보를 제공해 주는 것 중의 하나가 자기자본이익률(ROE: Return on equity)이다. 이는 자기자본을 얼마나 효율적으로 투자하여 순이익을 올렸는가를 나타내는 지표이며, 대차대조표(자기자본)와 손익계산서(당기순이익)를 이용해 계산한다. 다음의 결과는 해당 회사 주주들이 투자한 100원마다 23원의 이익을 창출하였음을 나타낸다.

$$\text{자기자본이익률} = \frac{\text{당기순이익}}{\text{자기자본}} \times 100\% = \frac{49,000}{213,000} \times 100\% = 23\%$$

④ 활동성 비율

활동성 비율(Activity ratio)은 기업에 투자된 자본이 일정기간 중 얼마나 활발하게 운용되었는가를 나타내는 비율로 주로 회전율이 이용된다. 회전율이 높다는 것은 투자된 자본

이나 자산에 비하여 매출액이 상대적으로 커서 판매활동이 활발하다는 점과 투자된 자본이나 자산을 효율적으로 운용하였다는 점을 의미한다. 가장 대표적인 비율분석이 재고자산회전율인데 재고자산이 어느 정도의 속도로 판매되고 있는가를 측정한다. 재고자산에 대한 정보는 손익계산서에 있다.

재고자산회전율이 낮다는 것은 재고자산에 과잉투자가 발생했음을 의미한다. 재고자산회전율이 낮으면 기업의 수익성도 떨어지게 된다. 〈표 11-4〉의 손익계산서에서 매출원가 410,000, 기초 재고자산 200,000 그리고 기말재고자산 230,000이다. 따라서 재고자산 회전율은 1.9회가 나온다. 재고자산회전율이 1.9회라는 것은 재고자산이 현금으로 변화되는 기간이 192.1일(365일/1.9회)이며, 이는 재고자산 관리가 양호하지 않음을 의미한다. 일반적으로 6회 이상이면 양호하고 4회 이하이면 불량으로 판단한다.

$$재고자산회전율 = \frac{매출원가}{평균재고자산((기초재고자산 + 기말재고자산)/2)} = \frac{410,000}{215,000} = 1.9회$$

호텔산업에서는 객실점유율이 활동성 평가지표로 자주 활용된다. 판매객실 수를 판매가능 객실 수로 나눈 비율, 즉 전 객실 수에 대한 판매객실 수의 비율을 말한다. 여기서 판매가능 객실 수(Available rooms)는 일 판매가능 객실 수에 365일을 곱해서 산출한다. 가령, 고구려 호텔이 2022년 말 기준으로 판매한 총 객실 수와 일 평균 판매가능 객실 수가 각각 15,000과 60이라고 가정하면, 판매가능 객실 수는 21,900실이며 연간 평균 객실점유율은 68.5%가 된다. 판매가능 객실의 68.5%가 매일 판매된다는 의미가 아니라 평균적으로 68.5%의 객실이 판매됨을 의미한다.

$$판매가능 객실 수 = 60실 \times 365일 = 21,900실$$

$$연간 객실점유율 = \frac{연간 판매객실 수}{판매가능 객실 수} \times 100 = \frac{15,000}{21,900} = 68.5\%$$

5 운영비율

운영비율(Operating ratio)은 환대기업의 부문별 운영성과를 나타내는 비율이다. 대표적 운영비율에는 평균객실단가(ADR)와 이용 가능한 객실당 수익(RevPAR)이 있다.

평균객실단가(ADR: Average daily rate)는 얼마나 좋은 가격으로 객실을 판매하였는지를 측정하는 것이다. 가령, 판매가능 객실이 500개, 판매된 객실이 430개, 그리고 객실판매 금액이 41,500,000원이라고 가정하면 ADR은 96,512원이 된다. 여기서 유의할 점은 항상 동일가격으로 객실을 판매하지 않는다는 점이다. 즉, 요일별, 성수기 및 비수기, 그리고 객실 유형에 따라 가격이 결정된다.

$$ADR = \frac{객실 \ 수입액}{판매된 \ 객실 \ 수} = \frac{41,500,000}{430} = 96,512원$$

이용 가능한 객실당 수익(RevPAR: Revenue per available room)은 객실 수입액을 판매 가능한 객실 수로 나눈 값이다. 이는 또한 객실점유율에 ADR을 곱해서도 산출될 수 있다. 위의 계수를 이용해 계산해 보면 RevPAR는 83,000원이 된다. 객실 점유율이나 ADR 중 한쪽만을 강조하는 것은 호텔의 객실수익을 평가하는 데 있어 부족하기 때문에 균형된 RevPAR를 사용한다(Andrew & Schmidgall, 1993). 일반적으로 RevPAR가 높은 호텔이 낮은 호텔보다 더 고급스럽고 성공적인 호텔경영을 한다(김경환·차길수, 2002).

$$RevPAR = \frac{객실 \ 수입액}{판매가능 \ 객실수} = \frac{41,500,000}{500} = 83,000원$$

제5절 _ 자금조달

　기업은 일반적으로 다음의 두 가지 경우에 자금이 필요하게 된다. 우선 상품이나 서비스의 매출이 발생한 즉시 자금이 회사에 입금되지 않는 경우이다. 그리고 기업은 새로운 사업을 추진하거나 기존의 사업을 유지·확장하기 위해서는 상환기간이 1년 이상인 장기 자금이 필요한 경우이다. 이 경우는 매출이 발생하지 않고 지출만 발생한다. 기업은 필요한 자금을 모으기 위해 돈을 빌리거나, 자사의 소유권을 팔거나, 영업활동을 통해 이익잉여금을 늘림으로써 그 목적을 달성할 수 있다. 기업의 자금조달 방법을 요약해 하면 〈그림 11-2〉와 같다.

1 내부금융

　금융이란 여유 있는 기관(사람)이 자금을 빌려주고 부족을 느끼는 기관(사람)이 자금을 빌리는 기능을 포괄하는 개념이다. 즉, 금융이란 자금조달을 의미한다. 내부금융이란 경영

그림 11-2　기업의 자금조달 방법

성과 중 내부에 적립된 유보이익이나 감가상각충당금을 활용하는 것을 말한다.

이익의 사내유보는 이월금이나 당기순이익 등으로 기업의 배당정책과 밀접히 관련되어 있다. 감가상각충당금은 고정자산에 투입된 자본회수를 위한 비용으로 회계연도마다 계산되어 운영할 수 있다. 내부금융에 의한 자금조달은 외부금융에 비해 자금조달 비용이 낮고, 이용이 확실하고, 변제의 필요성이 없다.

② 외부금융

1. 직접금융

직접금융이란 자금 수요자(예 기업)가 금융기관을 통하지 않고 직접 자금을 보유하고 있는 투자자에게 자금을 빌리는 것을 말한다(이명호 외, 2014). 대표적인 방법으로 주식발행과 회사채 발행이 있다. 주식발행은 회사의 재무제표상에 자본으로 기재되는 자기자본이며 채권발행은 회사의 재무제표에 부채로 기재되는 타인자본(빚)이다.

(1) 주식발행

주식은 회사가 자본을 마련하기 위해 투자자에게 발행하는 것으로 회사의 주인이 될 수 있는 권리증서이다. 주식회사는 상법에 따라 자본금을 일정 소액단위로 나누고 나눈 수만큼 주식을 발행하게 되어 있으며 최소 발행단위는 1주이다. 주주들은 각자 자본금에 기여한 금액만큼 발행 주식을 가지게 된다. 예를 들어, 10명의 주주가 1,000만 원씩 내서 주식회사를 만들면 이 회사의 자본금은 1억 원이 된다. 주식 1주의 가격을 10,000원으로 가정한다면 10,000주의 주식을 발행해야 하고 주주 10명은 각자 1,000주씩 주식을 나눠 가지게 된다.

주식발행의 장점으로는 자본의 증가를 가져와 재무구조 개선에 도움이 되고, 원활한 현금흐름을 가져오며, 그리고 은행으로부터의 대출에 따른 이자지급 비용이 없다는 점이다. 하지만, 일정지분 이상을 보유한 주주들이 경영권을 간섭할 수 있다는 점과 실적이 좋을 경우 배당에 대한 압박이 크다는 점이 약점이 될 수 있다.

(2) 회사채 발행

회사채(會社債)는 기업이 장기간 사용하기 위해 발행하는 채권으로서 채권자에게 지급할 확정이자와 만기일이 표시되어 있는 유가증권이다(이명호 외, 2014). 따라서 채권발행 회사는 채권자에게 이자를 지급해야 하고 만기일에 원리금을 상환해야 한다. 회사채 발행은 일시적인 자금조달로 인하여 자금난을 해결할 수 있다는 장점이 있으나, 자본을 늘리는 것이 아니라 부채를 증가시키기 때문에 재무구조에 악영향을 미친다는 단점이 있다.

일반적으로 기업 소유주는 주식 발행보다 회사채 발행을 선호한다. 그 이유는 회사채는 대차대조표에 부채로 기록되므로 주식발행과는 달리 배당의 압력이 없고 회사채에 대한 이자지급 비용이 발생하여 법인세 절감효과가 있기 때문이다(이명호 외, 2014). 회사채와 주식을 비교하면 〈표 11-7〉과 같다.

표 11-7 **회사채와 주식의 특성비교**

구 분	주 식	회사채
자금의 형태	자기자본	타인자본
상환 여부	상환의무 없음	만기에 상환
보상방법	배당금 지급	이자 지급
재무비율에 대한 영향	부채비율 하락	부채비율 증가
증권 소유자의 지위	주주	채권자
경영참가 권한	있음	없음

자료: 저자 정리

2. 간접금융

간접금융은 금융기관과 같은 중개업체를 통해 자금을 조달하는 것이다(이명호 외, 2014). 다시 말해 개인이나 다른 기업 등은 여유자금을 금융기관에 예치하게 된다. 금융기관은 예치된 자금을 필요로 하는 사람에게 대출을 해주게 된다. 대표적인 방법으로 은행대출과 기업여신이 있다.

은행대출은 가장 일반적인 방법으로 은행이나 보험회사 등과 같은 금융기관으로부터 자금을 빌리는 것을 말한다. 기업여신은 기업 간 매매거래에서 지불결제를 일정기간 유예하는 것을 말한다.

3 단기자금과 장기자금

기업이 자금을 빌릴 때는 단기자금 조달 또는 장기자금 조달의 형태로 빌린다. 단기자금 조달은 1년 이내에 만기가 도래하는 자금을 빌리는 것이며 장기자금 조달은 1년 이후에 만기가 도래하는 자금을 빌리는 것이다. 단기자금은 운전자금(기업의 일상적인 운영에 필요한 자금)을 그리고 장기자금은 기업의 설비자금을 빌리는 데 이용된다. 〈표 11-8〉은 기업이 단기자금과 장기자금을 필요로 하는 이유를 나타내고 있다.

💡 표 11-8 **장단기자금 필요성 비교**

단기자금	장기자금
• 월별 비용 지급 • 긴급상황 대비 • 현금흐름의 문제 • 현재 재고수준의 증가 • 임시 홍보 프로그램	• 신상품 개발 • 장비 및 시설교체 • 인수 또는 합병 • 국내 또는 해외 새로운 시장진출 • 새로운 시설건축

자료: Nicles, W.G., McHugh, J.M., & McHugh, S.M.(2010). 경영학의 이해, Understanding business(9th ed.) (권구혁 외 6인 공역). 서울: ㈜생능, p.548 재인용.

1. 단기자금 조달방법

단기조달방법으로는 신용거래, 단기차입, 사채 등이 있다. 신용거래는 기업이 타 기업으로부터 원자재, 상품, 기계설비 등을 외상으로 구입하게 되는 경우를 말한다. 단기차입금은 은행 등의 금융기관으로부터 어음할인이나 차입금의 형식으로 단기자금을 조달하는 것을 말한다. 그리고 사채(私債)는 금융기관 등과 같은 제도금융이 아닌 개인이나 조직이 다른 개인이나 기업에게 자금을 제공해 주는 것을 말한다.

2. 장기자금 조달방법

장기조달방법으로는 회사채와 주식발행(보통주와 우선주)이 있다. 회사채(會社債)는 기업이 사채(社債)를 발행하여 일반대중으로부터 장기자금을 조달하는 장기부채이다. 주식발행을 통한 자금조달방법은 의사결정권의 유무에 따라 보통주(Common stock)와 우선주(Preferred stock)로 나눈다. 보통주 주주에게 발행하는 증권으로서 주식의 매입과 동시에 이사회의 구성, 배당금 결정, 그리고 기업 인수합병 등에 대한 의결권을 갖는다(이명호 외, 2014). 우선주는 의결권이 없으나 배당이나 잔여 재산분배에서 보통주에 비하여 그 청구권리가 우선하는 주식을 의미한다.

토론주제

1. 회계관리와 재무관리의 차이점

2. 이해관계자들의 회계정보 이용목적

3. 재무제표 유형별 특징

4. 재무비율분석의 중요성

5. 자본조달방법의 장단점

참고문헌

김경환·차길수(2002). 호텔경영학. 현학사

김동훈·홍순구·박경욱(1998). 알기쉬운 재무관리. 학현사.

서울경제(2014.2.23.). 회계도 공공재다. http://media.daum.net/economic/stock/newsview?newsid=20140223181909475

이명호·신현길·이주현·정인근·조남신·조장연·김귀곤·김솔(2014). 경영학으로의 초대 (제 4판). 박영사.

장영광(2005). 현대 재무관리. 박영사.

조동성(2010). 21세기를 위한 경영학. 도서출판 서울경제경영.

Andrew, W. P., & Schmidgall, R.S.(1993). Financial management for the hospitality industry. The Educational Institution of the American Hotel & Motel Association.

Nicles, W.G., McHugh, J.M., & McHugh, S.M.(2010). 경영학의 이해, Understanding Business(9th ed.)(권구혁 외 6인 공역). 서울: ㈜생능

CHAPTER **12**

관광정책 및
관광행정과 관광법규

학습목표

· 관광정책의 성격과 특성을 설명할 수 있다.

· 관광정책과정을 설명할 수 있다.

· 정책과 행정의 차이를 구분할 수 있다.

· 관광행정조직의 주요 기능을 설명할 수 있다.

· 관광법규의 제정 취지를 설명할 수 있다.

Principles Of Tourism

관광은 21세기 고부가가치 서비스산업으로 외화획득, 고용창출, 세계화 촉진, 국제적 이해관계 증진 등 다양한 파급효과를 유발함에 따라 세계 각국은 국가발전을 위한 수단으로서 관광산업 육성에 노력하고 있다. 관광은 지역균형발전과 지역경제 활성화를 통해 지역주민의 삶의 질 향상에도 크게 기여함에 따라 지방자치단체의 정책적 관심분야로 급부상하고 있다. 관광정책은 한국의 관광산업 발전의 등대와 같은 역할을 하므로 이에 대한 이해는 매우 중요하다. 본 장에서는 관광정책의 의미는 물론 관광정책의 특징과 분류를 살펴보고자 한다. 그리고 관광정책을 지원하는 관광행정과 관광법규에 대해 학습한다.

제1절 _ 정책의 의의 및 특성

정책(Policy)이란 오늘날 사회생활과 불가분의 관계를 갖고 있다. 정책은 공공문제를 해결하거나 목표달성을 위해 정부에 의해 결정된 행동방침이다. 따라서 정책이란 미래를 예측하고 달성하고자 하는 목표를 설정하고 이를 하나의 일관된 계획에 따라 실행하는 프로그램으로 보는 것으로 미래지향성, 계획성, 목표성에 중점을 두는 개념이다. 본 절에서는 정책의 의미와 그 성격을 살펴본다.

1 정책의 정의

정책은 어원적으로는 도시국가(Polis), 경찰(Police), 정치(Politics)와 같은 뜻을 가지고 있으며 이것은 곧 정책이 정치의 영역에 속한다는 것을 의미한다. 결국 정치가 국가 또는 정부의 활동이라는 점을 감안할 때 정책 역시 국가나 정부의 활동이라고 할 수 있을 것이다.

정책에 대한 개념은 일찍부터 논의되어 왔다. 정책은 미래 목표 혹은 가치를 달성하기 위해 실제적 수단을 지난 예정된 계획(Lasswell & Kaplan, 1970) 혹은 집단에 의해 추진될 목적지향적인 행동(Anderson, 1984)으로 정의된다. Lowi(1970)는 조직의 권력구조와 관련하여 강제력 행사의 방법, 그 주체와 대상 등에 관한 윤곽을 나타내 보이려는 표현의 일종으로 보았으며, Firgen(1991)은 설정된 목표와 목적을 달성하기 위한 미래방향 혹은 행동지침이라 정의하였다. 정정길(1989)은 바람직한 사회상태를 이룩하려는 정책목표와 이를 달성하기 위해 필요한 정책수단에 대하여 권위 있는 정부기관이 공식적으로 결정한 기본방침이라 하였다. 이상의 제 개념들을 종합해 볼 때 정책은 주어진 목표를 달성하기 위한 목적지향적 행동방향을 제시해 주는 수단 혹은 행동지침으로 볼 수 있다.

2 정책의 성격

정책의 정의에 따라 그 성격도 다양하다. 다양한 정책의 성격은 다음과 같이 여덟가지로 요약해 볼 수 있다.

1. 가치지향성

정책의 궁극적 목적은 사회적 공공가치를 실현하는 것이다. 정책은 특정시대, 특정국가, 특정사회가 추구하는 공익적인 가치를 실현하고자 하는 속성을 지니고 있기 때문에 정책은 마땅히 있어야 할 것, 당연히 바람직한 것 등의 성격을 지니고 있다. 정부는 동원 가능한 제반 가치를 국민들에게 공정하게 배분하려고 노력하며 정책은 바로 정부가 가치를 배분하는 공적인 수단이 되는 것이 다(Easton, 1953).

2. 미래지향성

정책은 현실문제의 개선을 통해 바람직한 미래의 상태(목표)를 구현하고자 하는 의도적인 노력이다. 정책의 내용 속에 포함되는 행동이 일어나는 시점은 현재이나 정책이 의도하는 시점은 변화가 이루어지는 미래이다. 따라서 정책은 미래를 설계하는 미래지향적 성격을 지니게 된다.

3. 변화지향성

정책은 보다 바람직한 상태로 변화시킬 것을 의도하는 정부의 행동방침이기 때문에

그 속성상 변화성을 내포하고 있다. 사회제도나 질서의 변경을 의도하는 정책도 있을 수 있고 사고나 행동의 변화를 요구하는 정책도 있을 수 있다. 그러므로 정책은 변화를 일으키는 성향을 지니게 된다.

4. 정치(권력)성 및 강제성

정책은 정치와 밀접한 관계를 가지므로 당연히 정치적 요소를 내포하고 있으며 그렇기 때문에 정치상황에 매우 민감하다. 또한 정책은 정치권력에 의해 합법적으로 인정된 정부의 공적인 행동수단이기 때문에 정치권력이 뒷받침되어 있고 강제성이 부여되어 있다. 이처럼 정책은 정치적 관계를 통하여 정치적 합의의 표현 혹은 그것의 전제로 채택된 것이다. 따라서 정책은 항상 협상과 타협 혹은 권력적 작용과 연관된 성향을 지니게 된다.

5. 행동지향성

정책을 집행한다는 것은 그것을 행동으로 전환시킨다는 것을 의미한다. 아무리 좋은

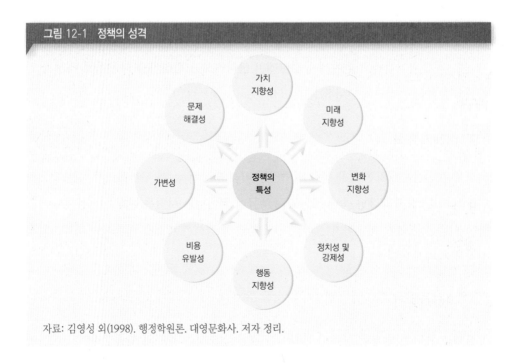

그림 12-1 정책의 성격

자료: 김영성 외(1998). 행정학원론. 대영문화사. 저자 정리.

내용을 담고 있는 정책이라 하더라도 실제행동으로 연결·집행되지 않는다면 아무런 소용이 없게 된다. 대다수의 정책은 인간의 실제적인 행동을 전제로 하고 있기 때문에 행동지향적인 속성을 지니고 있다.

6. 비용유발성

특정한 문제를 해결하고 바람직한 미래의 상태를 구현하고자 수립된 정책은 거대한 정부예산의 지출을 수반하게 된다. 아무리 훌륭한 아이디어나 정책이라고 하더라도 그것이 유발시키게 될 비용이 정부당국의 지출능력을 초과하는 것이라면 그것의 실현은 어려워지게 된다.

7. 가변성

정책은 언제나 변화할 수 있으며 변화되는 것이 오히려 바람직할 수도 있다. 정책은 결정 당시의 상황과 집행 당시의 상황이 서로 다르기 때문에 보다 효율적인 집행을 위해서는 시간과 장소에 따라 적절히 조정·변화되어야 한다. 정책의 변화는 심하면 정책의 목표까지도 바꾸어 궁극적으로 새로운 정책의 형성을 초래할 수도 있지만, 대부분의 경우 정책의 변화는 정책의 부분적 수정을 의미한다고 하겠다.

8. 문제해결성

정책은 국가나 사회가 당면한 갈등이나 문제는 물론 당장은 문제가 없으나 앞으로 다가올 것으로 예측되는 갈등이나 문제 등을 해결하기 위한 수단으로 결정되고 집행된다. 즉, 현재의 바람직하지 못한 현상이나 상태를 미래의 바람직한 현상이나 상태로 바꾸려는 내용을 담고 있으므로 문제해결 지향적 성격을 지닌다.

제2절 _ 관광정책의 의의 및 특성

관광정책은 국가경영에 깊숙이 관련되어 있고 또한 다양한 영역과도 관련되어 있다. 따라서 국가의 타정책(예 경제정책, 사회개발정책 등)과의 상호작용이 필수적이다. 관광정책의 범위와 내용이 무엇이든 간에 관광정책은 국가정책의 한 부분이므로 국가의 정책목표를 구현하는 데 역할을 담당해야 한다. 관광정책은 관광산업 발전을 위한 제도적 근거가 되기 때문에 관광정책에 대한 이해는 매우 의미가 크다 하겠다. 본 절에서는 관광정책의 의미, 특성, 그리고 접근방법에 대해 살펴본다.

1 관광정책의 정의

관광정책에 대한 학자들의 정의 또한 매우 다양하다. Bormann은 관광산업의 진흥을 목적으로 하는 것이며 본질적 내용은 선전이라고 기술하였다. Glücksmann(1935)은 관광

표 12-1 **학자별 관광정책 정의**

학 자	정 의
보르만 (Bormann)	관광산업의 진흥을 목적으로 하는 것
그뤽스만 Glücksmann, 1935)	관광진흥을 위한 경제적 활동의 총체로서 정치, 경제, 사회, 문화 및 교통에 대한 종합적인 행동계획
베르네카 (Bernecker, 1962)	관광현상, 즉 정치, 경제, 사회, 문화, 체육 및 요양 등의 제방책에 대하여 관광의 용이화를 도모하는 일련의 국가적 행동계획
아릴라가 (Arrillaga, 1995)	관광을 통해 국가의 이익을 촉진하거나 보호하기 위해 행하는 국가적 활동
매킨토시 (McIntosh, 1982)	잠재적인 관광시장의 개발과 그에 대한 선전, 기타 관광진흥에 관한 구체적인 행동계획
권순(2004)	국가나 공적 관광기관이 관광산업의 이익을 촉진·보호하기 위하여 취하는 정책활동

자료: 김광근 외(2007). 신관광학 개론. 백산출판사, p.273.

진흥을 위한 조직적 활동의 총체로서 정치, 경제, 사회, 경영, 문화와 교통에 대한 종합적인 활동계획으로 정의하였다. 권순(2004)은 국가나 공적관광기관이 관광산업의 이익을 촉진·보호하기 위하여 취하는 정책활동이라 규정하였다. 따라서 관광정책은 한 나라의 관광행정 [1] 활동을 종합적으로 조정하고 추진하기 위한 기본방향을 명시하는 여러 가지 방책이다. 학자별 정의를 요약하면 〈표 12-1〉과 같다.

전통적인 관광정책의 영역은 숙박, 항공, 식음료, 여행사, 관광지 등에 국한된 정책이 강조되었다. 하지만, 최근의 융복합시대에는 엔터테인먼트, 의료, MICE, 스포츠, ICT, 제조업 등 다양한 산업분야와의 융복합 및 연계가 중요시되면서 관광정책의 영역, 즉 관광우산이 확대되고 있다(그림 12-2 참조). 따라서, 관광산업의 영역확대, 관광 연관사업의 중요성, 그리고 관광산업의 융합화로 관광정책의 영역과 범위에 부합하는 새로운 정책이 필요하게 되었다.

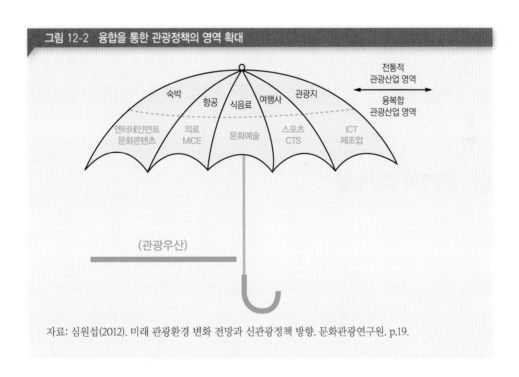

그림 12-2 융합을 통한 관광정책의 영역 확대

자료: 심원섭(2012). 미래 관광환경 변화 전망과 신관광정책 방향. 문화관광연구원. p.19.

---

[1] 관광행정이란 국가나 지방자치단체가 관광발전을 위해 관광활동과 관광사업을 조성·촉진하고, 혹은 계도·감독·단속하는 활동이라 할 수 있다. 따라서 관광행정의 주체는 국가나 지방자치단체이다.

2 관광정책의 특성

관광정책에는 다음과 같이 몇 가지 특성이 있다. 권순(2004)은 다음과 같이 세 가지 특성을 제시하였다. 첫째, 관광정책은 지역정책의 일환으로서 주민생활의 향상을 꾀할 뿐만 아니라 인간의 창조적 활동을 위한 여러 조건들을 정비하기 위한 종합적인 시책이다. 둘째, 관광정책은 관광대상이나 관광관련 시설을 단독으로 정비하기보다는 지역 전체 또는 관광의 다면성을 배려한 조치를 취하고 있다. 마지막으로, 관광정책은 여러 관련 부처 (예) 문화체육관광부, 국토교통부, 기획재정부 등)들이 관련되어 있기 때문에 정책의 실효를 거두기 위해서 각 부처 간 상호협력이 필요하다.

김광근(2007) 등은 관광정책의 특성을 다섯가지로 설명하고 있다. 첫째, 관광정책은 그 주체가 개인이나 사적 집단이 아니라 공공기관이라는 점이다. 즉, 권위 있는 기관에 의해 이루어진다는 것이다. 둘째, 관광정책을 통해 성취하고자 하는 것은 관광문제에 대한 해결이나 공익의 달성이다. 셋째, 관광정책은 주로 정치적·행정적 과정을 거쳐서 이루어진다. 그러므로 복잡한 동태적인 성격을 가진다. 넷째, 관광정책은 의도적으로 이루고자 하는 관광목표의 성격도 지닌다. 마지막으로, 관광정책은 관광에 대한 미래지향적인 성격을 지니고 있다.

3 관광정책 접근방법

1. 구조적 접근

관광정책에 대한 구조적 접근(Structural approach)은 연구대상이 관광관련 현상을 총체적인 현상으로 파악하려는 것이다. 오늘날 국제관광 환경을 살펴보면 세계 각국이 여러 측면에서 긴밀한 상호 의존관계를 보이고 있고, 또 그 의존관계가 어느 특정한 정치나 경제부문에 국한되는 것이 아니기 때문에 총체적으로 파악하는 것이 바람직하다는 시각이다.

2. 정치적 접근

정책과정에는 이익분배를 둘러싼 갈등이 상존한다는 것을 전제로 하여 이러한 갈등이

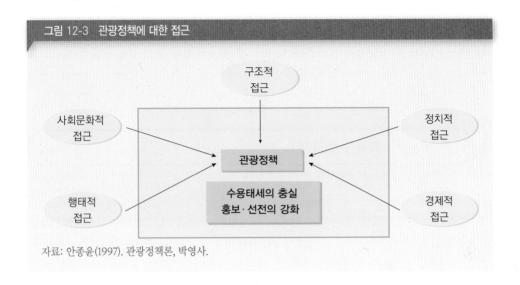

그림 12-3 관광정책에 대한 접근

구조적 접근

사회문화적 접근

정치적 접근

관광정책

수용태세의 충실
홍보·선전의 강화

행태적 접근

경제적 접근

자료: 안종윤(1997). 관광정책론, 박영사.

타협과 협상으로 해결되어 정책화되는 과정을 주목하는 것이 정치적 접근이다. 다시 말해서 정책결정과정을 이익의 분배과정으로 파악하고 여기에 참여하는 주체들 간에 협상을 통한 권력의 분배에 초점을 맞춘 접근법이다.

3. 경제적 접근

경제적 접근은 관광이 가져다 주는 경제적 효과에 초점을 맞춘 것이다. 즉, 수입효과, 외화획득 효과, 고용창출, 지역균형개발 등과 같은 긍정적 측면과 관광이 가져오는 부정적인 영향들을 상쇄시킬 요인에 대해 주목하는 접근방법이다.

4. 행태적 접근

이는 관광객의 행태에 초점을 맞춘 접근방법이다. 즉, 관광객이 희망하는 관광목적지, 교통이용, 숙박이용, 단체 및 개인관광, 동반자의 수, 동반대상 등을 분석함으로써 관광객의 수요에 맞는 정책을 개발하는 것이다.

5. 사회·문화적 접근

사회나 문화는 관광정책에 큰 영향을 줄 뿐만 아니라 반대로 관광정책의 결과에 영향

을 받기도 한다. 사회·문화적 접근은 이러한 영향 중 주로 관광정책의 결과로서 유적지
훼손이나 지역주민의 갈등과 같은 영향을 받는 충격에 초점을 두는 접근방법이다.

제3절 _ 관광정책과정

관광정책은 관광목표를 달성하기 위해서 단계적인 과정을 거치게 되는데 일련의 과정
을 관광정책과정(Tourism policy process)이라 한다. 관광정책과정은 관광정책 의제설정단계, 관
광정책 결정단계, 관광정책 집행단계, 관광정책 평가단계로 진행된다(그림 12-4 참조). 관광정
책과정은 합리적 선택과 실현 그리고 평가가 동태적으로 이루어지고 다수의 이해관계자
가 참여하는 특징이 있다.

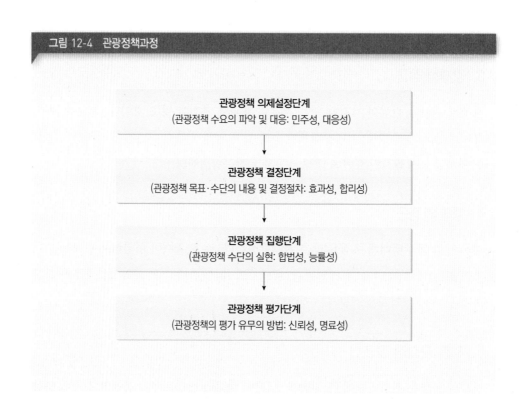

그림 12-4 관광정책과정

관광정책 의제설정단계
(관광정책 수요의 파악 및 대응: 민주성, 대응성)

관광정책 결정단계
(관광정책 목표·수단의 내용 및 결정절차: 효과성, 합리성)

관광정책 집행단계
(관광정책 수단의 실현: 합법성, 능률성)

관광정책 평가단계
(관광정책의 평가 유무의 방법: 신뢰성, 명료성)

1 관광정책 의제설정

1. 관광정책 의제설정의 개념

정책의제설정(또는 정책의제형성)이란 관광과 관련된 문제를 행정기관인 국가가 문제의 심각성을 인정하여 주된 문제로서 채택하는 과정을 말한다. 따라서 관광행정기관(예) 문화체육관광부)이 관광정책의 추진과 문제의 심각성을 고려하여 관광정책에 관한 문제를 채택을하는 것이다. 예를 들면, 태풍과 같은 자연재해로 인한 외래관광객의 입국증가의 둔화나 외화획득의 감소 등과 같은 요인들을 관광정책의 의제로서 설정할 수가 있다.

2. 관광정책 의제설정의 유형

정책의제는 정책의제화를 선도하는 사회집단이 누구냐에 따라 외부주도형과 내부주도형으로 구분된다. 정부 밖에 있는 집단에 의해서 제기되고 확대되어 공식의제가 되는 것을 외부주도형, 정부 안에서 주도되어 자동적으로 공식적 의제가 되는 것을 내부주도형이라 한다. 예를 들면, 외부주도형은 언론, 노동조합, 여론, 관광관련 이해집단 등의 제기에 의해 사회문제가 정책의제로 전환되는 것을 말한다. 내부주도형은 대통령과 장관등 정책결정자에 의해서 정책의제로 채택되는 것을 말한다.

2 관광정책 결정

1. 관광정책 결정의 개념

관광정책 결정이란 관광과 관련된 여러 가지 사회문제의 바람직한 해결방향을 정하는 행위이다. 따라서 관광정책의 결정은 정책의 내용을 결정하고 상관되는 요인을 파악하는 것이라고 할 수 있다. 관광정책 결정은 이해당사자 간 협상, 경쟁, 명령, 협조 등의 상호작용을 통해 이루어진다. 정책결정자는 대통령, 국회의원, 장관 등 공식적 정책결정자와이익집단, 정당, 언론기관, 전문가집단, 일반대중 등 비공식적 정책결정자로 구분된다.

2. 관광정책 결정 영향요인

관광정책 결정에 영향을 미치는 주요한 요인은 다음과 같다. 첫째, 관광환경이다. 관광환경은 사회·경제·정치·문화·생태·정보기술 등의 현상을 의미하며, 이러한 환경은 정책결정자가 문제를 해결하려는 노력에 도움을 줄 수도 있고 방해하기도 하기 때문에 가변적 성격을 띠고 있다. 둘째, 관광정책 결정자이다. 관광정책 결정은 정책결정자의 개성, 가치관이나 사회적 배경, 태도, 감정 등에 따라 정책의 선택에 중요한 영향을 미치게 된다. 셋째, 관광조직이다. 조직의 특징은 정책결정에 대하여 중요한 영향을 미치며 그 내용에 제약을 가하기도 한다. 넷째, 관광목표이다. 정책결정은 목표달성을 위한 효과적인 수단의 선택을 의미한다. 목표는 상위의 단계에 있는 다른 목표를 위하여서는 수단이 되고 보다 하위의 단계에 대하여서는 목표가 되는 목표의 계층을 형성하고 있다. 마지막으로, 관광정보이다. 국내외 관광관련 정보는 현재와 미래의 정책결정에 중대한 영향을 미친다.

3 관광정책 집행

1. 관광정책 집행의 개념

관광정책 집행이란 권위가 부여된 기관이 결정된 정책을 구체적으로 실천하는 것을 말한다. 관광정책 집행은 정책목표 달성을 위한 정책수단을 마련하고 자원을 확보하여 정책대상 집단에 편익 또는 제한을 가하는 상호작용적 활동 모두를 포함한다. 일반적으로 관광정책의 성공적인 집행을 위해서는 정책지침을 개발하고, 자원을 할당하고, 실질적 정책을 실현하고, 그리고 집행 여부를 평가하는 일련의 과정을 거치게 된다(고석면 외, 2000, 표 12-2 참조).

2. 관광정책 집행 영향요인

관광정책 집행은 복잡한 요인에 의해 영향을 받는다. 관광정책 집행에 영향을 미치는 중요한 요인을 내적요인과 외적요인으로 구별할 수가 있다. 내적요인에는 관광정책 목

💡 표 12-2 **관광정책 집행과정**

단 계	주요 내용
관광정책지침 개발단계	결정된 정책은 추상적이므로 현실적으로 집행이 가능하도록 정책내용을 구체화시켜 집행자, 특히 일선관료에게 알려 주는 것
관광자원 확정단계	집행담당기관이나 집행대상자에 대한 예산·인력·시설·정보 등에 필요한 자원을 확보하는 것
관광정책 실현 활동단계	확보된 자원을 활용하여 정책지침에 따라 정책대상자에게 서비스를 제공하거나 행동을 규제하는 것
관광정책 감독·통제 단계	실현활동이 지침에 따라 수행되었는가의 여부를 점검·평가하고 시정을 하는 것

자료: 고석면 외(2008). 관광정책론, 대왕사. 저자 정리

표의 명확성, 관광정책 집행자 리더십과 성향, 자원, 관광정책 집행절차 등이 있다. 외적 요인에는 경제상황, 정책대상 집단의 태도, 여론의 지지 등이 있다.

4 관광정책 평가

1. 관광정책 평가의 개념 및 목적

관광정책 평가란 관광정책이 의도한 목표 달성 정도와 효과를 관광정책 집행결과에 대하여 사후적으로 평가·분석하는 것을 의미한다. 정책평가의 대상은 관광정책 또는 관광사업이라 할 수 있고, 정책평가의 방법 또한 사업평가의 방법을 기초로 하고 있다. 따라서 정책평가와 사업평가의 개념은 흔히 혼용되어 사용되고 있다.

관광정책 평가의 목적은 정책결정과 집행에 필요한 정보제공의 역할이다. 다시 말해, 정보분석을 통해 사업계획의 수정·변경과 자원의 재배분을 가능하게 하며 정책집행자로 하여금 행정활동의 방법을 개선하도록 돕기 위함이다.

2. 관광정책 평가방법과 기준

관광정책 평가방법은 과정평가와 결과평가, 단기 및 장기영향평가, 내부평가와 외부평가, 사전평가·집행과정평가·사후평가 등으로 나눌 수 있다(장병권, 1996). 평가방법의 유형에 관계없이 사용되는 대표적 평가기준의 요소들로는 효과성, 능률성, 적정성, 형평성, 대응성, 적절성 등이 있다(표 12-3 참조).

💡 표 12-3 **관광정책 평가기준**

평가기준	평가내용
효과성	투입을 고려하지 않고 가치 있는 성과 및 효과를 거둔 정도
능률성	주어진 수준의 효과를 산출하기 위해 요구되는 양. 효과성과는 달리 능률성은 투입을 최대한 줄이는 데 중점을 둠
적정성	정책의 실시결과 제기된 문제의 해결 정도
형평성	사회적·경제적·정치적으로 불리한 입장에 있는 계층에 대한 배려 정도
대응성	정책대상 집단의 요구를 어느 정도 충족시켰는가에 관한 정도
적절성	정책이 지니고 있는 목표나 정책결과의 의미성(혹은 중요 정도)

자료: 저자 정리

제4절 _ 관광행정

행정은 다양한 성격을 포함하고 있다. 예를 들면, 국민이면 누구나 행정을 피할 수 없는 강제성을 띠며 행정에 의한 공공활동은 사행위에 대한 우선권이 있는 등 다양한 성격을 지니고 있다(Caiden, 1991). 또한, 행정의 한계가 분명하지 않다는 특징을 지니고 있다. 본 절에서는 관광행정의 개념, 행정과 경영의 차이점 그리고 관광행정조직에 대해 학습한다.

1 관광행정의 정의

행정의 다양한 성격을 반영하여 학자들도 다양하게 정의하고 있다. Nigro(1970)는 행정을 공적인 환경에서 협동적인 집단의 노력으로 정의하면서 지역사회에 서비스를 제공함에 있어 사적인 단체나 개인과 긴밀한 협력의 필요성을 강조하였다. 권기헌(2011)은 행정부가 공익실현을 위해 정책을 형성하고 집행하는 협동적 집단행동으로 보았다. Milakovich와 Gordon(2022)은 입법부, 집행부 또는 사법부에서 채택되거나 문제된 법률이나 규칙을 수행하는 것과 관련된 모든 과정, 조직 및 공적인 역할이라고 정의하였다.

보통 행정이라 할 때는 공공행정을 지칭하는 경우가 많으나 광의의 행정과 협의의 행정으로 나누어 볼 수 있다. 광의의 행정은 협동적 인간노력의 한 형태로서 공공단체, 민간기업, 민간단체, 군사단체 등 모든 단체의 역할과 기능을 의미한다. 협의의 행정은 공공문제의 해결과 관련한 정부 또는 공공조직의 제반활동을 의미한다. 광의의 행정은 공공행정과 사행정(Business administration)으로 나누어지는 데, 전자를 행정이라 하고 후자를 경영이라 한다. 협의의 행정은 공공행정만을 의미한다.

관광행정은 관광정책을 구체화하고 이것을 실행하는 방법과 내용을 의미한다. 즉, 관광행정은 관광행정기관(⑩ 정부 혹은 지방정부)이 관광발전을 위해 관광시장, 관광기업, 관광교통, 관광대상을 조성·촉진하거나 또는 지도, 관리, 감독하는 일련의 관리활동이다(임형택, 2020).

2 행정과 경영의 유사점과 차이점

1. 유사점

행정과 경영의 유사점은 다음의 세 가지로 설명해 볼 수 있다(박동서, 2005). 첫째, 목표달성을 위한 수단이다. 행정과 경영은 추구하는 목표는 다르지만 이를 달성하기 위한 수단은 동일하다. 즉, 이들은 각기 추구하는 목표를 중심으로 조직·인사·재원 통제 등을 효율적으로 운용한다. 둘째, 봉사적 기능이다. 행정은 모든 국민에게 그리고 기업은 고객에게 봉사한다. 마지막으로, 의사결정이다. 행정이나 경영은 능률적·합리적인 기준에 따라 다양한 대안들 중 최적 대안을 선택하고 결정하는 과정이다.

2. 차이점

행정과 경영의 차이점은 네 가지로 요약해 볼 수 있다(박동서, 2005). 첫째, 목표의 차이이다. 행정은 공익실현을 목표로 하므로 경영에서처럼 이윤극대화 원칙을 적용하기 곤란한 경우가 많다. 공익실현은 사회적 형평성처럼 추상적 개념으로 구체적인 목표에 대한합의가 어렵다. 따라서 행정의 목표는 모호하고 다양하다는 특징을 가진다. 이는 공공부문의 성과평가를 어렵게 만드는 이유가 되기도 한다.

둘째, 권력적(강제적) 성격이다. 행정은 국민에 대하여 필요시 강제성을 발휘할 수 있다. 가령, 조세의 강제징수, 교통법규 위반자에 대한 범칙금, 범법자의 체포 등이 그것이다. 그러나 경영은 국민에게 상품과 서비스의 공급을 자유로운 거래에 의존한다.

셋째, 서비스의 대상이다. 상품이나 서비스 구매를 원하는 고객을 대상으로 하는 기업과 달리 행정은 모든 국민을 대상으로 한다. 행정은 기본적인 필요조차 충족하지 못하는약자까지 배려하는 사회적 형평성을 확보해야 하며 국민의 한 사람으로서 누릴 수 있는보편적 서비스를 담당해야 하는 영역이다.

마지막으로, 서비스의 독점성이다. 유사한 서비스를 제공하는 다른 기업과 경쟁에 노출되어 있는 경영과 달리 행정은 독점적으로 공공서비스를 공급한다. 즉, 경쟁이 없다는

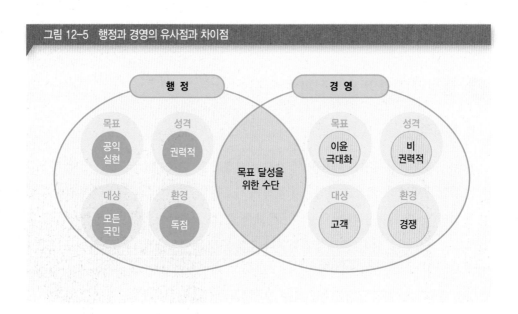
그림 12-5 행정과 경영의 유사점과 차이점

점이다. 정부를 대체할 다른 수단이 없으므로 행정은 질 좋은 서비스를 제공하려는 유인이 부족하고 국민에 대한 대응성 및 생산의 효율성이 떨어진다.

3 관광행정조직

조직이란 특정목표를 추구하기 위하여 일정한 구조를 가진 사회적 실체이다. 관광행정조직은 행정, 법규, 제도, 정책 등을 지원하고 금융, 세제, 재정을 집행하며 관광발전을 위해 인적·물적 요소가 결합된 공적조직을 의미한다. 관광행정조직은 중앙 관광행정조직, 지방 관광행정조직, 그리고 기타 관광행정관련 조직으로 분류할 수 있다.

중앙 관광행정조직의 대표적 부처가 문화체육관광부이다. 문화체육관광부는 문화·체육·관광 진흥업무를 담당하는 중앙 행정조직으로서 관광행정에 관한 실질적 책임과 권한을 가지고 있다(임형택, 2020). 이외에도 다양한 중앙 행정조직에서 관광관련 행정(업무)을 담당하고 있다. 예를 들면, 외교통상부의 여권발급과 비자업무, 고용노동부의 관광종사원교육 지원 등이 있다. 우리나라의 관광관련 중앙행정 조직과 그 기능을 정리하면 〈표 12-4〉와 같다.

지방 관광행정조직은 특별시, 광역시, 도, 특별자치도, 시, 군 등 지방자치단체의 상황과 여건에 맞는 조직을 구성하고 있다. 가령, 강원특별자치도는 관광국이 관광행정을 총괄하고 있으며 산하에 관광정책과, 관광개발과, 올림픽시설과, 설악산삭도추진단을 두고 있다.

기타 관광관련 행정조직으로는 한국관광공사, 지방관광공사, 한국문화관광연구이 있다. 1962년 6월 26일 한국관광공사법에 의거하여 설립된 한국관광공사는 국가경제발전과 국민복지증진에 기여를 목적으로 설립된 위탁집행형 준정부기관이다. 지방관광공사로는 경기지방관광공사, 인전관광공사, 제주관광공사, 경북관광공사, 부산관광공사가 있다. 한국문화관광연구원은 문화관광 분야의 연구와 조사를 통해 정부의 체계적인 정책수립을 지원하고 대안을 제시하는 정책연구기관이다.

 표 12-4 **중앙 관광관련 행정조직과 기능**

기 관	관광관련업무
국토교통부	항공협정체결, 도시계획, 개발관련 계획, 국토계획, 도로건설 등 관광기반시설 개발업무
교육부	관광학과 산학실습지원 및 신설인가, 관광전문계고 교육과정개발, 관광관련 교육업무
고용노동부	근로기준법, 관광종사원 교육 지원
농림축산식품부	관광농원 관리, 농어촌 휴양시설 개발, 휴양림, 산림욕장
문화체육관광부	관광자원 조사/개발, 문화재 지정/관리, 관광진흥개발기금 관리, 카지노 관리
법무부	여행객 출입국 관리, 외국인 국내체류 자격심사, 출입국관리제도 업무
보건복지부	관광업소 위생관리, 식품위생점검, 사회보험, 환경업소 관리 등
외교부	여권발급, 외교관계 수립, VISA 업무, 대외교섭 업무, 문화교류, 국제협력 해외관련 업무 지원
기획재정부	세관 여행객 통관 업무, 외국환 관리, 금융업무, 관광관련 정부 출연금/보조금
행정안전부	자연보호, 여행객 안전보호, 관광관련 부서 지도/감독, 지방행정 지원, 재난 예방
환경부	국립·도립공원 지정 및 승인, 환경보호, 환경영향평가, 환경정책 수립

제5절 _ 관광법규

관광법규는 관광기업들의 정상적인 투자활동과 합리적인 경영을 통해 이익을 보장함은 물론 과대광고, 허위광고, 그리고 서비스의 질 저하 방지 내지 규제하는 역할을 한다. 그러므로 관광법규는 관광과 관련한 개인 및 기업의 활동에 대한 질서를 유지하게 하는 중요한 역할을 한다. 본 절에서는 관광기본법, 관광진흥법, 기타 관광법규 등의 의미와 특성에 대해 살펴본다.

1 관광법규의 의미

법은 사회 전체의 질서를 형성하고 유지하는데 필요하다. 관광이 자유로운 행동에서 출발하지만 관광객도 상호 간의 안전을 위해서, 관광사업의 발전을 위해서, 그리고 건전한 관광환경을 조성하기 위해서라도 질서 속에서 행해져야 한다. 따라서 관광활동과 관련되는 여러 현상을 규율하는 법이 필요하기 마련이다.

우리나라에서 집행되고 있는 많은 법률 중에서 관광법규라고 칭하는 법률은 없다. 다만 관광에 관계되는 실체법과 절차법[2]을 편의상 '관광법' 또는 '관광법규'라고 한다(윤대순 외, 2006). 관광법은 관광활동에 관한 질서유지와 권리, 의무관계 규율, 관광행정기관의 행정행위에 대한 개인의 권리구제에 관하여 규정한 법이다. 또한, 관광법은 시대의 변천에 따라 특별한 목적에 의하여 제정된 특별법의 성격을 지니고 있다.

2 관광법규의 특성

관광법규는 관광행정 분야에 대한 국가의 행정행위를 규정한 행정법에 해당한다. 관광법규가 지니는 행정법상의 특성은 자유재량성, 강행성, 수단성, 평등성 등 네 가지로 정리할 수 있다(김기두 외, 1996; 이상규, 1997; 임형택, 2020).

1. 자유재량성

행정법규로서의 관광법규는 관광활동의 지원을 목적으로 하기 때문에 자율과 개방을 기본이념으로 하는 한편, 행정기관에 자유재량을 많이 부여하고 있다. 즉, 행정권의 주체인 국가나 지방자치단체는 법규의 범위 안에서 관광진흥의 목적을 효과적으로 달성하기 위해 행동하기 때문에 행정기관의 우월적 지위를 보호함은 물론 광범위한 자유재량이 주어진다.

2. 강행성

관광법규는 민법이나 상법처럼 당사자 사이의 자유의사에 따른 계약내용보다 관광진흥이라는 행정목적 달성을 위하여 행정기관의 의지대로 하려는 강행성을 가지고 있다.

---

2) 실체법은 법률관계(권리·의무)의 발생·변경·소멸·효과 등의 실체관계를 정한 법이며, 절차법은 소송 또는 재판절차를 규율하는 법(형사소송법·민사소송법·행정소송법 등)을 의미함.

즉, 개인의 의사존중보다는 공공목적 달성을 우선시하기 때문에 행정처분을 강제적으로 그리고 획일적으로 적용한다. 예로서 명령규정 위반에 대한 제재로서 과징금 제도, 사업의 정지나 취소, 벌금제도 등을 두고 있다.

3. 수단성(기술성)

행정법은 행정목적을 합리적이며 공정한 방법으로 달성하려는 수단적 특성을 가지고 있다. 즉, 관광법규는 관광행정의 목적을 달성하기 위하여 관광사업의 육성, 관광종사원의 양성과 교육, 관광지 개발 등 다양하고 전문적인 내용을 필요로 한다.

4. 평등성

관광법규는 관련된 사람이나 조직에 대하여 공평하게 법적용이 이루어지도록 한다. 따라서 관광행정기관(혹은 조직)은 관광진흥의 목적달성을 위해 관광사업자나 관광행위자를 평등하게 취급해야 한다.

3 관광기본법

1. 관광기본법의 제정배경

1965년 한·일 회담이 정상화된 이후 일본, 영국, 미국 관광객은 물론 국내 관광객의 증가로 국가의 관광정책을 수립하는 데 있어서 기본이념을 마련할 필요성을 인식하게 되었다. 이에 정부는 관광진흥의 방향과 시책에 관한 사항을 규정하는 「관광기본법」을 1975년 12월 31일 제정하였다. 관광정책의 기본적인 원칙 및 정부의 책임과 의무를 규정한 선언적 의미의 법으로 전문 15개 조문과 부칙으로 구성되어 있다. 「관광기본법」은 기본법이라는 법의 명칭을 사용하고 있고 일반법보다 우위의 법(기본이 되는 법)이다.

2. 관광기본법의 제정목적

「관광기본법」의 제정목적은 제1조에서 국제친선의 증진, 국민경제의 향상, 국민복지의 향상, 그리고 건전한 국민관광의 발전으로 명확히 규정하고 있다.

> 제1조(목적) 이 법은 관광진흥의 방향과 시책에 관한 사항을 규정함으로써 국제친선을 증진하고 국민경제와
> 국민복지를 향상시키며 건전한 국민관광의 발전을 도모하는 것을 목적으로 한다.

(1) 국제친선의 도모

국제친선이란 외국과의 경제, 사회, 문화의 상호교류는 물론 타 문화에 대한 이해증진을 포함하는 포괄적 의미를 담고 있다. 오늘날 지구 전체가 하나의 거대한 촌락으로 바뀌어가고 있는 환경변화 속에서 국제친선은 모든 국가의 관광정책에 있어서 최우선으로 다루어야 할 과제가 되고 있다. UNWTO의 전신인 국제관광연맹(IUOTO: International Union of Official Travel Organization)은 1967년을 '국제관광의 해(International Tourist Year)'로 선포하고 캐치프레이즈로 "여행을 통한 이해는 세계평화를 위한 여권(Understanding through travel is a passport to world peace)"라고 선언하였다. 이는 세계평화를 이루는데 국제관광이 중요한 역할을 한다는 것을 직접적으로 표현한 것이다.

(2) 국민경제의 향상

국민경제의 향상은 외화획득, 고용증대, 지역발전 등 관광을 통한 국민경제의 발전을 추구한다는 의미이다. 관광은 외화획득의 주요한 수단으로 수출에 버금가는 경제적 효과를 가지고 있다. 외화가득률이 높아서 국제수지 개선에도 큰 도움이 된다. 또한, 관광산업은 산업연관효과가 막대하여 타 산업의 성장에도 막대한 영향을 미친다. 하지만 관광 선진국에 비해 우리나라 관광산업의 국가경제 기여도는 여전히 낮은 수준을 보이고 있다. 2019년 기준 200여 개 국가의 관광산업 GDP 기여도 전체 평균은 10.4%이나 우리나라는 2.8%였다. 고용기여도도 3.1%로 주요 51개국 중 가장 낮다(연합뉴스, 2020.10.9.).

(3) 국민복지의 향상

국가는 사회적 갈등을 치유하기 위하여 소외계층을 포용하는 국민복지 정책을 추진하게 되었다. 관광분야에 있어서 이러한 복지정책을 국민복지관광(Social tourism) 정책이라 부

른다. UNWTO는 소셜투어리즘을 휴식 권한 행사가 극히 어려운 빈민, 신체장애자, 청소년, 부인, 부녀자 계층 등에 대해 여행경비 혹은 여행정보를 직접 제공하거나 그들을 수용하는 비영리시설에 자금을 지원하는 사회정책적인 지원으로 정의하고 있다. 우리나라도 1999년 1월 국민복지관 광을 위한 법적근거를 「관광진흥법」에 명시하였다.

(4) 건전한 국민관광의 발전

건전한 국민관광의 발전을 목적으로 한다는 뜻은 국민소득 증가, 관광욕구 증대, 그리고 가치관의 변화 등에 대하여 건전한 관광문화의 정착에 노력할 것임을 밝히는 것이다. 국민관광이란 국가가 소득재분배의 차원에서 편리하고 저렴한 관광여건을 제공하여 주는 것으로서 정책적이며 사회복지적인 의미를 가진다. 건전한 국민관광을 실현하기 위해 건전한 여가활동 계몽, 관광질서 확립, 관광불편 해소, 휴가제도 개선, 관광공간 확충, 중저가 숙박시설 확충 등에 대한 제반 정책이 동시에 강구되고 있다.

④ 관광진흥법

1. 관광진흥법의 제정배경

정부는 1961년 최초의 관광법규인 「관광사업진흥법」을 제정하여 관광사업 발전에 필요한 토대를 조성하였고 1975년 「관광사업법」으로 대체하였다. 1980년대는 우리나라 관광이 비약적으로 발전한 시기이다. 1986년 아시안게임과 1988년 서울 올림픽, 1989년 국민 해외여행 자유화 조치 등은 우리나라 관광발전의 획기적 계기가 되었다. 국민 해외여행 자유화 조치는 새로이 발생하는 국민의 관광욕구에 능동적으로 대처하기 위하여 관광법규에 관한 재정비의 필요성이 대두되었고 그에 따라 1986년 12월 「관광진흥법」이 제정되었다.

「관광진흥법」은 폐지된 「관광사업법」의 내용을 대부분 답습하고 있으나 법률 명칭을 「관광진흥법」으로 변경하고, 「관광단지개발촉진법」을 폐지하여 그 내용을 「관광진흥법」에 흡수 통합하는 한편 현실에 맞지 않는 미비점을 보완하였다. 새로 제정된 「관광진흥법」은 관광사업의 종류를 확대하였다. 대규모 국제회의의 원활한 수행을 유도하기 위해 국제회의 용역업을 관광사업으로 추가하였고, 관광진흥에 이바지할 수 있다고 인정되는 관광편의시설업을 관광사업으로 포함시켰다. 그리고 관광지와 관광단지의 개발업무를 통합하였고 대규모 국제회의나 외국인 관광객의 유치계획을 조정 권고할 수 있게 하였다.

2. 관광진흥법의 제정목적

「관광진흥법」은 관광자원 개발 법제와 관광사업 법제의 근간이 된다. 이 법의 제정목적은 관광여건 조성, 관광자원 개발, 관광사업 육성 등 세 가지를 들 수 있다.

(1) 관광여건 조성

관광여건의 조성이란 관광활동이 원활하게 이루어지도록 하는데 필요한 기본적인 여건을 마련하는 것이다. 즉, 관광주체, 객체, 매체 및 정부의 활동이 조화를 이루어야 한다는 것을 의미한다. 관광의 진흥 및 홍보와 관련하여서는 국제관광기구와의 협력사항이 명시되어 있으며 국내외 관광홍보활동에 대한 조정·심사·지원업무 등이 규정되어 있다.

또한, 새로운 관광추세에 부응하여 문화, 체육, 레저 및 산업시설의 관광자원화, 해양관광 개발 및 자연생태의 관광자원화, 관광상품개발 사업을 추진하도록 하고 있다. 그리고 국민의 관광복지 증진사업을 추진토록 함으로써 기본권으로서의 국민관광을 새롭게 인식하고 있다. 그리고 관광여건 조성을 위해서 정부가 기본적인 시설, 제도, 인력 등을 적극적으로 개선하고 확충한다는 의미도 내포하고 있다.

(2) 관광자원 개발

관광자원 개발과 관련하여서는 관광자원의 효율적인 개발과 관리를 위하여 정부와 광역자치단체가 관광개발기본계획과 권역계획을 각각 수립할 것을 규정하고 있다. 정부의 관광개발기본계획에는 특히 관광자원의 보호, 개발, 이용, 관리 등에 관한 기본적인 사항들을 포함하도록 함으로써 개발의 의미를 광범위하게 규정하고 있다. 광역자치단체의 권역계획은 관광개발기본계획의 하위계획으로서 상호연계와 조정이 필요함을 규정하고 있다.

(3) 관광사업 육성

이는 관광진흥을 위해 관광사업체의 육성과 발전을 위해 적절한 규제와 지원이 필요하다는 것을 의미한다. 「관광진흥법」은 관광사업의 종류를 규정하고 있고 관광사업을 경영하기 위해서는 정부의 등록, 허가, 신고 및 지정을 받도록 하고 있다. 또한, 영업에 있어서의 각종 규제사항을 명시하여 관광사업의 공익적 기능을 유지하는 데 중점을 두고 있다.

5 기타 관광법규

「관광기본법」과 「관광진흥법」 이외의 관광법규에는 「관광진흥개발기금법」, 「한국관광공사법」, 「국제회의산업 육성에 관한 법률」, 「관광숙박시설지원 등에 관한 특별법」 등이 있다. 이들 법에 관한 내용을 간략히 살펴보면 다음과 같다.

1. 관광진흥개발기금법

정부가 관광사업을 효율적으로 발전시키고 외화수입의 증대를 위하여 관광진흥개발기금을 설치함을 목적으로 1972년 12월 제정하였다. 관광진흥개발기금은 관광산업의 효율적 발전과 관광 외화수입 증대에 기여하기 위한 공공재원으로서, 「관광기본법」 제14조와 「관광진흥개발기금법」에 근거를 두고 조성·운용되고 있다. 관광진흥개발기금은 2억 원의 국고 출연을 시작으로 2021년 말 현재 순조성 규모가 1조 4,216억 원으로 확대되어 관광산업의 육성재원으로서 중추적인 역할을 담당하고 있다.

2. 한국관광공사법

1962년 4월 「국제관광공사법」으로 제정되었으나 1982년 11월 「한국관광공사법」으로 개칭되었다. 관광진흥, 관광자원 개발, 관광산업의 연구개발 및 관광요원의 양성과 훈련에 관한 사업을 수행하게 함으로써 국가경제 발전과 국민복지 증진에 이바지하게 함을 목적으로 한다. 구체적으로 공사는 그 목적을 달성하기 위하여 국제관광 진흥사업, 국민관광 진흥사업, 관광자원 개발사업, 관광산업의 연구 개발사업, 관광요원의 양성과 훈련,

관광사업 발전을 위하여 필요한 물품의 수출입업을 비롯한 부대사업을 행한다.

3. 국제회의산업 육성에 관한 법률

국제회의 유치를 촉진하고 원활한 개최를 지원하여 국제회의산업을 육성·진흥함으로써 관광산업의 발전과 국민경제의 향상 등에 이바지할 목적으로 1996년 12월 법률 제5210호로 제정되었다. 이 법률에서 지칭하는 국제회의란 상당수의 외국인이 참가하는 회의(세미나, 토론회, 전시회 등을 포함한다)로서 대통령령으로 정하는 종류와 규모에 해당하는 것을 말한다. 국제회의 산업이란 국제회의의 유치와 개최에 필요한 국제회의시설 및 서비스 등과 관련된 산업을 말한다.

4. 관광숙박시설지원 등에 관한 특별법

관광호텔시설의 건설과 확충을 촉진하고 기타 숙박시설업의 서비스 개선을 위하여 각종 지원을 통해 국제행사의 성공적 개최와 관광산업의 발전에 이바지함을 목적으로 제정되었다. 1997년 1월에 제정되었고 1997년 12월과 1999년 1월 일부 개정되었다. 특별법 제정의 궁극적 목표는 대형 국제행사의 성공적 개최에 있다. 이를 위하여서는 관광호텔시설의 확충을 통한 수용력 증대도 이루어져야 한다.

토론주제

1. 관광정책 수립의 목적

2. 관광정책의 의미 변천 원인

3. 관광정책 결정과정

4. 관광행정과 경영의 차이점

5. 우리나라 관광법규 체계

6. 관광기본법의 역활

7. 관광진흥법에서 규정한 관광사업의 영역

참고문헌

고석면 · 이재섭 · 이재곤(2008). 관광정책론. 서울: 대왕사.

권기헌(2011). 행정학 원론. 학림.

권순(2000). 관광정책론. 백산출판사.

김광근 외(2007). 신관광학 개론, 백산출판사

김광식(1999). 현대관광정책론. 삼광출판사.

김병문 · 김현지(1999). 국제관광론. 백산출판사.

김영성 외(1998). 행정학원론, 대영문화사.

김진탁(1999). 일본의 국제관광정책 변화 추이에 관한 고찰. 대한관광경영학회지 제13호.

김철용(1996). 국제관광론.

김향자(2005). 관광환경 변화에 따른 국제관광정책 방향, 한국관광정책, 23-30.

노화준(1995). 정책학원론. 박영사.

문화체육관광부(2010). 2009년 관광동향에 관한 연차 보고서.

박동서(2005). 한국행정론, 법문사.

서울경제신문(2023.1.31.). 작년 방한 외래관광객 320만 명, 국민 해외관광은 655만 명.
    https://www.sedaily.com/NewsView/29KOSPO0R1

서태양(1996). 관광학원론. 법문사. 안종윤(1997). 관광정책론, 박영사.

연합뉴스(2020.10.9.). 한국 관광산업 GDP 기여도 2.8%⋯ 51개국 중 '꼴찌.
　　https://www.yna.co.kr/view/AKR20201008163700030

유 훈 외 공저(1978). 정책학개론. 법문사.

이장춘(2001). 관광정책학. 대왕사.

임주환·한광종(1992). 관광정책론. 백산출판사.

임형택(2020). 관광법규론. 한올출판사.

장병권(1996). 한국관광행정론. 서울: 법문사.

정정길(1989). 정책학원론. 대명출판사.

채용식(1997). 국제관광정책론. 학문사.

최승담(2007). 차기 정부의 관광정책 방향. 한국관광정책, 통권 28호(여름).

Anderson, J. E. (1984). Public policy-making(3rd. ed.), (N.Y.: Halt, Rinehart and Winston), p. 3.

Bernecker, P. (1962). Grundlagenlehre des Fremdenverkrbr. De Arrillaga, J. I. (1995). Sistema de Politica Touristica.

Caiden, G. E.(1991). Administrative reform comes of ages. New York: W.de Gruyter.

Easton, D.(1953). The Political System. New York: Alfred A. Knopf.

Frigen, J. D. (1991). Dimensions of tourism. Michigan Educational Institute.

Glcksmann, R. (1930). Die Leher von Fremdenverkehr Belin.

Goeldner, C. R., & Ritchie, J. R. B. (2006). Tourism principles, practices, philosophies(10ed.). John Wiley & Sons Inc.

Gortner, H. F.(1981). Administration in the public sector. John Wiley & Sons Inc. TX, USA.

Lasswell, H. D., & Kaplan, A. (1970). Power and society. New Haven: Yale University Press.

Lowi, T. J. (1970). Decision making vs Policy making: Toward an antidote for Technocracy. Public Administration Review, 30(30), 314-325.

Milakovich, M. E., & Gordon, G. J.(2022). Public administration in America(12th ed.). Cengage Learning, USA.

Nigro, F.A. (1970): Modern public administration(4th ed.). Harper & Row. New York

WEF(World Economic Forum, 2007.3.1). Travel & tourism competitiveness report. http://www.weforum.org/en/index.htm

관광개발

학습목표
···

· 관광개발의 의미와 목적을 설명할 수 있다.

· 관광개발의 유형별 특징을 설명할 수 있다.

· 지속가능한 관광의 유형을 설명할 수 있다.

· 전통적 관광개발과 지속가능한 관광개발의 차이점을 평가할 수 있다.

· 관광 패러다임의 변화를 설명할 수 있다.

· 관광개발 패러다임의 변화를 설명할 수 있다.
···

Principles Of Tourism

관광개발은 관광객의 이동을 원활하게 하고 이를 수용하고 촉진하기 위해 이루어지는 조직적인 관광활동을 말한다. 관광산업은 숙박·교통·음식·오락시설·토산품 판매장 등 많은 사업을 내포하는 복합산업이다. 산업의 승수효과(乘數效果)가 다른 산업보다 높으며 고용의 증대에도 크게 기여하게 됨에 따라 지역 간의 경제적·사회적 격차를 좁히는 효과를 가져다준다. 국가나 지역경제 활성화에 관광산업이 중요한 역할을 함에 따라 관광개발에 대한 관심이 증폭되고 있다. 본 장에서는 관광개발의 의미와 필요성을 이해하고 다양한 관광개발의 형태를 탐색한다. 뿐만 아니라 관광개발 접근방법과 지속가능한 관광개발의 중요성을 살펴본다.

제1절 _ 관광개발의 정의 및 관광개발 계획

관광개발은 관광자원이 갖고 있는 가치를 찾아내거나 향상시킴으로써 관광객을 유치하고 관광체험을 얻게 하는 중요한 활동이다. 뿐만 아니라 관광개발은 교통·숙박·음식 등 관광시설의 자본투자와 경영에 의한 고용과 소득의 효과를 유발하여 지역발전을 도모하는 일을 포함한다. 본 절에서는 개발과 관광개발의 의미를 살펴본 후 관광개발 계획을 학습한다.

1 개발의 의미

개발(Development)의 의미를 학자들은 다양하게 정의해 왔다. Smith(1977)는 개발의 의미를 복지향상(Welfare improvement)이라 하였고, Lang(1986)은 잠재력을 유도할 수 있는 학습, 적응, 목적적·의도적 변화의 과정으로 보았다. 이장춘(1989)은 개발을 주어진 현상에 인간의 지혜와 노력 그리고 자본을 투입하여 보다 나은 현상으로 창조해 가는 과정으로 이해하였다. 그리고 Friedmann(1980)은 개발을 긍정적 의미를 함축하고 있는 발전적 과정으로 이해하였다.

표 13-1 개발과 관련한 용어의 관계

구 분	변 화		계획된 변화
성 격	양적변화	양·질적 변화	양·질의 의도적 변화
용 어	성장	발전	개발
영 어	Growth	Development	

자료: 박서호(1988). 지역발전론. 녹화출판사, p.280.

몇몇 학자들은 개발의 의미를 성장의 개념과 구별하기도 하였다. Pearce(1989)는 개발의 의미를 발전적 변화과정으로 살펴 보면서 변화과정이란 의미는 성장(Growth)과 질적변화의 발전(Development)을 모두 포함한다고 주장하였다. 박서호(1988)에 따르면 성장은 양적 변화를 의미하고 발전은 질적변화를 포함하는 성장의 의미와 질적·구조적 변화를 동시에 포함한다(표 13-1 참조). 위 학자들의 정의에 내포된 의미를 바탕으로 정의해 보면 개발은 양적·질적 향상(또는 발전)을 가져 오게 하는 의도적·계획적 모든 활동 또는 과정으로 풀이된다.

② 관광개발의 의미

관광개발(Tourism development)의 개념은 협의의 개념과 광의의 개념으로 나누어 볼 수 있다. 협의의 관광개발은 '관광자원의 특성을 살려 관광편의를 증진시켜 관광객의 유치와 관광소비의 증대를 목적으로 한 개발사업'(鈴木忠義(編), 1974, p.183)을 의미한다. 광의의 의미는 '관광사업을 적극적으로 진흥시키는 과정'(鈴木忠義, 1984, p.119)으로 관광개발을 보고 있다.

관광개발의 의미는 또한 개발의 주체와 대상, 개발목적, 개발효과에 따라 달라질 수 있기 때문에 관광개발의 정의에 대한 논의가 학자들에 의해 활발히 이루어져 왔다(표 13-2 참조). Pearce(1989)는 관광개발을 관광객의 욕구충족을 위한 시설과 서비스를 공급 또는 강화시키는 것으로 보았다. Lawson(1977)은 일정한 공간을 대상으로 관광자원의 잠재력을 최대한으로 개발함으로써 그 지역의 경제, 사회, 문화 및 환경적 가치를 향상시켜 편익을 극대화하고, 지역 또는 국가발전을 촉진시키고자 하는 노력으로 보았다. 학자들의 정의

🎈 표 13-2 **학자별 관광개발의 정의**

이장춘(1987)	관광자원에 대해 인간의 지혜, 노력, 자본을 투입하여 보다 나은 현상을 창조해 가는 과정
이항구(1988)	관광지 개발과 관광산업의 촉진을 위하여 관광대상으로서의 가치 있는 유·무형의 자원개발
김상무(1991)	관광자원의 특성을 살리고, 관광객 유치를 위한 편의시설과 서비스를 향상시키며, 소득증가, 고용증대, 그리고 균형 있는 국토개발에 목적을 두고 있는 일련의 과정
Burkart & Medilk(1987)	관광지역에 관광자가 접근할 수 있도록 하는 물리적 개발뿐만 아니라 관광지역 내의 관광요건(ⓒ infrastructure)을 제공하는 특별한 시설개발을 포함하는 활동
Lawson(1977)	일정공간의 인적·물적 관광자원의 잠재력을 최대한으로 개발함으로써 지역 내 경제·사회·문화·환경적 가치를 향상시켜 지역 또는 국가발전을 촉진시키고자 하는 여러 노력
前田勇(1984)	관광사업을 적극적으로 진흥시키는 과정
Pearce(1989)	관광자의 욕구를 충족시키기 위해 관광관련 시설과 서비스를 공급 또는 강화시키는 것

자료: 저자 정리

를 종합해 보면, 관광개발은 관광객의 욕구를 만족시켜 주기 위해 관광자원을 개발하고 관광관련 기능을 가진 관광시설을 설치함으로써 관광행동을 유발시켜 주는 활동 내지 과정으로 정의된다.

③ 관광개발 계획

「관광진흥법」 제49조에 의하면 문화체육관광부장관은 관광자원을 효율적으로 개발하고 관리하기 위하여 관광개발기본계획을 수립하여야 한다고 규정하고 있다. 문화체육관광부는 관광지, 관광단지 등 관광자원 개발을 추진함에 있어 전국적이고 장기적인 안목에서 관광개발기본계획을 수립하여 추진하고 있다. 10년 단위로 수립되는 기본계획을 바탕으로 각 지방 시도지사는 5년 단위의 권역별 관광개발계획을 수립하게 된다. 각 계획별 비전과 추진과제를 살펴보면 다음과 같다(문화체육관광부, 2021).

제1차 관광개발기본계획(1992~2001년)은 직접적인 목표 대신 전 국토의 관광지화 구상이라는 비전을 제시하였다. 제2차 관광개발기본계획(2002~2011년)의 비전으로 '21세기 한반도 시대를 열어가는 관광대국 실현'으로 제시되었다. 제3차 관광개발기본계획(2012~2021년)의 비전은 글로벌 녹색시대의 시대적 상황을 반영하고 고품격 선진 미래관광에 대비하고자 '글로벌 녹색 한국을 선도하는 품격있는 선진관광'으로 설정하였다. 제4차 관광개발기본계획(2022~2031년)은 사람 중심, 현명한 이용, 질적 성장의 패러다임에 근거하여 비전을 '미래를 여는 관광한국, 관광으로 행복한 국민'으로 설정하였다(문화체육관광부, 2021). 이는 미래 관광개발을 통해 관광객과 지역주민 모두가 관광을 통해 행복한 미래를 이룬다는 의미를 담고 있다. 관광개발기본계획의 비전, 추진목표와 추진과제를 정리해 보면 〈표 13-3〉과 같다.

표 13-3 **1~4차 관광개발기본계획의 비전과 추진과제**

구 분	비전과 목표	추진과제
제1차 계획 (1992~2001)	비전 • 전 국토의 관광지화	4대 추진과제 • 국토이용 개념의 개발체계 확립 • 관광수요와 부합하는 균형적 개발 • 개발·관리체계 형성 • 개발추진을 위한 지원
제2차 계획 (2002~2011)	비전 • 21세기 한반도 시대를 열어가는 관광대국 실현 목표 • 국가경쟁력을 갖춘 매력적인 관광한국 • 개발과 보전이 조화된 지속가능한 관광한국 • 관광자원의 가치를 창조하는 지식기반형 관광한국 • 삶의 질 향상에 기여하는 국민참여형 관광한국 • 한반도 평화시대를 열어가는 개방형 관광한국	7대 추진과제 • 국제경쟁력 강화를 위한 관광시설 개발 • 지역 관광개발의 특성화 • 문화자원의 체계적 관광자원화 촉진 • 관광자원의 지속가능한 개발 및 관리강화 • 지식기반형 관광개발 관리체계 구축 • 생활관광 향상을 위한 관광개발추진 • 남북한 및 동북아 관광협력체계 구축

구 분	비전과 목표	추진과제
제3차 계획 (2012~2021)	비전 • 글로벌 녹색 한국을 선도하는 품격 있는 선진관광 목표 • 한국문화가 생동하는 창조관광 • 관광자원의 보전과 재생을 유도하는 녹색관광 • 국민의 생활속에 스며드는 생활관광 • 책임과 참여로 정의사회를 실천하는 공정관광 • 부가가치를 창출하는 경제관광	6대 추진과제 • 품격관광을 실현하는 관광개발 정책 효율화 • 미래환경에 대응한 명품 관광자원 확충 • 문화를 통한 품격 있는 한국형 창조 관광 육성 • 국민이 행복한 생활관광 환경조성 • 저탄소 녹색성장을 선도하는 지속가능한 관광 확산 • 관광경쟁력 제고를 위한 국제협력 강화
제4차 계획 (2022~2031)	비전 • 미래를 여는 관광한국, 관광으로 행복한 국민 목표 • 사람과 자연이 동반성장하는 상생관광 • 질적발전을 추구하는 스마트혁신 관광 • 미래세대와 공존하는 지속가능 관광	6대 추진전략 • 매력적 관광자원 발굴 • 지속가능 관광개발 가치구현 • 편리한 관광편의 기반확충 • 건강한 관광산업 생태계 구축 • 입체적 관광연계·협력 강화 • 혁신적 제도·관리 기반마련

자료: 문화체육관광부(2021). 제4차 관광개발기본계획(2022~2011). 저자 정리

제2절 _ 관광개발의 목적과 대상

외국관광객 유치를 위한 관광개발이 다양하고 특색 있게 진행되어 오고 있지만 이들 욕구를 충족시키기에는 아직 미흡한 점이 많이 있다. 관광개발의 목적은 관광개발의 주체가 궁극적으로 추구하고자 하는 것이 무엇이냐에 따라 다르다. 일반적으로 관광개발의 목적은 관광공간의 제공이나 지역경제 발전, 관광객과 자원의 보호 등에 있다. 본 절은 다양한 관광개발의 목적이 구체적으로 무엇인지 그리고 그 대상이 무엇인지에 대해 학습한다.

1 관광개발 목적

1. 관광공간 제공

관광공간은 자연적, 인공적, 유형적, 무형적 공간을 모두 포함한다. 인간은 일상생활을 떠나 생활의 변화를 추구하려는 욕구를 가지고 있으며, 이러한 욕구를 충족시키기 위해 관광공간 제공의 목적에서 관광개발을 하는 것이다. 국민에게 관광공간을 제공하여 국민건강을 증진시키고, 문화교류를 활성화하며, 근로의욕을 고취시켜 궁극적으로 생활의 질을 향상시키게 된다. 외래방문객과 주민 모두를 위한 관광관련 기반시설 개발과 레크리에이션 시설제공, 그리고 관광목적지에 적합한 형태의 관광단지 또는 휴양지 개발 등이 관광공간 제공의 좋은 예이다.

2. 경제발전

관광개발의 중요한 목적은 바로 국가와 지역경제 발전이다. 관광개발로서 얻게 되는 경제적 이점으로는 개발투자효과, 고용증대, 관광수입 증대 등이 있다. 2022년 문화관광축제 빅데이터 분석결과에 따르면, 2022년에 개최된 21개 문화관광축제의 총 방문객 수는 팬데믹 이전(2019년) 대비 19.7% 그리고 방문객 일평균 소비액은 23.5% 증가하였다(표 13-4 참조). 21개 축제의 총 경제파급효과는 1,768~1,820억 원 수준이며, 취업유발 효과는 약 258명, 고용유발효과는 약 157명으로 나타났다(한국관광공사, 2023). 또한, 1개 축제의 평균 파급효과는 85억 원, 취업유발 12명, 고용유발 7명 수준으로 나타났다.

3. 관광자원 가치증대

자연 그대로의 자원 자체가 매력적인 관광자원이 될 수 있지만 관광자원의 자연적 가치만으로는 관광객을 유인하는데 한계가 있다. 즉, 자연적 혹은 인문적 관광자원 그 자체는 관광객을 유인하기 위한 필요조건은 되지만 충분조건은 되지 못한다. 이러한 자연적·인문적 관광자원의 불충분성을 개선하여 관광활동을 촉진시키려면 다양한 관광시설이 제공되어야 한다. 관광시설의 제공은 관광수요를 증가시킬 뿐만 아니라 관광서비스의 생산과 소비를 증가시키는 효과를 가져오게 된다.

🎈 표 13-4 **2022년 문화관광축제 파급효과**   (단위: 명, 백만원)

결과값 주요 분석항목	2018년	2019년	2022년	증감률 *19년 비
축제기간 총 방문객 수	2,746,714	2,821,684	3,377,880	19.7%
축제기간 일평균 총 소비액	13,367.7	11,472.2	14,173.6	23.5%
축제기간 외지인 방문객 연령별 비율	50대 > 40대 > 30대	50대 > 40대 > 20대	50대 > 60대 > 20대	-
축제기간 외지인 방문객 성별 비율	남 55.6%, 여 44.4%	남54.9%, 여45.1%	남53.4%, 여46.6%	-

자료: 한국관광공사(2023.3.7.). 보도자료   ※ 2020~2021년은 코로나 기간으로 분석 제외

그림 13 -1   **함평나비축제와 화천 산천어축제**

함평나비축제	화천 산천어축제

자료: KBS 뉴스(2022.5.2.) 출발 서해안 시대. 재인용

4. 관광자원과 관광객 보호

관광자원을 보호한다는 의미는 무분별한 관광자원 이용을 억제시켜 자원훼손을 미연에 방지하고 야생동물·식물을 보호한다는 의미이다. 관광개발은 또한 관광객의 자연적·인위적 사고를 사전 방지한다는 의미도 내포하고 있다.

한편, Goeldnerd와 Ritchie(2006)는 관광개발의 목적을 다섯 가지로 설명하였다. 첫째, 관광의 경제적 편익을 통한 사람들의 생활의 질 향상, 둘째, 관광객과 주민들을 위한 기반시설과 위락시설 제공, 셋째, 정부와 지역사회 혹은 주민의 문화적, 사회적, 경제적 철학과 일관성 있는 개발프로그램 수립, 넷째, 관광객 만족 극대화, 마지막으로, 관광객 센터나 휴양지 내 관광개발 보장 등이다.

2 관광개발 대상

관광개발은 관광구조(관광주체, 관광객체, 관광매체)에서 볼 때 관광대상의 개발이라 할 수 있다. 관광대상이란 관광행동을 일으키게 하는 매력을 지닌 것으로 관광객의 욕구를 충족시켜 줄 수 있는 모든 유·무형의 목적물을 말한다. 따라서 관광개발 내용은 관광대상물의 모든 것을 포함한다고 할 수 있다.

관광개발의 대상과 범위는 다양하게 논의되어 왔다. 정석중 등(2002)은 관광개발 대상을 관광자원, 교통기반시설, 각종 관련시설, 관광관련 정보조직과 제공체계, 관광관련 서비스 등 다섯 가지로 분류하였다. 윤대순(1992)은 관광개발에 있어 시설개발도 중요하지만 개발을 진흥시키는 정책과 제도의 정비도 중요하다고 강조하였다. 여기에서는 교통기반시설과 각종 관련시설을 한 범주로 그리고 관광관련 정보조직과 관광관련 서비스를 한 범주로 취급하여 설명하고자 한다.

1. 관광자원

자연관광자원과 인문관광자원의 개발은 물론 이들의 환경을 정비하고 문화재를 복원·보수 또는 증축하는 일련의 개발행위 자체가 관광개발이 된다. 오늘날 관광행태의 변화로 인해 관광자원의 가치를 종래의 관광자원에 한정하지 않고 새로운 관광자원을 창조하려는 노력이 한층 요구되고 있다. 새로운 관광자원의 예는 우리 주변에서 흔히 찾아 볼 수 있는데, 서울 올림픽과 같은 메가 이벤트나 APEC(아시아·태평양경제협력체: Asia Pacific Economic Cooperation) 정상회담 같은 국제회의 등이 있다.

2. 관광시설

관광시설 개발은 크게 기반시설(예 도로 및 교통시설, 통신, 전기, 상하수도시설, 오물과 쓰레기 처리시설, 공원과

가로수)과 관광편의시설(_예 놀이시설, 숙박시설, 식음시설, 휴게시설, 안내시설 등)로 구분된다. 기반시설 중 교통기반시설 개발은 관광객의 관광지 접근성에 절대적 영향을 미친다. 관광편의시설 개발은 관광객을 위해 환대시설을 갖추어 쾌적한 관광활동이 되도록 돕기 위한 시설이라 할 수 있다. 이러한 편의시설은 기반시설과 병행개발되어야 관광객에게 편리하고 쾌적한 관광환경을 제공해 줄 수 있게 된다.

3. 관광서비스 개선

관광서비스를 개선한다는 것은 관광종사자들의 자질(_예 어학능력, 예절 등)을 향상시켜 관광객에게 질적인 서비스를 제공하는 것을 의미하며, 또한 관광개발의 중요한 대상이 된다(김정배, 1986). 현대사회에 있어서 서비스는 기업 생존의 핵심적인 경쟁요소이다. 특히, 호텔은 서비스의 생산과 판매를 통해 기업활동을 영위해 나가고 있는 대표적인 서비스기업으로 고객에게 객실과 식사를 제공할 수 있는 시설을 갖추고 잘 훈련되고 예절바른 종사원이 봉사하여 그 대가를 받는 기업이다. 따라서 종사원의 의사소통능력과 예절은 호텔기업의 경영성패에 결정적 역할을 하게 된다.

 제3절 _ 관광개발의 유형

관광개발 유형은 여러 가지로 구분될 수 있으나 관광개발 주체의 특성과 자원의 특징, 관광자원 개발방법, 관광개발 배경과 정황, 관광개발의 공간구조 등과 같은 사항들이 고려되어야 한다. 여기서는 개발주체에 의한 분류, 지역범위와 관광객 유치반경에 의한 분류, 그리고 관광자원 의존도에 의한 분류를 설명하고자 한다.

① 개발주체에 의한 유형

관광개발에 있어서 책임과 권한을 가지고 사업을 집행·추진하는 주체를 개발주체라

표 13-5 **학자별 관광개발 유형 분류**

분류기준	개발유형	학 자
개발주체	• 공공주도형 • 민간주도형 • 지역주민 공동주도형	김정옥(1997)
지역범위와 관광객 유치반경	• A급: 전국적 관광지 • B급: 광역관광 대상지 • C급: 지역관광 대상지 • D급: 주변관광 대상지	鈴木忠義(1974)
	• 전국규모(National) • 지역규모(Regional) • 지방규모(Local) • 지구규모(Area)	WTO(1978)
관광자원 의존도/활용형	• 자연관광자원 활용형 • 인문관광자원 활용형 • 교통수단 활용형 • 지명도 활용형 • 관광대상 창조형 • 지역산업 활용형	김진섭(1994), 김성혁(1997), 정석중·이미혜(2002)
자원특색	• 온천 관광개발형 • 계절적 휴양지 관광개발형 • 고지와 산악 관광개발형 • 해안 관광개발형 • 전원과 농촌 관광개발형	김상무(1991)

고 하며 개인이거나 단체, 조직 등이 될 수 있다. 국가, 지방자치단체, 민간기업 등 3자가 독립된 주체로서 관광개발을 추진하는 것이 일반적이다. 하지만 때때로 공공단체-기업, 공공단체-지역사회, 혹은 공공단체-기업-지역사회가 연합하여 관광개발을 시행하는 경우도 있다. 국가 및 지방자치단체가 독립적으로 개발하는 영역을 제1섹터, 민간기업 혹은 지역주민(사회)이 독자적으로 개발하는 것을 제2섹터, 그리고 기타 혼합섹터로 나누어진다(그림 13-2 참조).

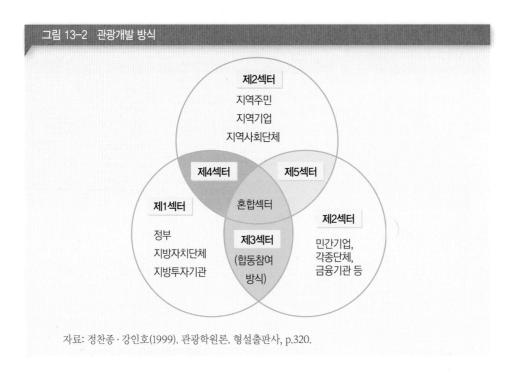

그림 13-2 관광개발 방식

제2섹터
지역주민
지역기업
지역사회단체

제4섹터   제5섹터

혼합섹터

제1섹터

정부
지방자치단체
지방투자기관

제3섹터
(합동참여
방식)

제2섹터

민간기업,
각종단체,
금융기관 등

자료: 정찬종·강인호(1999). 관광학원론. 형설출판사, p.320.

1. (공공주도형) 제1섹터

공공주도형 관광개발은 공공기관이 개발의 주체가 되어 토지를 매입하여 조성한 후 분양하는 것이다. 공공부문의 관광개발 주체는 중앙정부, 지방자치단체, 정부투자기관, 지방공기업(지방공사), 공단 등이 있다. 이 방식은 영리성을 위한 시설과 공간설치보다는 도로, 주차장, 상·하수도, 전기통신 등의 공익성을 우선으로 개발하는 것이다. 국가주도의 관광개발은 공익을 우선하기 때문에 개발이익의 사유화를 방지하고, 도산의 위험이 적고, 그리고 자금조달이 용이하다는 장점이 있다. 하지만 비능률적 운영이나 무책임한 투자 등과 같은 단점도 있다. 한편, 지방정부 주도의 관광개발은 개발이익을 지역에 환원하기가 용이하지만 자금조달의 어려움을 안고 있다(사례 13-1 참조).

2. (민간주도형) 제2섹터

민간주도형 관광개발은 개인 또는 기업이 영리를 목적으로 토지를 확보하여 관광시설과 공간을 개발하는 것을 의미한다. 민간주도형 관광개발은 일반적으로 개발규모와 투

온더웨스트 컨소시엄, 1조3천여억원 들여 2027년까지 휴양콘도미니엄 건설

자료: 조선일보(2023.4.21.). 재인용

힐사이드 빌리지 조감도

충청남도와 태안군의 30년 숙원인 안면도 관광지 개발사업이 의미 있는 첫발을 뗐다. 태안군은 조선호텔앤리조트 등 8개 사로 구성된 온더웨스트 컨소시엄이 주관하는 안면도 관광지 개발 사업지 4지구 내 관광숙박업(휴양콘도미니엄업) 사업계획을 최종 승인했다고 25일 밝혔다.

충청남도는 지난해 6월 안면도 관광지 3·4지구 조성 사업 우선협상 대상자인 온더웨스트 컨소시엄과 본계약을 했다. 온더웨스트 컨소시엄은 올해부터 2027년까지 총 1조 3천 144억 원을 투자해 지하 1층, 지상 8층 규모 골프촌(A·B동 293실)과 힐

안면도 관광지 개발사업 4지구 휴양콘도미니엄 조성 조감도

사이드 빌리지(47실), 웰니스 센터 등 모두 340실 규모의 휴양콘도미니엄을 건설할 예정이다.

태안군은 이번 계획 승인이 안면도 관광지 3·4지구 조성사업 추진의 신호탄으로, 향후 개발에 탄력이 붙을 것으로 기대한다. 현재 안면도 관광지 1지구에서는 2026년 국제원예 치유박람회 개최를 목표로 한 용역이 진행 중이다. 2지구에서는 2021년 착공한 나라키움 정책연수원이 내년 3월 준공을 앞두고 있다.

1991년 관광지 지정에 따라 추진 중인 안면도 관광지 개발 사업은 태안군 안면읍 승언·중장·신야리 일대 294만 1천 935㎡에 1조 8천 852억 원의 민간자본을 투입해 세계적인 수준의 명품 휴양 관광지를 조성하는 대규모 계획이다.

그동안 지지부진해 기존 통합개발 방식 대신 분할개발이 가능토록 방식을 변경했다.

군 관계자는 "국도 77호선 개통과 함께 앞으로 가로림만 교량, 고속도로 건설 등으로 접근성이 향상되면 안면도 관광지 개발이 더욱 탄력을 받을 것으로 본다"고 말했다.

자료: 연합뉴스(2023.4.25.). 일부 내용 발췌

자 및 재원조달 방법에 따라 차이가 나겠지만, 토지를 매입한 후 개발을 추진하게 되므로 부동산 개발에 의한 개발이익을 독점하게 되며 자금조달 및 투자방법도 손익에 맞추어 진행하거나 결정한다.

오늘날 관광상품에 대한 수명주기가 점점 짧아지고 있기 때문에 관광개발에 있어서 민간부문의 역할이 증대되고 있다. 관광개발에 있어서 민간기업이 참여하는 분야는 주로 주제공원, 놀이공원, 스포츠·레크리에이션 시설, 휴양지 등의 개발이다. 민간기업은 이들 분야의 개발로 관광수요의 창출과 관광객 욕구를 충족시켰다는 점에서는 매우 고무적이나 공익성보다는 수익성에 초점을 맞추기 때문에 사회복지 차원의 평등적 관광활동 기회를 제공하는 데는 미흡하다. 민간기업에 의한 관광지 개발의 성공사례로 잘 알려진 곳이 남이섬이다(사례 13-2 참조).

 사례 13-2   대한민국 대표 관광지, 남이섬의 유래와 매력

남이섬의 유래

앞섬이라는 뜻의 남섬(南島)으로도 불렸던 남이섬 지명의 유래는 남이섬 북쪽 언덕의 돌무더기에 남이장군이 묻혀있다는 오랜 민간전승에 기인하여 자연스럽게 정착된 것이다. 다산 정약용의 저서 천우기행(穿牛紀行) 및 산수심원기(汕水尋源記) 등에 따르면 이러한 민간전승 내용과 함께 일찍이 남이섬을 남이섬(南怡苫) 및 남이서(南怡嶼)로 부른 기록을 찾아 볼 수 있다. 섬(苫)은 섬을 뜻함이고, 島(도)가 큰 섬을 가리키는데 반해 嶼(서)는 사람이 살 수 없는 작은 섬을 뜻한다. 수재 민병도 선생은 1965년 남이섬 조성 초기, 남이장군의 넋을 위로하고 장군의 기상을 기리기 위해 돌무더기 주위에 봉분을 쌓고 추모비를 세웠다.

자료: 남이섬 제공

남이섬의 봄

남이섬의
여름

자료: 남이섬 제공

유니세프 어린이 친화공원, 장애인 편의 관광지, 남이섬

남이섬은 2010년 세계에서 14번째, 국내 최초로 '유니세프 어린이 친화공원(Unicef Child Friendly Park)'에 선정되었다. 유니세프 후원활동과 남이섬 세계책나라축제 등 어린이 친화적인 문화정책이 높은 평가를 받았다. 또한, 2017년에는 '유니세프 엄마에게 친근한 일터(Unicef Mother Friendly Workplace)'로, 장애인 인권포럼에서는 장애인이 이용하기 편리한 관광지인 'Easy Place'로, 문화체육관광부로부터는 장애인, 어르신, 영유아 등 모두의 관광활동이 보장되는 '열린 관광지'에 선정되었다.

나미나라 공화국

나미나라 공화국(Naminara Republic)은 남이섬의 문화관광분야 브랜드명으로서 남이섬을 찾는 관광객들이 한국 내 또 다른 상상의 나라로 여행을 떠나는 기분이 들도록 하기 위해 '국가 개념을 표방하는 특수 관광지'라는 의미로 만들어졌다. 전 세계 관광객들에게 아름다운 동화와 노래를 선물하는 이 세상에 유일무이한 상상공화국으로서 독자적인 관광외교와 문화정책을 펼치고 있다.

남이섬의
가을

자료: 남이섬 제공

남이섬의 겨울

자료: 남이섬 제공

주식회사 남이섬

주식회사 남이섬은 강원도 춘천시 남산면 방하리에 있는 남이섬 관광휴양지를 관리 운영하고 있는 법인이다. 남이섬은 2016년 현재 세계 122개국으로부터 130만명의 외국인관광객을 포함, 연간 총 330만명이 찾는 대한민국의 대표적인 관광지다.

남이섬은 1944년 청평댐을 만들 때 북한강 강물이 차서 생긴 경기도와 강원도 경계에 있는 내륙의 섬이다. 금융인, 출판인이자 문화예술후원자인 수재 민병도 선생(1916~2006)이 1965년 토지를 매입, 모래뿐인 불모지에 다양한 수종의 육림을 시작하였다. 1966년 경춘관광개발주식회사로 법인 전환하여 종합휴양지로 조성하여 오던 중, 1990년대 말 외환위기로 인한 불황을 극복하고자 2000년 4월 주식회사 남이섬으로 상호를 변경하여 남이섬을 가꾸어 오고 있다.

남이섬은 2001년부터 문화예술 자연생태의 청정정원] 역할로서 재창업을 선언하고 경영정상화를 이루어 나가면서 환경과 문화예술 관련 콘텐츠에 집중 투자하기 시작하였다. 1960~90년대에는 최인호의 〈겨울나그네〉 촬영지 및 강변가요제 개최지로 알려져 〈유원지〉로 주로 인식되었던 남이섬은 2001년 12월 KBS 드라마 〈겨울연가〉의 성공으로 대만, 일본, 중국, 동남아를 비롯한 아시아권 관광객이 급증하면서 〈문화관광지〉로 탈바꿈하였다. 최근에는 북미, 유럽, 중동에서의 관광객뿐 아니라 국내 거주 외국인들이 가장 찾고 싶어하는 청정환경의 〈국제적 관광휴양의 성지〉로 각광받고 있다.

남이섬 내에는 노래박물관, 세계민족악기전시관, 평화랑갤러리, 나미콩쿠르갤러리, 헤이스쿨스클럽(HEI Schools Club), 공예원, 행복원미술관, 유니세프라운지(국제어린이도서관), 안데르센그림책센터 등의 문화공간과 함께 모든 객실이 갤러리로 꾸며진 호텔정관루 등의 편의시설이 있다. 문화예술사업 전담기관인 남이섬 교육문화그룹에서 연간 600여회의 공연과 연극, 축제, 전시회 등을 펼치고 있어 국내 관광지 중 가장 많은 문화공연이 진행되고 있다.

자료: 남이섬 내부 홍보자료(2023)

3. (지역주도형) 제2섹터

이 방식은 개발대상 지역의 토지를 소유한 지역주민 중심으로 지역주민, 상가번영회, 지역 관광단체 등이 공동으로 조합이나 협회를 구성하여 개발하는 방식이다. 이러한 개발방식은 개발에 참여하는 주민들이 자기소유지에 민박, 상가, 숙박시설 등과 같은 관광사업에 참여하기 때문에 개발로 인한 이익이 지역 내에 환원되는 장점을 갖고 있다. 하지만 관광기반시설도 지역주민이 부담하여야 하므로 자금조달, 기술력, 정보력 부재 등의 위험요소가 수반된다. 따라서 대규모 단위의 개발에는 부적합하다고 할 수 있다.

지역주도형 성공사례로 문화의 거리를 조성한 경기도 부평상가 번영회를 들 수 있다. 90년 중반부터 재래시장이 쇠퇴되어감에 따라 지역 상인들은 변화방법을 모색하기 위해 부평시장 건물주들로 이루어진 상가 번영회를 조직하였다. 문화의 거리 조성운동에 들어간 재원은 상인들 스스로 100~500만 원 정도 성금을 모아 마련하였으며, 문화의 거리 조성과정에 소요되는 비용은 대부분 구청예산으로 사용되었으나 상인들도 6천만 원의 비용을 들여 상점가에 분수대를 설치하는 등 직접 참여하는 활동을 보였다. 이러한 노력의 결과로 오늘날 부평시장은 시민의 문화공간으로 자리매김 할 수 있었다.

4. (혼합형) 제3, 4, 5섹터

제3섹터란 중앙정부나 지방자치단체(제1섹터) 등이 민간부문(제2섹터)의 우수한 정보, 기술과 풍부한 자본을 도입해 공동출자형식을 통해 운영하는 방식으로 지역개발이나 도시조성사업에 많이 사용된다. 우리나라 최초의 3섹터 사업은 부산시 일원의 분료수거 및 처리를 목적으로 설립된 부산위생주식회사이다(이효선, 1992). 이후 경기개발공사(1971), 제주 국제컨벤션센터, ㈜부산관광개발 등 다수의 제3섹터가 설립되었다. 제주 국제컨벤션센터(ICC JEJU)는 공공부문(21.12.31. 기준, 제주특별자치도청 65.87%, 한국관광공사 14.48%)과 민간(19.55%)에서 공동투자하여 2003년 3월 22일에 개관하였으며 아세안 특별정상회와 같은 행사들을 성공적으로 개최하였다.

제4섹터는 공공부문과 지역주민이 공동으로 참여개발하는 방식으로 주민의 소득증대와 고용창출에 초점을 맞춘다. 제4섹터의 유형으로 성공한 대표적 관광지가 강원도 화천군이다. 화천군은 지역축제사업을 체계적으로 운영하기 위해 2004년 제4섹터 방식

의 재단법인 나라조직위를 설립하였다(윤정원·박다현·반장식, 2013). 지역주민이 주축이 되어 지역축제를 기획·운영하게하고 군에서는 축제예산을 지원하여 2003년 제1회 산천어 축제를 개최하였다. 제1회 축제는 방문객 수 22만 명, 2회는 58만 명이 방문하여 94억 원의 경제수익을 창출하였다. 코로나19로 축제가 열리지 못했던 2021~2022년을 제외하면 2006년부터 올해까지 14년 간 매년 100만 명 이상이 찾는 밀리언 페스티벌이 되었다(경향신문, 2023.1.24.).

제5섹터는 민간부문과 지역주민이 참여하여 주민의 부동산 가치향상을 주목적으로 한다. 민간기업과 지역주민이 함께하여 지역사회를 개선하는 사업방식으로 폐품회수운동, 지역사회체육관 건설 등이 있다.

혼합섹터 혹은 연합섹터(합동개발)는 공공, 민간, 지역주민이 모두 참여하여 사업을 추진하는 방식이다. 도시개발, 대규모 역세권 개발 등에 주로 이용되는 방식이다.

2 지역범위와 관광객 유치반경에 의한 유형

관광개발을 지역과 공간규모를 연관시켜 논할 때 가장 일반적인 분류는 전국규모(National), 지역규모(Regional), 지방규모(Local), 지구규모(Area)로 구분하게 된다(WTO, 1978). 하지만 대도시 지역화가 진행될수록 광역관광계획의 필요성이 요구되는데, 그 이유는 관광계획은 미래에 인간생활의 질을 향상시켜 준다는 미래지향성을 띠고 있기 때문이다. 광역관광계획을 반영하여 이장춘(1987)은 전국단위의 관광계획(National tourism planning), 광역관광계획(Metropolitan tourism planning), 지역관광계획(Regional tourism planning), 지방(국지) 관광계획(Local tourism planning), 지구관광계획(Area development)으로 분류하였다.

그리고 관광개발유형을 지역범위와 관광객 유치반경을 기준으로 분류하기도 한다. 스즈끼다다요시(鈴木忠義, 1974)는 A급 관광지(전국적 관광지), B급 관광지(광역관광 대상지), C급 관광지(지역관광 대상지), D급 관광지(주변관광 대상지)로 구분하였다. Burkart와 Medilk(1987)는 지방(5~10mile), 준지역(20~30mile), 지역(50mile), 전국(무한대)으로 분류하였다.

💡 표 13-6 **관광개발 주체별 장단점 비교**

개발주체		장 점	단 점
공공 기관 (제1섹터)	국가	• 자금조달 용이 • 비영리부문 투자용이 　(例 환경보호 등) • 도산의 위험이 낮음	• 사회적으로 무책임한 투자 • 비능률적 운영 • 소액의 이익 지역환원
	지방 자치 단체	• 개발지역의 자주성 • 이익의 지역환원 용이	• 자금조달능력 부족 • 개발관련 전문기술 부족 • 정보수집 어려움 • 개발 이후에도 주민부담
민간기업 (제2섹터)		• 자금조달 용이 • 적극적 투자 • 운영의 능률성	• 지역주민의 요구 배제 가능성 • 이익의 외부누출 • 비영리 부문 투자부진
지역주민 (제2섹터)		• 이익의 지역환원	• 재원부족 및 정보부족 • 지역주민 부담가중 • 정보부족
혼합형 • 공공 + 민간(제3섹터) • 공공 + 지역(제4섹터) • 지역 + 민간(제5섹터) • 공공 + 민간 + 지역(혼합섹터)		• 기술개발과 자금조달 협력 • 단독형태의 단점 보완	• 정보부족 • 각 부문 간의 의견대립 발생 • 이익배분 문제

자료: 윤대순 외(2006). 관광경영학원론. 백산출판사. p.460.

3 관광자원 의존도에 의한 유형

관광자원 의존도에 따라 자연관광자원 활용형, 인문관광자원 활용형, 교통수단 활용형, 지명도 활용형, 관광대상 창조형, 지역산업 활용형 등 여섯 가지로 분류된다. 세부적 내용은 다음과 같다.

자연관광자원 활용형은 자연적 관광자원, 즉 산, 해안, 바다, 온천, 스키장, 해수욕장 등과 같은 자연자원을 중심으로 개발하는 것을 말한다. 지리산 국립공원, 고수동굴, 부곡온천, 해운대 해수욕장 등이 좋은 예이다.

인문관광자원 활용형은 유·무형의 인문관광자원을 활용하는 개발을 의미한다. 우리나라의 관습이나 풍속, 유물, 역사적 건물, 역사 유적지, 문화재 등을 주로 활용한 것으로

서 용인 민속촌이나 경북 안동 하회마을 등이 그 예이다.

교통수단 활용형은 항만, 공항, 고속도로 나들목(IC), 철도역 부근 등에 관광개발을 하는 것을 말한다. 자연적, 인문적 관광자원의 우위성만으로 관광개발이 성공하기 어렵다. 관광객이 일상생활권을 떠나서 관광자원이 있는 곳까지의 편리한 접근이 관건이다. 지역 간 이동의 편의성을 위한 교통수단의 정비는 생활환경의 향상이나 경제활동의 활성화를 목적으로 하여 추진되는 경우가 더 많다. 관광이 아닌 다른 목적으로 교통수단이 정비됨으로써 파생적으로 관광개발이 가능해지는 수도 있다. 따라서 고속도로의 나들목 주변, 공항, 항만 등은 관광자원의 가치가 그다지 뛰어나지 않아도 관광개발이 가능하다.

지명도 활용형 관광개발이란 관광지(혹은 관광자원)의 매력성이 많아 지명도가 높아질 경우 관광지 혹은 관광자원을 활용한 개발을 의미한다. 일반적으로 관광객이 어떤 장소를 방문하는 것은 그곳에 있는 관광자원의 가치가 높다는 것을 이미 알고 있던지 혹은 알려져 있기 때문일 것이다. 우수한 관광자원이 있더라도 사람들이 그것을 알지 못한다면 실제 관광행동으로 이어지지 않는다. 하지만 관광자원의 가치가 우수하지 못하더라도 잘 알려져 있는 경우에는 관광개발이 가능하게 된다. 역사적인 장소나 문학, 영화촬영지(예) 해리포터 촬영지, 국내의 드라마 촬영지), 역사적인 전쟁터 등이 이에 해당한다.

관광대상 창조형은 관광매력물이 없는 경우에 인위적인 관광대상을 창조하거나 저해요인을 해소하는 관광개발 방법이다. 이러한 유형은 공공기관에 의한 적극적인 관광개발이나 탁월한 창조력이 있는 민간기업이 아니면 거의 불가능하다. 미국의 디즈니랜드, 유니버셜 스튜디오, 우리나라 강원랜드, 인천 카지노 복합리조트 등이 이에 해당한다(사례 13-3 참조).

지역산업 활용형은 지역고유의 산업을 기반으로 관광활동을 연계시키는 개발형태를 말한다. 관광토산품, 향토음식, 민속축제 등과 같은 관광상품을 개발하는 방식이며, 소규모 지역중심의 관광개발에 유용한 방법으로 알려져 있다. 강원도 강릉 단오제나 전라남도 해남의 강강술래축제 등이 그 대표적 예이다.

'한국판 라스베이거스' 한발 앞으로

인스파이어, 올 10~11월 개장 목표
6주년 맞은 파라다이스시티 맞대결
'하루 10만명 이용' 인천공항 가까워
단순 경유 → 관광도시로 탈바꿈 기대
미단시티는 사업기간 1년 연장 신청

2일 인천국제공항 제1터미널에서 차로 10분 거리에 인스파이어 엔터테인먼트 리조트 공사가 한창이다. 저수지 너머로 수십 층 규모의 건물 세 동이 우뚝 서 있다. 리조트의 호텔로, 외벽에 부착된 유리로 건물이 햇빛에 반사돼 반짝였다. 인스파이어 측은 "수백 명의 직원들이 건물 안에서 내부 공사를 진행하고 있다"며 "올해 10~11월에 개장하는 게 목표"라고 말했다.

인스파이어리조트 공사 현장

파라다이스시티 리조트 전경

현재 인스파이어리조트는 동북아 최대 규모의 복합리조트를 목표로 추진되고 있다. 복합리조트란 카지노, 호텔, 수영장, 쇼핑몰, 대형 회의장, 문화 공간 등 다양한 시설을 갖춘 리조트를 뜻한다. 인스파이어리조트는 축구장 64개 크기로 공사가 진행된다. 호텔은 3개 동의 객실 1200여 개 규모, 외국인 전용 카지노는 슬롯 700대, 게임 테이블 150개다. 국내 최초 다목적 공연장 '아레나', 워터파크 시설인 '스플래시 베시', 야외 테마파크도 준비 중이다.

인스파이어리조트가 개장하기 전까지 복합 리조트 업계의 '최초' '최대'의 타이틀은 파라다이스시티의 몫이었다. 파라다이스시티는 축구장 46개 규모의 리조트에 호텔 711객실, 카지노 게임 시설 472대를 갖췄다. 2017년 개장해 코로나19로 외국인 관광객이 급감하면서 리조트도 위기를 겪었다. 그러나 내국인 방문객을 앞세워 회복을 시도해왔다.

파라다이스시티는 한국 파라다이스가 일본 세가사미홀딩스와 손잡고 합작사 파라다이스세가사미를 설립해 운영되고 있다. 인스파이어리조트는 미국 코네티컷주의 모히건선리조트를 비롯해 9개의 복합리조트를 운영하는 미 동부 최대 규모의 복합리조트 개발·운영사인 모히건이 추진하는 사업이다. 글로벌 기업들이 동북아 복합 리조트의 입지로 한국, 그것도 인천 영종도를 선택한 것이다.

이들 업체는 모두 공항과 가까운 지리적 이유가

인천 영종도 복합 리조트 현황

구 분	파라다이스시티	인스파이어 리조트
개장시기	2017년 4월 1단계 개장	2023년 10~11월 예정
위치	인천국제공항 제1국제업무지구 (1터미널에서 5분 거리)	인천국제공항 제3국제업무지구 (1터미널에서 10분 거리)
규모	33만m²	46만m²

시설	• 호텔 711객실
	• 카지노 슬롯·게임테이블 등 총 472대
	• 아트스페이스 등 3000여점 작품 전시,
	  씨메르(실내 워터플라자), 원더박스(실내 패
	  밀리 테마파크) 등
		• 호텔 1200여 객실
		• 카지노 슬롯·게임테이블 등 850대
		• 국내 최초 1만5000석의 다목적 공연장 아
		  레나, 스플래시베이(워터파크), 뮤지엄 등

경제적 효과	개장 초기 3200여명 채용	개장 초 3500여명 채용 예정
특징	올해 개장 6주년	국내 최대 규모 복합 리조트 조성 목표

컸다고 입을 모았다. 인스파이어리조트는 인천국제공항 제1터미널에서 10여 분 거리, 파라다이스시티는 5분 거리에 위치했다. 하루 10만 명 이상이 이용하는 동북아 허브 공항으로 자리매김한 인천국제공항과 연계해 한국을 경유하는 관광객까지 기회가 많다고 주장한다.

한국 음악, 드라마, 영화 등 K컬처가 전 세계적으로 인기몰이하고 있는 점도 복합리조트 업계의 시선을 한국으로 집중하게 만든 요인이다. 인스파이어리조트가 1만 5000석 규모의 다목적 공연장 아레나를 만드는 것도 이 때문이다. 파라다이스시티도 엑소의 쇼케이스, 방탄소년단(BTS)의 온라인 라이브 콘서트 장소로 활용됐다. 파라다이스시티 측은 "최근 홍보 모델로 배우 박서준을 선정한 것도 드라마 '이태원 클라쓰'가 일본 등에서 큰 인기를 얻은 점을 고려했기 때문"이라며 "일본 관광객들을 대상으로 마케팅 효과가 있기를 기대하고 있다"고 언급했다.

복합리조트를 유치한 데 따른 경제적 효과도 상당하다. 개장 초기 파라다이스시티는 3200여 명의 직원을 채용했고 인스파이어리조트는 3500여 명을 채용할 예정이다. 직접적인 채용 외에 주변 상권이 개발되는 등 부가적인 효과도 엿볼 수 있다.

다만 한국판 라스베이거스 구상의 핵심이었던 또 다른 복합리조트 사업인 중국 푸리그룹의 미단시티리조트는 현재 공사가 중단된 상황이다. 푸리그룹의 한국 법인인 RFKR이 공사비를 지급하지 못하면서다. RFKR은 문화체육관광부에 사업기간 1년 연장을 신청해 재심사를 기다리고 있다.

업계의 한 관계자는 "미단시티 사업이 중단된 점은 다수의 복합 리조트를 세워 영종도를 띄우려고 했던 정부 입장에서 아쉬운 대목일 것"이라며 "인스파이어 개장 후 파라다이스시티와 함께 마카오·마닐라로 갔던 복합 리조트의 수요를 인천으로 얼마나 확보할 수 있을지 지켜봐야 한다"고 언급했다.

자료: 서울경제신문(2023.7.18.). 일부 내용 발췌

제4절 _ 지속가능한 관광개발

세계자연보전연맹(IUCN, 1980)과 세계환경개발위원회(WECD, 1987: 일명 '브룬틀란트위원회'라고 함)는 미래세대의 욕구를 충족시킬 수 있는 개발의 개념으로 '지속가능한 개발(Sustainable development)'을 강조하였다. 본서에서는 여러 개발방향이 제기되고 있으나 오늘날 가장 큰 이슈인 지속가능한 관광개발을 중심으로 살펴본다. 세부적으로 지속가능한 관광개발의 개념, 지속가능한 관광개발의 조건, 그리고 전통적 관광개발과 지속가능한 관광개발의 차이점에 대해 살펴본다.

1 지속가능한 관광개발 개념

1972년 스톡홀름에서 개최된 유엔인간환경회의가 '하나뿐인 지구'라는 슬로건을 제시하면서 지구환경 보전문제를 세계 공통의 과제로 채택한 이래 1980년 세계자연보전연맹회의에서 지속가능한 개발개념이 공식화 되었다. 세계환경개발위원회(1987)에서는 지속가능한 개발을 미래세대의 욕구를 충족시킬 수 있는 능력과 여건을 저해하지 않으면서 현 세대의 욕구를 충족시키는 개발로 정의하였다.

관광분야에서는 지속가능이란 표현을 공식적으로 사용하지 않았지만 유사한 개념은 이보다 먼저 도입되었다. 1960년 국제관설관광기구(IUOTO) 총회에서 오염되지 않은 자연환경은 지속적인 관광발전을 위한 미래의 자산임을 강조하는 합의문을 채택하였다. 이후 자연자원과 사회문화자원을 소중히 여기는 관광의 형태로 생태관광(Ecotourism), 대안관광(Alternative tourism), 녹색관광(Green tourism), 농촌관광(Rural/Agricultural tourism) 등의 개념으로 나타나게 되었다. 이러한 개념들의 공통점은 지속성(Sustainability)이 내포된 관광형태라는 것이다.

지속가능한 관광을 실현하기 위한 공식적인 노력은 1996년 세계여행관광위원회(WTTC), 세계관광기구(UNWTO), 지구협의회(Earth Council)의 3개 국제기구가 지속가능한 관광을 실현하기 위한 계획안으로 '여행과 관광산업에 대한 의제 21(Agenda 21 for the Travel & Tourism Industry)'을 공동으로 채택하면서 비롯되었다. 지속가능한 관광개발은 관광자원의 적극적

개발보다는 환경보호와 자연보전을 고려한 개발과 활용으로 관광자원 이용의 지속성을 보장하는 것이다.

지속가능한 관광개발의 의미는 다양하게 정의되어 왔다(표 13-7 참조). 세계관광기구(1992) 는 지속가능한 관광을 현 세대의 관광과 관광지의 수요를 충족시키면서 동시에 차세대 를 위해 관광기회를 보호하고 증진하는 관광이라 정의하였다. 이러한 정의는 대규모의 관광개발이 지역사회에 긍정적으로 영향을 미치기도 하지만 지역사회 문화의 지속성을 잃어버리는 부정적인 영향이 크게 남는다는 점을 강조한 정의라 할 수 있다. 지속가능한 개념이 지니고 있는 특성은 지역사회에 대한 생활의 질 향상, 여행자에게 양질의 경험제 공, 지역사회와 여행자를 위한 양질의 환경 유지를 그 내용으로 하며, 생태적 지속가능 성, 사회적 지속가능성, 경제적 지속가능성을 모두 포함한다(김남조, 1999)

🎈 표 13-7   **지속가능한 관광개발의 정의**

학자/기관	정 의
Cronin(1990)	자연환경과 인문환경에 부정적인 영향을 미치지 않으면서 관광 수용력과 관광상품의 질을 향상시키는 것
Inskeep(1991)	문화적 고유성과 생태계 순환, 생태계 다양성, 생명지원체계를 유지하는 한편 우리의 경제적, 사회적, 심미적 필요를 충족시킬 수 있도록 모든 자원을 관리하는 것
Bramwell & Lane(2003)	자연 및 인간환경의 질과 장기간의 지속성을 추구하는 것
한국관광공사 (1997)	지역사회에 대한 생활의 질 향상, 여행자에게 양질의 경험제공, 지역사회와 여행자를 위한 양질의 환경 유지를 그 내용으로 하며, 생태적 지속가능성, 경제적 지속가능성을 모두 포함하는 포괄적 개념
김남조·조광익 (1998)	미래세대가 관광기회를 향유할 수 있도록 환경과 문화, 관광자원 등을 보전하면서 현재의 관광자와 지역의 필요에 부응하는 것
오정준(2003)	지역사회가 주체가 되는 관광으로서 관광객의 다변화된 기호를 충족시키는 동시에 지역의 환경을 보전하고 경제의 활성화와 삶의 질을 충족시킴으로써 관광객과 지역사회 간의 형평성을 모두 고려하는 관광

자료: 강신겸 외(2004). 지속가능한 관광개발의 성공조건, p.10

2 지속가능한 관광개발 조건

강신겸 등(2004)은 지속가능한 관광개발의 세 가지 개념적 원칙인 경제적 지속성, 환경적 지속성, 사회문화적 지속성을 바탕으로 법제도, 정책, 개발사례를 분석한 후 다섯 가지의 지속가능한 관광개발을 위한 성공조건을 제시하였다. 첫째, 지역사회 중심의 개발, 소프트웨어 중심의 개발 등 개발방식의 전환, 둘째, 지속적인 수요확보 및 타당성 있는 수익모델의 설정, 셋째, 재원확보 및 효율적인 집행, 넷째, 추진주체의 조직화, 리더의 양성, 주민참여 및 이해관계자 간 협력강화, 다섯째, 환경친화적인 자원의 이용과 관리 등이다.

표 13-8 전통적 관광개발과 지속가능한 관광개발의 차이점

구 분	전통적 관광개발	지속가능한 관광개발
개발목표	• 관광객 만족 • 고용창출 • 세수증대 • 기반시설 확충	• 지역주민의 복리증진 - 소득증대, 생활환경의 개선 - 정체성, 자부심 고취 • 관광객 만족
개발주체	• 국가, 공공단체 • 민간사업자 • 대기업	• 지방자치단체 및 기타 공공단체 • 지역주민, 시민단체 • 중소기업
개발대상	• 뛰어난 자연경관자원 • 온천 • 문화유적, 지정문화재	• 지역 고유한 환경·문화 - 기후, 자연, 풍습, 생활, 축제 • 지역 산업 • 마을단위(지역단위) 관광개발
개발내용	• 관광시설: 스키장, 골프장 • 숙박시설: 호텔, 콘도 • 편의시설: 수영장, 슈퍼마켓	• 생산기반시설: 도로확충, 창고 • 생활기반시설: 주택, 주거환경 • 관광객 편의시설 및 관광상품
개발성격	• 대규모, 집중적, 고밀도 • 자연파괴적 개발 • 단기적 개발	• 소규모, 분산, 저밀도 • 환경친화적 개발 • 장기적 개발
시장성격	• 대규모 시장 • 하나의 지배적인 표적시장 • Psychocentric형 관광객 • 높은 계절성	• 소규모 시장 • 특정 지배시장 없음 • Allocentric형 관광객 • 계절성 약함

자료: 강신겸 외(2004). 지속가능한 관광개발의 성공조건, p.26.

한편, Goeldner & Ritchie(2006)는 지속가능한 관광개발의 성공적 조건을 다음과 같이 4가지를 제시하였다. 첫째, 적정규모의 인구와 지역사회, 둘째, 시간적 범위, 셋째, 지속성 개념에 대한 정의의 명확화, 마지막으로, 지속가능한 개발로 얻게 되는 가치의 명확화이다.

③ 전통적 관광개발과 지속가능한 관광개발의 차이점

전통적 관광개발과 지속가능한 관광개발의 차이점은 개발목표, 개발주체, 개발대상, 개발내용, 개발성격, 그리고 시장성격 등을 기준으로 비교할 수 있다(표 13-8 참조). 전통적 관광개발은 관광객 만족을 위해 다양한 편의시설을 갖추기 위해 대규모적이고 집중적으로 개발하며, 대규모 시장을 그 배경으로 하고 있다. 이에 반해 지속가능한 관광개발은 관광객 만족은 물론 지역주민의 복리증진을 그 개발목표로 하고 있기 때문에 장기적 관점에서 친환경적 개발을 그 특징으로 하고 있다.

제5절 _ 관광과 관광개발의 패러다임 변화

현대의 산업사회를 주도한 노동력과 자본을 중심으로 한 개발과 발전은 정보와 지식이 그 자리를 메워가고 있다. 산업경쟁력의 중심이 노동과 자본에서 정보와 지식으로 변화해 나가고 있으며, 특히 지식은 경쟁력 제고를 위한 중요한 요소로 자리매김하고 있다. 이로 인해 관광의 패러다임이 변화하고 있다. 관광 패러다임 변화에 선제적인 대응이 미래 관광산업이 생존하는 길이다. 본 절에서는 관광과 관광개발의 패러다임 변화를 소개한다.

1 관광 패러다임 변화

1. 관광형태와 핵심가치의 변화

기존의 관광산업은 소규모 단위의 개발지향, 지역경관 및 문화요소 등의 활용, 관광지의 문화와 역사를 관광객이 수동적으로 경험하는 단순 체험위주의 관광이었다. 최근에는 개인의 라이프스타일의 다양화, 창조산업의 성장, 직접참여와 학습에 대한 수요증가, 정보기술의 발달에 따른 융·복합이 일어나고 있다. 산업의 발전과 수요자 욕구변화로 관광형태는 자연자원 중심의 대중관광에서 문화관광을 넘어 창조관광(Creative tourism)으로 진화하고 있다(그림 13-3 참조).

대중관광 시대에 사람들이 휴가를 즐기는데 있어서 중요하게 고려한 가치는 소유 (Having)였으며, 문화관광 시대에는 무엇을 보고 어떤 차이를 발견하였느냐(Seeing)이었다 (Richards & Wilson, 2007). 최근에 와서는 정형화된 '관광지(Sights)' 또는 '경험(Doing)'에 싫증을 느끼기 시작하였다. 이에 단순히 상품에 대한 소유 및 소비에서 벗어난 새로운 것을 요구하게 되었는데 그것이 바로 관광객의 창조성에 기반한 존재(Being)의 가치이다(Richards & Wilson, 2007). 이 시기의 관광객은 관광상품에 대한 소비자에서 관광객 자신의 정체성을 발견하기 위한 프로슈머의 역할을 하게 된다.

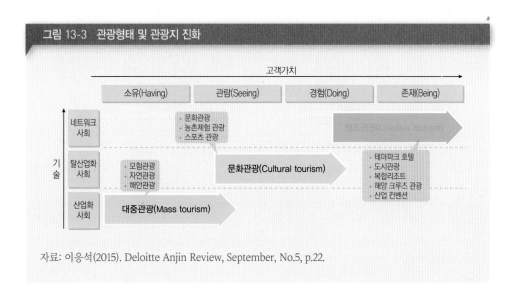

그림 13-3 관광형태 및 관광지 진화

자료: 이응석(2015). Deloitte Anjin Review, September, No.5, p.22.

창조관광은 경험 및 콘텐츠 등을 중심으로 새로운 관광명소를 조성하는 것으로 도시관광, 복합리조트, 해양·크루즈관광, 컨벤션 등이 그 사례이다. 관광산업 선진국일수록 산업발전에 기반한 대규모 융복합 관광 리조트를 중심으로 발전되고 있는 반면, 한국은 단편적인 관광자원과 면세 쇼핑중심의 한계를 벗어나지 못하고 있다. 세계 관광소비 트렌드는 단순한 자연경관 관광에서 경험중심의 관광으로 변모하고 있기 때문에 자연자원의 개발보다는 우선적으로 추진 가능한 관광 인프라(호텔, 리조트 등)를 개선할 필요성이 있다.

2. 관광의 新패러다임

미래의 관광산업은 문화, 예술, 의료, 생태, 어드벤처, 엔터테인먼트 등 사업영역이 다각화되고 융·복합 관광산업이 지배할 새로운 관광 패러다임, 즉 뉴투어리즘(New tourism)시대가 될 것으로 예상된다(그림 13-4 참조). 이는 기존의 규격화된 상품, 대량소비, 대량생산 등의 특성을 지닌 관광시장, 즉 올드 투어리즘(Old tourism)에서 개인의 가치관 및 라이프스타일 변화, 새로운 IT 기술 및 미디어 매체 등장, 여가시간 증대에 따른 문화적 자각, 다변화

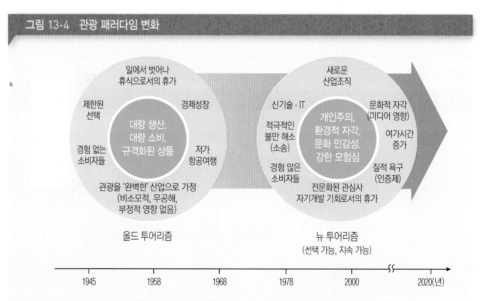

그림 13-4 관광 패러다임 변화

자료: Page, S., & Connell, J.(2006). Tourism: A modern synthesis. Cengage Learning EMEA.
이웅석(2015). Deloitte Anjin Review, September, No.5, p.22. 재인용.

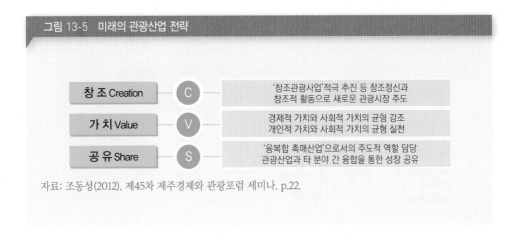

그림 13-5 미래의 관광산업 전략

창 조 Creation	C	'창조관광사업'적극 추진 등 창조정신과 창조적 활동으로 새로운 관광시장 주도
가 치 Value	V	경제적 가치와 사회적 가치의 균형 강조 개인적 가치와 사회적 가치의 균형 실천
공 유 Share	S	'융복합 촉매산업'으로서의 주도적 역할 담당 관광산업과 타 분야 간 융합을 통한 성장 공유

자료: 조동성(2012). 제45차 제주경제와 관광포럼 세미나. p.22.

하는 개인의 욕구 때문이다. 뉴투어리즘 시대에 있어 관광산업에게 새롭게 소구되는 핵심가치는 문화와 예술이다. 관광산업의 글로벌 경쟁력을 강화하고 국가경제 활성화를 위해 고부가가치, 고품격의 융·복합형 관광산업으로의 발전을 위해 문화예술과 관광산업의 융합과 진흥이 필요한 이유가 바로 여기에 있다.

경제수준이 향상되고 접근성이 향상된 관광정보와 타 분야와의 융합 등으로 관광의 범위와 형태가 매우 다양해졌기 때문에 관광산업의 미래는 얼마나 공유가치를 창조(CSV: Creating Shared Value)하느냐에 달려 있다(조동성, 2012, 그림 13-5 참조). 공유가치를 창출하는 대표적 관광의 형태로 공정관광, 책임관광, 그리고 창조관광을 들 수 있다. 공정관광은 공정한 거래를 통해 상품의 판매목적만이 아닌 상호 간 공정하게 발생한 이익을 지역사회 발전에 기여하는 것을 추구하는 관광형태(예 공정여행)이고, 책임관광은 관광목적지의 경제, 사회, 문화, 환경적 측면의 존중과 보호에 대한 가치를 추구하는 관광형태(예 생태관광)이다. 창조관광은 관광을 통해 관광객들이 창조적인 아이디어를 발굴하고 이를 삶에서 구현하는 기회를 제공하는 관광형태(예 한류관광)를 말한다.

창조관광의 대표적 사례로는 제주도 올레길을 들 수 있다(그림 13-6 참조). 올레길은 새로 개발한 길이 아닌 기존 골목길과 들길을 끊김 없이 연결하여 새로운 길을 창조하였고, 경제적, 문화적 가치 외 올레길 지킴이 등 사회적 일자리 창출 등 사회적 가치를 창출하였다(조동성, 2012). 또한, 길이 지나는 골목마다 삶의 현장에서 고유한 문화와 자연환경을 있는 그대로 공유(Share)하도록 상품이 디자인 되어 있다.

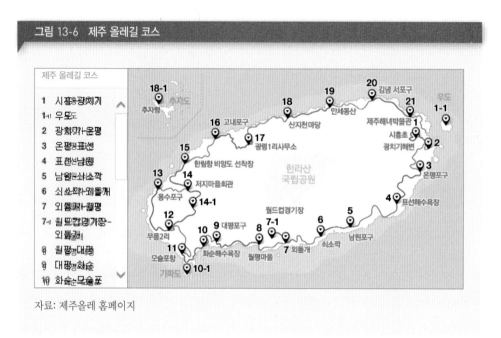

그림 13-6 제주 올레길 코스

자료: 제주올레 홈페이지

② 관광개발 패러다임 전환

문화체육관광부(2021)는 2021년 제4차 관광개발기본계획을 발표하면서 관광개발의 패라다임 변화를 자원중심에서 관광객 중심, 관광자원 개발에서 스마트한 자원이용, 양적 수요확대에서 질적 지역성장 추구 등 3가지로 설명하였다. 이에 대한 설명은 다음과 같다.

1. 자원중심에서 관광객 중심으로 전환

성공적인 관광개발은 관광수요의 요구와 매력적인 관광자원의 가치가 일치하고, 관광자원 개발 및 관리주체가 관광자원의 고유한 매력을 유지하는 것뿐만 아니라 관광산업과 지역경제 발전에 기여하는 개발이다. 과거의 자원중심 개발과 관광객 편의시설 조성에서 벗어나 관광자원, 관광시장, 관광주체가 상호 유기적인 관계를 지속할 수 있는 개발로 전환해야한다. 그리고 지역사회 발전에 기여하는 관광개발이 되기 위해서는 개발주체인 지방자치단체와 지역주민의 역할과 관광객의 요구를 담아내는 수단으로서 관광개발이 진행되어야 한다.

2. 관광자원 개발에서 스마트한 자원이용

미래 관광개발은 단순히 새로운 시설조성이 목적이 아닌 지역사회의 유·무형 자원을 활용하여 지역의 관광매력물을 창출하는 새로운 방식의 접근이 필요하다. 즉, 관광자원 개발은 관광자원의 가치를 높이고 스마트한 이용·보호·관리를 통해 관광자원과 관광객이 교감하는 방향으로 전환되어야 한다. 오늘날에는 관광자원에 대한 인식이 달라지고 있다. 지역주민의 생활문화 자체가 관광자원화 되고 있어 생활공간과 주변자원에 대한 이용을 중시하고 있다.

3. 양적인 수요확대에서 질적인 지역성장 추구

미래 관광개발은 관광객의 양적인 성장보다는 국가와 지역관광 발전을 도모하는 질적인 성장을 추진하여 관광객과 지역주민의 삶의 질을 향상시키고 관광만족을 극대화하는 방향으로 변화해야 한다. 관광개발은 정부와 지자체가 관광의 공익적 기능확대를 전담하는 것이 아니라 지역사회 각 부문 주체들이 책임있는 개발과 경영에 참여하여 지역관광의 역량을 강화하는 영역에 포함되어야 한다.

토 론 주 제

1. 관광개발의 필요성

2. 우리나라 관광개발의 문제점과 개선대책

3. 관광개발 성공사례와 실패사례 분석

4. 관광개발 시 중요하게 고려해야 할 점

5. 지속가능한 관광개발의 특징

6. 관광개발 패러다임 변화에 따른 관광동향

참 고 문 헌

강신겸·최영국·김성진·윤양수(2004). 지속가능한 관광실태 및 성공조건. 보고서 번호:
　　국토연 2004-16.

경향신문(2023.1.24.). 화천 산천어축제' 방문객 100만명 돌파·인제 빙어축제장도 북새통.
　　https://m.khan.co.kr/national/national-general/article/202301241529001#c2b

김남조·조광익(1998). 지속가능한 관광개발과 지역주민 참여. 한국관광연구원.

김남조(1999). 지속가능한 관광개발의 정책방향. 한국관광연구원.

김상무(1991). 관광개발론. 계명대출판부.

김성혁(1997). 관광사업론. 백산출판사.

김정배(1986). 관광자원론. 형설출판사.

김진섭(1994). 관광학원론. 일신사.

남이섬 홍보자료. 대한민국 대표 관광지, 남이섬의 유래와 매력

매일경제 Citylife 제148호(08.10.13). Slow World. http://news.mk.co.kr/outside/view.
　　php?year=2008&no=609803

문화체육관광부(2021). 제4차 관광개발기본계획

박서호(1988, 공저), 지역발전론. 서울: 녹화출판사.

서울경제신문(2023.7.18.). 동북아 최대 '카지노 복합 리조트' 온다… 들썩이는 영종도. 출처: https://www.sedaily.com/NewsView/29MXPCBYYV

연합뉴스(2023.4.25.). 30년 숙원 안면도 관광지 개발 첫발… 관광숙박업 계획 승인. https://www.yna.co.kr/view/AKR20230425085200063

오정준(2003). 생태관광지의 지속가능성에 관한 연구, 대한지리학회지 제38권 제4호

오정준(2004). 지속가능한 관광의 이론과 실제. 백산출판사.

윤대순(1992). 관광경영학원론. 백산출판사.

윤대순(2006, 공저). 관광경영학원론, 백산출판사.

윤정원·박다현·반장식(2013). 제4섹터 주도 지역개발에 대한 연구: 강원도 화천군 관광개발 성공사례를 중심으로. 지방행정연구, 27(3), 317-352.

이응석(2015). 미래 관광산업의 새로운 핵심가치·문화공연 산업 인프라 구축을 통한 창조관광 실현. Deloitte Anjin Review, September, No.5, 20-29.

이장춘(1987). 관광계획개발론: 관광발전계획의 이론과 실제. 대왕사.

이장춘(1989). 관광계획개발론. 대왕사.

이항구(1988). 현대관광학총론. 탐구당.

이효선(1992). 제3섹터를 통한 지역개발 활성화 방안. 산업연구, 53-73.

정석중·이미혜(2002). 관광개발론. 대왕사.

정찬종·강인호(1999). 관광학원론, 형설출판사.

조동성(2012). 제45차 제주경제와 관광포럼 세미나.

한국관광공사(1997), 환경적으로 지속가능한 관광개발, 한국관광공사

한국관광공사(2023). 2022년 문화관광축제 빅데이터 분석 보고서. 보도자료

鈴木忠義(1974, 1984, 編). 現代觀光論. 東京: 有輩閣.

前田勇(1984). 觀光槪論. 東京: 學文社.

Bramwell, B. and Lane, B. (Editors) (2003) Tourism collaboration and partnerships: Politics, practice and sustainability.Clevedon: Channel View Publications. (Paperback Edition)

Burkart A. J., & Medilk, S.(1987). Tourism: past, present, and future. London: Heinemann.

Cronin, L.(1990). A strategy for tourism & sustainable developments. World Leisure and Recreation 32, pp. 12-18.

Friedmann, J.(1980). An alternative development and communalistic society: Some principles for a possible future. In J. Friedmann, E. Wheelwright, and J. Cornell, Development strategies in the eighties. Sydney: Development Studies Colloquium.

Goeldner, C. R., Ritchie, J. R. (2006). Tourism: Principles, practices, philosophies. New York, NY: John Wiley & Sons, Inc.

Inskeep, Edward(1991). Tourism planning: An integrated & sustainable development approach. New York: Van Nostrand Reinhold

Kuhn, T. S.(1962). The structure of scientific revolutions(2nd ed.). International Encyclopedia of Unified Science

Lang, R. (1986). Planning for integrated development. Integrated development beyond the city. Canada: Mount Allison University.

Lawson, F. and Baud-Bovy, M. (1977). Tourism and recreation development. London: The Architectural Press.

Page, S., & Connell, J.(2006). Tourism: A modern synthesis(5th ed.). Routledge: Taylor & Francis. Vanderbilt Avenue, New York, NY.

Pearce, D. (1989). Tourist development. New York: John Wiley & Sons, Inc. Preau, P. (1968). Essai d'une Typologie de Stations de Sports d'Hiver dans les Alpes du Nord. Revue de Geographie Alpine, 58(1), 127-140.

Richards, G., & Wilson, J.(2007). Developing creativity in tourist experiences: A solution to the serial reproduction of culture?. Tourism Management, 27(6), 209-1223

WTO. (1993). Sustainable tourism development: Guide for Local Planners.

WTO. (1996). What tourism managers need to know: A practical guide to the development and use of indicators of sustainable tourism.

관광학원론

CHAPTER **14**

관광의 효과

학습목표

· 경제적 측면에서 관광의 긍정적 효과와 부정적 영향을 설명할 수 있다.

· 사회적 측면에서 관광의 긍정적 효과와 부정적 영향을 설명할 수 있다.

· 문화적 측면에서 관광의 긍정적 효과와 부정적 영향을 설명할 수 있다.

· 환경적 측면에서 관광의 긍정적 효과와 부정적 영향을 설명할 수 있다.

Principles Of Tourism

관광산업은 여타 수출산업보다도 외화가득률 및 부가가치가 높을 뿐만 아니라 고용증대 효과도 높아 21세기 국가 전략산업으로 주목을 받고 있다. 21세기에는 첨단과학산업 및 환경산업과 더불어 세계의 3대 산업으로서 자리매김이 확실시되고 있다. 관광산업의 중요성에 대한 이러한 인식은 관광이 미치는 영향 내지 파급효과가 크다는 것을 나타낸다. 관광효과란 관광객에 의한 관광활동의 결과적 요소를 의미한다. 본 장에서는 관광의 경제, 사회, 문화, 환경에 대한 긍정적 효과와 부정적 영향을 나누어 살펴본다.

제1절 _ 관광의 경제적 영향

관광은 여러 주체, 즉 관광객 자신, 관광기업, 국가, 지역사회 등에 긍정적인 효과는 물론 부정적 영향도 미칠 수 있다. 여기에서는 관광이 미치는 경제적 영향을 긍정적 효과와 부정적 영향으로 구분해 살펴본다. 관광이 경제에 미치는 대표적 긍정적 효과는 소득효과, 고용효과, 국제수지 개선효과, 조세수입효과 등이 있으며, 부정적 영향은 물가상승, 계절적 수요편중, 외화누출 등이 있다.

1 긍정적 효과

관광객의 소비활동에 의해 생겨나는 각종 영향을 관광의 경제적 효과라 부른다. 관광객의 관광활동은 한 국가 혹은 지역경제에 직접적 혹은 간접적 영향을 미치게 된다. 관광으로 인한 경제적 효과 중 긍정적 효과는 소득효과, 고용효과, 국제수지 개선효과, 조세수입 효과, 타산업 진흥효과,
지역경제 활성화 효과 등으로 나누어 볼 수 있다. 〈사례 14-1〉에서 처럼 2030 부산엑스포가 유치된다면 경제적 파급효과는 생산유발 43조 원, 고용창출 50만 명으로 추산된다.

세계박람회(World Expo)는 올림픽, 월드컵과 함께 세계 3대 이벤트로 꼽힌다. 한국은 2030년에 열리는 엑스포를 부산에서 개최하기 위해 노력하고 있다. 엑스포 개최는 국가적인 과제다. 일본의 오사카와 중국 상하이는 엑스포를 거쳐 세계적인 도시로 발돋움했다. 엑스포 개최의 의미와 도전과정을 살펴본다.

030 부산엑스포 개최 부지인 북항 일대 모습 /부산=곽재순 PD

자료: 부산엑스포 홈페이지

'첨단 기술'의 시작, 엑스포…
경제 효과 월드컵 4배

세계박람회는 인류가 만들어 낸 업적과 미래에 대한 전망을 한자리에 비교·전시하는 경제·문화 올림픽으로 평가 받는다. 올림픽, 월드컵 함께 세계 3대 이벤트로 꼽힌다. 부산이 오는 11월 최종 개최지로 선정될 경우, 2030년 5월1일부터 10월31일까지 6개월간 부산 북항 일대 343만㎡(약 103만 7,575평) 부지에서 엑스포가 진행된다.

인류에게 산업혁명을 안겨준 증기기관이 처음 전시된 곳은 세계 최초의 엑스포로 불리는 1857년 런던 박람회였다. 전화기, 비행기, 텔레비전 등 당대의 혁신 기술로 탄생한 제품은 모두 엑스포에서 공개됐다. 첨단기술은 곧 개최국의 산업도약으로 연결됐다. 1889년 파리엑스포를 위해 설치한 에펠탑은 파리의 상징이 됐다.

국제박람회기구(BIE)가 공인하는 엑스포는 등록과 인정(전문)엑스포로 구분된다. 부산시가 유치하려는 엑스포는 등록엑스포로 국내에서 한 번도 열리지 않았다. 1993년과 2012년 대전과 여수에서 각각 열린 엑스포는 인정엑스포였다.

5년 주기로 열리는 등록엑스포는 개최기간이 6개월로 인정엑스포보다 2배 길다. 개최면적도 제한이 없다. 등록엑스포는 개최국이 참가국에 부지만 제공하고 전시장은 각국이 비용을 지급한다. 반면, 인정엑스포는 개최국이 국가관을 건설해야 하기 때문에 초기비용이 많이 투입된다. 부산시가 부산엑스포의 흑자를 자신하는 것도 이 같은 배경 때문이다.

세계 각국이 엑스포 유치에 뛰어드는 첫 번째 이유는 막대한 경제적 효과 때문이다. 한국개발연구원(KDI)에 따르면, 부산엑스포는 5,050만명이 관람할 것으로 예상된다. 경제적 파급효과는 생산유발 43조원, 부가가치 18조 원, 고용창출 50만명으로 추산된다. 이는 2018년 평창 동계올림픽(관람객 138만명, 경제유발효과 29조원)의 2.1배, 2002

년 한·일 월드컵(300만명, 17조원)의 4배 가까운 규모다.

실제로 중국 상하이는 2010년 엑스포를 열어 110조원의 경제적 효과를 창출하면서 국제적 금융·무역 도시로 거듭났고, 중국 국내총생산(GDP)의 2% 상승을 견인한 것으로 평가된다. 2015년 엑스포를 개최한 이탈리아 밀라노도 63조 원의 경제 효과와 15만 명의 일자리 창출 효과를 거두고, 로마를 제치고 이탈리아 최고 관광도시로 거듭났다. 일본은 2025년 오사카 엑스포 개최를 통해 국가 경제 재부흥을 모색하고 있다.

부산이 2030년 엑스포를 개최하면 올림픽, 월드컵, 엑스포 등 세계 3대 이벤트를 모두 개최하는 국가가 된다. 지금까지 3대 행사를 모두 개최한 나라는 프랑스, 미국, 캐나다, 일본, 독일, 이탈리아 등 6개국이 전부다.

부울경, 제2의 성장 기대

부산 엑스포는 정부의 오랜 숙원사업인 지역균형발전에도 기여할 전망이다. 북항재개발, 가덕도 신공항, 부울경 통합열차 등 부산 일대의 개발사업이 모두 부산엑스포에 초점이 맞춰져 있기 때문이다.

우선 2030년 엑스포에 앞서 가덕도신공항을 개항하기 위해 예비타당성 조사가 면제됐고, 조기개항을 위한 공법을 검토 중이다. 또 가덕도신공항 건설과 연계해 울산, 경남 등을 연결하는 초광역 교통망도 구축되고 있어, 교류확대를 통한 새로운 경제권이 형성될 전망이다.

과거 상하이는 엑스포 개최를 준비하면서 노후 공장과 창고를 도시외곽으로 이전하고 기존 제조업 지역을 금융과 관광, 문화 등 서비스 산업중심지로 탈바꿈시켰다. 엑스포를 준비하면서 상하이는 장쑤성, 저장성, 안후이성과 상호 협력을 체결하고 경쟁 대신 협력을 다지기도 했다.

현재 북항재개발 1단계 사업의 주요기반시설 공사는 완료된 상태다. 부산항 기념관, 국내 최대 실내 해양 스포츠 시설, 오페라하우스, 천수공원 등이 들어설 전망이다. 부산엑스포가 유치되면 수소전기버스로 공항, 버스터미널 등을 오가는 자율주행 셔틀버스가 도입된다. 박람회장 내부는 수소트램을, 부산도심과 관광지를 잇는 수상택시로는 2021년 부산국제보트쇼에서 선보인 '하이드로제니아(Hydrogenia)'를 활용한다.

BIE 공인박람회 구분

구 분	등록박람회(세계박람회)	인정박람회
주제	제한 없음	특정분야 주제
개최간격/행사기간	5년6개월	등록박람회 사이/3개월
전시면적	제한 없음	최대 25 ha(7만5,000평)
전시관 건립 경비	개최국은 부지만 제공하고 참가국이 자국 경비로 국가관 건설	개최국이 국가관을 건축, 참가국에게 유·무상 임대
개최횟수	12회	31회
개최사례	상해('10), 밀라노('15), 두바이(21), 오사카(25 예정)	대전(93), 여수(12), 아스타나('17)

자료: 대한상공회의소

역대 엑스포 경제적 파급효과

구 분	2010 상하이	2015 밀라노	2020 두바이(추정)	2030 부산(추정)
참가국 (관람인원)	192개국 (7,300만 명)	145개국 (2,200만명)	200여개국 (2,500만명)	200여개국 (5,050만명)
투자액	5조2천억원	4조 3천억 원	6조 9천억원	4조 9천억원
경제효과	110조원 (관광수입 52.7조원)	63조원	생산유발 43조원	생산유발 38조원 부가가치유발 18조원
고용창출	63만명	24만명	28만명	50만명

자료: 대한상의

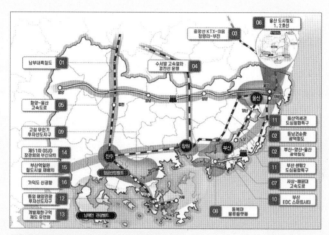

부울경 초광역권 국토교통 주요 추진과제. /국토교통부

엑스포 전시회장은 북항재개발 2단계 사업 부지와 우암부두 일대 등 북항 일원에 조성된다. 가공되기 전 곡물을 보관하는 창고인 '사일로 콤플렉스'는 리모델링 해서 복합문화공간으로 탈바꿈한다.

부산 엑스포는 사후 활용에 대한 문제도 없다. 이미 엑스포 부지가 재개발 대상지역으로 지정됐고, 도심 안에 있는 만큼 기존 인프라를 사용할 수 있기 때문이다. 올림픽이나 월드컵처럼 이벤트 종료 후 주요시설을 방치하지 않고 다시 활용할 수 있는 것이다.

엑스포가 종료된 뒤 각국 전시장은 철거된 뒤 건축 등 친환경 재활용 자재로 사용된다. 부산시에 잘 구축된 관광인프라도 사업비 절감에 역할을 하고 있다. 예를 들어, 동부산 지역의 6성급 객실은 1,000실이며, 부산에만 5성급 이상 호텔이 121곳으로 객실수도 2,500개 이상이다. 가덕도 신공항 외에 김해국제공항, 울산공항이 있고, 국제여객터미널과 국제크루즈 터미널이 인접해 국제적 접근성이 뛰어나다. 기본 인프라를 활용하기 때문에 부지 인프라 조성비용이 추가로 투입되지 않는 장점이 있다.

자료: 조선일보(2023.5.8.). 일부 내용 발췌

1. 소득효과

관광지에서 관광객의 지출은 관광산업은 물론 타 산업에 직·간접적으로 영향을 미치게 된다. 관광의 활성화는 고용창출의 효과를 가져오게 되며 고용창출은 국가적으로 볼 때 국민소득을 향상시키게 된다. 소득효과는 관광사업에 필요한 지역 외부로부터 투자에 의한 경우와 관광객의 소비에 의한 경우로 구분을 할 수 있다. 이를 기준으로 투자소득 효과, 소비소득 효과, 외화획득 효과로 나누어진다.

- 투자소득 효과 투자가 관광기업이나 국가의 소득에 미치는 효과
- 소비소득 효과 관광객이 소비활동으로 지출하는 비용으로 인해 관광기업이나 국가의 소득에 미치는 효과
- 외화획득 효과 관광객 수용국에 있어서의 외화수입 효과

관광으로 인한 수입은 일반 상품수출에 비하여 외화가득률이 높아 외화획득의 실질수익이 높다고 할 수 있다. 외화가득률은 외래관광으로부터 획득한 국제 관광수입에서 이를 얻기 위해 투입하는 원재료 및 각종 물품 등의 비용을 차감한 차액과 국제 관광수입과의 비율이다. 즉, 관광상품이나 서비스 수출이 외화획득에 공헌하는 정도이다.

$$관광산업\ 외화가득률 = \frac{관광수입 - 관광수입\ 비용}{관광수입} \times 100$$

* 관광수입은 외래관광객으로부터 벌어들인 수입임

관광산업의 외화가득률은 타 산업보다 높다. 관광산업의 외화가득률은 약 88%로 전 산업평균(73%)이나 제조업 평균(59%)을 큰 폭으로 상회한다. 카지노 산업(93.7%)과 MICE산업(90%)의 외화가득률은 자동차(71%), TV(60%), 휴대전화(52%), 반도체(43%) 등 주요산업 대비 매우 높은 편이다(김종범, 2013: 현대경제연구원, 2014). 관광산업의 외화가득률 88%는 외래관광객의 한국방문으로 벌어들인 관광수입 중 해외로 흘러 나가지 않고 국내에 남아 있는 금액의 비율이 88%라는 의미이다.

관광산업은 국가경제는 물론 지역경제에 큰 파급효과를 가져온다. 하지만 관광선진

국과 비교해 볼 때 우리나라 경제에 미치는 영향력은 낮은 편이다. 2019년 우리나라 관광산업의 GDP 기여도는 2.8%로 세계 200여개 국가의 관광산업 GDP 기여도 전체 평균 10.4%보다 매우 낮다(연합뉴스, 2020.10.9.). 중국 10.9%, 미국 7.8%, 일본 7.5% 등으로 우리나라 보다 높다. 한국의 관광산업이 GDP에 미치는 기여도가 낮은 이유는 전체 경제규모에서 제조업이 차지하는 비중이 높고 관광비용이 많이 들어 접근성이 떨어지기 때문이다(연합뉴스, 2020.10.9.).

표 14-1 **연도별 관광산업 GDP 및 고용기여도**

구분		세계	동북아			한국
			전체	중국	일본	
2019	GDP기여도(총효과)	10.4	9.6	10.9	7.5	2.8
	고용기여도(총효과)	10.1	10.1	10.6	7.0	3.1
2018	GDP기여도(총효과)	10.4	9.6	11.0	7.4	2.7
	고용기여도(총효과)	10.0	9.8	10.3	6.9	3.0
2017	GDP 기여도(총효과)	10.3	9.5	11.0	7.2	2.7
	고용기여도(총효과)	10.1	9.4	10.3	6.7	3.1

자료: 관광지식정보시스템(https://www.tour.go.kr/)

2. 고용효과

고용효과란 관광객의 최소 한 단위 소비지출 증가가 지역 내 얼마만큼의 고용기회를 증대시켰는지를 의미하며, 구체적으로 관광소비 증가를 통해 창출되는 직·간접 그리고 유발고용효과를 의미한다. 서비스활동이 활발해지면 노동집약 산업이라고 일컫는 관광서비스업은 많은 노동력을 필요로 하기 때문에 고용은 증가하기 마련이다. 특히, 관광사업 경영에 필요로 하는 노동은 인적노동이 주가 되므로 1, 2차 산업과는 달리 기계화가 곤란하여 고용효과가 크다는 것이 장점이다.

2019년 기준 우리나라 관광산업의 고용기여도는 3.1%로 전 세계 평균 10.1% 대비 크게 낮다(표 14-1 참조). 우리나라 고용기여도가 51개국 중 가장 낮았고, 폴란드가 4.5%, 우크라이나와 러시아가 각각 4.7%, 이란 5.5%, 대만 5.6% 등이 뒤를 이었다(연합뉴스, 2020.10.9.). 마카오는 50.3%로 1위였고 아이슬란드 35.1%, 그리스 26.7%, 필리핀 26.3% 순이었다.

장기적으로는 관광서비스 산업이 제조업보다 고용창출이 많겠지만 기술의 발달 등으로 인해 고용창출이 낮아질 것으로 예상된다. 그 예로 서비스업의 경우 2015년 취업유발계수가 14.86명에서 2016년 14.05명, 2017년 13.49명, 2018년 12.82명, 그리고 2019년 12.46명으로 지속적으로 감소하고 있다(산업연구원. https://www.istans.or.kr/).

3. 국제수지 개선효과

국제수지(Balance of payment)란 한 나라가 일정기간 동안 다른 나라와의 교역 결과(수입과 수출)를 집계한 것을 의미한다. 관광수지는 외국인 관광객의 왕래에 의해 발생하는 수입과 지불의 측면을 고려하는 것이다. 따라서 관광소비자가 자국민의 해외관광에 의해 이루어지는 경우 그 소비는 지불항목이 되고, 외래관광객에 의해 관광수용국에서 발생하는 소비는 관광수지상 수입항목이 되어 관광수용국의 국제수지 개선에 기여한다. 따라서 외국인 관광객을 많이 유치할수록 국제수지 개선에 큰 영향을 미친다고 할 수 있다.

4. 조세수입 효과

관광사업의 활성화는 직·간접적으로 한 국가 혹은 지방자치단체의 조세수입을 증대시킨다. 정부는 관광기업을 통해 조세수입을 확보할 뿐만 아니라 관광객 개인이 구입하는 관광상품 등으로부터도 조세수입을 획득할 수 있다. 특히, 외래관광객에 의한 지출은 관광목적지 국가의 기업매출과 이윤을 증대시킬 뿐만 아니라 조세수입의 원천이 된다.

조세수입 효과는 직접조세 효과와 간접조세 효과로 나누어진다. 직접조세 효과는 정부가 관광기업 종사자, 공항, 관광운송업체, 숙박업체 등에 부과하는 세금을 의미한다. 간접조세 효과는 관광객에 의해 소비되는 재화나 서비스에 부과되거나 재화나 서비스의 공급자에 귀속되는 이윤에 부과되는 조세이다. 조세의 증대는 공공서비스의 향상을 가져와 지역사회 발전에 기여하게 된다.

5. 타 산업 진흥효과

관광산업은 광범위하고 다수의 사업이 복합적으로 구성되어 있다. 즉, 관광서비스 관련 산업에 그치지 않고 관광기자재나 특산품 등의 제조, 판매도 간접적으로 관계되기 때문에 타 산업에 미치는 효과는 매우 크다. 예를 들면, 크루즈 산업의 발전은 호텔, 카지노, 조선업 등의 발전에 크게 기여한다. 또한, 관광객은 관광을 하면서 농산물, 음료, 음식, 화장품 등의 소모성 제품을 다양하게 소비하게 된다.

6. 지역경제 활성화 효과

국제관광에 비하여 국내관광의 경제효과는 일반적으로 경시되기 쉽다. 그것은 국제관광이 관광외화수지에 직결되고 있는 반면에 국민국내관광은 관광경제의 국내이동이라는 점에서 이에 대한 효과는 과소평가되어 왔다. 그러나 국민국내관광이 재화와 서비스의 지역적 이동을 통한 지역 간 균형발전에 크게 기여한다는 점은 분명하다. 따라서 국제·국내관광을 불문하고 관광의 발전은 지역경제 활성화에 크게 기여하게 된다(사례 14-2 참조).

 사례 14-2 순천 백년대계… 10년마다 국제정원 박람회

전남 순천시가 대한민국 국가정원 1호를 품은 데 이어 정원도시 1호 지정에 도전한다. 이를 위해 내년 4월 22일부터 10월 22일까지 6개월 동안 순천만국가정원과 순천만 및 도심 일원에서 2023 순천만국제정원박람회를 개최한다. 순천시가 2013년 국내 최초로 국제정원박람회를 개최한 지 10년 만이다. 2013 국제정원박람회 기간 440만 3890명이 다녀갔다. 국제정원박람회를 계기로 정원이라는 개념이 사적 공간을 넘어 공공의 영역으로 확장된 점에도 큰 의미가 있었다. 순천시가 이 같이 박람회를 성공적으로 개최하자 정부는 2015년 순천만을 국가정원 1호로 지정했다. 시는 '대한민국생태도시 순천'이라는 도시 브랜딩에 성공

전남 순천시가 내년 4월 22일부터 10월 22일까지 6개월 동안 국가정원 1호인 순천만국가정원과 순천만 및 도심 일원에서 2023 순천만국제정원박람회를 개최한다. 순천만국가정원을 찾은 관람객들 모습.

한 것이다. 순천시는 앞으로 10년 단위로 정원박람회를 개최할 계획이다. 시가 정원박람회를 개최하는 이유와 효과 등을 19일 알아봤다.

순천만국가정원을 찾은 관람객들 모습.

경제적 파급효과

먼저 경제적 파급 효과다. 2013년 11월 사단법인 한국문화관광포럼이 발표한 자료에 따르면 순천만국제정원박람회는 관람객 440만명을 유치해 1조 1060억원의 생산유발 효과와 5115억원의 부가가치유발 효과, 7578명의 고용유발 효과를 창출했다. 특히 박람회는 기후변화 위기에 따른 탄소중립 실천에도 한몫한다. 정원박람회를 준비하며 2011년부터 77ha에 약 4만 그루의 수목을 심었다. 매년 387t의 이산화탄소를 흡수하고 있다. 2033년까지 총 7740t, 20년간 1억 8000만원의 탄소 배출권 판매 수익이 발생할 것으로 예상한다.

2023 정원박람회의 경제적 파급 효과는 얼마나 될까. 2020년 1월 서울대 산학협력단은 관람객 800만명, 생산유발 효과 1조 5926억원, 부가가치유발 효과 7156억원, 고용유발 효과 2만 5149명으로 예상했다. 10년 전보다 관람객 증가 수는 2배에 가깝다. 생산유발 효과는 44%, 부가가치유발 효과는 40%가 늘어나고 고용유발 효과는 3배에 이른다.

공간의 확장

두 번째로 공간의 확장이다. 2013 정원박람회를 통해 92만 6992㎡(약 34만평)의 정원이 만들어졌다. 2023 정원박람회는 국가정원 이외에 순천만습지권역과 도심권으로 확장한다. 동천 정원길을 따라 다양한 정원이 만들어지고 저류지공원 등 주변 거점공원에 한반도분화구정원, 컨테이너가든 등이 조성된다. 교량을 활용한 브릿지가든 등 각종 시설물의 개선과 정비가 이뤄진다. 시는 10년마다 개최되는 박람회 장소를 한곳으로 특정하지 않고 다른 장소를 선정할 계획이다. 예를 들면 2033년에는 봉화산과 죽도봉공원이나, 송광사·선암사·조계산권역 등이 될 수 있다.

대한민국의 문화지형을 바꾸다

마지막으로 정원박람회는 대한민국의 문화지형을 바꿨다. 2013 정원박람회는 '수목원법'을 '수목원, 정원 조성 및 진흥에 관한 법률'로 개정시켰다. 또 대한민국 최초로 국가정원 1호를 탄생시켰다. 전국의 자치단체들은 순천시를 따라 국가정원 조성에 뛰어들었다. 울산 태화강국가정원이 2호로 지정된 데 이어 자치단체들은 3호를 차지하려고 각축을 벌이고 있다. 지자체는 민간정원을 등록·관리하고 개방시켜 정원관광 상품도 늘려 나가고 있다.

또 하나의 박람회장

정원박람회는 도시의 물리적 지형도 바꿨다. 국가정원 주변으로 숙박시설, 아파트단지가 들어섰다. 인근에는 4차산업 클러스터 단지가 조성돼 순천만 잡월드, 순천만가든마켓이 설립됐고, NHN 공공 클라우드 데이터센터도 건립될 예정이다.

시는 또 2050 미래비전으로 30만 정원도시를 선언했다. 정원도시는 코로나19 팬데믹(대유행)과 기후위기를 거치면서 시대적 요구에 따른 새로운 도시 패러다임으로 등장하고 있다. 시가 10년 주기로 개최하는 정원박람회를 통해 그려 나갈 도시의 미래상과 문화지형이 기대되는 이유다.

자료: 서울 Pn(2022.5.20.). 일부 내용 발췌

2 부정적 영향

관광활성화는 관광객의 증가로 인한 개인소득, 고용기회의 증가, 조세수입의 증가와 같은 긍정적인 효과만 가져오는 것이 아니라 부정적 측면도 야기한다. 경제적 측면에서 관광의 부정적인 영향으로는 물가상승, 계절적 수요의 편재, 경제활동의 취약성, 외화누출 등이 있다.

1. 물가상승

관광은 물가상승에 부정적 영향을 미친다. 가령, 성수기 때 관광객이 일시에 집중적으로 몰리게 되면 관광지 물가상승의 압박요인으로 작용하게 된다. 또한, 관광객들이 현지에서 생산·조달할 수 없는 상품과 서비스에 대한 수요가 증가하면 부득이하게 외국과 외지에서 이를 수입해서 제공하기 때문에 해당 지역에 물가상승을 유발할 수 있다.

2. 계절적 수요의 편중

우리나라의 대부분 관광지(예 스키장과 해수욕장)가 계절적이어서 많은 환대시설들이 비수기에는 폐쇄되거나 축소된다. 이러한 시설을 구축하는 데 이미 많은 자본이 소요되었기 때문에 소요자본에 대한 이자명목으로 지불되는 지출은 계속 증가한다. 관광사업의 계절성으로 인해 경영활동의 어려움 가중은 물론 계

절적 실업의 발생으로 인해 경제에 부정적 영향을 미치게 된다.

3. 경제활동의 취약성

일국(一國)의 경제가 지나치게 관광에 의존하는 것은 현명하지 못하다. 3차 산업인 서비스산업은 1차, 2차 산업과 달리 독립적으로 경제활동을 수행하기 어렵고 방문하는 고객에 의한 수동적 경제활동이 대부분이다. 따라서 서비스 산업에의 지나친 의존은 경제활동 노동력을 취약하게 만들 수 있다.

4. 외화누출(Leakage)

외화누출은 관광수요를 지역 내에서 충당하지 못해 재화나 서비스를 수입하면서 발생한다. 따라서 실질적인 경제혜택은 관광지역이 아닌 외부로 돌아가게 된다. 뿐만 아니라 관광개발을 위한 대규모 자본의 유입은 관광자원의 개발을 통해 관광객에게 긍정적인 효과를 안겨주고 투자자에게는 투자수익을 가져다주게 된다. 하지만 지나친 대외자본의 의존은 대외종속이 가속화되는 부정적 영향을 낳게 된다. 〈표 14-2〉에서 처럼 우리나라 관광수지는 지속적으로 적자상태에서 벗어나지 못하고 있다.

5. 기 타

관광은 공공서비스가 거의 불필요한 '연기 없는 산업'으로 인식되고 있다. 그러나 관광객들이 버린 쓰레기의 수거, 오수처리시설의 마련, 치안과 소방시설 등과 같은 공공서비스에 대한 투자가 요망됨에 따라 경제적 비용이 증대되고 있다. 또한, 정부가 관광개발을 장려할 경우 이에 소요될 자금의 상당 부분 또는 부족분을 지원해야 한다. 이때 보다 더 생산성이 높은 분야의 투자기회를 포기해야 할 때가 발생하므로 그만큼 기회비용(Opportunity cost)을 증가시키게 된다.

표 14-2 **연도별 관광객 및 관광수지 현황** (단위: 명, (US 1,000)

연 도	방한 외래관광객	국민 해외관광객	관광수입	관광지출	관광수지
2017	13,335,758	26,496,447	13,263,900	27,959,800	-14,695,900
2018	15,346,879	28,695,983	18,461,800	31,527,900	-13,066,100
2019	17,502,756	28,714,247	20,744,900	29,260,500	-8,515,600
2020	2,519,118	4,276,006	10,181,100	13,356,400	-3,175,300
2021	967,003	1,222,541	10,622,500	14,951,100	-4,328,600
2022	3,198,017	6,554,031	11,781,400	17,078,700	-5,297,300

주: 2022년 자료는 잠정치임
자료: 한국관광 데이터랩(https://datalab.visitkorea.or.kr)

제2절 _ 관광의 사회적 영향

관광의 사회적 영향이란 관광객의 국가 간 혹은 지역 간의 이동으로 인한 수용국의 사회 구조적 변화를 의미한다. 국제회의산업을 예로 들어 보면, 국제회의가 우리나라에서 개최되는 빈도가 증가함에 따라 관련분야의 국제화, 국민의 자부심 및 의식수준 향상, 교통망 확충, 환경 및 조경개선, 고용증대, 항공과 항만시설 정비, 신상품 개발 등 일반사회의 발전에 광범위한 파급효과를 가져오고 있다. 이와는 반대로 관광의 발전은 사회 전반에 걸쳐 악영향을 미칠 수도 있다.

1 긍정적 효과

관광이 사회에 미치는 긍정적 효과로는 인구구조의 변화, 직업구조의 다양화, 국제친선, 소비촉진, 여성 지위향상 등을 들 수 있다. 각 효과에 대해 설명하면 다음과 같다.

1. 인구구조의 변화

한 지역(국가)의 관광목적지가 발전하게 되면 해당 지역의 인구구조를 변화시킬 수 있다. 인구구조의 변화는 인구규모의 변화, 인구구성의 변화, 그리고 인구분포의 변화를 포함한다. 인구규모의 측면에서 살펴보면, 한 지역이 관광목적지로 성장하면서 다른 지역으로부터 인구를 끌어들이는 흡입요인에 의해 인구가 증가하게 된다. 이는 관광목적지에서의 고용의 기회를 증가시킨다. 관광은 인구구성의 변화를 야기하기도 한다. 인구규모의 변화가 양적 측면의 변화라 한다면, 인구구성의 변화는 인구의 질적 측면인 연령, 성별, 직업, 인종, 종교, 교육수준, 소득수준 등의 구성비가 변화하는 것을 말한다. 예를 들면, 관광목적지의 발전은 해당 지역에 젊은 여성의 유입을 증가시키게 된다. 뿐만 아니라 관광은 인구의 분포를 변화시킨다. 인구분포의 변화는 지역 또는 국가 사이에 인구가 이동함으로써 특정기간 한 지역 또는 국가에서 정주하고 있는 인구의 지리적, 공간적, 시간적 변화를 의미한다.

2. 직업구조의 다양화

관광산업 발전은 직업구조의 다양화, 직업의 종류 확대, 직업의 이동 등을 촉진한다. 관광산업은 서비스를 제공하는 인력 뿐만 아니라 관광관련 시설을 관리하는 부수적인 인력 또한 증가시키게 되므로 다양화를 촉진한다. 직업의 다양화와 유입 근로자의 증가 등은 새로운 산업구조의 형성에 긍정적인 영향을 미친다. 특히, 문화와 여가 및 건강에 대한 수요증가와 기술의 발전으로 문화·체육·관광·예술 분야의 융합현상이 촉진되고 있다. 이로 인해 융합형 일자리가 출현하게 되어 미래에는 직업이 더욱 다양해질 것으로 보인다. 4차 산업혁명 시대의 신규 직업들로 SNS 전문가, 빅데이터 분석가, 로봇 윤리학자, 데이터 브로커 등을 들 수 있다.

3. 국제친선

관광은 국가 간의 친선을 도모하는 데 큰 역할을 한다. 관광을 통해 그 국가의 국민성, 풍습, 전통 등을 이해하게 되고 특정 국가에 대해 가지고 있던 오해, 편견, 공포 등과 같은 상호불신을 해소하게 된다. 관광을 통한 국가 간의 상호이해의 촉진은 국제친선과 세계를 하나의 우호적인 공동체로 만드는 데 기여하게 된다. 이러한 국제친의 효과 때문에 관광산업이 평화산업으로 인식되고 있다.

4. 여성의 지위향상과 역할변화

관광산업을 비롯한 서비스 산업은 여성들에게 많은 고용기회를 제공한다. 노동시장에서의 구조적 변화들 중 가장 두드러진 현상은 고용상태에 있거나 일자리를 찾고 있는 여성들의 수적 증가이다. 남성의 노동참여율은 점차적으로 줄어들고 있는 반면, 여성의 사회진출은 늘어나고 있다. 여성의 경제활동참가는 여성의 경제적 능력과 지위를 향상시킬 뿐만 아니라 한 가족의 구성원으로서의 역할과 영향력도 증가시키게 된다.

2 부정적 영향

관광에 따른 사회문제란 관광목적지 주민과 관광객 사이의 상호작용으로 사회구조와 문화에 미치는 일탈행위와 사회병리를 말한다. 관광에 따른 사회문제는 관광목적지에 있어 사회규범의 와해, 전통적 가족가치관의 약화, 모방소비, 비도덕적 행위, 지역주민과의 갈등 등을 야기시킨다.

1. 사회규범의 와해

규범은 한 사회의 질서를 유지시켜 주는 행위규칙 또는 체계라고 할 수 있다. 사회가 급격히 변화하거나 다른 사회체제와의 교류가 증가하면 괴리현상이 발생한다. 관광으로 인하여 외부문화가 무분별하게 수용되면 종래의 문화체계에 변화가 일어나 사회의 통합성을 저해하고, 사회규범을 약화시키고, 사회·문화적 관례를 해칠 수 있다.

2. 전통적 가족가치관의 약화

관광은 고유의 전통적 가족가치관에 부정적 영향을 미칠 수 있다. 사회적 다양성 증대, 사회·경제적 지위향상, 자율성의 증대 등의 영향으로 가족구성원의 역할이 분화되고 각자 다른 사회적·경제적 역할을 맡게 됨에 따라 가족구성원 간 유대감이 점점 약화되고 있다. 뿐만 아니라 외래관광객이 증가하면 사회적 변화를 쉽게 수용하는 젊은층의 가치관을 변화시킬 수 있다. 이로 인해 사회적 변화를 쉽게 수용하지 않는 세대의 가치관과 괴리현상이 발생할 수 있다.

3. 전시효과

전시효과(Demonstration effect)란 관광지 주민들이 관광객들의 부정적인 생활방식(예 과소비, 향락, 도박 등)을 모방하려는 것을 뜻한다. 일반적으로 전시효과는 폐해를 가져다주는 경우가 많다. 예를 들어, 외국인 관광객을 위한 호화로운 호텔이나 기타 시설의 건설과 비일상적 관광행동이 관광목적지 지역주민의 분노를 자아내게 하는 요인이 될 수 있다. 전시효과는 또한 소비성향 증가와 사치풍조 조장 등과 같은 부정적 현상도 야기할 수 있다.

4. 비도덕적 행위

(1) 매춘(Prostitution)

매춘은 대중관광 이전에도 존재하고 있었다. 관광목적지에서 체재하는 동안 관광객의 심리상태는 일상생활로부터의 탈출에 따른 '자유로움'과 이질적 문화에 대한 기대를 갖고 있다. 한편 관광수용국의 정책 당국자들은 관광의 경제적 편익추구를 위해 갖가지 수단을 활용하고 있다. 따라서 매춘의 증가원인은 관광객의 심리적 상태와 관광수용국의 경제적 필요성이 일치하여 발생된다 할 수 있다.

(2) 범죄(Crime)

관광으로 인한 범죄는 다음과 같은 원인에 따라 발생한다. 첫째, 관광의 속성에서 원인을 찾을 수 있다. 관광지에서는 대체로 범죄에 대한 대응력이 약하기 때문에 관광객이 쉽게 범죄의 표적이 된다. 둘째, 관광객에 대한 분노와 증오가 잠재하고 있는 경우, 관광객의 소비행위와 생활방식에 대한 주민의 분노와 증오는 범죄의 동기를 제공한다. 셋째, 관광목적지 인구밀도의 증가에 따라 범죄가 증가한다. 넷째, 전시효과가 범죄의 한 원인이 된다. 마지막으로, 주민과 관광객의 소득격차가 범죄의 원인이 되기도 한다.

피잠 등(Pizam, Reichel, & Shieh, 1982)도 관광이 범죄의 잠재원인이 된다고 주장하였다. 관광지의 인구밀도, 휴양지의 위치, 지역주민과 관광객 간의 소득격차 등은 약탈을 조장하는 경향이 높기 때문에 관광과 범죄의 증가는 밀접한 관련이 있다고 주장하였다.

(3) 도박(Gambling)

도박은 관광목적지의 경제적 편익을 증가시키지만, 정치적·사회적·문화적으로 부정적인 영향을 미친다. 도박은 지역주민이 소비지향적 가치관을 갖도록 변화시킬 수 있기 때문에 생산지향적 가치관을 악화시킨다. 도박산업의 확대는 지역의 산업구조를 단순화시켜 다른 산업의 성장을 억제하기도 한다. 도박은 또한 조직적 범죄, 매춘, 폭력 등의 문제를 증가시켜 사회적 비용과 사회문제를 야기한다.

5. 관광지 주민과의 갈등

관광산업의 발전은 관광지 지역경제에 많은 도움이 되지만 지역주민과의 갈등과 같은 문제에 봉착하게 된다. 관광개발과 주민과의 갈등은 관광객에 대한 주민의 수용태도 변화에서 쉽게 찾아 볼 수 있다. 관광개발 초기단계에서는 주민은 잠재적 편익때문에 진지한 반응을 나타내지만 산업이 확장되고 관광객이 증가하면서 과거 진지했던 열의는 점차 식어가게 된다.

Mathieson과 Wall(1982)에 따르면, 주민은 시설과 서비스를 관광자와 함께 사용하는 데 따르는 혼잡, 관광자의 물질적 우위, 그리고 외부인에 의한 관광시설의 소유 등으로 관광자에 대해 혐오감과 분노를 느낀다고 하였다. 그러나 그 허용수준은 관광객과 주민의 문화적·경제적 거리, 관광지와 주민의 물리적·심리적인 수용능력, 관광개발의 속도와 강도 등의 조건에 따라 달라진다고 주장하였다.

Doxy(1976)는 관광객에 대한 지역주민의 태도와 감정의 관계를 시간적 관점에서 5단계로 나누어 설명하였다. 관광지의 개발과 관광객 유입의 증가에 따라 주민의 관광객에 대한 감정은 행복 → 무관심 → 분노 → 적대의 단계로 진행되며 최종적으로 더 이상 관여하지 않게 된다는 것이다. 한편, Duffield(1982)는 관광개발 단계에 따라 변하는 관광의 성질과 영향을 〈표 13-3〉과 같이 설명하면서 관광규모와 적대감은 비례하며 경제적 악영향도 증가한다고 하였다.

표 14-3 **관광개발단계에 따른 영향**

구 분	관광자 유형	사회적 영향	경제적 영향
1단계	탐험가 엘리트	행복감	최소
2단계	관광코스를 벗어난 관광객	무관심	중간
3단계	대량전세항공 관광객	적대감	최대

자료: Duffield, B. S. (1982). Tourism: The measure of economic and social impact. Tourism Management, 3(4), 248-255. 저자 수정

제3절 _ 관광의 문화적 영향

문화의 개념은 다양하게 정의된다. 영국의 인류학자 Tylor(1871)는 문화를 지식·신앙·예술·도덕·법률·관습 등 인간이 사회의 구성원으로서 획득한 능력 또는 습관의 총체로 정의하였다. 다시 말하면, 문화는 언어, 종교, 의식주, 결혼풍습, 풍속, 거주양식 등으로 이루어진 생활양식의 총체이다. 관광은 관광목적지의 주민과 상호작용을 통해 지역의 문화에 긍정적 혹은 부정적으로 영향을 미친다.

1 긍정적 효과

문화적 효과란 관광이 가져다 주는 인간의 정신활동에의 영향을 총칭한다. 문화의 긍정적인 효과로는 이문화 간 소통촉진, 전통문화 보존, 문화교류, 전통공예 기술의 보전 및 발전 등이 있다.

1. 이문화(異文化) 간 소통촉진

관광객의 교류는 방문국의 종교, 언어, 예술 등 상대문화에 대한 이해를 증가시키는 계기가 된다. 실크로드(Silk Road)가 교역 뿐만 아니라 동·서문화의 교류에 크게 기여한 것을 예로 들 수 있다. 이탈리아 Marcopolo의 체험을 수록한 『동방견문록』은 당시(14세기 초)로서는 아시아에 대한 최초의 상세한 소개였으며, 이로 인해 유럽인의 동양에 대한 관심이 높아졌고 그것이 신항로와 신대륙 발견의 한 원인이 된 결과를 낳았다. 특히, 다문화 가족이 늘어남에 따라 타 문화 간 교류가 매우 중요시되고 있는데 교류의 매체로 관광활동이 많은 주목을 받고 있다(사례 14-3 참조).

2. 전통문화의 보존

관광은 우리 것의 소중함을 인식시켜 주고 과거와 현재가 조화를 이루는 계기를 마련

민간인 통제구역 캠프그리브스로 특별한 DMZ 가족여행 떠나요!

파주시 가족센터와 함께 오는 10월까지 총 3회 운영 예정
9월 1일부터 파주시가족센터 통해 2회차 참가자 접수

이며, 2회 차와 3회 차는 각각 10월 1~2일, 10월 29~30일로 예정 돼 있다. 2회 차 캠프는 9월 1일부터 파주시 가족센터(031-949-9164)로 문의 및 접수하면 된다.

경기도(이하 도)와 경기관광공사(이하 공사)가 파주시 다문화 가정을 위해 민간인 통제구역 '캠프그리브스'에서 특별한 가족여행을 선사한다. 공사는 파주시 가족센터와 함께 초등학생 자녀가 있는 파주 거주 다문화 가정을 대상으로 30일부터 31일까지 'DMZ 1박 2일 가족캠프'(1회)를 진행했다고 밝혔다. 다문화 가정 15가족이 참가한 이번 캠프는 첫째 날 DMZ 생태에 대해 배우는 'DMZ 생태문화교실'과 마술공연과 강연이 포함된 '힐링 콘서트'를 포함, 둘째 날 장단콩 초콜릿 만들기 등 선택 체험 프로그램으로 다양하게 진행됐다.

화분만들기 체험

프로그램에 참가한 필리핀 출신의 세이 엘리자베스 시(Sy Elizabeth C) 씨는 "방학을 맞은 아이들과 민간인 통제구역이라는 경험하지 못한 새로운 곳에서 가족들과 함께 새롭고 흥미로운 경험을 하게 되어 기쁘다"고 참가 소감을 밝혔다.

공사는 이번 가족캠프를 시작으로, 오는 10월까지 2회를 추가 모집, 총 3회의 프로그램을 진행할 예정이다. 회 차 별 최대 참가인원은 50명

나무쌓기 체험(카프라 프로그램)

공사 관계자는 "평소 방문하기 쉽지 않았던 민간인통제구역에서 잊지 못할 추억을 선사할 것"이라며 "코로나로 인해 여행기회가 적었던 상황에 가족과 함께하는 숙박을 제공하게 돼 의미가 있고, 앞으로 다양한 프로그램을 준비 해 보다 많은 이들이 캠프그리브스를 즐길 수 있도록 할 것"이라고 말했다.

마술공연

민간인 통제구역 내 위치한 캠프그리브스 DMZ체험관은 경기도가 미군기지 내 시설을 민간을 위한 평화 체험시설로 개조한 공간으로, 2013년부터 숙박이 가능한 유스호스텔로 활용 중이다. 공사는 지난 해 코로나19 확산에도 불구하고, 캠프그리브스에서 가수 사이먼 도미닉과 로꼬(AOMG 소속)의 '밤이 오면' 뮤직비디오 등 12 건의 촬영유치와, 한국청소년활동진흥원 DMZ 1박 2일 '평화' 프로그램 인증 등 다양한 노력을 해왔다.

자료: 비전21뉴스(2022. 8.3).

해 준다. 국가 또는 각 지방의 전통문화와 민속 등은 타 관광지와의 차별화를 하는 데 결정적으로 기여한다. 특정 국가 내지 지방의 고유문화가 관광객들을 유인하는 원동력이 됨에 따라 그 지역 주민들은 자신의 고유문화를 존속시키기 위해 많은 노력을 하게 된다. 관광객들 또한 유물이나 유적지에 많은 관심을 가지게 됨에 따라 우리의 것에 대한 보전과 개발의 필요성을 인식하게 된다.

3. 문화교류 촉진

문화교류는 예술상품, 공연, 전통공예품과 같은 작품의 교환은 물론 관광활동을 통해서도 활발히 일어난다. 국가 간 관광객의 자유로운 이동과 정보화 등으로 문화교류 활동이 더욱 활발해지고 있고 교류의 범위도 확대되고 있다. 상대국가의 문화, 제도, 전통, 생활, 예절 등을 이해함으로써 외국 문화에 관한 자국민의 의식이 높아지고 이로 인해 경제교류와 무역이 증진된다. 유네스코는 1966년 「국제문화협력의 원칙 선언」을 통해 타문화에 대한 무지는 오해와 편견으로 갈등을 야기할 수 있으며 평화와 인류발전에 저해하는 장애물이라고 하였다. 2000년대 우리나라의 대표적 관광상품은 한류이다. 한류는 우리나라의 문화, 음악, 음식, 생활방식을 해외에 전파하는데 큰 역활을 하고 있다.

4. 전통공예 기술의 보전 및 발전

전통공예는 우리의 역사, 풍습, 생활경험을 갖춘 고유한 것이기 때문에 관광객의 관심을 끌고 있다. 대표적 전통공예로는 한지공예, 매듭공예, 칠공예, 도자공예, 자수공예 등이 있다. 공예품이란 예술적 가치와 일상생활의 실용적 기능을 갖춘 공작품을 의미한다. 관광지 현지주민들에게 점차 쓸모가 없어 사라져 가던 전통공예품들이 관광객들의 관심을 끌면서 지역의 새로운 소득원으로 등장하고 있다. 최근에는 전통공예 기술을 배우려는 사람들이 나타나 전통공예학교(예 한국전통문화대학교, 한국전통공예건축학교) 등이 설립되면서 사라져 가던 전통공예 기술이 보존되고 발전하고 있다.

② 부정적 영향

전통문화가 관광으로 인한 파괴가 없도록 많은 노력을 해왔지만 전통문화재의 훼손 및 파괴는 지금도 진행되고 있다. 관광으로 인해 야기될 수 있는 부정적 측면으로서는 문화의 상품화, 전통문화 파괴, 문화재 파괴 그리고 고유 언어의 변질 등을 들 수 있다.

1. 문화의 상품화

문화의 상품화란 관광객을 위해 문화를 하나의 팔기 위한 상품이 되는 경우를 말한다. 가짜 민속문화(Phony folk culture)나 제주도가 아닌 관광지에서 돌하루방의 판매 등이 이에 해당된다. 가짜 민속문화(Phony folk culture)란 원주민의 문화행사가 장소와 시간이 임의로 바뀌어 무대에 올려지거나 편리한 시간에 공연되는 것을 말한다. 이외에도 관광에 기인하여 원주민의 미술공예 수법이나 형식의 변화, 종교나 의식(儀式) 목적으로 만들어진 인공물의 판매 등이 있다.

문화적 독창성을 갖추고 있는 관광자원의 상품화 이면에는 큰 위험성이 도사리고 있다. 우선 문화자원을 관광상품화하는 것은 문화적 식민주의를 초래할 위험성이 있다. 대부분 문화적 관광자원에 의존하는 지역이 관광객 송출국들에게 문화적 동화를 당하기 쉽다. 게다가 관광객들을 통해 유입된 문화와 고유문화 간의 교류를 통하여 지역의 문화적 고유성이 사라져 가는 문화의 보편화 현상도 심화되고 있다.

관·광·학·원·론

2. 전통문화의 파괴

관광이 고유문화의 발굴·보존·전승을 유도하는 긍정적인 면을 내포하고 있지만 일부 외래문화의 잘못된 유입으로 지역의 토착문화가 파괴 혹은 변질될 수 있다. 예를 들면, 개인주의에 대한 잘못된 이해로 인한 우리의 미풍양속 훼손을 들 수 있다. 우리 민족은 다른 어느 국가보다 도덕적 공동체 의식이 강한 나라였지만 개인주의에 대한 잘못된 이해로 이기주의적 풍조가 만연하여 공동체 의식이 점점 약화되고 사회구성원 간의 상호신뢰와 질서의식이 상실되고 있다. 또한, 잘못 유입된 자유주의에 의해 자신들의 자유가 남들보다 우선한다고 생각하고 서로 피해를 주며 가족과 이웃 간의 정을 잃어 버려 삭막한 세상이 되어가고 있다. 〈사례 14-4〉는 우리 전통문화가 사회현상의 세계화, 현대화로 인해 퓨전화되어 가고 있고 심지어 정체성까지 위협받고 있음을 보여주고 있다.

3. 문화재 훼손·파괴

관광현상으로 인한 문화재 훼손과 파괴는 주로 관광지나 지역개발, 관광객 수용력 초과 그리고 관광객의 비양심적 행동 등에 의해서 발생한다. 관광·레저시설 등의 건설로 인해 역사적·문화적 환경이 훼손·파괴되어 가고 있는 사례로 인천광역시에 있는 국가 지정 문화재인 사적 제211호 녹청자 도요지가 있다. 이곳을 방문하려면 골프장으로 들어가야 한다. 녹청자도요지는 원형을 복원할 수 없을 정도로 훼손된 상태로 골프장 잔디에 반쯤 묻혀 있다(그림 14-3 참조).

수용력을 초과한 관광객의 방문 또한 지역의 문화재나 유적지의 파괴를 부추기고 있다. 국민 관광수요가 급증함에 따라 주말이나 휴가철이면 관광시설은 포화상태를 이룬다. 현재 관광지 수용능력으로는 성수기 관광수요의 절반밖에 흡수할 수 없는 실정이고 앞으로 확충이 이루어지지 않는 한 이러한 혼잡현상은 더욱 심화될 전망이다.

또한, 관광객의 몰상식하거나 비양심적 행위로 인해서도 많은 문화재나 유적지가 훼손 및 파괴되고 있다. 유네스코 세계문화유산으로 지정된 이탈리아 로마에서는 문화재를 훼손할 우려가 있는 관광객의 재방문을 막는 조치를 취하고 있다(사례 14-5 참조).

사례 14-4   퓨전으로 물든 한국의 전통문화⋯"현대화·세계화" vs "정체성 훼손"

고궁 무료입장 한복기준 논란⋯ 소비자, 퓨전한복 선호도↑

현대화·세계화 중인 전통문화⋯ 문화 정체성 훼손 우려도

문화변동 불가피⋯ 우리 것을 지켜내는 세계화 전략 필요해

지난 2일(현지시각) 요르단 암만 하야 문화센터 열린 퓨전국악팀 이어랑의 'Sound of Korea' 공연 ⓒ뉴시스

과연 현대화·세계화는 전통문화를 살리는 청신호일까, 본질을 훼손하는 적신호일까.

종로구청 "퓨전한복 고궁 무료입장 안 돼"

종로구청에 따르면 소비자의 89%가 변형된 디자인이 큰 문제라고 생각하지 않고 개량한복에 만족한다고 응답한 것으로 확인됐다. 또 설문조사 전문기관 '패널나우'가 만14세 이상 남녀를 대상으로 진행한 퓨전한복 설문조사 결과도 '전통적인 한복의 정체성을 해친다'는 의견은 3484건(22.6%)이었지만 '시대가 변한 만큼 한복도 변화가 있어야 한다'는 의견은 1만 730건(69.6%)으로 3배 가까이 많은 것으로 나타났다.

퓨전한복에 대한 의견은 분분하나, 긍정적인 시각이 더 우세한 것으로 해석된다. 실제 민속촌에서 한복 착용 경험이 있다는 A씨는 "최근에 퓨전한복이 '한복의 정체성'을 해친다고 문제 되고 있는 건 알고 있다. 외국인이 퓨전한복을 보고 전통한복으로 오해하는 문제가 있다고 하더라"며 "다만 퓨전한복을 전통한복 훼손의 근본적 원인으로 보기 어렵고, 퓨전한복을 혜택 대상에서 제외하거나 없앤다고 해서 전통한복을 찾게 되진 않을 것"이라고 말했다.

경복궁에서 한복 체험을 해봤다는 B씨도 "그렇게 하나씩 다 따지고 들면 온전한 전통한복은 어디에도 없을 것 같다"며 "퓨전한복이든 전통한복이든 그것을 계기로 시민들이 한 번이라도 더 우리의 고궁을 방문하면 좋은 것 아니냐"고 반문했다.

사진 제공 = 종로구청

상업성 짙은 퓨전한복 뒤에 전통한복이 가려지는 게 아쉽다는 의견도 있었다. C씨는 "궁이나 인사동에서 추억을 목적으로 한복을 입는 사람들을 많이 볼 수 있고 지인 중에도 있다. 전통한복은 거의 찾아볼 수도 없고 과하게 짧거나 화려한 경우가 많다"며 "상업화된 느낌이 강하게 들어 아쉽다"고 말했다.

현대화·세계화 바람맞은 전통문화

전통문화 현대화는 1986년 아시안게임과 1988

년 서울올림픽 등을 계기로 국제교류가 빈번해지고 한국이 개방화 단계를 밟으며 시작됐다. 또한 2000년대 전후로 형성된 한류열풍은 본격적인 현대화 바람을 일으켰다. 한복뿐만 아니라 한식, 한옥 등 의식주를 비롯해 국악, 탈춤, 전통악기 등 예술분야 등 우리 전통문화 전반에 영향을 미쳤다.

최근 비싼 주택비용과 유지관리의 어려움을 이유로 꺼려오던 전통방식의 한옥과 달리 현대 생활방식에 맞춰 변형 또는 진화시킨 현대한옥이 늘고 있다. 현대한옥은 관광명소의 숙소로도 활용돼 외국인 관광객뿐만 아니라 국내 관광객에게도 큰 인기를 얻고 있다.

또 2015년 신라호텔은 우리나라의 전통과 문화를 보여 주는 자랑스럽고 지켜나가야 할 문화유산인 종가음식을 지키기 위해 전국 40여 고택에 대한 실사 및 숙박 상품 개발 지원 계획 등 종가음식 현대화 사업 계획을 밝혔다.

이 외에도 한국인의 신명과 흥취, 전통적인 아름다움, 역동적 패기가 돋보이는 태권도, 비보이,

부여 백제고도 이미지찾기 한옥사진(상), 최소리 총감독의 아리랑 파티(하) 최소리 총감독 ⓒ뉴시스

타악기, 한국무용이 결합한 종합공연 타악기연주가 최소리 총감독의 '아리랑파티'이 관객들로부터 큰 호응을 얻기도 했다.

"가장 전통적인 것을 현대화·세계화해야"

전통문화의 현대화·세계화는 우리 것을 세계인과 공유하고 널리 전파하는 긍정적 효과를 낸다. 그러나 도를 지나쳐 '전통문화 정체성 훼손'이 우려된다는 목소리도 있다.

최종호 교수는 누구나 전통이라고 생각하는 것이 80%, 현대화·세계화로 인한 새로운 전통이 20% 정도인데, 거센 시대적 흐름의 영향을 받은 20%의 문화 변동은 어느 누구도 막을 수 없는 일이라고 지적했다. 그러면서 가장 전통적인 것을 지켜내면서도 문화변동을 수용하는 현대화·세계화가 필요하다고 제시했다. 최 교수는 "생성, 변화, 발전 과정을 거치며 새롭게 형성된 문화를 어느 정도 이해하는 것이 필요하다"며 "예컨대 조선시대 생활양식에 익숙하지 않은 사람들이 어떻게 짚신을 신고 풀 먹인 모시를 매일 빨아 입을 수 있겠냐. 역사와 전통을 원형 그대로를 보존해야 한다는 건 문화 개념 이해가 부족한 것"이라고 설명했다

그러면서 "비빔밥이나 불고기처럼 우리 고유의 것을 그대로 세계인에게 알리는 글로컬라이제이션(glocalization, 세방화) 전략이 가장 고부가가치 효과가 있지만, 더 많은 세계인이 공유하기 위해서는 글로벌라이제이션(globalization, 세계화) 전략이 필요하다"고 부연했다.

이어 "가장 전통적인 우리 문화를 세계화하는 방향으로 나아가야 한다"며 "역사와 전통을 기반으로 가능한 우리 것을 살리면서 첨단 물질이나 기술, 생활양식과 문화의 변화를 수용 및 반영해야 한다. 한국적인 것만 고집하는 것은 우리 문화가 숨 쉬지 못하도록 죽이는 것"이라고 강조했다.

자료: 투데이신문(2018.10.14.). 일부 내용 발췌.

그림 14-3 인천 녹청자도요지

자료: 인천광역시 녹청자도요지 사료관

인천시 서구 검암동 438 국제컨트리클럽 구내 17번홀과 18번홀 사이에 반지하 상태로 있는 이 녹청
자도요지는 10세기 경(고려시대 초기) 토기에서 청자로 발전하는 중간단계에 생산되었던 자기를 굽
던 곳으로 우리나라 초기 청자연구에 귀중한 도요지로 평가되고 있다.

4. 고유언어의 변질

지역의 고유한 언어는 관광객들과 세 가지 형태로 접촉하게 되면서 점차 변화되어 소
멸되기도 한다. 첫째, 관광진흥의 확대를 위해 지역주민보다는 이주자를 고용함으로써
언어변용이 생길 수 있다. 이주자가 사용하는 언어가 자연스럽게 지역사회에 스며들게
되고 지역주민도 이러한 현상을 받아들임으로써 장 시간에 걸쳐 조금씩 언어변용이 생
긴다. 둘째, 전시효과를 통해서도 언어변용이 발생하게 된다. 관광객의 물질적, 금전적
배경, 태도 및 행동에 접함으로써 관광객의 흉내를 내게 되고 그것이 곧 관광객과 같은
지위를 누리고자 하는 지역주민의 갈망(渴望)이 그들 자신의 언어를 관광객이 사용하는 언
어로 얘기하는 경향으로 나타나게 된다. 셋째, 직접적인 사회접촉을 통해서도 언어가 변
질될 수 있다. 관광산업이나 소매점 등 다양한 상황하에서 주민들은 외래 관광객들과 의
사소통을 위해 관광객의 언어를 사용해야 한다.

사례 14-5 문화재 훼손에 몸살앓는 로마, '진상 관광객' 재방문 금지 추진

'블랙리스트'에 올리고 각국 외교공관에 협조 요청 예정

4일(현지시간) 영국 일간 텔레그래프에 따르면 비르지니아 라지 로마 시장은 축구 훌리건(난동을 부리는 광팬)이나 추태를 부리는 관광객에 대한 '블랙리스트'를 작성해 이들이 다시 로마를 방문하지 못하게 막는 방안을 추진 중이다. 로마시(市) 대변인은 라지 시장의 이번 조치가 "몇 년 전 스페인 광장 앞 분수를 망가뜨린 이들 같은 야만적인 관광객과 훌리건을 겨냥한 것"이라며 "이들은 로마에서 환영받지 못한다"고 밝혔다.

앞서 지난 2015년 술에 취한 네덜란드 축구 훌리건 30여명이 로마의 명물 스페인 광장에서 술병을 던지며 난동을 부리다 500년 된 분수 조각상 일부를 파손하는 사건이 발생했었다.

로마 시의회는 유적을 훼손하다 붙잡힌 관광객의 '블랙리스트'를 만들어 각국 외교공관에 이를 알리고 이들의 재방문을 차단하는 방안을 구상하고 있다. 이를 위해 블랙리스트가 완성되면 이름이 오른 인물들의 출신국 공관에 이들의 로마 재방문을 막아달라는 내용의 공문을 발송할 예정이다.

신문은 공문이 영국을 비롯해 스페인, 프랑스, 네덜란드 대사관에 발송될 것으로 예상했다.

라지 시장은 이미 '재방문 금지' 조처를 집행하는 데 필요한 법안과 관련해 마테오 살비니 이탈리아 부총리 겸 내무장관과 논의한 것으로 알려졌다. 로마시의 이런 결정은 최근 외국인 관광객의 문화재 훼손 사례가 잇따르면서 보안을 강화하기로 한 가운데 나왔다.

지난주에는 29세 헝가리 관광객이 로마의 고대 원형 경기장인 콜로세움 벽면에 이름을 새겨넣다 적발됐으며, 이스라엘 여성과 17세 불가리아 학생도 콜로세움 벽에 가족과 자신의 이름을 새기다 경찰에 붙잡혔다. 이에 콜로세움 관리소는 이달부터 시설 경비원 수를 두배로 늘리고, 입구에 각국 언어로 경고문을 붙이는 방안을 도입했다.

자료: 연합뉴스(2019. 5.5).

이탈리아 성당 유적 벽면에 남은 한글 낙서. [EPA=연합뉴스]

제4절 _ 관광의 환경적 영향

관광활동에서 환경은 자연관광의 관광매력물로서 뿐만 아니라 관광산업의 토대로서 매우 중요한 위치를 차지하고 있다. 따라서 쾌적한 환경을 유지하면 관광에 있어서 자원이며 기회가 되지만, 그렇지 못하는 경우에는 관광에 있어서 환경은 제약요소가 될 수 있다. 관광에 있어서 오늘날 가장 큰 이슈는 자연을 훼손하지 않는 범위 내에서 관광대상으로써 개발하는 것이다. 여기에서는 필연적이든 그렇지 아니하든 관광 혹은 관광개발로 인해 야기되는 긍정적인 측면과 부정적인 측면을 살펴보기로 한다.

1 긍정적 효과

관광개발로 인하여 발생되는 환경적 영향은 관광개발의 정도나 유형에 따라 그리고 지역적 여건에 따라 다르게 나타나게 된다. 이제까지는 관광의 경제적 효과나 국제친선의 목적에서 주로 개발하고 진흥하게 하였다. 앞으로는 관광사업이 환경에 미치는 영향 분석을 통하여 환경 전체를 파악하고 관광사업을 진흥시키는 데 있어 자연환경에 대한 관광의 부정적 효과 및 긍정적 영향을 종합적으로 고려해야 할 것이다. 관광이 환경에 미치는 긍정적 효과는 자연자원 보호, 불모지 재활용, 환경미화의 개선 등이 있다.

1. 자연자원 보호

관광수요의 증가와 과도한 개발은 자연자원의 훼손을 수반하게 된다. 이로 인해 환경오염이 발생하고 환경오염은 관광자원의 매력을 감소시켜 관광객의 발길을 되돌리게 한다. 결국 관광목적지 관광수입의 감소를 가져오게 되고 수입감소는 목적지 주민의 생활의 질을 저하시키게 된다. 이러한 피해는 사람들로 하여금 환경에 대한 중요성을 인식하게 하는 계기가 될 수 있다.

관광은 자연자원의 복구와 보호·보전에 기여한다. 매력적 환경의 부재하에서는 관광활동은 무의미하다. 매력물의 보전을 위해 자연자원을 보존함으로써 관광환경의 매력성

을 높일 수 있다. 지역주민이 환경에 대해 흥미와 관심을 갖고 있지 않은 지역에서는 관광객이 자연에 대해 관심을 보여 줌으로써 오히려 지역주민에게 환경보전의 중요성을 일깨워 주는 계기가 될 수 있다.

2. 불모지 재활용

관광개발은 쓸모없고 가치 없는 지역을 유용하고 가치 있는 지역으로 탈바꿈시킨다. 자연파괴를 최소화하고 환경 친화적인 개발을 위해서 쓸모없고 버려진 땅이라 생각되어 왔던 쓰레기 매립지와 불모지의 개발에 많은 관심을 가지기 시작했다. 불모지 재활용의 성공사례로 폐광지역을 기적으로 바꾼 광명동굴을 들 수 있다(사례 14-6 참조).

3. 기 타

관광은 환경정화, 적절한 건물설계, 간판통제, 건물의 유지관리 등을 통해서 환경미화의 개선에 동기를 제공한다. 예를 들면, 잘 설계된 관광시설의 개발은 농촌 및 도시경관을 개선시킬 수 있다. 관광개발은 환경적 이익 뿐만 아니라 하부구조의 개발을 촉진시키고 오염문제와 환경의 질 개선에도 도움이 된다.

2 부정적 영향

관광개발에 의해 관광지로 변화되는 지역사회는 관광객에게는 휴식 및 놀이공간이 되지만 지역주민에게는 생산 및 생활공간이라는 점에서 이중적 성격을 갖고 있다(박석희, 1994). 이러한 특성을 갖는 관광지는 지역의 수용력을 철저히 고려해야 한다. 그렇지 못하고 개발이 이루어질 경우 관광객의 증가로 인한 소음, 혼잡 및 쓰레기 처리 등과 같이 주민생활에 불편을 가져오는 공해문제가 발생할 수 있다. 관광이 환경에 미치는 부정적 영향은 환경파괴, 환경오염, 야생동물의 멸종 등을 들 수 있다.

1. 자연환경의 파괴

관광은 관광객을 유치하기 위하여 숙박시설, 상가, 도로 등을 건설해야 하는데 이로 인

테마파크 성공률 1%, 불가능을 희망으로 이룬 '동굴테마파크'

광명동굴 '예술의 전당'

광명동굴 '와인동굴'

지역 자산을 활용한 테마파크

주 5일제 근무가 정착된 이후로 최근의 관광 트랜드의 가장 큰 변화는 무엇보다 관람에서 관광불모지나 다름없던 광명시에 연간 100만 명이라는 유료 입장객을 불러오고 있는 광명동굴과 충주시 충주호 주변에 위치하고 있어 접근성이 떨어진다는 약점에도 불구하고, 꾸준히 관람객이 어나고 있는 충주 옥동굴을 통해 장성 건동광산의 관광테마 공원의 가능성을 알아보고자 한다.

폐광이 기적을 이룬 광명동굴 – 시장의 리더십이 달랐다

광명동굴은 일제강점기인 1912년 수도권 최

대 규모의 금속광산으로 채굴이 시작되어 1950년 6.25전쟁 대는 주민들의 피난처로 이용되기도 했다. 1972년 폐광이 된 뒤 1978~2010년까지 소래포구 새우젓 저장소로 사용되었다. 2011년 광명시가 43억 원에 이 동굴을 매입하여 251억 원의 국·도비 지원과 민자유치(동부건설 33%) 등 모두 838억 원의 사업비를 투자하였다. 2012년부터 2015년까지 세계 최초 동굴 예술의 전당을 개관하고, 동굴 수족관, 동굴 레이져 쇼 등 콘텐츠를 확대하여 2015년부터 유료화에 들어갔다. 2015년 한 해만 유료 관광객 111만 명이 다녀갔고, 2016년에 유료 관람객 200만 명을 돌파하였다. 광명동굴은 200여 개의 일자리 창출과 함께 와인 생산이 전무한 광명시를 우리나라 와인의 메카로 주목받게 하였다. 광명 와인동굴에서는 전국 30여개 지방자치단체에서 생산되는 150여 종의 와인을 시음, 판매하여 연간 3만 병 이상을 판매하고 있다. 광명시는 와인 판매량이 연간 10만 병 이상 늘어날 수 있도록 다양한 방법을 강구 중이다. 광명동굴은 2026년까지 민간자본을 유치해 동굴 주변 55만 ㎡에 자연, 문화, 관광, 쇼핑, 커뮤니티가 융합된 '자연주의(Eco) 테마파크'로 개발하는 문화관광 복합단지 조성 사업을 추진하고 있다. 폐광이 무슨 관광지가 되겠느냐는 일부 시의원들과 언론의 반대를 무릅쓰고, 양기대 시장의 리더십과 공감 설득력이 예산을 확보하고, 사업을 추진할 수 있는 바탕이 되었다.

노다지를 꿈꾸던 광부들의 애환을

광명동굴은 갱도 길이 7.8km 갱도 층수는 총 8레벨로 금, 은, 동 그리고 아연을 채굴하였으며 수백 kg의 황금이 채굴되었던 것으로 짐작된다. 광

광명동굴 '황금의 길'

광명동굴 '웜홀광장'

명동굴 입구에는 광명시 자원회수시설(재활용 선별처리장)이 위치해 있으며 동굴 주변에는 동굴에서 나오는 지하수를 이용한 폭포와 대형 LED 스크린이 설치된 야외 카페, 광물전시체험관 그리고 VR체험(가상현실), 공포체험관 등이 있다. 광명동굴에는 2019년 미디어파사드, 인터렉티브(공감) 체험전 등 다양한 콘텐츠를 개발 운영하였으나 코로나 유행 이후 일부 콘텐츠는 운영이 중단되고 있다. 광명동굴은 1년 내내 12도~14도의 온도를 유지하고 있어 특히 여름철에 인기가 많다. 동굴에 들어서면 시원한 바람과 함께 동굴에서 흘러나오는 1급수가 더욱 청량감을 느끼게 해준다.

노다지를 꿈꾸며 목숨을 걸고, 광석을 캤던 광부들의 애환이 서린 동굴 역사관에서는 광부들이 쓰던 광차, 동굴에서 발굴된 물건 그리고 광부들의 생활상을 전시해둔 모형을 관람할 수 있다. 또한 '황금길' '풍요의 여신상' '황금폭포' 등을 관람하고 소원을 비는 황금패를 걸어두는 '소망의 벽'

에서는 관광객이 소원을 비는 황금패를 직접 달 수가 있다. 불로장생을 비는 '불로문'에서는 기념사진을 찍고, 풍요의 여신상 앞에서는 복을 기원하기도 한다. 광명동굴은 전체 길이 7.8km 가운데 1.8km에 이르는 동굴 내부에 25개의 콘텐츠를 만들어 관광객이 지루하지 않게 하였고, 개방되지 않은 6km에도 안전성 등이 담보되면 다양한 콘텐츠를 개발하여 연장할 계획이다.

천연동굴도 많은데 폐광이 관광 자원이 된다고?

광명동굴은 2015년 4월 유료개방 이후 2021년까지 600만명이 넘는 관광객이 방문해 문화체육관광부와 한국관광공사가 주관하는 대한민국 대표관광지에 3회 연속 선정되기도 했다. 2019년부터 유행한 코로나19로 인해 관광객의 방문이 다소 주춤하기도 했지만 2022년 여름부터는 다시 관광객이 늘어나고 있다.

43억 원에 매입한 광명동굴은 2017년 한국산업

광명동굴 '황금 폭포'

광명동굴 '황금 소원패'

관계 연구원에서 1530억 원의 자산가치가 있다고 발표하였다. 무려 37배의 자산가치가 늘어난 것이다. 뿐만 아니라 광명시의 간접홍보 효과와 광명시민의 자부심 상승 그리고 주변의 경제 효과를 고려한다면 그 가치는 훨씬 더 높아질 것이다. 광명동굴의 성공사례는 국내뿐 아니라 폐광의 활용을 고민하는 해외에서도 관심을 가져 각국 공무원들이 벤치마킹하고 있다. 광명동굴에서는 프랑스 도르도뉴주 라스코 동굴벽화 전시회를 열기도 하였는데 프랑스 의회와 도르도뉴주 시의회에서는 광명시 대표단을 초청해 '광명동굴 라스코 동굴벽화 전시회 의미'를 발표하여 큰 호응을 얻었다.

광명동굴 '아쿠아월드'

또한 라오스 정부에서도 광명동굴개발 사례를 벤치마킹해 새로운 관광상품으로 주목받고 있다.

자료: 장성군민신문(2022.9.26.). 일부 내용 발췌

해 아름다운 자연경관이 파괴되는 경우가 있다. 울창한 산림이나 특수식물 등은 관광객을 매료시키는 훌륭한 관광자원이다. 그렇지만 몰상식한 관광활동으로 인해 산림지대의 대화재를 유발시키거나 텐트용 지지대나 취사용으로 수목의 벌채가 남용되기도 한다.

또한, 토양 양분에 변화를 초래하는 대량의 폐기물 투기는 대기나 일광을 차단함으로써 생태계에 해를 가져오게 된다. 예를 들면, 안면도 일대의 사구와 갯벌은 주말마다 몸살을 앓는다. 여행사 주최 생태여행에 참가한 사람들이 큰 삽을 들고 와 갯벌을 마구잡이로 파헤치고 있기 때문이다. 이들이 떠나고 나면 갯벌은 마치 폭격을 맞은 것처럼 되고 쓰레기가 가득해진다. 1뼘 쌓이는 데 200년이 걸린다는 갯벌에 의지해 살고 있는 갯벌 생물들이 기행객들의 호기심에 큰 수난을 겪고 있는 것이다.

2. 환경오염

관광객의 빈번한 왕래는 관광지 내의 모든 부분에 수요가 급증하는 결과를 초래하게 되는데 이러한 수요의 급증현상은 환경오염을 발생시킨다. 관광은 통상적으로 자동차, 선박, 철도, 버스, 비행기에 의한 이동을 전제로 하고 있다. 관광이동의 증가로 인한 교통량의 증가는 대기오염, 소음공해, 지역주민의 교통시설 이용불편을 야기한다. 관광으로

인해 무의식 중에 일어나는 무질서한 행동(예 늦은 밤 확성기 사용, 음악을 크게 트는 등 소음공해) 등도 일어날 수 있다. 특히, 지방자치단체가 지역개발이라는 명목 아래 진행되고 있는 관광지 개발로 인한 환경오염은 매우 심각하다. 〈사례 14-7〉은 관광지의 오염된 환경을 효과적으로 개선한 국가들의 사례이다.

3. 야생동물 멸종위기

무분별한 관광개발, 무차별한 사냥과 낚시, 상아·장식물·뿔 등에 대한 기념품의 수요 증가, 그리고 보양을 위한 야생동물의 밀렵행위로 인해 많은 야생동물이 멸종의 위기를 맞고 있다. 또한, 자동차 교통량의 증가로 많은 야생동물들이 희생(Roadkill)되고 있다. 뿐만 아니라 관광개발과 환경오염으로 인한 생태환경의 파괴는 야생동물들의 먹이를 감소시켜 먹이를 찾지 못한 야생동물들이 죽어가고 있다.

말레이, 수변정비로 주거·일자리 창출
오염된 獨 엠셔강은 유네스코 유산으로

상업·주거·환경 세 마리 토끼를…말레이시아 '생명의 강' 프로젝트

레이시아는 수도인 쿠알라룸푸르시를 중심으로 상업과 주거, 환경을 개선하기 위한 프로젝트를 시작했다. 프로젝트의 중심은 다름 아닌 강이다. 2011년 우리나라의 환경부 역할을 하는 말레이시아 천연자원·환경부는 강 유역을 정비하는 '생명의 강 프로젝트'를 실시하겠다고 밝혔다.

말레이시아 정부는 먼저 쿠알라룸푸르에서 합쳐지는 '클랑강'과 '곰박강' 등 8개 강 인근을 정비하기로 했다. 정비 작업은 수질 개선을 위한 관개 및 배수, 폐기물 수거 및 처리시설 설치 등에 집중된다. 정비하는 강의 길이는 110㎞에 달한다. 강 옆에는 자전거 도로를 설치해 심미적 기능도 잡고자 했다. 이 사업은 내년에 마무리될 예정이다.

일자리 확보를 위해 관광명소 개발에도 힘쓰고 있다. 클랑강에는 대형 음악분수가 설치됐다. 아울러 클랑강과 곰박강을 따라서 걷다 보면 100년이 넘는 고등법원, 국립섬유박물관, 로얄슬랑고르클럽 등을 볼 수 있는 관광 프로그램도 운영하고 있다. 생명의 강 프로젝트의 예산은 44억링깃(약 1조 2234억 원) 정도다. 또한 프로젝트 집중을 위해 말레이시아 정부의 관개·배수 부서뿐만 아니라 쿠알라룸푸르시 등 지자체, 비정부기구 등도 협력하고 있다.

중금속 오염된 강이 유네스코 문화유산으로… 獨 '엠셔강' 재생사업

독일의 '엠셔강' 유역은 역사와 어우러진 대표적 공간이다. 엠셔강이 흐르고 있는 독일 북서부 노르트라인베스트팔렌(NRW)주는 19세기 말 중화학 공업 도시로 유명했다. 발전하는 기술은 시민들에게 부를 가져다줬지만 강은 중금속으로 오염됐고 생태계는 파괴됐다. 결국 엠셔강으로 사람의 출입까지 금지한 위험한 곳이 됐다.

1980년대 철강과 석탄산업이 몰락하면서 350㎢에 달하는 엠셔강 유역 복원사업이 대두됐다. 엠셔강이 흐르고 있는 151개 지자체가 함께 연계하며 도시재생사업을 시작한다. 투입된 돈은 44억 유로(약 6조 1771억원)에 달한다. 지자체들은 파괴된 환경을 살리기 위해 그린벨트처럼 주거지와 강 유역을 분리하는 공간을 조성했다. 아울러 생태 및 미적 기준에 알맞게 6000개의 건물을 새로 짓거나 개조했다. 버려진 철강공장은 오페라 공연장으로 변모했다.

단순한 강 주변의 환경 개선에 그치지 않았다. 독일은 엠셔강 유역에 세계 최대 공업문화파크인 '엠셔파크'를 조성했다. 과거 '잘 나가던' 탄광과 공업의 역사를 부정하지 않고 살린 셈이다. 엠셔파크를 비롯한 탄광 시설들은 2001년 유네스코 세계문화유산에 선정됐다. 현재 엠셔강 유역은 연 평균 100만 명의 관광객이 찾는 곳이다.

통조림 공장이 카페·레스토랑으로… '싱가포르강' 개발 나선 도시재생청

클락키와 보트키는 싱가포르를 관통하는 '싱가포르강' 유역에 있는 관광지로 최고의 야경과 강을 따라 즐비한 레스토랑을 자랑한다. 코로나19가 풀리면서 이곳들이 다시 인기를 끌고 있다. 올해 싱가포르를 방문하는 관광객 수는 전년 대비 두 배 늘어난 1200만 명 정도로 예상된다.

싱가포르강 유역도 싱가포르 정부의 치밀한 계

독일의 엠셔강 유역 /출처=Flicker

싱가포르강 유역에 위치한 명소 '풀러턴 호텔' /출처= 트립어드바이저 홈페이지

획 속에 관광 명소로 탈바꿈했다. 과거 싱가포르강 유역은 생선 통조림을 관리하던 식료품 공장 지역이었다. 생선을 나르다 보니 인근에는 물고기를 나르는 배와 물고기 창고가 줄지었다.

하지만 환경오염 문제가 심각해지자 1974년 싱가포르 정부는 싱가포르 도시재생청인 URA(Urban Renewal Authority)를 만들고 본격적인 싱가포르강 개발을 시작한다. 먼저 창고 및 물류 시설들을 강이 아닌 바다와 인접한 파시르 판장(Pasir PanJang)으로 옮겼다. 강이 정화되자 이어서 싱가포르강 유역을 상업 및 주거, 유흥지구로 만들기 시작한다. 이 과정에서 URA는 기존 건물의 골조는 유지하면서 개발하는 방식을 택했다. 실제로 과거 통조림 창고와 선원들의 숙소는 카페와 레스토랑으로 개조됐다.

'젊음의 거리'로 불리는 싱가포르강 유역에서 가장 유명한 곳은 풀러턴 호텔이다. 풀러턴 호텔의 건물은 1928년에 건국 100주년을 맞아 지어졌다. 하지만 1996년까지는 호텔이 아닌 중앙우체국으로 쓰이던 곳이었다. 우체국을 옮기면서 본래 건물 외부는 건들지 않고 호텔로 개조하는 공사를 실시했다. 지금은 400개의 객실과 함께 싱가포르강의 랜드마크 역할을 하고 있다. 단순한 숙박업소를 넘어 2015년 싱가포르 국가 기념물로 선정될 정도로 상징성을 가진 곳이다.

자료: 아시아경제(2023.6.20.).

토 론 주 제

1. 관광개발과 경제적 영향분석

2. 관광개발과 사회·문화적 영향분석

3. 관광개발과 환경적 영향분석

4. 국제 정치환경 변화에 따른 관광에의 영향

5. 관광개발과 환경보존의 공존공생 방안

6. 관광개발과 환경보존의 성공사례

참 고 문 헌

김광근 외(2007). 최신관광학. 백산출판사.

김종범(2013). 카지노산업의 위해성과 경제적 효과에 관한 연구. 사회과학연구, 25(2), 125-149.

박석희(1994). 신관광자원론. 일신사.

비전21뉴스(2022. 8.3). 경기관광공사, 파주시 다문화 가정 대상 'DMZ 1박 2일 가족캠프' 진행. http://www.vision21.kr/mobile/article.html?no=204629

서울 Pn(2022.5.20.). 순천 백년대계… 10년마다 국제정원 박람회. https://go.seoul.co.kr/news/newsView.php?id=20220520012001

아시아경제(2023.6.20.). 역사·환경 다 잡은 세계적 관광지들…공통점은 강 유역 개발. https://www.asiae.co.kr/article/2023061912162575128

연합뉴스(2019. 5.5). 문화재 훼손에 몸살앓는 로마, '진상 관광객' 재방문 금지 추진. https://www.yna.co.kr/view/AKR20190505032100009

연합뉴스(2020.10.9.). 한국 관광산업 GDP 기여도 2.8%…"51개국 중 '꼴찌'". yna.co.kr/view/AKR20201008163700030

장성군민신문(2022.9.26.). 관광불모지 광명을 바꾼 '폐광의 기적'. http://www.jsnews.co.kr

조선일보(2011.9.20). 得은 없고 失만… 수암골('제빵왕 김탁구 촬영지') 주민 뿔났다.

조선일보(2023.5.8.). 2030엑스포, 경제효과 월드컵 4배… 5,050만명이 부산 찾는다. https://biz.chosun.com/industry/company/2023/05/08/ CPUHIHT4WNAOZJ7NOPWT3G5RIM/

중소벤처토탈정보 제 1006호(2007.1.17). 경기도.

투데이신문(2018.10.14.). 퓨전으로 물든 한국의 전통문화… "현대화·세계화" vs "정체성 훼손" https://www.ntoday.co.kr/news/articleView.html?idxno=63622

한국관광공사(1996). 한국문화유산 관광상품화 방안.

한국관광공사(1999). 체험관광상품 개발 활성화 방안.

Andronicou, A. (1979). Tourism in cyprus. In tourism-passport to development perspectives on the social and cultural effects of tourism in developing countries. Emanuel de Kadt, ed. Pp. 237-264. New York: Oxford University Press.

Cohen, E. (1979). Rethinking the sociology of tourism. Annals of Tourism Research, 6(1). 18-35.

Doxey, G.V. (1976). When enough's enough: the natives are restless in old Niagara. Heritage Canada, Vol.2, pp.26-27.

Duffield, B. S. (1982). Tourism: The measure of economic and social impact. Tourism Management, 3(4), 248-255.

Goeldner, C. R., & Ritchie, J. R. B. (2006). Tourism principles, practices, philosophies (10ed.). John Wiley & Sons Inc.

Kroeber, A. L. (1952). The nature of culture. Chicago and London: The University of Chicago press.

Mathieson, A., & Wall, G. (1982). Tourism: Economic, physical, and social impacts. New York: Longman, Inc.

Pizam, A., Reichel, A., & Shieh, C. F. (1982). Tourism and crime: Is there a relationship? Journal of Travel Research, 20(4), 7-10.

Pizam, A. (1978). Tourism's impacts: The social costs to the destination as perceived by its residents. Journal of Travel Research, 16(4), 8-12.

Tylor, E. B. (1871). Primitive Culture. New York: J.P.Putnam's Sons http://blog. naver.com/il0202/60038860117 http://people.incruit.com/news/society/index. asp?action=r&nid=140758

관 광 학 원 론

Index

찾아보기

Principles Of Tourism

저자 소개

김 병 용(金昞龍)

- 한양대학교, 관광학, 문학사
- 연세대학교 경영석사 졸업(MBA)
- 미국 Iowa State University 호텔외식경영학 석사(MS)
- Iowa State University, 호텔외식경영학 & 가정소비자교육학(복수전공) 박사(Ph.D.)
- 수원대학교 기획처장 역임
- 수원대학교 경영대학원장 역임
- (사)한국관광학회 호텔외식경영분과학회장 역임
- 현) 수원대학교 호텔관광학부 교수
    수원대학교 평생교육원장
    경기도 화성시 관광진흥 자문위원

|주요저서|
관광학원론(2019, 3판), ㈜한올출판사
관광소비자행동론(2021, 3판), ㈜한올출판사
관광서비스경영론(2023, 2판), ㈜백산출판사

|주요논문|
김병용(2023). 관광전공 대학생의 문화예술 여가활동이 감성지능과 문제해결에 미치는 영향, 관광진흥연구, 11(3), 77-97.
윤동환·김병용(2020). 관광교육에 관한 연구동향 분석과 과제. 관광학연구, 44(7), 125-146.
김병용(2016). The Effects of Internal Marketing by Institutional Food Service Companies on Customer Value Co-creation Behaviors. 관광학연구, 40(9), 11-33.
Kim, B. Y., Oh, H., & Gregorie, M. (2006). The effects of firms' relationship-oriented behaviors on firm performance: The case of the restaurant industry. *Journal of Hospitality & Tourism Research,* 30(1), 50-76.
Oh, H., Kim, B. Y., & Shin, J.H. (2004).Hospitality and tourism marketing: recent developments in research and future directions. *International Journal of Hospitality Management,* 23, 425-447.
Kim, B. Y., & Oh, H. (2004). How do hotel firms achieve a competitive advantage? *International Journal of Contemporary Hospitality Management,* 16(1), 65-71.
Kim, B. Y., & Oh, H. (2003). An integrated approach to strategic management for the lodging industry. International Journal of Hospitality and Tourism Administration, 4(2), 1-16
Kim, B. Y., & Oh, H. (2002). An extended application of importance-performance analysis. Journal of Hospitality and Leisure Marketing, 9(3/4), 107-125.

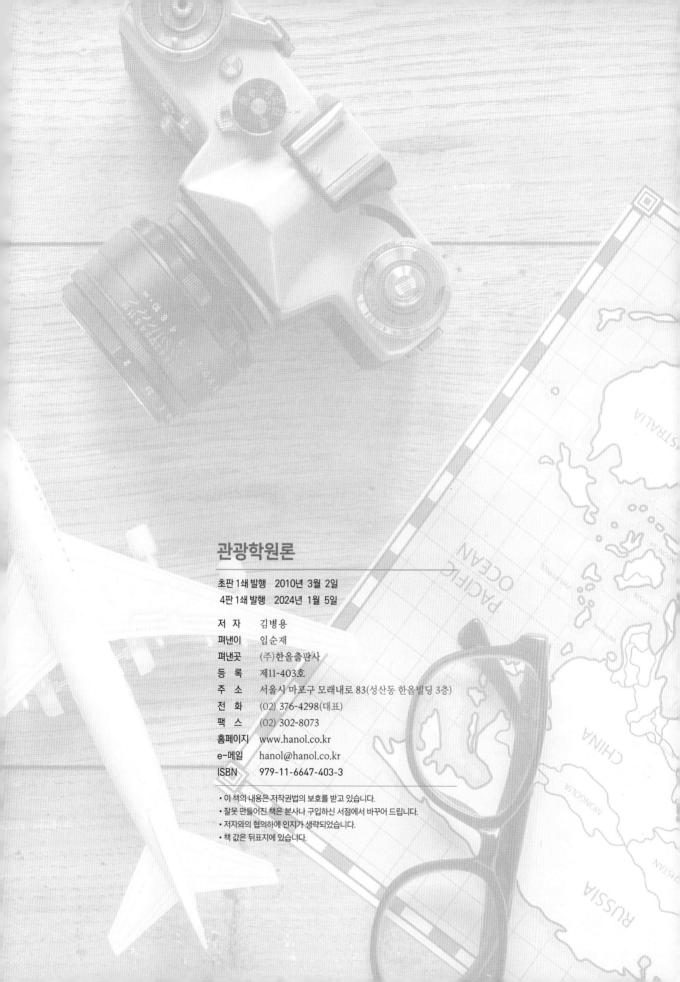

관광학원론

초판 1쇄 발행   2010년 3월 2일
4판 1쇄 발행   2024년 1월 5일

저 자   김병용
펴낸이   임순재
펴낸곳   (주)한올출판사
등 록   제11-403호
주 소   서울시 마포구 모래내로 83(성산동 한올빌딩 3층)
전 화   (02) 376-4298(대표)
팩 스   (02) 302-8073
홈페이지   www.hanol.co.kr
e-메일   hanol@hanol.co.kr
ISBN   979-11-6647-403-3

관 광 학 원 론

관광학원론

관광학원론